L' INCONTRO –
DIE BEGEGNUNG AM STRAND

von Massimo Marano

Langenscheidt

Projektmanagement: Majka Dischler
Lektorat: Susanne Magnani

1. Auflage 2022

www.langenscheidt.com

Satz: Datagroup Int. SRL, Timisoara
Druck: Multiprint GmbH, Kostinbrod

ISBN: 978-3-12-563518-0

AUTORENINFO

MASSIMO MARANO

Der gebürtige Römer lebt und arbeitet derzeit in München. Nach einem Sprachenstudium folgte eine langjährige Tätigkeit als Übersetzer und Dozent für Italienisch. Über viele Jahre hinweg war er verantwortlich für die Italienisch-Redaktion in einem Sprachenverlag. Hier betreute er u.a. ein wöchentliches Online-Magazin und schrieb über aktuelle Themen in Italien. In dieser Zeit entwickelte er die ersten Ideen für seine Kriminal- und Liebesromane, die inzwischen bei namhaften Verlagen erschienen sind.

VORWORT

Wie wäre es, Italienisch mithilfe einer zweisprachigen Geschichte zu lernen, die direkt aus dem echten Leben gegriffen ist?

Wie wäre es, nicht selbst nach Worten suchen zu müssen sondern jemandem dabei über die Schulter zu schauen und aus dessen kleinen Rückschlägen aber auch Erfolgen vor Ort zu lernen?

Um das zu erfahren, lesen Sie die amüsante Kennenlern-Geschichte von Nico und Francesca. Begleiten Sie Nico in Italien durch viele alltägliche Situationen und Sprechanlässe, in denen er lernt, auf Italienisch zu kommunizieren.

Die mit einem kleinen Augenzwinkern geschriebene Ich-Erzählung auf Deutsch macht es Ihnen leicht, sich in die jeweilige Situation hineinzuversetzen. Sämtliche Dialoge im Buch sind auf Italienisch. Durch Nicos Gedanken darüber auf Deutsch können Sie den Unterhaltungen problemlos folgen. Italienische Begriffe sind **hervorgehoben** und deutsche Übersetzungen *kursiv*. So lernen Sie ganz natürlich und nebenbei die Sprache mit ihm zusammen.

Da der Italienisch-Anteil im Laufe der Geschichte zunimmt, steigern Sie sich ohne große Mühe. Probieren Sie es aus und lesen Sie los!

Wörter, die Sie nicht gleich verstehen, können Sie in der Wortliste im Anhang nachschlagen.

Viel Spaß und Erfolg!

INHALT

1. NE VALE LA PENA

Es lohnt sich

Ich konnte es nicht glauben. Alles war so irreal gewesen, als ich Francesca zum ersten Mal sah. Sie hatte sich auch eine Liege mit Sonnenschirm für einen Tag genommen, und zwar direkt neben mir. Ich lag halb im Schatten und halb in der Sonne mit einem Buch, das ich hoch über mein Gesicht hielt. Ich las konzentriert und war so in der Geschichte drin, dass ich gar nicht merkte, was um mich herum passierte – typisch deutsch eben – bis ich ihre Stimme hörte:

„Ciao mamma, sì qui tutto bene! E tu?"

Diesen Worten konnte ich entnehmen, dass die schwarzhaarige Schönheit neben mir mit ihrer Mutter telefonierte.

„Sì, va bene, mamma, ho capito. Ci vediamo dopo. Ciao."

Als sie fertig war, schaute sie mich kurz an, und ich ergriff sofort die Gelegenheit, ein „Buontschorno" von mir zu geben. Dieses italienische „Tschao" wollte ich vermeiden, das war mir zu gewöhnlich. Im Liegen drehte ich mich zu ihr und sprach es aus: „Buontschorno".

Ich bemerkte aber sofort meine miserable Aussprache.

„Buongiorno", antwortete sie mit ihrer warmen Stimme. Ihr g war so schön weich, dass ich es für mich mehrmals wiederholte: „buongiorno, buongiorno, buongiorno".

Das i wurde einfach vom g zum o mitgenommen, ohne es großartig zu betonen, wie wir Deutsche es gerne tun. Kaum hatte ich das Wort **buongiorno** verinnerlicht, kam sie mit einer Frage:

„Sei tedesco?"

Ob ich Deutscher sei. Sie lächelte. Bei meiner Toskana-Fraktion-Aussprache war es leicht, mich als deutschen Staatsbürger zu identifizieren. Ich wollte mich bei dieser Frau wirklich nicht blamieren und es nicht bei einem lächerlichen **buongiorno** belassen. Ich nahm also all meinen Mut zusammen und antwortete, dabei versuchte ich authentisch und lässig zu wirken:

„Sì, sono tedesco" – und ich fügte im gleichen Atemzug hinzu: „Sono di Monaco."

Ich bin zwar nicht aus München, aber es wäre zu schwierig gewesen, zu erklären, dass ich eigentlich am

Wörthsee, in einem kleinen winzigen Ort namens Bachern, ca. dreißig Kilometer von München entfernt wohne. Sie schaute mich an und lächelte, was für mich ein Zeichen war, dass ich alles richtig gesagt hatte. Dem folgenden Redeschwall nach zu urteilen, muss sie aber auch gedacht haben, ich spreche fließend Italienisch:

„Ah, sei di Monaco, che bello! Sai, ci sono stata una volta, forse cinque anni fa. Mi è piaciuta tantissimo! Quanto ci vorrei tornare … Sei qui in vacanza? Come ti chiami? Io sono Francesca."

Ganz toll! Und jetzt? Ihre Wörter rasten mit Lichtgeschwindigkeit an mir vorbei und ich stand so richtig auf der Leitung … Was hatte ich verstanden? Dass München schön ist und sie mal dort gewesen ist, und dann … ah ja, sie heißt Francesca. Und **come ti chiami?** hatte ich verstanden, also *wie heißt du?* Das Verb **chiamarsi** kam mir wieder in den Sinn, wörtlich übersetzt heißt es *sich nennen.* Wenn sie fragt **come ti chiami?**, dann müsste ich antworten **chiamo** Nico … nein, das stimmte nicht ganz. Es fehlte etwas, jaa … klar … **mi chiamo**, so müsste es richtig sein. Ich hörte mich sagen:

„Mi chiamo Nico."

Wie schrecklich. So eine sparsame Antwort auf diesen halben Monolog. Aber immerhin drei Wörter.

„Piacere!"

Sie lag gemütlich auf ihrer Liege und streckte ihren Arm aus, um mir die Hand zu reichen. Ich tat das Gleiche, damit sich unsere Hände von Liege zu Liege berühren konnten. Ein witziges Bild. Die Frau gefiel mir. Ich wollte sie fragen, *woher bist du?* Aber wie? Bei ihrem sekundenschnellen Vortrag hatte sie gesagt … **ah, sei di Monaco** … *du bist aus München.* Wie man *wo* sagt, lag mir auf der Zunge. **Dove** vielleicht? Ja genau, das war es: **Di dove sei?** Ich dachte mir, wenn ich noch ihren Namen dazu sage, dann bin ich fein raus.

„Di dove sei, Francesca?"

Prompt kam ihre Antwort.

„Sono di qui, di Pollica, un paesino sulla collina, ma vivo a Salerno. Conosci Salerno?"

Ich merkte, dass ich eigentlich erstaunlich viel verstand. Sie war von hier, aus Pollica – **un paesino sulla collina** hatte ich nicht verstanden, aber sie lebte in Salerno.

Um mich zu vergewissern, setzte ich die Methode meiner Studenten ein: Ich wiederholte einfach, was ich nicht verstand, mit einem klaren Fragezeichen in der Stimme.

„Pollica?"

Sie setzte sich auf und deutete auf den Hügel hinter dem Strand.

„Vedi, dietro quella collina c'è Pollica. Ci sono poche case e poche persone ma è bellissimo. Vale la pena di vederlo."

Diese Frau hatte immer noch nicht begriffen, dass ich so gut wie kein Wort Italienisch sprach. Wieso konnte sie nicht mit nur einem Satz antworten? Und langsamer sprechen? Aber charmant war sie. Und allein diese Stimme! Den Hügel hatte sie mir gezeigt. Also mit **collina** meinte sie *Hügel.* Und irgendwo hinter diesem Hügel lag Pollica, ihr Heimatort: **C'è Pollica**. Und dann gleich **ci sono poche case**. Ja, genau! Plötzlich fiel es mir wieder ein: **c'è** und **ci sono**, die zwei italienischen Wörter für den deutschen Ausdruck *es gibt*, einmal im Singular **c'è** und einmal im Plural **ci sono. Ci sono poche case** heißt also: *Es gibt wenige Häuser.* Was sie aber am Schluss gesagt hatte, irgendwas mit **vale** … und dann keine Ahnung … damit konnte ich überhaupt nichts anfangen. Da hatte ich mir was eingebrockt mit dieser Francesca … na gut, … ich versuchte es noch einmal:

„Francesca, tu … hmm … sei di Pollica … vale …? Cosa è vale?"

Oh nein … das war jetzt wieder zum Weinen. Vom Gefühl her wusste ich, dass „Cosa è vale" total falsch war … echt schlimm, aber ich hoffte auf ihr Verständnis. Ja, sie lachte. Na, super.

„Sì, che carino! Allora, io sono di Pollica e poi ho detto che vale la pena di andarci, capisci?"

„No."

„Vale la pena … vuol dire … è bello. Bisogna vederlo … È bellissimo. Allora, noi siamo sulla spiaggia, okay?"

Sie sagte, *wir sind am Strand*, das verstand ich.

„Sì, spiaggia!"

„Bene, fa caldo, molto caldo … capisci?"

„Sì, caldo …"

Es war sehr *heiß* am Strand, das verstand ich auch. Plötzlich stand sie auf und mit einem unvergesslichen Blick forderte sie mich auf, das Gleiche zu tun:

„Fa caldo, allora andiamo in acqua."

Es ist heiß, also gehen wir ins Wasser, so viel war klar. Sie nahm meine Hand und zog mich in Richtung Wasser … ich verstand nicht ganz, was das sollte, aber ich machte mit. Diese Frau war vielleicht ein wenig verrückt … ich wollte mich aber überraschen lassen. Auf einmal waren wir beide im Meer und sie rief mir schwimmend zu:

„Che bello, ne vale la pena!"

Ich war mir nicht sicher … sie sagte *schön* … ah … ich glaubte es an dem Tonfall verstanden zu haben: *Es lohnte sich*. Ja, das war es: **Ne vale la pena**, *es lohnt sich*. Ich wiederholte es ein paar Mal wie ein kleines Kind:

„Ne vale la pena! Ne vale la pena!“

Francesca freute sich, dass ich wusste, was sie meinte. So verrückt war sie doch nicht, vielleicht doch ein wenig, aber sehr sympathisch und temperamentvoll. **Ne vale la pena!** Kurz darauf gingen wir beide aus dem Wasser. Viel mehr als die Erfrischung genoss ich die Tatsache, diesen Ausdruck auf diese Weise gelernt zu haben: **Ne vale la pena!** Während wir auf unsere Liegen zuliefen, fragte Francesca:

„Come stai?“

Das konnte ich leicht beantworten. Mir ging es hervorragend.

„Bene, grazie. Benissimo“, antwortete ich lässig und entspannt. „Tu, anche?“, fragte ich zurück.

Sie schmunzelte.

„Non si dice tu anche. Anche tu?“

Ach so, so rum sagt man *du auch*! **Anche tu?** Italienisch war gar nicht so leicht, aber mit Francesca … **ne vale la pena!**

2. UNA SERATA SIMPATICA

Ein sympathischer Abend

Wir lagen in der Sonne auf unseren Liegen und ich wiederholte halblaut, was ich gerade gelernt hatte:

„Ne vale la pena."

Francesca lachte und lobte meine Aussprache. Da hatte sie auch schon die nächste Frage für mich parat.

„Che lavoro fai?"

Diesmal musste ich nicht lange überlegen. Ich wusste, dass **lavoro** *Arbeit* bedeutet. **Che lavoro fai** kann also nur heißen *was arbeitest du* bzw. *was machst du beruflich*. Ich lächelte zurück, um Zeit zu gewinnen. Ich bin Physikprofessor … Professor ist **professore**, und dann **fisico**? Hmm, oder doch **fisica**? Aber da fehlte noch etwas … vielleicht die Präposition **di**. Ja, genau! Diese Präposition taucht im Italienischen ständig zwischen zwei Wörtern auf, die zusammengehören.

„Professore di fisica", sagte ich.

„Oh, interessante … alle scuole superiori o all'università?"

Nun wollte sie wissen, ob ich an der Schule oder an der Uni unterrichtete. Das war leicht zu verstehen. **Università** ist im Deutschen ja fast gleich. Doch die Präposition **all'** wollte ich mir unbedingt merken. Vor wenigen Tagen erst hatte ich in meinem Italienischbuch gelesen, dass der Apostroph immer eingesetzt wird, wenn zwischen zwei Wörtern zwei Vokale aufeinandertreffen. In diesem Fall trifft die Präposition **alla** auf **università**. Das letzte **a** von **alla** wird durch einen Apostroph ersetzt, und dadurch lässt sich das Ganze viel leichter aussprechen:

„All'università", antwortete ich knapp, aber um die richtige Aussprache bemüht. Das letzte **a** von **università** betonte ich auch extra, so wie sie es ausgesprochen hatte.

Sie schaute mich an, als ob sie noch viele Fragen auf Lager hätte, aber ich wollte schließlich auch wissen, was sie machte, und kam ihr mit einer ganz unkomplizierten Frage zuvor:

„E tu?"

„Io insegno musica al conservatorio ... sono insegnante di canto e pianoforte. Lavoro a Salerno. Conosci Salerno, sono più o meno 90 km da qui. Hai capito?"

Na, immerhin fragte sie mich, ob ich alles verstanden hätte. Und die ganze Zeit über hatte sie dieses bezaubernde Lächeln auf ihren Lippen. Sie sah einfach umwerfend aus! Anscheinend fand sie diese Art von Konversation amüsant. Ich muss sagen, ich verstand sie eigentlich ganz gut. Sie sagte, sie unterrichte Musik am Konservatorium in Salerno. Sie sei **insegnante**, *Lehrerin*, aber für was genau? Was war **canto** gleich wieder? In dem Moment stimmte sie die Arie der Carmen an. Sie hatte wirklich eine wunderbare Stimme! Jetzt war natürlich klar, was **canto** bedeutet! Sie unterrichtete *Gesang*. Gleichzeitig bewegte sie ihre Finger sehr schnell in der Luft. Die Mimik sprach für sich. Offensichtlich war sie auch Klavierlehrerin. Jetzt konnte ich mich vergewissern, indem ich ganz einfach die Wörter in die richtige Reihenfolge setzte und gleichzeitig als Frage betonte:

„Insegnante di canto e pianoforte?"

Die Präposition **di** kommt im Italienischen so oft vor! Je nachdem, wie sie benutzt wird, bedeutet sie *von* oder *aus*. In unserem Fall brauchten wir sie, um die berufliche Fachrichtung zu nennen: **professore di fisica, insegnante di musica.**

„Esatto, proprio così. Bravo! Lo sai che sei simpatico?"

So, so … ich bin ihr also sympathisch. Ich habe mal gehört, dass eine Frau in Italien einen Mann als

simpatico bezeichnet, wenn sie ihn sehr nett findet, aber sie könnte sich auch für ihn interessieren. Ein gutes Zeichen! Ich konnte nicht anders, als mich zu bedanken und das Kompliment zu erwidern.

„Grazie, anche tu sei simpatica!“, sagte ich. Dieses Mal konnte ich sie wirklich mit einem perfekten Satz überraschen. Schließlich hatte sie mir kurz zuvor, als wir aus dem Wasser kamen, beigebracht, dass man die beiden Wörter in dieser Reihenfolge sagt: **anche tu**. **Anche** bedeutet *auch* und steht immer vor einem Pronomen.

„Bene, se ci siamo simpatici, allora dobbiamo festeggiare. Andiamo fuori a cena stasera? Ti voglio portare in un piccolo ristorante giù al porto. Da mia cugina. È un posto fantastico, sai?“

Mein perfekter Satz hatte eine Lawine von Wörtern ausgelöst. Francesca muss gedacht haben, ich sei ein Sprachgenie oder so. Um sicher zu sein, dass ich alles richtig verstanden hatte, rekapitulierte ich noch einmal kurz, was sie gesagt hatte, bevor ich antwortete. Also … sie wollte mit mir feiern und essen gehen. Genau, wir sind uns sympathisch, das muss gefeiert werden. **A cena**, das wusste ich: *zum Abendessen*. Die drei wichtigsten Mahlzeiten hatte ich mir gemerkt. **La colazione** – *das Frühstück*, **il pranzo** – *das Mittagessen* und **la cena** – *das Abendessen*. Dann sagte sie

in un piccolo ristorante … *in ein kleines Restaurant* und fügte **sul porto** hinzu. Das letzte Wort kannte ich nicht. Ich wiederholte es mit einem eindeutigen Fragezeichen in der Stimme:

„Porto?“

Francesca sah mich an, als wäre ich ein Außerirdischer, und legte wieder los:

„Ma sì, il porto … le barche … se il porto è grande ci sono le navi, i traghetti … il porto, hai capito?“

Ich wusste nicht, ob ich alles verstanden hatte. Ich meinte, das Wort **porto** schon gehört zu haben. Aber sicher, ich kannte **aeroporto**, den *Flughafen*, und **porto** konnte ja dann nur der *Hafen* sein. Logisch! Ich hatte wieder ein neues Wort gelernt: **il porto**, *der Hafen*.

Das Restaurant befand sich also am Hafen und das Lokal gehörte ihrer **cugina** … das konnte nur ihre *Cousine* sein. Endlich konnte ich antworten:

„Il ristorante … sul porto. Ho capito!“

Lächelnd fügte Francesca hinzu:

„Ne vale la pena!“

In dem Restaurant ihrer Cousine zu essen würde sich auf jeden Fall lohnen. Das meinte sie.

„Scambiamoci i numeri di telefono, che ora devo andare e noi ci vediamo questa sera. Alle otto … qui davanti, sulla strada. Ti passo a prendere io. Va bene?“

Oh nein … Wieso konnte diese Frau nicht langsamer sprechen? Also, … **i numeri di telefono** sind *die Telefonnummern*. Aber was heißt denn **scambiamoci**? Das Wort habe ich noch nie gehört. Ich fragte sie:

„Cosa … scambaci?"

In der Zwischenzeit hatte sie sich bereits angezogen. Sie trug ein helles, cremefarbenes Leinenkleid, die Haare offen, und ich sah sie an wie ein Junge, der eine Diva bewundert. Natürlich hatte sie meine Blicke bemerkt. Sie hatte aber nicht darauf reagiert. Stattdessen lachte sie lauthals und versuchte mir dabei etwas zu erklären:

„Oddio … sei davvero unico … scambaci non l'avevo mai sentita! Ti chiamerò Mr. Scambaci. Mi piace. Però niente baci. Ma cosa hai capito? Vuoi sapere cosa vuol dire scambiamoci?"

Ich verstand nur noch Bahnhof. Ich wollte jetzt aber nicht nachfragen. Das würde ich dann später machen, beim Abendessen. Ich hatte nur **niente baci** verstanden, *keine Küsse*. Ich schaute sie verdutzt an. Sie setzte sich auf meine Liege und fing an zu erklären:

„Allora, scambiamoci … Io ti do il mio numero di telefono e tu mi dai il tuo. Hai capito? È facile, no?"

Bei diesen Worten gestikulierte sie mit ihren beiden Zeigefingern. Sie bewegte sie schnell hin und her.

Ich überlegte … **mio, tuo**, also *meins, deins* … Aber natürlich! Sie wollte meine Telefonnummer haben und würde mir dann ihre geben. Jetzt wurde mir auch klar, was dieses komische Wort **scambiamoci** heißen musste: *tauschen wir aus*. Nur was das **ci** am Ende zu bedeuten hatte, war mir unklar. Das wollte ich später in meinem Buch nachschauen.

Ich zeigte ihr meine Nummer auf dem Display meines Handys. Sie speicherte sie ab und rief mich gleich darauf an, sodass ich ebenfalls ihre Nummer hatte. Dann wiederholte sie:

„Allora alle 8, qui sulla strada. Va bene?"

„Va bene", antwortete ich, ohne sicher zu sein, alles richtig verstanden zu haben. Ich sah ihr nach, wie sie die kleine Düne hinaufstieg, die zur Straße führte. Das orangene Licht des nahenden Sonnenuntergangs begleitete sie. Als sie oben am Straßenrand angekommen war, drehte sie sich noch einmal um und winkte.

Ich versuchte, mich an ihre letzten Worte zu erinnern … **allora alle otto, qui sulla strada**. *Also um 8 hier auf der Straße*. Ich konnte mich nur noch vage daran erinnern, wie Präpositionen im Italienischen eingesetzt werden. **La strada** ist *die Straße*. **Su** heißt *auf*, **sulla strada** muss demnach *auf der Straße* bedeuten. Man nimmt **su**, verbindet es mit dem Artikel **la,** verdoppelt das **l** und schon hat man **sulla**.

Ich lag immer noch am Strand und grübelte über den Satz **ti passo a prendere** nach. Ich holte das Italienischbuch aus dem Rucksack und fand den Ausdruck **passare a prendere qualcuno**. Die Übersetzung lautete: *jemanden abholen*. **Ti passo a prendere,** hatte sie gesagt. *Ich komme dich abholen*. Sie wollte mich also hier direkt auf der Straße um acht abholen. Wow … was wollte ich mehr?

Meine kleine Pension **L'onda blu**, *die blaue Welle*, lag direkt am Strand. So blieb ich noch ein wenig länger, um diese besondere Stimmung vor dem Sonnenuntergang zu genießen und mich auf den Abend mit Francesca einzustimmen. Was mich erwartete, war ganz bestimmt **una serata simpatica**.

3. DAI, ANDIAMO!

Komm, lass uns gehen!

Als ich das Zimmer meiner Pension verließ, war es Viertel vor acht. Die Sonne am Horizont war bereits im Meer verschwunden. Der Himmel färbte sich in tausend Farben. Von einem grellen Orange bis hin zu einem Pastellblau mit rosa und lila Streifen. Die wenigen Wolken, die am Himmel standen, waren strahlend weiß. Was für ein Naturschauspiel! Einige Menschen waren noch am Strand, manche noch im Wasser. Die zusammengeklappten Liegestühle waren an die geschlossenen Sonnenschirme angelehnt. Ich hatte einen Rucksack mit meinem Italienischbuch dabei, und vor allem auch eine Taschenlampe. Ich wusste, dass der Strandabschnitt, den ich auf dem Rückweg zu meiner Pension entlanggehen musste, völlig dunkel sein würde. Ich kletterte die kleine Düne an der gleichen Stelle hinauf, an der Francesca vor ein paar Stunden hochgestiegen war, und setzte mich auf einen Bordstein. Fünf Minuten später kam sie mit einem kleinen, aber flotten Auto angefahren.

„Dai, sali!“, forderte sie mich vom Fahrersitz durch das offene Beifahrerfenster auf.

Ich kannte nur den Ausdruck **dai**. **Dai** ist die Befehlsform von **dare**, *geben*. In Italien ist es üblich **dai** zu sagen, wenn man jemanden, den man duzt, mit einem Wort wie *komm* oder *los* zu etwas auffordern möchte. Aber **sali**? Ich überlegte, was **sali** bedeutete. Ich kannte nur das Wort **salita**, der *Aufstieg*. Ihr auffordernder Ton und ihr Gesichtsausdruck sagten auf jeden Fall ganz klar: *Steig ein*!

Als ich im Auto saß, drehte ich mich zu ihr, begrüßte sie und war dann von ihrem Anblick auch schon hin und weg. Sie sah fantastisch aus. Sie trug ein rotes Sommerkleid und passend dazu rote Schuhe. Ihr Parfüm war sanft und unaufdringlich, aber gleichzeitig verführerisch. Sofort vergaß ich, was ich eigentlich fragen wollte.

Sie lächelte mich an und fragte mich:

„Come stai?“

Ich sah sie erneut an … sie lächelte wieder und zuckte mit den Schultern. Ich wollte etwas Nettes sagen. Mir fehlten die richtigen Worte, aber sie merkte an meinem Blick, dass ich sie umwerfend schön fand.

„Bene, grazie. E tu?“

Sie lächelte wieder und antwortete:

„Tutto bene. Ho fame.“

Das Wort kannte ich: **fame**, *Hunger*.

„Tu hai fame?“, wollte sie wissen.

„Sì, ho fame.“

„Benissimo, vedrai, al ristorante di mia cugina si mangia veramente bene. Cucina cilentana. Fusilli, melanzane imbottite, carne, pesce, e poi i cannoli cilentani. Insomma di tutto. Ma tu mi capisci quando parlo?“

Ich musste der Frau echt mal klar und deutlich sagen, dass sie langsamer sprechen sollte und nicht so viele Wörter auf einmal. Ich hatte nur verstanden, dass man im Restaurant ihrer Cousine wirklich gut essen kann. **Veramente**, also *wirklich*, hört man im Italienischen sehr oft. Was aber hieß **vedrai**? Ich kam nicht darauf. Ich versuchte es herauszufinden:

„Cosa è vedrei?“

„Ah, vedrai, non vedrei … Allora: io vedo … capisci?“ Dabei zeigte sie mit den Fingern auf ihre Augen. Sie wiederholte es nochmal:

„Io vedo, tu vedi, lui vede … va bene?“

Ah, *ich sehe, du siehst, er sieht*.

Dann fuhr sie fort:

„Allora io vedo adesso … in questo momento. Più tardi: io vedrò, tu vedrai, lui vedrà … domani io vedrò, adesso io vedo. Capisci?"

Immer dieses **capisci, capisci**. *Verstehst du, verstehst du.* Einen Moment mal … sie hatte **io vedo adesso** gesagt. **Adesso** bedeutet *jetzt*. Und dann **vedrai domani**. **Domani** heißt doch *morgen*. Ja, natürlich, Mensch! Präsens und Zukunft! Sie meinte also: *Du wirst sehen, bei meiner Cousine kann man wirklich sehr gut essen.*

„Ecco, adesso entriamo nel paese di Acciaroli e andiamo a parcheggiare, magari troviamo parcheggio sul porto dietro la vecchia torre."

Ich hatte verstanden, dass sie jetzt in diesem kleinen Dorf namens Acciaroli einen Parkplatz suchte. **Parcheggio** ist der *Parkplatz*. Als wir an einem alten Turm vorbeifuhren, kommentierte sie das so:

„Ecco la vecchia torre."

Ah, **la vecchia torre**. *Der alte Turm.*

Dann fragte sie mich:

„Bella, vero? Io adoro questo paese … Ecco, un posto libero. Ci mettiamo lì. Perfetto."

Was war jetzt los? Was bedeutete die Frage: **Bella, vero**? Also, **bella** ist *schön*, aber **vero** heißt doch *wahr* … Hm, vielleicht benutzt man dieses **vero** am Ende einer

Frage so ähnlich wie *nicht wahr* im Deutschen? Ja, logisch! Und **torre** ist im Italienischen weiblich, deshalb **bella** mit **a: Bella, vero**? *Schön, nicht wahr*?

Und was kam danach? Etwas wie **doro questo paese**? **Questo paese** war *dieses Dorf*. Ich wusste aber, dass **paese** auch *Land* heißt. Die Italiener beschreiben ihr Land als **il Bel Paese**, also *das schöne Land*. Außerdem gibt es noch die Bezeichnung für die *Niederlande* auf Italienisch, nämlich **i Paesi Bassi**. Aber was bedeutete wohl das Wort **doro**? Ich fragte sie:

„Francesca?"

„Sì?"

„Cosa vuol dire doro?"

Sie schaute mich verdutzt an.

„Doro?"

„Sì, tu dici doro questo paese … Cosa?" Ich war wieder so schlecht. Ich kannte die Vergangenheitsform nicht und hatte aus diesem Grund die Präsensform genommen: **tu dici** *du sagst*.

„Ah, ho capito … no, no … ho detto io adoro questo paese. Adorare. Capisci?"

„No!"

„Ehm … io adoro, tu adori, lui adora, noi adoriamo, voi adorate, loro adorano." Sie lachte. „Mi piace insegnarti l'italiano."

„Cosa? Piano, per favore!“ Vielleicht hatte sie jetzt verstanden, dass Sie langsamer sprechen sollte.

„Va bene, piano. Allora … adorare vuol dire amare, ma ancora di più … Allora … gli antichi Romani, sì?“

Das verstand ich, *die alten Römer* … gut.

„Sì“, antwortete ich, während wir beide mit offenen Türen noch in ihrem Auto saßen.

„Ecco, gli antichi Romani adoravano gli dei.“

Sie streckte ihre Arme ein Stück nach vorne aus, legte sie aufs Armaturenbrett und ging mit dem Kopf nach unten. Sie ahmte mit ihren Gesten ein Gebet nach … Vielleicht hieß **adorare** so etwas wie *anhimmeln* oder *vergöttern*? Ich machte es nach und fragte sie:

„Adorare?“ Dabei musste ich ein bisschen lachen. Ein paar Passanten warfen uns neugierige Blicke zu.

„Esatto, proprio così! Dai, andiamo!“

Ich hatte es verstanden. Wir stiegen aus und gingen durch den kleinen Yachthafen. Ich bewunderte wieder ihr knielanges knallrotes Sommerkleid. Der rote Lippenstift passte genau dazu. Eine leichte, warme Meeresbrise spielte mit ihren offenen schwarzen, lockigen Haaren. Über ihrer braungebrannten Schulter trug sie einen kleinen, eleganten Rucksack. Ich fühlte mich geschmeichelt, mit so einer attraktiven Frau über die Hafenpromenade flanieren zu können.

Zwei ältere Herren, die uns entgegenkamen, begrüßten sie mit einer herzlichen Umarmung.

„Ciao bella, tutto a posto?"

„Ciao zio. Sì, sì ... e Voi, Don Antonio, come state?"

„Eh, Francesca mia, gli anni passano, ma tu sei un fiore. Sempre bella, allegra e piena di vita."

„Grazie, Don Antonio, ma non esagerate."

Ich stand daneben und versuchte etwas zu verstehen. Der etwas magere Herr war wohl Francescas *Onkel.* **Zio** hatte sie zu ihm gesagt.

„Sei in compagnia?", fragte der Onkel.

Ich befürchtete, dass die Frage irgendwie mit mir zu tun hatte.

„Sì, sono qui con un amico tedesco ..."

Wusste ich es doch! **L'amico tedesco**, *der deutsche Freund.*

„Ve lo presento. Nico, questo è mio zio Aldo e questo signore un vecchio amico di famiglia, Don Antonio, anche lui di Pollica."

Amico di famiglia, ach so, ein *Freund der Familie.* Ich versuchte, das Beste von mir zu geben.

„Piacere, sono Nico."

Die beiden Herren musterten mich ziemlich genau. Nach diesen drei Wörtern meinten sie hoffentlich nicht, ich könne fließend Italienisch.

„E di dove sei, Nico?"

Endlich eine einfache Frage, auf die ich meinte antworten zu können.

„Sono tedesco, di Monaco." Das war gerade nochmal gut gegangen.

Francesca schien sich zu amüsieren, während ich versuchte, eine **bella figura** abzugeben. Die beiden Herren waren sehr neugierig.

„Sei qui in vacanza?", fragte jetzt Don Antonio.

„Sì ... una vacanza piccola ... una settimana." Jetzt war ich aber stolz auf mich.

„Ti piace il Cilento? Hai visto che bello?", fragte darauf der Onkel.

Ich warf Francesca einen flehenden Blick zu, der sagen sollte: Bitte lass uns jetzt gehen! Ich schaffte es noch so halbwegs zu antworten, indem ich meine allerletzten Italienisch-Ressourcen ausschöpfte.

„Sì ... bellissimo. Il mare, tutto bello e anche ... anche Francesca ... Ecco."

Dieses **ecco** gefiel mir. Ein Füllwort, das man in vielen Situationen benutzen kann. Als ich **ecco** zum ersten Mal hörte, war ich in einer Bar in Mailand. Der Kellner, der mir meinen *Espresso*, also il **caffè**, brachte, sagte: **Ecco a Lei.** Dies bedeutet so viel wie: *Hier für Sie!* Eine weitere Möglichkeit dieses Wort einzusetzen ist, wenn etwas passiert, was nicht hätte passieren sollen, aber man irgendwie geahnt hat, dass es so kommen würde: **Ecco, lo sapevo!** In dem Fall würde ich es übersetzen mit: *Das war ja klar!*

Francescas Stimme holte mich in die Realität zurück:

„Ma dai …", erwiderte sie lächelnd und an den Onkel gewandt fügte sie hinzu: „Zio, noi andiamo da Daniela. Ci vediamo, eh. Arrivederci Don Antonio."

„Arrivederci e buona serata."

Während die beiden Herren gemütlich schlendernd weitergingen, wollte ich wissen, warum sie vorhin den älteren Herrn mit **Voi**, also *Ihr*, angesprochen hatte und nicht mit der Höflichkeitsform **Lei**, *Sie*, die man normalerweise benutzt, wenn man eine Person siezt.

„Francesca, una domanda: tu hai parlato con il signore e dici Voi, Don Antonio. Perché non dici Lei?"

„In italiano si usa normalmente Lei. Capisci? Qui al sud, usiamo ancora il Voi, al posto del Lei. È un modo per mostrare più rispetto alle persone anziane o alle persone che non si conoscono. Hai capito?"

Das war mir neu. Ich wusste nicht, dass es im Süden üblich war, fremde oder auch ältere Menschen mit **Voi** zu siezen und dann die zweite Person Plural zu benutzen. Francesca schien Freude daran zu haben, mir ein wenig Italienisch beizubringen. Nach dieser Erklärung blickte sie mir einen Moment lang tief in die Augen. Es gefiel mir, wenn sie mich auf diese Weise ansah.

4. COSTANTINOPOLI AL MARE

Konstantinopel am Meer

Wir schlenderten weiter in Richtung Restaurant. Francesca war gut gelaunt und glücklich, und ich fühlte mich ausgesprochen wohl mit ihr.

Seit sie ein paarmal „Dai, andiamo!“ gesagt hatte, ging mir das Verb **andare**, *gehen*, einfach nicht mehr aus dem Kopf. Gerade, als ich sie fragen wollte, wie das Verb **andare** konjugiert wird, warf sie mit einem leichten Schmunzeln ein:

„Quindi io sono bella?“

Das Wort **quindi** kannte ich von meiner Italienischlehrerin. Sie war regelrecht ein Fan davon. **Quindi** kann man mit *also* übersetzen.

„Francesca? Andare … come …?“

„Andare?“, wiederholte sie.

„Sì, come dire: io … tu …?“

Ich wusste, dass die Frage so herum einfach falsch war und das ärgerte mich. **Come dire …**, als würde man auf Deutsch die Frage stellen: *Wie sagen …*? Die

Frage sollte natürlich *wie sagt man …?* lauten, aber das konnte ich auf Italienisch noch nicht. Zum Glück verstand sie trotzdem, was ich meinte:

„Ah, sì … come si dice e non come dire. Cioè, io vado, tu vai, lui va, noi andiamo … questo?"

Super, ich verstehe: wenn ich sagen will, *wie sagt man*, muss ich **come si dice** verwenden. Ich wiederholte dann die Verbformen:

„Io vado, tu vai, lui va, noi andiamo …"

Sie freute sich und fügte hinzu: „… voi andate, loro vanno. Chiaro?"

Klar, jetzt wusste ich es wieder. So geht das mit **andare: io vado**, *ich gehe*, **tu vai**, *du gehst*, **lui va**, *er geht*, **noi andiamo**, *wir gehen*, **voi andate**, *ihr geht*, **loro vanno**, *sie gehen*.

„Bravissimo. Tu hai una buona pronuncia!"

Was war jetzt **pronuncia**? Ich kenne das englische Wort „pronunciation", *Aussprache*. Ja, natürlich. Also, meine Aussprache war gut. Ich wollte aber noch wissen, warum es in der ersten Person **io vado** heißt. Das ist komisch. Ich kannte das Verb **lavorare**, *arbeiten*. *Ich arbeite* heißt **io lavoro**. Aber bei **andare** sagte sie: **io vado**.

„Francesca, perché io vado e non io ando?"

Sie schaute mich an und lächelte:

„Si dice io vado, perché in latino esiste il verbo vadere, capisci?“

Aha, interessant, die Form **io vado** stammt also von dem lateinischen **vadere**. Das heißt, dass **andare** kein regelmäßiges Verb ist.

„Grazie, Francesca.“

„Figurati! È un piacere!“

Mittlerweile hatte ich gelernt, was ich sagen musste, wenn ich nach der Bedeutung eines Wortes oder gar eines Satzes fragen wollte: **Cosa vuol dire**. **È un piacere** hatte ich verstanden. Es bedeutete so viel wie *es ist mir eine Freude*. Ich hatte da noch ein paar Fragen an Francesca und versuchte es gleich mit **cosa vuol dire**.

„Cosa vuol dire figurati?“

Ich fand es so lustig: Immer, wenn Francesca mir etwas erklären wollte, blieb sie stehen. So würden wir wahrscheinlich nie im Restaurant ankommen.

„Allora, figurati vuol dire … non so … ecco, come immaginati. Capisci? Io dico grazie a qualcuno e la risposta è figurati! È come dire, ma di niente …“

Was ich verstanden hatte, war irgendetwas mit Imagination. Ich musste überlegen. Ich kannte diese Konstruktion nicht: **immaginati**. Francesca begriff, dass ich es noch nicht ganz verstanden hatte, und versuchte es besser zu erklären:

„Allora, immagina è una forma imperativa. Come: Vai! Fai! Parla!"

Imperativa, *Imperativ*, also eine Befehlsform, wie *Geh! Mach! Sprich!* Ich sagte nur:

„Sì!"

„Bene", fuhr sie fort. „Ecco, immagina tu!" Sie richtete ihren Zeigefinger auf mich. „Immagina tu … in italiano si dice: immaginati oppure figurati! Hai capito? Devi aggiungere ti al verbo."

Ich verstand, dass man nur **ti** an das Verb in der Befehlsform hinten dranhängen musste.

„Sì, ho capito, adesso. Grazie!", antwortete ich und merkte dabei, wie ich langsam besser wurde. Ich fragte ganz lässig:

„Dov'è il ristorante?"

Francesca schaute mich leicht verdutzt an. Sie hatte die Frage jetzt so nicht erwartet.

„Il ristorante è un po' più avanti, proprio sul porto."

Wir mussten nur noch ein Stück geradeaus gehen. Es war ein wunderschöner Sommerabend. Die lauwarme Meeresbrise streichelte die großen grünen Blätter der Dattelbäume, die dem kleinen Hafen eine orientalische Stimmung verliehen. Es waren viele Leute unterwegs und ich konnte immer wieder Dialogfetzen aufschnappen, wie zum Beispiel: **Ciao,**

come va? oder **Che piacere vederti!** Das war leicht zu verstehen: *Hallo wie geht's?* oder *Es freut mich, dich zu sehen!* Dann schnappte ich einen Satz auf, der meine Neugier weckte: „Dai, vi posso offrire un caffè? Un gelato?“

Ich schaute Francesca an und fragte einfach drauflos:

„Offrire? Cosa vuol dire?“

„Offrire significa: io ti offro qualcosa e pago io, non tu. Pagare, capisci?“

„Sì, pagare …“

Pagare heißt *bezahlen*.

„Chi offre, paga! Se offri tu, paghi tu. Se offro io, pago io. Stasera offri tu la cena“, erklärte Francesca und dann lachte sie. **Chi offre, paga**, wiederholte ich in Gedanken. Ich merkte, dass Francesca noch nach einer Erklärung suchte. Dann leuchteten plötzlich ihre Augen:

„Ecco, conosci la parola offerta?“

Ich musste kurz überlegen. **Offerta**, ja, das klingt wie *Offerte*, also *Angebot*. Ich nickte.

„**Io offro**, *ich biete etwas an …*“, überlegte ich laut.

„Sì, io offro, io pago!“, wiederholte sie.

Jetzt klingelte es bei mir. **Offrire** bedeutet *einladen*.

„Sì, tutto chiaro", antwortete ich lässig.

„Bene, se è tutto chiaro, allora offri tu la cena …" Sie lachte wieder. Ach so, ich sollte sie zum Abendessen einladen. Ganz schön frech, diese Francesca.

„Nessun problema, volentieri!", antwortete ich. Ich mochte dieses Wort **volentieri**, *gerne*. Ich wusste, dass sich in diesem Ausdruck das Wort **volontà** verbirgt. *Der Wille*. Wenn man also **volentieri** sagt, heißt das, man will etwas tun.

„Ma dai, scherzavo, figurati! Non ti preoccupare! Ecco il ristorante!"

Dai, hatte sie vorher schon gesagt, als sie mich aufforderte, ins Auto einzusteigen. **Scherzo** ist der *Scherz*. Das war ein kleiner Scherz von ihr. Ich solle mir keine Gedanken machen.

Das Restaurant befand sich wirklich direkt am Yachthafen, auf der Promenade. Die Tische waren unter den Arkaden aufgestellt und es herrschte ordentlich Betrieb. Zwei Tische waren noch frei. Eine junge Frau begrüßte uns sehr herzlich:

„Ciao, ecco, finalmente siete arrivati!"

Das musste einfach Francescas Cousine sein. Ich konnte eine vage Ähnlichkeit zwischen den beiden feststellen. Francesca stellte mich vor:

„Ciao, tutto bene? Questo è Nico …"

Ich streckte meine Hand aus, aber die Cousine küsste mich gleich auf meine Wangen, rechts und links, und erst dann stellte sie sich vor. Etwas ungewohnt, diese Küsserei, aber gut. Das hatte ich vorher schon auf der Straße beobachtet. Alle begrüßen sich immer mit Küsschen. Männer, Frauen, Junge und Alte.

„Io sono Daniela, sua cugina. Benvenuto a Costantinopoli al Mare. Di dove sei?"

„Sono tedesco, di Monaco", antwortete ich. **Costantinopoli al Mare** war der Name des Restaurants. Klingt wie *Konstantinopel am Meer*.

„Bene, sei qui in vacanza?", wollte Daniela wissen.

„Sì, una piccola vacanza!" Ich war so stolz auf mich, dass ich einfach so reden konnte. Ich hatte sogar das Gefühl, dass meine Aussprache besser wurde.

„Hai visto che bello qui?", fragte wieder Daniela.

„Sì, bellissimo … mi piace." Ich merkte, ich hatte schon einiges gelernt. Dann forderte Daniela uns auf, an einem Tisch Platz zu nehmen:

„Ecco, questo è il vostro tavolo! Sedetevi!"

Francesca setzte sich und sah mich fragend an.

„Che fai? Non ti siedi? Dai, siediti!"

Ich kam leicht durcheinander mit **sedetevi, non ti siedi, siediti**. Das klang alles wie *sich hinsetzen*. Ich konnte mich erinnern, dass Francesca mir vorhin die Befehlsform erklärt hatte. **Figurati**, **immaginati**. **Siediti** ist die gleiche Form: *setz dich*. Als wir ins Restaurant kamen, hatte Daniela gesagt, **sedetevi**, also *setzt euch*. Die Pronomen werden immer an die Befehlsform angehängt, sodass ein einziges Wort gebildet wird.

Es machte richtig Spaß, so die Sprache zu lernen. Francesca machte ein ganz verblüfftes Gesicht, als ich die gelernten Ausdrücke laut wiederholte:

„Figurati, immaginati, sedetevi, siediti."

Die ersten beiden bedeuten so viel wie *keine Ursache*. Es klingt ungewöhnlich, ein Verb in der Befehlsform mit einem ganz anderen Ausdruck zu übersetzen, aber es ist so. Und dann **sedetevi**, **siediti**, *setzt euch*, *setz dich*.

Nun saßen wir uns gegenüber, aber der Tisch war für insgesamt sechs Personen. Francesca fragte mich:

„Ti piace?"

„Adoro questo posto", gab ich von mir und wollte damit zeigen, dass ich inzwischen schon richtig viel gelernt hatte. *Ich liebe diesen Platz*. Ich sah wie sie strahlte.

Daniela kam wieder zu uns, um eine Bestellung aufzunehmen.

„Che vi porto? Un antipasto? Abbiamo delle bruschette appena fatte. Buonissime."

Dann sprach sie mich an:

„Nico, ti piacciono le bruschette?"

„Oh, sì. Certo. Sono buone."

Francesca konnte immer nicht glauben, mit welcher Leichtigkeit und Gelassenheit ich mit der italienischen Sprache jonglierte. Na gut, jonglieren ist vielleicht ein wenig übertrieben, aber bis jetzt schlug ich mich ganz gut.

„Come primo che vi faccio? Ho dei gamberoni freschi, vi posso fare una pasta ai gamberi con due pomodorini e poi se volete, come secondo vi porto una bella frittura mista di pesce. Va bene? Tu, Nico, che dici?"

Ich musste kurz überlegen. **Gamberoni freschi** sind *frische Riesengarnelen*, **pesce** ist *Fisch*. Ich glaube **frittura mista** ist eine *Platte mit verschiedenen frittierten Fischsorten und Meeresfrüchten*.

„Sì, molto bene. Grazie."

„Bene. Allora a dopo."

Während Daniela sich schon um neue, gerade angekommene Gäste kümmerte, brachte uns eine junge Dame eine Flasche Weißwein und zwei Flaschen Wasser, eine mit und die andere ohne Kohlensäure. Ich schenkte uns den Wein ein.

„Allora facciamo un brindisi", sagte Francesca.

„Un brindisi?", fragte ich.

„Sì,… Cin, cin." Sie erhob das Glas und hielt es in der Luft.

Logisch, sie wollte mit mir anstoßen.

„A questa magnifica serata", sagte Francesca. Das war schwierig zu wiederholen. Ich versuchte es:

„Mannifica … serata?"

Serata ist der *Abend*. Aber was bedeutet „mannifica"?

„Cosa vuol dire mannifica?"

„Oh Nico, magnifica e non mannifica … Magnifica vuol dire bellissima, fantastica, una serata super. Capisci?"

Sie sprach das Wort ganz anders aus als ich. Mir ging ein Licht auf. Das war bestimmt diese Kombination aus g und n, die so ähnlich klingt wie ein „nj". Mir fielen die leckeren Kartoffelklößchen, die **gnocchi** ein. „Njokki" sagt man, und nicht „g'nokki" oder „njiotschi". Ganz einfach **gnocchi**.

„Magnifica …", wiederholte ich vorsichtig.

„Perfetto, bravissimo. Magnifica."

So, die Aussprache hatte ich also hinbekommen. Jetzt musste ich nur noch verstehen, was das Wort bedeutet. Sie hatte es so erklärt: **bellissima**, **fantastica**, also *sehr schön, fantastisch … wunderbar …* Ohne dass ich es merkte, hatte ich schon die Übersetzung.

„A questa magnifica serata!", sagte ich. Da kam mir zum ersten Mal ein Gedanke auf Italienisch: **Francesca è bellissima**. *Francesca ist sehr schön*. Aber eines wollte ich noch wissen. Sie hatte ein Wort benutzt, das mich interessierte: **brindisi**. Ich kannte nur eine italienische Stadt in Apulien mit diesem Namen. Ich fragte sie:

„Francesca, cosa vuol dire brindisi?"

„Ah, certo. Fare un brindisi oppure brindare vuol dire bere alla salute di qualcuno … Alla tua salute!"

Erneut erhob sie demonstrativ das Glas. **Fare un brindisi** oder **brindare** bedeutet also *auf etwas anstoßen*.

„Ma perché si dice fare un brindisi?", hakte ich nach. Francesca überlegte kurz. Dann versuchte sie, es zu erklären:

„Allora, questa espressione deriva dal tedesco … la sola cosa che io so di tedesco …"

Sie sah mich an. Ich verstand, dass dieser Ausdruck aus dem Deutschen stammte, kannte ihn aber nicht:

„Dal tedesco?", fragte ich.

„Sì, una frase antica: bring's dir … la mia pronuncia è una catastrofe."

Oh, jetzt hatte sie mir den Satz geklaut: *Meine Aussprache ist eine Katastrophe*, das behaupte ich immer von mir. Ich musste so lachen.

„Durante una festa si alza il bicchiere e si porta verso l'altra persona per brindare e si dice alla tua salute, quindi si augura qualcosa di buono. Capisci?"

„Cosa vuol dire si alzano i bicchieri?"

Francesca nahm ihr Glas und erhob es.

„Così …"

Alzare bedeutet *erheben* und **il bicchiere** ist *das Glas*.

„E cosa vuol dire verso?", fragte ich nochmal.

Francescas Mimik war genial. Sie machte die typische Geste einer Flugbegleiterin im Flugzeug, die auf die Notausgänge hindeutet. In dem Fall war ich der „Notausgang". Ich verstand, dass **verso** *in Richtung* bedeutet. Es war schon erstaunlich, dass ich von einer Italienerin etwas über die deutsche Sprache lernte.

In dem Moment kam Daniela mit einem großen Teller voller Bruschette und gab uns noch zwei kleinere saubere Teller.

„Ecco le bruschette. Buon appetito!"

„Grazie", sagte ich.

„Che spettacolo!", kommentierte Francesca. „Io vado matta per le bruschette."

Che spettacolo! *Einfach herrlich!* Sie schaute mich an und sagte noch einmal: „Io vado matta per le bruschette, sai cosa vuol dire?“

Ich wiederholte:

„Io vado matta per le bruscette …“

„Noo …!“ Sie korrigierte meine Aussprache.

„Bruschetta, bruschetta … ch forse è come la k in tedesco. Non sce, ma sche … va bene?“

Ich glaubte zu verstehen. Das ch spricht man wie das k im Deutschen und daher musste ich „brusketta“ sagen. Ich versuchte es gleich mal mit dem „sk“:

„Bruschetta …?“

„Sìì … giusto. Bruschetta. Bruschetta. Mi piacciono da morire. Mmmhh che buone. Dai, mangia. Sono veramente **ottime**!“

Ottime, *hervorragend*. Das war klar. Sie war total begeistert. Aber **io vado matto**? Ich überlegte … **Io vado** bedeutet *ich gehe*. **Matto** ist doch *verrückt*. Vielleicht heißt **io vado matto** *ich bin verrückt nach* … Es gab nur einen Weg, um herauszufinden, ob ich richtig lag. Ich nahm eine Bruschetta. Sie war wirklich köstlich … Das Brot knusprig, leicht mit Olivenöl beträufelt und mit einer dünnen Schicht Knoblauch und frischen Tomaten belegt. Diese sonnengereiften Tomaten waren förmlich eine Geschmacksexplosion.

Nach der Bruschetta nahm ich mein Glas wieder in die Hand und hielt es hoch. Sie machte es mir nach und wir ließen unsere Gläser noch einmal klingen. Ich sagte:

„Buonissima … io vado matto per Francesca."

Beinahe hätte sie sich verschluckt. Sie wurde leicht rot im Gesicht, fasste sich aber gleich wieder und antwortete:

„Tu sei matto! Capisci, tu sei matto!"

Tu sei matto, *du bist verrückt*, sagte sie. Ich bin also verrückt.

„Sì, un po' matto!"

Wir lachten.

5. LA FAMIGLIA
Die Familie

„Ecco … spaghetti con gamberoni!“, kündigte Daniela an. „Hai visto come sono buone le bruschette?“, fragte sie mich.

„Sì, ottime, veramente buone!“, antwortete ich mit der üblichen Lässigkeit, die ich aber nur bei wenigen Sätzen an den Tag legen konnte.

„Ma sei bravo! Dove hai imparato l’italiano?“

Die Vergangenheitsform beherrschte ich noch nicht wirklich. Aber den Satz hatte ich schon so oft gehört. Sie wollte wissen, wo ich Italienisch gelernt habe. Ob ich mir noch einen kleinen Spaß erlauben durfte? Ich wagte es:

„Con Francesca, oggi su spiaggia.“

„Ah, sulla spiaggia, con mia cugina. Bene. È così che si fa. Buon appetito.“

Sie ging und ich bemerkte ein freches Lächeln auf ihren Lippen. Aber ich registrierte auch den Fehler, den ich gemacht hatte. *Am Strand* heißt nämlich **sulla**

spiaggia, und nicht **su spiaggia**. Die Präposition **su**, *auf*, zusammen mit dem Artikel **la** ergibt **sulla. Spiaggia** ist im Italienischen weiblich.

„Brindisi?", fragte ich.

„Brindisi!", antwortete Francesca. „A cosa brindiamo?"

Auf was wir trinken sollten, wollte sie wissen.

„Brindiamo a noi!", sagte ich entschlossen.

„A Francesca e a Nico!", sagte sie und wir sahen uns beim Trinken in die Augen. Francesca senkte den Blick und probierte sofort die Spaghetti, als ob sie sich dem Blick entziehen wollte.

„Mmmh, che buoni! Fantastici! Meravigliosi! Mia cugina è veramente una cuoca eccezionale. Dai, prova!"

Ich probierte sie auch. Sie schmeckten wirklich sehr köstlich. Ich konnte mich nicht erinnern, wann ich das letzte Mal so gut gegessen hatte. Ich deutete auf den Teller und fragte:

„Cucina Daniela?"

Wieder ärgerte ich mich sehr darüber, dass ich keine Vergangenheitsform bilden konnte und dieses „Schmalspur-Italienisch" verwenden musste. Ich wollte es aber lernen. Zum Glück verstand Francesca sofort, was ich sagte:

„Sì, ha cucinato Daniela."

„Come si dice?", fragte ich nach. Ich wusste ja jetzt, wie ich fragen musste.

„Ha cucinato Daniela", wiederholte Francesca etwas langsamer. Und dann erklärte sie:

„Cucinare è presente … cucinato è passato, come mangiare, presente e mangiato, passato. Adesso mangio gli spaghetti, prima abbiamo mangiato la bruschetta. Capito?"

Es schien gar nicht so schwierig zu sein. **Cucinare** ist *kochen* und **cucinato** *gekocht*. So wie **mangiare** *essen* ist und **mangiato** *gegessen*. **Presente** e **passato**, *Präsens* und *Vergangenheit*. Dann fragte sie mich:

„Cosa hai mangiato oggi a pranzo?"

Pranzo, pranzo … das ist doch das *Mittagessen*. Ich versuchte zu antworten:

„A pranzo ho mangiato una caprese con una birra."

„Bene! È facile, no?"

Ja, es klang einfach. Ein Mann kam zu unserem Tisch. Francesca stand auf und begrüßte ihn sehr warmherzig. Dann kam er zu mir. Ich stand auch auf. Er lächelte sehr freundlich:

„Questo è Peppino, il marito di Daniela", klärte mich Francesca auf. Im Vorstellen war ich jetzt schon geübt und ich konnte locker antworten:

„Piacere, sono Nico."

Gleich hinterher flüsterte ich Francesca zu:

„Marito?"

Sie nahm mich schnell zur Seite und flüsterte zurück:

„Daniela e Peppino sono moglie e marito. Una famiglia, okay?"

Aha, **marito** ist der *Ehemann* und **moglie** die *Ehefrau*. Natürlich hatte Peppino alles mitbekommen und schmunzelte. Dann fragte er mich:

„Tedesco?"

Was hätte er sonst fragen sollen, bei der Aussprache. Es ärgerte mich, dass er mit mir diese Kindersprache verwendete, die ich so verabscheute. Er hätte ruhig **sei tedesco** sagen können. Das hätte ich auch verstanden.

„Sì, sono tedesco, di Monaco. Una piccola vacanza nel Cilento."

So, jetzt hatte ich es ihm richtig gegeben. Francesca schaute ganz stolz zu mir herüber.

„Ah bene. Parli italiano, bravo! Quando sei arrivato?"

Das hatte ich jetzt davon. Was war **arrivare** gleich wieder ... **arrivare** ... ja, *ankommen*. Genau. Er wollte wissen, wann ich angekommen bin. Er hatte **sei arri-**

vato gesagt. Also musste ich logischerweise die erste Person Singular von **essere**, *sein*, nehmen und dann **arrivato** dazu sagen. Ich probierte es aus:

„Sono arrivato domenica“, antwortete ich.

„Ah bene, oggi è mercoledì. Quattro giorni. Dove hai conosciuto Francesca?“

Es war also alles richtig, was ich gesagt hatte. Die Wochentage hatte ich irgendwann einmal gelernt. **Mercoledì**, ja, das war *Mittwoch*. Das Wort **conoscere** war mir auch nicht neu. Das bedeutete *kennenlernen*. In jedem Italienischbuch ist **conoscere** eines der ersten Wörter, die man lernt. Jetzt wollte ich alles richtig sagen:

„Ho conosciuto Francesca sulla spiaggia, oggi.“

„Ah, sulla spiaggia. Una bellissima giornata.“

„Allora parti domenica?“, fragte mich Francesca.

Ich verstand ihre Frage. **Partire** bedeutet *abreisen*. Ich sah ihr in die Augen und sagte:

„Sì … non lo so …“

Ich wusste wirklich nicht, was ich antworten sollte. Ich hatte so Lust, diesen Aufenthalt zu verlängern. Am nächsten Tag wollte ich versuchen, den Flug umzubuchen. Francesca schmunzelte, als sie merkte, dass ich keine Lust hatte abzureisen.

In diesem Augenblick kam Daniela mit unseren gemischten Fischplatten und jeder Menge Beilagen.

„Ecco signori. Frittura mista di pesce, patate al forno, finocchi gratinati e un'altra bottiglia di vino. A te Peppino, che ti porto?“, fragte Daniela an ihren Mann gewandt.

„Eh, fammi un po' di carne con delle patate!“

Was da aufgetischt wurde, war echt unglaublich. So viel und wahrscheinlich alles sehr gut. Peppino gesellte sich zu uns, schenkte uns Wein nach und setzte die Unterhaltung mit mir fort.

„Allora sei di Monaco, vero?“

„Sì, di Monaco.“

„Un cugino di Daniela abita a Monaco. Anche lui viene qui tutti gli anni.“

Ich hatte alles verstanden. Ein Cousin von Daniela lebt auch in München und kommt jedes Jahr hierher. Mir fiel etwas ein, das ich erwidern konnte:

„A Monaco, tanti italiani. Una bella città.“

„Che fai a Monaco?“, war seine nächste Frage.

„Sono professore di fisica.“

Peppino schaute mich voller Begeisterung an.

„In una scuola ...“, fügte er hinzu, davon ausgehend, dass ich in einer Schule unterrichte.

„No, università.“

„Ah, all'università“, wiederholte er und nickte dabei immer wieder mit dem Kopf.

„Un brindisi?“, fragte ich.

Francesca und Peppino nahmen ihre Gläser. Daniela kam auch schnell zu uns und schenkte sich ein bisschen Wein ein.

„Alla salute“, sagten wir alle mehr oder weniger gleichzeitig.

„Ti piace?“, fragte mich Daniela.

„Veramente buono. Perfetto!“, antwortete ich

„Mi fa piacere!“, sagte Daniela.

„E dove sei alloggiato?“, wollte Peppino wissen.

„Cosa vuol dire alloggiato?“, fragte ich.

Peppino lachte und formulierte den Satz um.

„In che albergo stai? Dove dormi?“

Jetzt hatte ich es verstanden. **Alloggiato** hat irgendwie mit *logieren* zu tun. *Untergebracht*. Wo ich denn wohnen würde, wollte er also wissen.

„Sì, Onda Blu. Conosci?“

„Ah sì, proprio sulla spiaggia. Bel posto. Lì si sta bene.“

„Sì, fantastico! Con balcone sul mare.“

Peppino nickte wieder mit dem Kopf und lächelte. Er schien sich die nächste Frage zu überlegen. Und die kam auch postwendend:

„Sei venuto solo?“

Ich merkte sofort Francescas Blick.

„Sì, solo", antwortete ich.

„Hai famiglia in Germania?"

Famiglia, ein Wort, das jeder versteht. Ich erinnerte mich daran, wie meine Kursleiterin, eine nette, kleine Süditalienerin, aber kein Vergleich mit Francesca, uns erklärt hatte, dass die *Familie* in Italien und vor allem in Süditalien eine sehr wichtige Rolle spielt.

Francesca hatte mich immer noch im Visier. Sie aß weiter und unterhielt sich mit ihrer Cousine, aber sie konnte mich trotzdem im Blick behalten. Das war echt phänomenal.

„No, sono solo. Non ho famiglia."

Peppino nickte wieder. Ich lächelte Francesca zu. Ein gutaussehender Mann näherte sich. Daniela begrüßte ihn mit einer dicken Umarmung. Er strahlte übers ganze Gesicht. Mit einer zweiten Umarmung begrüßte er Francesca und dann auch Peppino. Dann kam er zu mir und stellte sich vor:

„Sono Francesco, il fratello di Daniela. Piacere."

„Ah, piacere, sono Nico."

„Hai fatto buon viaggio?", hörte ich Daniela fragen.

„Francesco è appena arrivato. Lui abita al nord, in Piemonte", erklärte sie mir.

Aha, Danielas Bruder wohnt also im Piemont. Und er ist gerade *angekommen*. **Arrivato**. Daher die Frage von Daniela, ob er eine gute Reise gehabt hat. Nachdem Francesco und Daniela sich ein wenig ausgetauscht hatten, nahm Francesco auch bei uns am Tisch Platz.

„Tedesco?“, fragte mich Francesco, der sich neben Francesca gesetzt hatte. Habe ich das irgendwo auf der Stirn stehen, dass ich Deutscher bin?

„Sì, tedesco!“, bestätigte ich knapp.

„Eh, la Germania … Sono stato diverse volte in Germania. A dei congressi.“

Congressi. Ich überlegte kurz … ja, das entspricht dem deutschen Wort *Kongresse*.

„Che lavoro fai?“, fragte ich.

„Sono medico, cardiologo. Il medico del cuore …“, antwortete er und lächelte dabei.

Das war auch nicht schwer zu verstehen. **Medico** ist *Arzt* und **cuore** ist *Herz*. Er wollte vielleicht einen Witz machen. *Der Arzt des Herzens*.

„E tu, cosa fai?“, wollte Francesco wissen.

„Sono professore di fisica, all'università di Monaco“, antwortete ich mit einer fast perfekten Aussprache, so bildete ich es mir zumindest ein. Francesca nickte und Francesco kommentierte:

„Uno scienziato!“

Ich lachte. Als Arzt war er ja auch ein Wissenschaftler, deshalb sagte ich:

„Anche tu sei scienziato.“

„Sì, è vero“, kommentierte Francesco und dann nahm er ein Glas Wein und kündigte feierlich an:

„Brindiamo alla scienza!“

La scienza ist *die Wissenschaft*. Wir sollten auf die Wissenschaft trinken.

Die Abendstimmung an dem kleinen Hafen hatte wirklich einen ganz besonderen Zauber. Auf der gegenüberliegenden Seite war alles in orangenes Licht gehüllt. Manche Boote, die direkt vor dem Restaurant festgemacht waren, knirschten leicht, wenn das Wasser sie sanft schaukeln ließ. Auf einer größeren Yacht saßen Leute um einen Tisch herum. Sie hatten kurz davor bei Daniela das Essen bestellt und aßen auf ihrem Boot. Auf der Promenade flanierten immer noch viele Leute, obwohl es schon elf Uhr war. Neben Danielas Restaurant war eine Bar. Es schien ein Treffpunkt für junge Leute zu sein.

„Vi porto un dolce? Un po' di cannoli, appena fatti?“, fragte Daniela in die Runde.

„Sìì, i cannoli!“, rief Francesco begeistert.

„Sì, portane un po'", sagte Peppino.

Ich hatte keine Ahnung was Cannoli sind. Es war auf jeden Fall ein Dessert, etwas Süßes. Ich fragte Francesca:

„Cosa sono i cannoli?"

„Sono buonissimi, vedrai!"

Ich war aber schon ziemlich satt. Daniela brachte einen großen Teller mit Cannoli. Es waren frittierte Teigröhrchen, die auf der einen Seite mit Creme und auf der anderen Seite mit Schokolade gefüllt waren. Francesca forderte mich auf:

„Dai, prova!"

Ich nahm eines dieser verlockend aussehenden gerollten Gebäckstücke von dem großen Teller. Ich konnte den wirklich einzigartigen Geschmack in einem einzigen Wort zusammenfassen:

„Fantastico!", sagte ich ein wenig lauter. Ich war begeistert und alle sahen mich an. Francesco ergriff sofort die Gelegenheit und sagte:

„Questi non ci sono in Germania!"

„No … in Germania ci sono altri dolci. Questi sono molto buoni!"

„Li ha fatti la cuoca."

Aha, die Köchin hatte sie also selbst gemacht. Ich hatte das Gefühl, dass mir diese Sprache lag.

Nach einer Weile füllte sich der Tisch immer mehr mit leeren Flaschen. Es wurde langsam ruhiger am Hafen. Auf der Promenade waren nur noch wenige Menschen unterwegs. Francesca stand auf, kam zu mir herüber und fragte mich:

„Vogliamo andare? Se vuoi ti accompagno."

Das Wort kannte ich nicht.

„Akkompa ...?", ich konnte es nicht wiederholen.

„Ma sì, accompagnare. Ti porto a casa con la macchina."

Sie wollte mich nach Hause bringen.

„Cosa vuol dire accompagno?"

„Accompagnare vuol dire andare insieme. Tu non vai solo a casa, io ti accompagno."

Ich glaubte, sie verstanden zu haben. Vielleicht heißt **accompagnare** *begleiten*? Ich wollte das Wort später zu Hause nachschlagen.

„Va bene ...", sagte ich. „Ma, il conto ...!?", fügte ich noch hinzu.

„Non ti preoccupare. Va tutto bene", antwortete Francesca.

Nein, das konnte ich nicht zulassen! Ich konnte doch nicht einfach gehen, ohne einen Cent zu bezahlen. Ich ging zu Daniela. Francesca schaute mir kopfschüttelnd hinterher.

„Daniela?“

„Nico, allora? Tutto bene? Ti è piaciuta la nostra cucina?“

Und wie es mir geschmeckt hatte!

„Sì, perfetto! Il conto, per favore. Per me e per Francesca.“

Daniela lachte.

„No, no. Non c'è niente da pagare. Va bene così“, sagte Daniela.

„Non è possibile!“, erwiderte ich beharrlich.

Francesca kam zu uns.

„Nico, ti dico che va bene così. Dai, andiamo!“

Ich wollte einfach nicht glauben, dass ich so gut und so viel gegessen hatte und jetzt einfach gehen sollte. Aber mir wurde auch klar, dass ich gegen diese Familie nicht ankam. Mir blieb also nur eins, und zwar mich herzlich für diese Gastfreundschaft zu bedanken:

„Daniela, grazie per la cena. Grazie!“

„Ma di che? Noi qua siamo. Ci vediamo domani. Buona notte!“

„Buona notte!“, sagte ich auch zu Peppino und Francesco.

Wenig später gingen Francesca und ich über den mittlerweile leeren Parkplatz am alten Turm. Als wir im Auto saßen, fragte Francesca:

„Allora, ti piace la mia famiglia?"

„Sì, molto! Tutti sono molto gentili! Grazie, Francesca. Una serata veramente bella a Costantinopoli!"

„Grazie a te, Nico!"

Sie küsste mich auf die Wange und ließ lächelnd den Wagen an.

6. MESSAGGI NOTTURNI

Nächtliche Nachrichten

„Grazie, Francesca“, sagte ich noch einmal, als wir angekommen waren.

„È stata una bella serata!“, antwortete sie.

„Anche per me … la tua famiglia, tutto molto bello.“

„Va bene, allora andiamo a dormire. Ci vediamo.“

„Sì, a dormire …“, wiederholte ich.

Ich wusste, dass **dormire** *schlafen* heißt. Interessant fand ich aber, dass sie **andare** mit der Präposition **a** benutzte: **andare a dormire** *schlafen gehen*. Ähnlich wie bei **andare a casa, andare a Roma, andare al ristorante.**

Nach dem Verb **andare** werden manchmal aber auch die Präpositionen **in** oder **da** verwendet. Ob die deutsche Entsprechung *in* oder *nach* lautet, hängt immer davon ab, an welchen Ort man sich begibt: **vado in Italia** *ich fahre nach Italien*, **vado in giardino** *ich gehe in den Garten*, **vado in ufficio** *ich gehe ins Büro.*

Möchte man aber sagen, dass man *zum Arzt geht* oder *zu einem Freund*, dann nimmt man die Präposition **da**: **vado dal dottore**, **vado da un amico**.

Bevor ich aus dem Auto stieg, küsste ich sie auf die Wange. Sie umarmte mich ganz fest. Ich musste schmunzeln, denn mir fiel der Ausdruck **che spettacolo** wieder ein. Ja, das war sie wirklich: Francesca war ein spektakuläres Naturphänomen. Wir lösten uns aus dieser innigen Umarmung und ich sprach zuerst:

„Bene, io vado … buona notte."

„Buona notte. A domani", antwortete sie.

Die Stille der Nacht wurde vom leisen Zuwerfen der Autotür unterbrochen. Ich stand noch einen Augenblick lang auf der verlassenen Straße und sah den roten Lichtern des Wagens nach, die langsam immer kleiner wurden und dann hinter einer Kurve verschwanden.

Als ich wenig später auf der Terrasse meines Zimmers saß und dem Rauschen der Wellen lauschte, leuchtete mein Handy, das ich auf den Tisch gelegt hatte, auf.

„Ciao, stai già dormendo?", lautete die Nachricht von Francesca.

Stai già dormendo … **dormendo** musste eine ganz bestimmte Form von **dormire** sein. Ich machte mich kurz schlau und fand heraus, dass **dormendo**

eine sogenannte „Verlaufsform“ ist. Die Frage bedeutete so viel wie: *Bist du schon am Schlafen*?

„No, io sono sul balcone con il mare“, antwortete ich.

„Ma non vedi niente, è tutto buio …“, war Francescas Kommentar.

Ich konnte nicht sofort zurückschreiben, weil ich mir auch hier erst einmal die Bedeutung klarmachen musste: **non vedi niente** … **non vedi niente** … **vedi** kommt von **vedere** *sehen*. **Niente** heißt *nichts*. Ach so, klar: *du siehst gar nichts*. Ich wusste nicht, was **buio** heißt und suchte es schnell in meinem kleinen Wörterbuch: **buio, buio** … Aah, **buio** bedeutet *dunkel*. Francesca meinte, ich würde doch nichts sehen, weil es so dunkel ist. Ich überlegte mir eine gute Antwort.

„Guardo le stelle e ascolto il mare …“ Ja, das war gut: *Ich schaue in die Sterne und lausche dem Meer*.

„Nico?“, lautete die nächste Nachricht. Ich schrieb zurück:

„Sono qua.“

„Lo so, che sei lì … e sono contenta.“

Ich brauchte einen Moment, um den ganzen Satz zu verstehen: **Lo so** bedeutet *ich weiß* … **che sei lì** … diese Miniwörter machten mich verrückt. *Che sei lì*. Ich las und las den Satz immer wieder, bis ich darauf kam: *dass du dort bist*. **Sono contenta** war einfach: Damit wollte sie sagen, dass sie sich freut. Sie sollte wissen, dass ich mich auch freute, deshalb schrieb ich zurück:

„Anch'io sono contento."

„Mi fa piacere. Tu sei una persona molto piacevole."

Ui, jetzt schmeichelte sie mir aber ganz schön. Sie fand, ich sei **una persona molto piacevole**, *eine sehr angenehme Person*.

Darauf wollte ich natürlich ebenfalls etwas Nettes schreiben und mich nicht einfach nur für das Kompliment bedanken. Mir kam eine Idee, aber dafür fehlten mir zwei Wörter: *sich einbilden* und *riechen*. Als ich den ersten Ausdruck nachschlug, fiel mir auf, dass ich ihn schon kannte: **immaginarsi**. Das hatte Francesca oft gesagt: **immaginati**, also *stell dir vor*. *Riechen* heißt auf Italienisch **sentire**, genau das gleiche Wort, das auch *zuhören* bedeutet. Ich bastelte noch ein bisschen an dem Satz herum und schrieb dann endlich:

„Immagino di sentire il tuo profumo!"

Ihre Antwort kam postwendend:

„Come sei romantico!" Ans Ende hatte sie noch ein schüchtern lächelndes Smiley mit roten Bäckchen gesetzt.

„Mi piace essere romantico", schrieb ich zurück und fügte ein Zwinkersmiley dazu.

„Non riesco a dormire“, schrieb Francesca als Nächstes. Diesen Ausdruck kannte ich noch nicht. Ich überlegte: **non riesco, non riesco** ... **esco** ist die Ich-Form von **uscire**, dann ist **riesco** vielleicht die von **riuscire**. Während ich nach der Bedeutung von **riuscire** suchte, fand ich sogar den Ausdruck **non riuscire a dormire**, *wach liegen*. Also konnte sie nicht schlafen. Das musste ich mir unbedingt merken: **non riuscire a fare qualcosa** bedeutet *etwas nicht machen können*, wenn einem etwas nicht gelingt.

„Anch'io no“, antwortete ich.

Prompt kam von ihr eine ausführliche Korrektur:

„Nico, non si dice anch'io no. In italiano si dice: **neanch'io**, oppure **neanche io.**“

Verstehe, wieder etwas gelernt! *Ich auch* heißt auf Italienisch **anch'io** und *ich auch nicht* **neanch'io.**

In null Komma nichts folgte auch schon ihre nächste Nachricht:

„Ho un'idea per domani. Andiamo a fare una gita. Ti porto a vedere Palinuro. È bellissimo. Il mare lì è favoloso e poi ci sono delle calette con la sabbia bianca, dove si arriva solo con la barca. E poi ci sono le grotte da vedere. Che ne dici?“

„Francesca, Francesca“, flüsterte ich vor mich hin. Mir war, als könnte ich sie sprechen hören. So schnell und so viel auf einmal. Ich versuchte zu übersetzen. Francesca hatte eine Idee. Sie wollte einen Ausflug machen, und mir Palinuro zeigen. Keine Ahnung. Was sind bitte schön **calette**? Das Wort war mir vollkommen neu. Ich fragte:

„Cosa vuol dire caletta?"

„Una caletta è una piccola cala, una baia. Ti mando una foto. Guarda!"

Francesca schickte mir ein Bild, auf dem eine wunderschöne kleine Bucht mit weißem Sand zu sehen war. Traumhaft! Jetzt wusste ich, dass eine **caletta** eine kleine **cala**, also eine *kleine Bucht* ist und **sabbia bianca** *weißer Sand*. Ich betrachtete immer noch das Bild, als wieder eine neue Nachricht kam:

„Ti piace?"

Francesca wollte wissen, ob es mir gefällt. Ich antwortete einfach so:

„È bellissimo!"

Und dann fragte ich:

„Questo è Palinuro?"

Ich muss gestehen, ich war nicht so geübt im Tippen, Francesca dagegen war richtig flink:

„Sì, è Palinuro."

„Bene … e noi andiamo lì domani?", fragte ich.

„Oggi!", antwortete Francesca. **Oggi** ist doch *heute*. Ich schaute auf die Uhr. Es war schon 2:30.

„Oh, è vero!", schrieb ich.

„Ti passo a prendere verso mezzogiorno, va bene?"

Ti passo a prendere … den Ausdruck kannte ich irgendwoher. Ja, genau, das hatte sie gesagt, als sie mich abholen wollte, um ins Restaurant ihrer Cousine zu fahren. **Ti passo a prendere**, *ich komme dich abholen.* Was genau aber meinte sie mit **verso**, fragte ich mich. Ich schlug es im Wörterbuch nach, obwohl ich mich vage daran erinnern konnte, dass Francesca schon im Restaurant versucht hatte, mir die Bedeutung des Wortes zu erklären. Ich fand verschiedene Übersetzungen. **Verso** kann *in Richtung* bedeuten, wie zum Beispiel **andare verso il paese**: *in Richtung Dorf gehen* oder *fahren.* **Verso** hat aber auch eine zeitliche Bedeutung und in dem Fall bedeutet es *gegen*: **verso mezzogiorno** *gegen zwölf Uhr mittags.*

„Va bene", schrieb ich zurück. Die Augen fielen mir vor Müdigkeit schon langsam zu, ich wollte ihr aber unbedingt noch eine letzte Nachricht schreiben. Ich suchte gerade noch nach den richtigen Worten, als plötzlich mein Telefon klingelte. Francesca rief mich doch tatsächlich mitten in der Nacht an. Während ich mit dem Finger über den kleinen grünen Kreis auf dem Display fuhr, fiel mir das Wort ein, mit dem man als Italiener ein Telefonat entgegennimmt:

„Pronto …“

„Ciao, come stai?“

Sie hatte so eine schöne Stimme. Und das wollte ich ihr auch unbedingt sagen. Zuerst musste ich mir aber das Wort **stanco** merken, *müde*. Das hatte ich gerade vorhin gelesen.

„Bene, sono stanco. Adesso vado a dormire. E tu, come stai?“

„Anch'io bene. Sono contenta di sentirti …“

Ja, ich wusste es, **sentire** bedeutet gleichzeitig *hören* und *fühlen*. Ich hatte auch nachgeschaut, wie man **Stimme** auf Italienisch sagt: *la voce*.

„Sì, anch'io … Tu hai una bella voce …“

„Davvero, ti piace?“

„Sì, mi piace molto sentire la tua voce.“

„Che bel complimento! Grazie.“

„Sono contento …“ Ich wusste nicht, ob **sono contento** in dem Moment die passende Antwort war, aber es hörte sich gut an. Ihre Antwort war der Beweis, dass ich mit meinem Satz nicht so falsch gelegen hatte:

„Anch'io sono contenta. Allora, ci vediamo domani verso mezzogiorno. Sulla strada, va bene?“

„Sì, va bene. Certo! Domani a mezzogiorno!“, bestätigte ich.

„Buona notte, dormi bene.“

Den Ausdruck hatte ich zwar vorher noch nicht gehört, aber ich konnte mir vorstellen, dass **dormi bene** *schlaf gut* bedeutet.

„Buona notte!“, antwortete ich und wartete bis sie auflegte.

Ich legte mich ins Bett und schaltete das Licht aus. Kurz vor dem Einschlafen kamen mir einige Sätze, die ich im Restaurant gehört hatte, wieder in den Sinn und kreisten durch meine Gedanken:

Dove sei alloggiato? Bel posto, lì si sta bene. Sei venuto solo? Sono Francesco, il fratello di Daniela. Il medico del cuore … Nico, ti è piaciuta la nostra cucina? Il conto per me e per Francesca. No, non c'è niente da pagare. Va bene così. Una serata veramente bella a Costantinopoli. Grazie a te, Nico …

Mit dem Kopf voller neuer Wörter und einem Gefühl voller Vorfreude auf den Ausflug mit Francesca schlief ich erschöpft, aber zufrieden ein.

7. LA SORPRESA

Die Überraschung

Es war zehn Uhr dreißig als ich aufwachte. Ich ging nach unten auf die kleine Terrasse im Erdgeschoss, um zu frühstücken. Antonietta, die Besitzerin der Pension, begrüßte mich mit einem wunderschönen Lächeln:

„Buongiorno, signor Nico, dormito bene?"

„Sì, bene. Grazie", antwortete ich.

„Un cappuccino?", fragte Antonietta. Mittlerweile wusste ich, wie ich das Frühstück auf Italienisch bestellen konnte:

„Sì, un cappuccino, un cornetto. Un po' di pane con la marmellata."

Irgendwie gefiel mir der Ausdruck **un po'**, *ein wenig*. Eigentlich heißt es **un poco**, aber aus irgendeinem Grund wird das Wort **poco**, *wenig*, abgekürzt und mit einem Apostroph geschrieben: **un po'**.

Wenig später kam Antonietta mit einem Tablett:

„Ecco la colazione: cappuccino, cornetto, pane, marmellata e questo è un dolce alle mandorle che ho fatto io. Provalo, vedrai che buono!“

Oh, **un dolce alle mandorle**, ein *Mandelkuchen*! Er sah wirklich gut aus.

„Grazie, Antonietta.“

„Ma figurati. Buona colazione.“

Sie verschwand wieder in der Küche. Ich hatte gelernt, dass man im Italienischen oft die Präposition **a** mit dem Artikel verwendet, um anzugeben, wie man ein Gericht oder ein Dessert zubereitet: **la carne alla brace**, *gegrilltes Fleisch*, **spaghetti alla bolognese**, *Spaghetti mit Bolognese-Sauce*, oder eben **il dolce alle mandorle**, *Mandelkuchen*. Ich blätterte weiter in meinem Italienischbuch. Ich fing wirklich an, diese Sprache zu mögen. Während ich las, wie man die Vergangenheit bildet, hörte ich Francescas Stimme …

„Ehi, Nico, eccomi qua!“

Ich wusste, dass **ecco** *hier* bedeutet und dass **qua** auch *hier* bedeutet. Aber ich hatte den Ausdruck **eccomi** noch nie gehört. Sie hatte das Personalpronomen **mi** am Ende des Wortes hinzugefügt. **Eccomi qua** heißt also *hier bin ich*.

„Ciao Francesca, come stai?“, fragte ich.

„Bene, sono un po’ stanca. Sono arrivata un po’ in anticipo. È una bellissima giornata. E poi ti voglio dire una cosa …“

Ich hatte alles verstanden, bis auf das Wort **anticipo**.

„Cosa vuol dire anticipo?"

Francesca lächelte und kommentierte:

„Ma tu hai solo la lingua italiana in testa? Non la molli un attimo. Allora, anticipo vuol dire prima. Arrivare in anticipo vuol dire arrivare prima dell'ora stabilita."

Ich hatte verstanden, dass **arrivare in anticipo**, *früh dran sein* bedeutet. Ich hatte auch verstanden, dass ich nur an die italienische Sprache denke, aber dann war da dieser Satz mit **molli** oder so.

„Sì, la lingua italiana mi piace molto … scusa Francesca, cosa vuol dire, come hai detto? Molli …?"

Sie lächelte wieder:

„Ecco, appunto. Non mollare vuol dire … non lasciare, insistere, continuare a fare qualcosa. Se una cosa ti piace non la molli … tu vuoi imparare l'italiano e allora non molli, continui a studiare, mi chiedi tante cose, capisci?"

„Non lo so … non mollare … Un esempio?" Ich wusste nicht mehr, woher ich das Wort **esempio**, auf Deutsch *Beispiel*, kannte.

„Impara l'italiano, **non mollare**! Capisci adesso?"

„Ich soll Italienisch lernen und … und *nicht aufgeben*?", überlegte ich laut und sah dabei Francesca an. Sie konnte mir aber nicht antworten. Sie konnte ja kein einziges Wort Deutsch. Sie zuckte mit den Schultern, als wollte sie sagen, was weiß ich denn? Ich dachte es trotzdem verstanden zu haben. Das war sicher die richtige Bedeutung.

„Bene, vogliamo andare?“, forderte sie mich auf.

„Sì, andiamo!“, antwortete ich.

„Arrivederci Nico e buona giornata. A stasera.“ Antoniettas schrille Stimme konnte Trommelfelle zum Platzen bringen, aber sie war wirklich sehr gastfreundlich und aufmerksam.

„Grazie, Antonietta, buona giornata a te!“, gab ich zurück. Francesca sah mich erstaunt an.

Als wir im Auto saßen, wollte ich sie mit einem Satz überraschen, den ich beim Frühstück gelernt hatte:

„Cosa c'è da guardare in quel modo?“ Nach dem Motto, *was gibt es denn so zu schauen?*

Wir waren gerade losgefahren. Francesca hielt plötzlich den Wagen an. Sie sah mich an und sagte:

„Adesso mi devi spiegare, dove impari queste frasi, e poi con una pronuncia così perfetta.“

Ich antwortete einfach nur:

„Non mollare!“ Das war genau die richtige Antwort. Wir mussten beide laut lachen, dann sagte sie:

„Sei davvero simpatico!"

„Oh, grazie", erwiderte ich.

„Oggi facciamo una bellissima gita … Palinuro è un posto fantastico."

„Quanto tempo per arrivare?" Mensch, dieser Satz war nicht ganz richtig. Es fehlte etwas, aber ich wusste nicht was … also fragte ich Francesca, ob ich das so sagen konnte: „Posso dire così?"

„Quanto tempo ci vuole per arrivare? Così è corretto", sagte sie.

„Ah, capisco … cosa vuol dire ci vuole?"

Ich konnte sehen, dass Francesca darüber nachdachte, um eine Erklärung für mich zu finden. Dann sagte sie:

„Ecco alcuni esempi: da Milano a Roma ci vogliono 4 ore con il treno. Da Pollica a Palinuro ci vuole quasi un'ora con la macchina. Da Milano a New York ci vogliono 7 ore con l'aereo. Per fare un piatto di pasta ci vogliono 15 minuti. Chiaro?"

Von Mailand nach Rom dauert es vier Stunden mit dem Zug. Ah, jetzt verstehe ich. **Ci vuole** oder **ci vogliono** bedeutet *man braucht* oder *es dauert. Es dauert 15 Minuten, um einen Teller Pasta zuzubereiten.* In der deutschen Sprache gibt es den Ausdruck nur im Singular. Im Italienischen sagt man **ci vuole** oder **ci vogliono**, je nachdem, ob die nachfolgende Angabe im Plural steht oder nicht. Und dieses **ci** bedeutet so viel wie *es* oder *man.*

„Sì chiaro! Il verbo volere. Giusto?", fragte ich nach.

„Bravo. Proprio così."

Während Francesca auf der engen, kurvenreichen Straße fuhr, bewunderte ich die Aussicht. Die Küstenstraße bot einen spektakulären Blick auf das Meer. Ich wusste nicht, was ich mehr bewundern sollte, die schöne Aussicht oder Francesca. Sie war wunderschön, wenn sie lächelte, und ich musste aufpassen. Ich gebe zu, ich hätte mich auf der Stelle in sie verlieben können, aber … Es ist besser, gar nicht erst an so etwas zu denken.

„Se vuoi fare qualche foto mi fermo … ", schlug sie vor.

„No, va bene così. Grazie", bedankte ich mich.

„Guarda, là in fondo, quello è Palinuro. Dobbiamo andare giù al porto."

Sie wollte zum Hafen hinunterfahren. Aber warum?

„Perché al porto?"

„Perché al porto c'è una sorpresa. Vedrai!"

„Una sorpresa? Cos'è una sorpresa?"

„Oh Nico … una sorpresa è una bella cosa. È come un regalo. Sì, una sorpresa!"

Mir war nur klar, dass eine **sorpresa** etwas Schönes ist. Und dann hatte ich das Wort **regalo** verstanden, ein *Geschenk*. Da ging mir ein Licht auf! **Sorpresa** bedeutet *Überraschung*. **Ma certo!** *Natürlich!*

„Una sorpresa?“, fragte ich neugierig.

„Sì, proprio così. Aspetta, ora devo trovare un parcheggio. Forse siamo fortunati e riusciamo a parcheggiare giù al porto.“

Francesca wollte direkt am Hafen parken.

„Che fortuna! Guarda, quella macchina sta andando via.“

Ich hatte nicht sofort verstanden, was sie mit **quella macchina sta andando via** meinte. Aber dann fiel mir das Gerundium wieder ein: **andando, parlando, facendo**. Also, *gehend, sprechend, machend. Das Auto fuhr gerade weg.*

„Ecco fatto! Dai scendiamo. Prendi le tue cose. Vieni con me!“

Ich stieg aus dem Auto und folgte Francesca, als sie zügig auf einige Boote zuging, die in dem kleinen Hafen angelegt hatten. Ein Mann kam auf sie zu:

„Ciao Francesca, come stai?“

Die Frau kannte wirklich jeden hier.

„Io bene. Tu, Rinaldo?“

„Sì, abbastanza bene. Ecco, questa è la barca.“

„Bene. Ah, lui è Nico."

„Ciao, Nico. Piacere. Rinaldo. Di dove sei?"

Ich mochte den Mann. Er ordnete mich nicht sofort als Deutschen ein. Er fragte mich erst einmal freundlich, woher ich komme.

„Sono tedesco."

„Sei qui in vacanza?"

„Sì, pochi giorni. Una settimana. Domenica vado in Germania."

Einen Moment lang glaubte ich, einen Anflug von Traurigkeit in Francescas Augen zu sehen. Vielleicht irrte ich mich, aber ich hatte das Gefühl, dass sie diesen Satz nicht gut fand. Ich eigentlich auch nicht. Ich versuchte sie abzulenken:

„Francesca, dove andiamo?"

„Facciamo un giro in barca. Non dirmi che hai paura."

Francesca hatte für uns doch tatsächlich ein kleines, schnuckeliges Motorboot gemietet. Rinaldo begab sich ans Steuerruder und Francesca und ich setzten uns einander gegenüber. Jetzt war ich echt auf unser Ziel gespannt.

„Dove andiamo?", fragte Rinaldo. Francesca überlegte kurz, dann antwortete sie:

„Alla Baia del Buon Dormire."

„Ah, bellissima … un posto eccezionale", kommentierte Rinaldo, während er den Motor anließ. Das Boot setzte sich langsam in Bewegung. Obwohl es im Schneckentempo über das blaue, ruhige Meer tuckerte, waren wir nach wenigen Minuten schon ziemlich weit draußen.

„Che facciamo?", fragte ich Francesca.

„Andiamo a vedere una piccola spiaggia. Si chiama la Baia del Buon Dormire. Un posto favoloso. La mia spiaggia preferita."

„Cosa vuol dire baia?", fragte ich neugierig.

Rinaldo lachte.

„Una baia è una piccola insenatura. Una caletta. Ti ricordi questa parola? ", erklärte mir Francesca, indem sie mit dem Finger einen halben Kreis in der Luft zeichnete. Ich wiederholte ihre Geste und sprach das Wort nach:

„Una baia …" Ja, ich konnte mich erinnern. **Caletta**. Eine *kleine Bucht*.

Rinaldo lachte wieder.

„Sì, bravo. Una baia!", wiederholte er.

Francesca machte mir ein Zeichen. Ich sollte mich umdrehen.

„Vedi, laggiù? Quella è la Baia del Buon Dormire. Tra poco arriviamo."

Ich legte eine Hand an die Stirn, um besser in die Ferne sehen zu können. Ich glaubte, eine kleine Bucht zu sehen, in der einige Boote angelegt hatten. **La Baia del Buon Dormire** bedeutet *die Bucht, in der man gut schläft*. Rinaldo verlangsamte das Boot. Es war ein Traum. Ich nahm meine Flip-Flops in die Hand und als das Boot anhielt, stieg ich langsam ins Wasser. An dieser Stelle war das Wasser weniger als einen Meter tief. Es war kristallklar. Ich streckte meine Hand aus. Francesca nahm sie und ließ sich langsam ins Wasser gleiten. Wir hielten unsere Rucksäcke nach oben, damit sie nicht nass wurden. Es fühlte sich an, als würde man eine andere Welt betreten. Vom Boot aus sagte Rinaldo laut:

„Allora vi passo a prendere verso le cinque, va bene?"

„Anche alle sei", antwortete Francesca.

Das kleine Boot fuhr davon und wir wateten durchs Wasser zum Strand. Als wir dort angekommen waren, suchten wir uns einen Platz, um uns hinzulegen. Francesca fand ein hübsches Plätzchen für uns direkt unter einem schattigen Felsen. Der Sand war sehr fein und fast weiß. Der Blick auf das Meer verschlug mir den Atem. Ein paradiesischer Ort. So lagen wir eine ganze Weile behaglich schweigend nebeneinander.

„Ti piace?", fragte Francesca.

„È bellissimo! Grazie."

„Grazie di che cosa?"

„Di essere qui con me."

„Nico?"

„Cosa?"

„Ti devo dire una cosa …"

„Che?"

„Domenica è il mio compleanno."

„Che cosa?" Ich wollte sichergehen, dass ich sie richtig verstanden hatte und wiederholte: „Domenica è il tuo compleanno? Davvero?"

Das Wort **compleanno**, *Geburtstag*, kannte ich bereits. Ausgerechnet am Tag meiner Abreise, am darauffolgenden Sonntag, war ihr Geburtstag.

„Ma io domenica, vado in Germania! Con l'aero."

Francesca lachte.

„Sei così carino! Si dice aereo! Aereo! Aereo!" Die Aussprache dieses Wortes machte mich verrückt. Genauso wie Euro. Wir sagen ja „oiro". In Italien sagt man aber „äuro".

„Sì, con l'aereo …"

„Non puoi partire."

Ich konnte nicht abreisen. Was meinte sie denn?

„Perché? Non capisco."

„Domenica è il mio compleanno. Hai capito? E

quindi non puoi partire, perché tu sei invitato alla mia festa di compleanno."

Ich kannte das Wort **invitato**. Es bedeutet *eingeladen*.

„Ho invitato tante persone, sarà una festa bellissima e tu non puoi mancare. Capisci?"

„Mancare?"

„Sì, mancare. Tu non puoi mancare. Se parti e torni in Germania, manchi. Se non parti, non manchi. Hai capito?"

„Aspetta …" Wort für Wort wiederholte ich, was sie gesagt hatte: „Se parti manchi, se non parti non manchi …"

„Giusto!", bestätigte sie.

Vielleicht hatte ich es verstanden: **mancare** … Mit einer etwas theatralischen Geste führte ich meine Hände zur Brust und wiederholte:

„Mancare, mancare …"

Francesca fing an zu lachen:

„Sììì, proprio così … mancare. Sei davvero fenomenale …"

Jetzt wusste ich, dass **mancare** *fehlen* bedeutet. Eigentlich konnte ich mir so eine richtige, schöne Geburtstagsparty in Süditalien nicht entgehen lassen. Und jetzt? Genau das fragte ich Francesca:

„E adesso?"

„Adesso andiamo a fare un bagno in questo mare meraviglioso e poi più tardi facciamo una telefonata in aeroporto e spostiamo il tuo volo. Tutto semplice, no?"

Zuerst einmal schwimmen. Dieses wunderschöne Meer musste gewürdigt werden! Und dann die Fluggesellschaft anrufen und meinen Flug umbuchen. Nichts leichter als das!

Francesca stand auf, nahm meine Hand und zog mich hinter sich her. Als wir im Wasser waren, kamen mir Rinaldos Worte wieder in den Sinn: **un posto eccezionale**! Und, da war ich mir jetzt ganz sicher, **una donna eccezionale**! Ich war ein echter Glückspilz!

8. CAMBIO DI PRENOTAZIONE

Die Umbuchung

„Allora, domenica è il tuo compleanno“, wiederholte ich laut, als wir in der Abenddämmerung die Küstenstraße zurückfuhren.

„Eh sì ...“, sie lächelte.

Diese Frau war wirklich der Hammer. Sie trug eine luftige Bluse und darunter nur das Bikinioberteil. Und dann statt des Rocks, den sie vorher anhatte, nur einen Sarong, und sie fuhr barfuß.

„Bene ...“

Ich überlegte gerade, wie ich sagen konnte, dass ich nicht mit leeren Händen zu einem Geburtstagsfest erscheinen kann und just in dem Moment warnte mich Francesca:

„Non ho bisogno di nessun regalo.“

Das war klar und deutlich, sie wollte kein Geschenk. Ich wollte wissen, warum eigentlich nicht?

„Perché non vuoi un regalo?“, fragte ich.

„No, non mi interessa. Non puoi rimanere per il mio compleanno?“

Ich war mir nicht sicher, was **rimanere** bedeutet. Es hatte auf jeden Fall mit ihrem Geburtstag zu tun.

„Francesca, cosa vuol dire rimanere?“

„Nico, rimanere vuol dire stare, fermarsi, non partire. Ecco, non partire!“

Non partire, also *nicht abreisen*, daher nahm ich stark an, dass die Bedeutung von **rimanere** *bleiben* sein musste.

Ich lehnte meinen Kopf gegen das Fenster und sah Francesca beim Fahren zu. Sie warf mir einen kurzen, ernsten Blick zu. Die Sonne ging langsam am Horizont unter. Der Strand und die Häuser, die man von der Straße aus sehen konnte, waren in goldenes Licht getaucht und das Meer schimmerte im Abendrot. Francesca hielt an einem kleinen Rastplatz. Ich sah sie erstaunt an.

„Cosa c'è?“, fragte ich.

„Cosa c'è?“, wiederholte sie. „Sai cosa c'è? Che tu non capisci niente.“

Ich wusste gar nicht, was sie damit sagen wollte. Sie war jetzt sehr ernst.

„Francesca, non capisco …“, sagte ich.

Alles geschah im Bruchteil einer Sekunde. Plötzlich kam ihr Gesicht dem meinen näher. Ich konnte ihre Stirn an meiner und ihren Atem auf meinen Lippen spüren … Für einen Moment verlor ich das Zeitgefühl. Ich wusste nicht mehr, ob die Zeit schneller verging oder ob sie stehengeblieben war. Als wir auseinandergingen, fragte sie:

„Cosa succede?"

Obwohl es eine besondere Situation war, musste ich nachfragen, denn ich kannte das Wort **succede** nicht.

„Succede? Non conosco questa parola. Mi dispiace."

„Sì, è vero."

Nach einer kurzen Pause sprach sie weiter:

„Voglio sapere cosa succede fra me e te."

Während sie dies sagte, zeigte sie mit dem Zeigefinger auf mich und dann auf sie. Also **me e te** ist *mir und dir*. Das wusste ich. Aber **succede** …

„Tra me e te?"

Ich machte die Bewegung mit dem Zeigefinger nach. Sie nickte. **Tra** musste *zwischen* bedeuten. Logisch, sie wollte wissen, was zwischen uns beiden gerade geschah. **Succedere** bedeutet *geschehen*.

„Non lo so … Tu sei una donna molto interessante. Ti piace la spiegazione?"

Dank meiner Lateinkenntnisse wusste ich, dass **spiegazione** *Erklärung* heißt. Sie lächelte:

„Sì, mi piace!"

Dann wollte ich etwas hinzufügen:

„Questa situazione è …" Schon wieder fehlte mir ein Wort … *komisch* wollte ich sagen …

„Com'è questa situazione? Cosa vuoi dire?", fragte sie.

„Sì, non so come dire … una situazione …"

„… strana?", fragte sie.

Ich glaube, das war das Wort. Ja, stimmt. Ich hatte es schon einmal gehört. **Strano** bedeutet *komisch*. Jetzt wusste ich es wieder.

„Sai, cosa facciamo adesso?"

„No", antwortete ich.

„Adesso, telefoniamo alla compagnia aerea e spostiamo il tuo volo. Va bene?"

„Cosa vuol dire spostare?"

„Spostare vuol dire cambiare. Tu hai un volo per domenica e adesso lo spostiamo a un altro giorno."

Volo ist der *Flug* und … ah, sie will den Flug *verschieben* … **spostare**.

„Hai il numero di telefono? Ora ci penso io."

Sie wollte die Telefonnummer der Fluggesellschaft. Ich holte einen Zettel aus meinem Geldbeutel. Dort hatte ich alle Informationen aufgeschrieben. Flugnummer und so weiter. Sie wollte jetzt anrufen.

Ich war ja gespannt, was sie anstellen würde, aber irgendwie hatte ich Vertrauen.

„Ecco … questo è il numero di telefono e il numero del volo con l'ora."

„Bene, fammi vedere … Ah, ok. Adesso metto in viva voce, così senti anche tu."

„Francesca, cos'è viva voce?"

„Nico, viva voce vuol dire che sentiamo tutti e due … adesso vedrai."

Sie wählte die Nummer und gleich hinterher tippte sie auf das Lautsprechersymbol des Telefons. Sie machte den *Lautsprecher* an. Ah, das war **viva voce**! Es klingelte lange. Endlich kam eine Ansage:

„Per acquistare un biglietto digitare 1. Per effettuare il check-in online digitare 2. Per cambiare o annullare una prenotazione digitare 3. Per lo smarrimento di bagagli digitare 4. Per tornare al menu principale digitare 9."

Ich hatte **acquistare**, *kaufen*, verstanden und auch **digitare,** *tippen*. **Prenotazione** ist die *Buchung* und **per tornare al menu principale** bedeutet *um ins Hauptmenü zurückzukommen*. Es klingelte wieder … Francesca und ich schauten uns an. Eine weibliche Stimme antwortete endlich:

„Buonasera, sono Miriam, come posso aiutarla?"

„Buonasera, chiamo a nome di un mio conoscente, il signor Nico Alberitter …“

„No, Halbritter … Halbritter“, flüsterte ich.

Francesca ließ sich nicht aus der Ruhe bringen:

„No, mi scusi, aspetti, le faccio lo spelling: H come hotel, A come Ancona, L come Livorno, B come Bologna, R come Roma, I di Imola, T come Torino, ancora T come Torino, E come Empoli, R come Roma …“

Es war spannend zu hören, wie man im Italienischen buchstabiert. Und vor allem den Ausdruck **fare lo spellling**, also *buchstabieren*, fand ich auch ein wenig merkwürdig. Anscheinend nimmt man in Italien Städtenamen und nicht Vornamen wie im Deutschen.

„Sì, ecco … Halbritter Nico, partenza da Napoli domenica, alle 18:20, diretto a Monaco di Baviera … Mi dica.“

„Ecco, il signor Alberitter vorrebbe spostare il volo a un altro giorno. È possibile?“

Ich fand es einfach genial, dass Francesca gerade dabei war meinen Flug umzubuchen.

„Sì, è possibile. Lo posso spostare sul volo di lunedì sempre alle 18:20 oppure sul volo di giovedì alle 8:35. Se vuole partire lunedì ci sarebbe da pagare l'importo … un attimo … ecco … sì, sarebbero 175,- €. Se preferisce partire giovedì, l'importo per il cambiamento di prenotazione è di 120,- €.“

„Ho capito, attenda un attimo per cortesia ..." Francesca schaute mich an und fragte:

„Hai capito?"

Natürlich hatte ich verstanden. Wenn ich am *Montag*, das war **lunedì**, fliegen würde, würde ich für die Umbuchung 175,- € bezahlen. Wenn ich aber **giovedì**, also am *Donnerstag* fliegen würde, dann würde es mich nur 120,- € kosten. Ich überlegte kurz und mir fiel ein, dass ich am Mittwoch einen wichtigen Termin an der Uni hatte. Also musste ich auf jeden Fall am Montag fliegen.

„Lunedì", sagte ich.

Francesca wandte sich wieder der Dame zu:

„Va bene per lunedì."

„Perfetto, allora un momento ... ecco, ora mi serve il numero della carta di credito."

„Sì, un attimo ..."

Es war mir auch klar, dass **carta di credito** *Kreditkarte* heißt. Ich händigte Francesca meine Kreditkarte aus und sie las die Informationen vor. Dann sagte die Dame von der Fluggesellschaft:

„Bene, cambio di prenotazione effettuato. Partenza da Napoli lunedì, ore 18:20, arrivo a Monaco di Baviera alle 20:05. Tra poco dovrebbe arrivare una mail di conferma. Posso fare altro?"

„No, grazie. Va bene così."

„Arrivederci e buona serata."

„Arrivederci."

Francesca strahlte, nachdem die Dame aufgelegt hatte.

„Hai visto, semplice no?"

Plötzlich stellten wir fest, dass wir immer noch im Auto saßen, während es draußen schon dunkel wurde. Als wir in Acciaroli ankamen, hatten wir beide Lust auf eine Pizza. Francesca parkte das Auto wieder bei dem *alten Turm*, **la vecchia torre**, und führte mich durch den Ort zu einer Pizzeria. Als wir in der Pizzeria dei Sogni saßen, sagte sie:

„Domani, io devo fare la spesa per la festa. Hai voglia di darmi una mano? Devo comprare un mucchio di cose."

Fare la spesa, *einkaufen*.

„Francesca, cosa vuol dire dare una mano?"

Ich streckte meine Hand zu ihr. Für mich bedeutet **dare la mano** *die Hand geben*.

„Noo ... dare una mano significa aiutare."

Ach so, **dare una mano** heißt also *helfen*.

„Va bene se passo da te domani mattina verso le dieci?"

„Sì, certo, alle dieci ... ti aiuto. Un mucchio di cose?"

Francesca lächelte:

„Sì … Vedi, qui ci sono tante persone. Un mucchio di persone."

Ich wiederholte:

„Tante persone, un mucchio di persone …"

Dank Francesca hatte ich wieder ein neues Wort gelernt: **un mucchio**, *ein Haufen*, im Sinne von *viel(e)*.

Ein Kellner bemerkte uns:

„Ciao bellissima, come stai?"

„Bene, grazie e tu?", antwortete Francesca.

„Quando ti vedo sto sempre bene …", sagte der Charmeur.

Francesca war schon **bellissima**. Damit hatte er ja recht. Absolut.

„Lui è Gino, lo conosco da tantissimi anni."

„Ah, Gino …", kommentierte ich.

Und schon stand er wieder an unserem Tisch:

„Cosa vi porto?"

„Per me una birra e una pizza cilentana."

„Anche per me una birra e una pizza cilentana", sagte ich.

„Hai già mangiato la pizza cilentana?", fragte Francesca.

„No!"

„E tu ordini una cosa, che non conosci?"

„La pizza cilentana è sicuramente buona, giusto?"

„Sì, è buonissima!“

In dem Moment kam der Charmeur mit unserem Bier.

„Ecco, una per la bellezza e una per il signore. Le pizze arrivano subito.“

Und schon wieder nannte er sie **bellezza**. Ich wollte mehr darüber wissen.

„Lo conosci bene?“, fragte ich.

„Sì, un po'…“

Also kannte sie ihn nicht so gut. Ich weiß nicht warum, aber seine Art gefiel mir nicht. Aber was soll's? Fünf Minuten später kamen zwei schöne Pizzen, die optisch nicht viel anders waren als eine Pizza Margherita. Meine Bemerkung war:

„È come la pizza Margherita.“

„No, è completamente diversa. Provala!“

Sie forderte mich auf sie zu probieren. Dann klärte mich Francesca auf:

„Per fare la pizza cilentana, si usano due tipi di farina e poi al posto della mozzarella si usa un formaggio caprino che ha un sapore più intenso.“

Oh, ich wollte sicher sein, dass ich alles verstanden hatte. **Farina** ist *Mehl*, glaube ich. Und was war **al posto della**?

„Francesca, al posto della mozzarella?“

„Ah sì, non si usa la mozzarella, ma un altro tipo di formaggio. Un formaggio di capra."

Aah, **al posto della** bedeutet *statt des* …

„Si può anche dire invece della mozzarella …"

Gut zu wissen: **invece della** kann man auch sagen. Das Wort **capra**, *Ziege*, half mir auch zu verstehen, was **formaggio caprino** heißt: *Ziegenkäse*. Der hat einen intensiveren Geschmack. **Il sapore** ist *der Geschmack*. Ich nahm das Glas und sagte dann ganz stolz:

„Francesca, facciamo un brindisi."

„Ma certo … a noi e alla pizza cilentana!"

„Sì, a noi!"

Ich schnitt ein Stück Pizza ab und probierte es. Es war wirklich köstlich. Francesca hatte recht. Durch den Ziegenkäse schmeckte die Pizza ganz anders.

„È buonissima." Mir fiel etwas ein, was ich unbedingt sagen musste: „Tutto è buono nel Cilento!"

„Hai ragione!", bestätigte Francesca.

„Sì, questa sera offro io, va bene?"

Ihr Blick war immer so intensiv … sie sagte nichts. Ich schaute mich um, um zu sehen, ob ich den Herrn Charmeur entdeckte. Er stand vor dem Eingang der Pizzeria und spielte an seinem Handy herum. Francesca rief ihn:

„Gino?"

Er kam sofort angeflogen.

„Bellezza, dimmi tutto!"

Schon wieder dieses **bellezza**. Ich mochte den Typ nicht. Aber den Ausdruck wollte ich mir unbedingt merken: **Dimmi tutto**. *Sag mir alles*. Ich hatte es schon oft gehört. Das wird im Italienischen viel benutzt, irgendwie nach dem Motto *ich bin ganz Ohr* oder so.

„Il conto per favore!", sagte ich ganz trocken.

„Il conto … arriva subito!"

Ich bezahlte. Francesca und ich gingen dann langsam in Richtung **la vecchia torre**. Nach wenigen Schritten hakte sich Francesca bei mir ein und wir gingen ganz eng aneinander geschmiegt in Richtung Auto. Wir stiegen ein. Als wir im Auto saßen, sagte ich:

„Francesca … tu sei una donna molto affascinante."

„Oh, questo è un bel complimento. Grazie!", antwortete sie und fügte hinzu: „Domenica, alla festa di compleanno, ci saranno anche i miei genitori." Dann lachte sie.

„Va bene", antwortete ich.

„Li conoscerai! Sarà divertente."

Ich würde am Sonntag auch ihre Eltern kennenlernen und das schien sie ganz offensichtlich zu freuen.

Als wir den ganz in orangefarbenes Licht gehüllten Ort Acciaroli verlassen hatten, fuhr Francesca langsam durch die Nacht. Auf der schnurgeraden Strecke zu meiner Pension war niemand unterwegs. Als sie das Auto stoppte und den Motor ausmachte, hörten wir ein lautes Grillenkonzert. So etwas hatte ich lange nicht mehr gehört. Die Luft war warm und der Himmel voller Sterne.

„Che bella serata!“, sagte sie.

„Bellissima“, antwortete ich spontan und dabei fiel mir wieder Monsieur Charmeur ein. Francesca lachte und küsste mich auf die Wange.

„Allora ci vediamo domani mattina! Alle dieci!“

„Buona notte“, wünschte ich ihr. Sie lächelte nur und setzte sich wieder ins Auto. Ich stand wieder auf der Straße und beobachtete die Lichter des Autos, die hinter der Kurve verschwanden. Erst in dem Moment wurde mir bewusst, dass ich wegen dieser Frau meinen Rückflug umgebucht hatte. **Il cambio di prenotazione.** Ich war auf die nächsten Tage sehr gespannt. Da lag was in der Luft!

9. LA SPESA
Der Einkauf

„Buongiorno Nico, dormito bene?“

„Buongiorno Antonietta. Sì, grazie. Molto bene.“

„Mi fa piacere … cosa ti porto per colazione?“

„Un cappuccino, un cornetto … i tuoi cornetti sono buonissimi. Un po’ di burro e marmellata.“

„Ho fatto la marmellata con i fichi, la vuoi provare?“

Ich musste kurz überlegen, was **fichi** bedeutet. Antonietta erkannte, dass ich das Wort nicht verstanden hatte, und sagte:

„Aspetta!“

Als sie mit einem Teller Feigen in der Hand zurückkam, verstand ich sofort, wovon sie sprach. Sie nahm eine Feige in die Hand, zeigte sie mir und sagte:

„Un fico secco …“

Un fico secco war *eine getrocknete Feige.*

„Bene,… grazie“, bedankte ich mich.

„Ora ti porto la marmellata.“

Sie verschwand in die kleine Küche und brachte mir kurz darauf einen kleinen Teller mit Feigenmarmelade. Sie roch göttlich.

„Questa la faccio io. È buonissima. Va bene, ti lascio fare colazione. Vado di là che ho da fare."

Antonietta verschwand wieder in die Küche und ich wandte mich meinem Italienischbuch zu. Ich wollte mir die Namen der Wochentage und der Monate einprägen. Ich begann leise zu lesen: **lunedì** – *Montag*, **martedì** – *Dienstag*, **mercoledì** – *Mittwoch*, **giovedì** – *Donnerstag*, **venerdì** – *Freitag*, **sabato** – *Samstag*, **domenica** – *Sonntag*. Es gab da eine Erklärung, die mir ins Auge sprang: Das Wort **dì** ist ein Synonym für **giorno**, *Tag*. **Buondì** wird auch als Gruß anstelle von **buongiorno** verwendet. Ich suchte weiter, bis ich die Monate fand: **gennaio** – *Januar*, **febbraio** – *Februar*, **marzo** – *März*, **aprile** – *April*, **maggio** – *Mai*, **giugno** – *Juni*, **luglio** – *Juli*, **agosto** – *August*, **settembre** – *September*, **ottobre** – *Oktober*, **novembre** …

„Ciao, cosa stai facendo?"

Ich war so konzentriert, dass ich nicht einmal bemerkt hatte, dass Francesca schon da war. Sie sah mich an und begann zu flüstern, wie ich es beim Lesen tat:

„… November, dicembre … non so come si dice in tedesco …"

„Dezember …“, antwortete ich lächelnd.

„Dezember“, wiederholte sie. „Oddio, che pronuncia orrenda che devo avere.“

Ich fand ihre Aussprache gar nicht so schlecht. Sie setzte sich neben mich.

„Vuoi un caffè o un cappuccino?“, fragte ich Francesca.

„Ma sì, perché no? Un caffè …“

Ich stand auf, um Antonietta zu suchen. Sie war an der Rezeption. Sie sah auf und sagte:

„Dimmi tutto, Nico …“

Ah, da war er ja wieder, der Ausdruck von dem Schnösel in der Pizzeria.

„Un caffè per Francesca, per favore.“

„Sì, certo, lo porto subito.“

Antonietta brachte einen Espresso und begrüßte Francesca:

„Ciao Francesca, tutto a posto?“

„Sì, grazie Antonietta. E tu?“

„Eh, si tira avanti. Che vuoi fare?!“

„Va bene. Ci vediamo Antonietta.“

Dann wendete sich Francesca an mich:

„Bene, vogliamo andare? Ho davvero un mucchio di cose da fare e una lunga lista della spesa.“

Ich konnte mich erinnern: **un mucchio** das war *ein Haufen*. Mit **un mucchio di cose da fare** meinte sie dann bestimmt, dass sie *eine Menge Dinge zu erledigen hatte.*

Ich wusste auch, dass **fare la spesa** *Lebensmittel einkaufen* bedeutet. Wenn man aber diesen Ausdruck im Plural verwendet und ohne Artikel: **fare spese**, bedeutet das auch *einkaufen* im Allgemeinen, nicht ausschließlich Lebensmittel. Francesca hatte also **una lunga lista della spesa**, *eine lange Einkaufsliste.*

Als wir die Straße hinaufgingen, fragte ich Francesca nach dem Ausdruck, den Antonietta verwendet hatte:

„Cosa vuol dire si tira avanti?"

„Ah, eh … vuol dire che la vita va avanti. Si vive, si lavora e si cerca di stare bene."

Also, *das Leben geht weiter* … Ich suchte nach einer passenden Übersetzung und hatte die Vermutung, dass man im Deutschen *man schlägt sich so durch* sagen würde.

Im Auto gab mir Francesca eine lange handgeschriebene Liste.

„Andiamo prima dal panettiere. Ho ordinato dieci pagnotte fresche", kommentierte sie.

„Panettiere?", fragte ich.

„Sì, dal panettiere si compra il pane."

Klar, der *Bäcker*.

„Una pagnotta è un pezzo di pane, capisci?"

„Sì, sì … un pezzo di pane."

Also, *ein Laib Brot*.

Francesca parkte das Auto direkt vor dem Bäcker, in zweiter Reihe. Sie stieg aus und sagte:

„Aspettami qui, torno subito."

Ich verstand, dass ich im Auto warten sollte. Mir fiel diese Befehlsform **aspetta** mit **mi** hintendran auf. **Apettami** heißt also *warte auf mich*. Ich kannte das Wort **torno** nicht. Ich dachte an **andata e ritorno**, *Hin- und Rückfahrt*, das man zum Beispiel bei einem Zugticket sagt. **Torno subito** musste bedeuten *ich bin gleich zurück*.

Ich sah Francesca mit zwei Tüten voller Brot aus dem Laden kommen. Ich stieg aus dem Auto aus, um ihr zu helfen.

„Apri il bagagliaio, per favore."

„Il bagagliao? "

„Noo … ba-ga-glia-io. Dietro …"

Dietro war *hinten*. Sie stand dort auf der Straße mit diesen zwei Tüten voller Brot …

„Apri dietro …", sagte sie.

Na klar, ich sollte hinten aufmachen. Jetzt hatte ich es verstanden. **Bagagliaio** war der *Kofferraum*. Francesca war sichtlich erleichert, als ich ihn endlich für sie öffnete.

„Bene, ora andiamo al supermercato a comprare il resto. Domenica mattina voglio fare una parmigiana. Sai cos'è la parmigiana?"

„Parmigiana? Non lo so."

„La parmigiana è un piatto tipico del sud. Sugo di pomodoro, basilico, sale, pepe, melanzane, mozzarella e parmigiano. Semplice ma buona. Il supermercato è a dieci chilometri, verso la stazione."

Ich konnte mich an die Strecke erinnern. Die war ich mit dem Taxi gefahren, als ich am Bahnhof ankam. Aber ich wollte wissen, was **melanzane** sind.

„Cosa vuol dire melanzane?"

„Ah, certo ... le melanzane ... sono nere, non so. È un tipo di verdura. Lunghe e rotonde."

Verdura ist *Gemüse* ... **Melanzane** sind schwarz ... ah, vielleicht *Auberginen*.

„Poi dobbiamo prendere anche un po' di vino, magari anche un po' di birra."

Wein und Bier wollte sie auch einkaufen. Francesca parkte direkt vor dem Supermarkteingang. Der Supermarkt befand sich in einem kleinen Einkaufszentrum. Die meisten anderen Geschäfte waren geschlossen. An den Fensterläden waren Schilder angebracht: „**chiuso**".

„Allora, come prima cosa prendiamo le melanzane ...", sagte Francesca, als wir den Supermarkt betraten. In einer Ecke stand ein Schild: **Frutta e Verdura**. *Obst und Gemüse.*

„Ecco, queste sono le melanzane … ne prendo dieci. E poi le peso …“

Mir fiel auf, dass jeder Artikel mit einer Nummer versehen war. Die Auberginen hatten die Nummer 17. Man nahm also, was man brauchte, legte die Ware auf eine Waage und konnte dann die entsprechende Nummer eingeben. Die Ware wurde gewogen und dann kam ein kleines Klebeetikett mit dem aufgedruckten Preis aus dem Gerät. Also hieß **pesare** wohl *wiegen*.

„Poi andiamo a prendere i pelati.“

Es war faszinierend für mich zu sehen, wie die Menschen in Italien einkaufen. Ich folgte Francesca und schob dabei den Einkaufswagen.

„Cosa sono i pelati?“

„Ah, sì, i pomodori pelati … pelare significa togliere la buccia, come pelare le patate. Adesso, te li faccio vedere.“

Wir standen vor einem Regal voller Dosen mit *geschälten Tomaten*. Jetzt hatte ich verstanden. **I pelati** ist die Abkürzung von **i pomodori pelati**. Aber in der Umgangssprache sagt man anscheinend nur **pelati**.

„Anche di questi, dieci … bene! Ora andiamo al banco del formaggio per comprare le mozzarelle. Vedi, laggiù?"

„Sì, il formaggio …"

Jetzt standen wir also vor der *Käsetheke.* Es gab hier wirklich alles, was das Herz begehrt. Ich erkannte frischen Büffelmozzarella und den *Mozzarella aus Kuhmilch*, der in Italien **Fior di latte** heißt. Dieser Ausdruck ist so schön bildhaft, er bedeutet so viel wie *Blume der Milch.* Es gab dort auch frischen Ricotta, Scamorza, Ziegenkäse, und neben der Käsetheke lag Aufschnitt, mit Schinken und Salami in allen möglichen Variationen. Alles war so schön ausgestellt und fein präsentiert. In diesem Moment wurde mir klar, wie wichtig das Essen in Italien ist. Ich hörte Francesca zu, wie sie einkaufte:

„Buongiorno, ditemi …", sagte der Verkäufer. Ich merkte, dass er statt mit der normalen Höflichkeitsform Francesca in der zweiten Person Plural ansprach, also mit *ihr*: **ditemi**, *sagt mir.*

„Sì, vorrei sei mozzarelle e due buste di bocconcini."

Bocconcini waren *kleine Mozzarellabällchen*, die in einer Wanne mit Wasser eingelegt waren. Und der normale Mozzarella war auffallend groß.

„Ecco …“

„Grazie, buona giornata“, verabschiedete sich Francesca von dem Verkäufer und ging rüber zur Wursttheke.

„Prego …“, sagte die Dame hinter der Theke.

„Mi farebbe un vassoio di affettato per una decina di persone, per favore?“

Francesca schaute mich an und zeigte auf das Tablett, das die Verkäuferin genommen hatte, um es mit verschiedenen Schinken- und Salamisorten aufzufüllen. Jetzt wusste ich, dass **vassoio** *Tablett* bedeutet. Sie hatte das größte von denen genommen, die hinter ihr im Regal lagen. Für *etwa zehn Personen* eben: **una decina di persone**.

„Va bene, così?“, fragte die Verkäuferin und hielt dabei das Tablett mit dem ganzen Aufschnitt hoch, damit Francesca es sehen konnte. Es war alles sehr fein geschnitten und delikat angerichtet. Mir lief schon das Wasser im Munde zusammen.

„Benissimo. Grazie!“

„Grazie a Voi. Un momento che lo copro con un po' di pellicola.“

Ich sah, wie die Verkäuferin eine große Plastikfolie nahm und über das Tablett zog.

„Ecco fatto!“

„Di nuovo grazie. Arrivederci."

„Hai visto, Nico, abbiamo quasi finito."

„Il vino, la birra …", sagte ich.

„Sì, hai ragione. Vino, birra … e poi?"

„Non lo so …", antwortete ich.

„Intanto andiamo a prendere il vino e la birra."

„Va bene."

Als Francesca vor den vielen Weinflaschen stand, wusste sie sofort, was sie kaufen wollte:

„Aglianico, è un vino buonissimo. Lo fanno da queste parti."

„È il mio vino …"

„Il tuo vino?"

„Aglia-Nico", antwortete ich lachend.

„Aglia-Nico …", wiederholte Francesca und lachte auch.

„Allora stasera si beve solo Aglia-Nico. Ne prendo tre cartoni."

Ich half ihr, die beiden Weinkartons in den Wagen zu stellen.

„Poi due cassette di birra."

Zwei Kästen Bier kamen ebenso in den Einkaufswagen.

„Bene, abbiamo tutto. Andiamo alla cassa."

„Va bene."

Wir standen in der Schlange und Francesca war neben mir. Sie sah mich an und lächelte.

„Mi piace fare la spesa con te."

„Anche a me. È molto interessante."

„Cosa vuoi dire?"

In der Zwischenzeit waren wir an der Kasse angekommen. Ich half Francesca, die Lebensmittel aufs Band zu legen.

„Carta o contanti?", fragte die Kassiererin.

„Pago in contanti", antwortete Francesca.

Wieder hatte ich etwas Wichtiges gelernt. **Pagare in contanti**. *Bar bezahlen.*

Mi piace molto fare la spesa con Francesca. Immer häufiger kam es jetzt vor, dass ich meine Gedanken im Kopf auf Italienisch formulierte. Mit Francesca Zeit zu verbringen, mit ihr etwas Schönes und auch Alltägliches wie einen Einkauf im Supermarkt zu erleben, war einfach wunderbar.

10. LA FESTA DI COMPLEANNO

Das Geburtstagsfest

„Tutto bene, Nico?", fragte Antonietta mit ihrer schrillen Stimme, während Sie die Reste meines Frühstücks abräumte.

„Sì, grazie."

„Vuoi un altro caffè?"

„Sì, grazie, un altro caffè."

„Te lo porto subito …"

„Antonietta, poi … io pago. Domani mattina parto."

„Eh già … Sì, tranquillo. Dopo ti faccio il conto, intanto ti porto il caffè."

Intanto, was war das gleich wieder … ich schaute nach. Die Übersetzung gab unter anderem auch *inzwischen* an.

„Ecco il caffè. Francesca non viene oggi?"

„Sì, fra poco, alle undici."

„Cosa fate di bello?"

„Oggi è il suo compleanno … c'è una piccola festa."

„Ah, bene. Eccola lì."

Als Francesca näherkam, stand ich auf. Für einen kurzen Augenblick standen wir uns direkt gegenüber.

„Allora, come stai, professore? Come sei elegante", sie lächelte mich an. Ich bemerkte, dass Antonietta nicht mehr da war.

„Bene, oh grazie. È una camicia bianca …"

„Sì, ma ti sta bene."

„Sta bene?", fragte ich.

„Sì, vuol dire che la camicia ti sta bene … è perfetta."

Ich glaubte zu verstehen, dass dieser Ausdruck **ti sta bene**, so viel wie *es steht dir gut* bedeuten kann.

„Grazie … Francesca … Tanti auguri …"

Ich rückte noch näher an sie heran und küsste sie einmal auf die rechte und dann auf die linke Wange. Ihre Umarmung fühlte sich gut an. Richtig vertraut.

„Grazie, come sei gentile …"

„Aspetta … ho un regalo per te."

„Un regalo? Ma …"

Aus meinem Rucksack zog ich ein kleines Päckchen heraus.

„Per te!"

„Grazie, cos'è? Lo apro subito ..."

Sie wollte es gleich aufmachen. Nachdem sie das Geschenkpapier entfernt hatte, schien sie ihren Augen nicht zu trauen.

„Oh Nico, è davvero un bel regalo! Il tedesco per principianti. Pensi che imparerò questa lingua?" Dieses Mal küsste sie mich auf die Wangen.

„Sono contento."

„Anch'io. Molto. Dai, ora andiamo. Ho ancora un mucchio di cose da fare. Alle tre del pomeriggio arrivano i primi ospiti. La festa sarà nella casa dove vivono i miei genitori e quindi ci saranno anche loro."

„Saranno ...?"

„Ah sì, saranno è il futuro di essere. Il futuro, capisci?"

„Sì, certo."

Sie meinte, dass **saranno** die Zukunftsform von dem Verb **essere**, *sein*, ist.

„Loro saranno?", fragte ich erneut nach.

„Esatto ..."

„E il futuro di io sono, tu sei ...?"

Francesca verstand, was ich wissen wollte.

„Io sarò, tu sarai, lui sarà, noi saremo, voi sarete, loro saranno."

Ah, das waren also die Zukunftsformen von **essere**, *sein*: *ich werde sein, du wirst sein, er wird sein, wir werden sein, ihr werdet sein* und *sie werden sein.*

„Andiamo?“

„Sì, va bene.“

„Adesso ti faccio conoscere Pollica“, sagte Francesca, nachdem sie die Küstenstraße verlassen hatte und auf einer schmalen, kurvenreichen Straße den Hügel hinauffuhr. Ich bewunderte das Panorama, das sich bei jeder Kurve aufs Neue präsentierte. Das Blau des Himmels mischte sich mit dem Blau des Meeres. Nach etwa sechs Kilometern erreichten wir ein kleines Dorf, das auf einem Hügel lag und von dem aus man eine fantastische Aussicht hatte.

„Questa è Pollica“, sagte Francesca stolz.

„È bellissimo! Un piccolo paradiso.“

Das war in der Tat *ein kleines Paradies.* Ein Ort, an dem die Zeit stillzustehen schien. Alte Steinhäuser, ein kleiner Platz, und ein altes Schloss. Ältere Menschen saßen auf alten Steinbänken vor den Häusern und beobachteten mit geduldigen Augen das Geschehen. Andere saßen an einem Tisch in einer der beiden Dorfkneipen und spielten Karten. Francesca parkte das Auto auf dem Platz.

„Vieni, andiamo. Mi aiuti a portare su un po' di cose?“

„Sì, certo."

„Aspetta che apro il bagagliaio."

„Il bagagliaio …", wiederholte ich.

„Giusto. Migliori ogni giorno."

„Migliori?"

„Sì, ogni giorno impari qualcosa di nuovo e quindi migliori."

Ah, **migliorare** bedeutete bestimmt *besser werden*. Ich kannte das Wort **meglio**, *besser*.

„Grazie a te", sagte ich. Oh ja, es war wirklich *dank ihr*, dass ich solche Fortschritte machte. Sie lächelte.

„Ecco, prendiamo tutte le buste."

Im Kofferraum waren noch einige **buste**, *Tüten*, mit Lebensmitteln.

„Dobbiamo salire per questo vicolo."

Salire … ich wusste, dass **salire** auch *einsteigen* heißen kann. In dem Fall meinte Francesca aber *hinaufgehen* und mit **vicolo** war eindeutig eine *kleine Gasse* gemeint. Der Platz war das Zentrum des Dorfes, aber die Gasse war der Teil der Ortschaft, in dem die Menschen lebten. Francesca blieb vor einer großen Holztür stehen. Sie öffnete sie und bat mich hinein:

„Dai non fare il timido, entra. In questa casa sono nata e cresciuta."

„Nata e cresciuta …“, wiederholte ich leise. Aber Francesca hörte es.

„Sì, nascere … venire al mondo … un bambino nasce e poi cresce, piano, piano … diventa grande. Capisci?“

„Penso di sì …“

Ich war mir ziemlich sicher, dass **nascere** *geboren werden* bedeutet und dann logischerweise **cresce**, oder vielmehr **crescere** … *aufwachsen*. Wir gingen durch einen großen Patio. Links war eine Tür.

„Questa è la cucina. Metti le buste sul tavolo. Adesso ti faccio vedere il giardino. Vieni.“

Ich legte die Tüten auf den Tisch und folgte ihr. Ein paar Stufen führten zu einer Glastür.

„E questo è il giardino, noi lo chiamiamo orto, perché i miei genitori coltivano un po' di tutto: pomodori, zucchine, melanzane, uva. Mio padre fa anche il vino e abbiamo anche qualche albero d'ulivo. Ti piace?“

Es war kein Garten, es war eher ein kleiner Park. Auf der einen Seite gab es eine Rasenfläche mit Stühlen und Tischen. Es gab sogar eine kleine Bühne mit Musikinstrumenten. Auf der anderen Seite befand sich eine Art Gemüsegarten. Und das alles neben einer Terrasse mit wunderschönem Blick auf das Meer.

Das einzige Wort, das ich nicht verstanden hatte, war **uva**. Ich wollte jetzt nicht nachfragen. Ich glaube aber sie meinte *Weintrauben*.

„È bellissimo."

In dem Garten waren schon ein paar Leute.

„Ti presento i miei genitori …" Oh, die Eltern. „Sono seduti lì, a quel tavolo." Sie zeigte mir den Tisch, an dem sie saßen.

„Mamma, papà, vi presento Nico."

„Buongiorno Nico", sagte der Vater.

„Benvenuto", fügte die Mutter hinzu.

„Molto piacere, grazie!", war meine Antwort.

„Sei tedesco, vero?", fragte der Vater.

„Sì, vivo in un piccolo paese vicino a Monaco di Baviera."

„Ah, bene. E sei qui in vacanza?"

„Sì, sono qui per una piccola vacanza."

„Ti piace il Cilento?", fragte wieder der Vater.

„È bellissimo. Un posto meraviglioso."

„Allora ci devi tornare …", sagte die Mutter und schaute dabei zuerst mich an und dann Francesca.

„Sì, io torno qui … certo."

„Cosa vuoi bere, Nico?"

„Ah, solo un po' d'acqua …"

Francesca holte eine Karaffe und ein Glas.

„Siediti Nico“, sagte der Vater.

„Sì grazie.“

„Che lavoro fai?“, wollte er wissen.

Auf diese Frage konnte ich inzwischen zum Glück fließend antworten. Ich wollte ja schließlich einen guten Eindruck machen.

„Sono professore di fisica.“

„Interessante … all'università?“

„Sì, all'università di Monaco.“

„Un vero professore …“, fügte die Mutter hinzu.

„Sì … Anche Francesca è professoressa di musica.“

„Sì, lei ama la musica … oggi ci sarà anche un piccolo concerto“, kündigte die Mutter an.

Amare, das war ein schönes Wort. *Lieben.*

„Sei molto bravo a parlare italiano. Dove hai studiato?“

Oh, das war ein Kompliment. Francescas Vater meinte, ich würde so gut sprechen und wollte wissen, wo ich Italienisch gelernt hätte.

„Non ho studiato italiano, ho impara … imparato in questi giorni. Qui, nel Cilento! A me piace l'italiano.“

„Bravo. Sei molto bravo. Complimenti.“

Ich hatte nicht gemerkt, dass in der Zwischenzeit viele andere Leute eingetroffen waren. Francesca stellte sich vor die kleine Bühne und kündigte etwas an:

„Grazie di essere venuti. Sono davvero contenta. Vi voglio solo dire che sono arrivate le pizze. Abbiamo anche una parmigiana e le bevande non mancano. Servitevi pure. E tra poco ci sarà una sorpresa. Le pizze le ha fatte Gino. Gino vieni qua. Un applauso per il miglior pizzaiolo della zona."

Ich wollte meinen Augen nicht trauen. Mister Charmeur war da. In dem Moment erinnerte ich mich daran, wie er Francesca in der Pizzeria angesprochen hatte: „Dimmi tutto, bellezza!" Ausgerechnet er musste die Pizzen bringen. Und jetzt hatte er sich auch noch einen Applaus verdient. Ich musste aber zugeben, dass seine Pizza gut war. Es gab einen Tisch, auf dem die Pizzen, die Parmigiana und viele andere Köstlichkeiten sowie einige Getränke für die Gäste bereitstanden.

Daniela und Peppino waren auch da. Sie freuten sich, mich zu sehen:

„Ciao Nico, come stai?", fragte Daniela.

„Bene, grazie. E tu?"

„Un po' stanca. Il lavoro al ristorante è molto. Ma va bene. Francesca mi ha detto che tu oggi saresti venuto."

„Ah sì … Sì."

In dem Moment kam auch Peppino zu uns. Er hatte zwei Gläser Weißwein in der Hand. Eines für ihn und eines für Daniela.

„Vuoi anche tu un bicchiere? Te lo porto."

Peppino holte tatsächlich ein Glas für mich.

„Ecco facciamo un brindisi", sagte er.

„Sì, a Francesca", antwortete Daniela.

„A Francesca", wiederholte ich.

In dem Moment kam Francesca auf uns zu.

„State parlando di me?" Sie wollte wissen, ob wir gerade von ihr sprechen.

„No, stavamo solo brindando alla tua salute", sagte Daniela.

„Bene, allora brindo anch'io alla mia salute con voi." Francesca hob das Glas und schaute uns an.

„Grazie di essere qui. È un bel regalo."

„Grazie a te", sagte ich.

„Bene, sono arrivati gli altri musicisti. Ora ci sarà un piccolo concerto. A dopo."

Francesca ging zu der kleinen Bühne. Dort standen ein Klavier und ein kleines Schlagzeug. Zwei von den drei Musikern fingen an, ihre Instrumente auszupacken. Der eine hatte ein Saxofon und der andere einen Bass. Francesca stieg auf die Bühne und griff zum Mikrofon:

„Cari amici, cari parenti. Sono davvero contenta che siate tutti qui. E ora sono io, anzi siamo noi, che vogliamo farvi un piccolo regalo. Ho chiamato questi tre musicisti, miei amici: Carlo, un batterista eccezionale. Toni: per lui il sassofono è tutto. E infine, Gianpiero, che suona il basso da quando aveva tredici anni. Questa sera vi faremo ascoltare un po' di swing e jazz e io vado al piano. Buon divertimento."

Es gab einen Riesenapplaus. Ich blieb bei Daniela und Peppino stehen. Als Francesca anfing zu singen, hatte ich den Eindruck, dass ihre Stimme noch schöner war, noch sanfter und trotzdem kraftvoll:

„Fammi volare fino alla luna, fammi giocare tra le stelle ..."

Ich erkannte die Melodie: „Fly me to the moon" und Francesca sang es auf Italienisch. Nach vierzig Minuten bedankte sich Francesca bei allen und erntete einen noch größeren Applaus als zuvor. Sie kam sofort zu mir.

„Sei bravissima. Un genio."

„Oh, se lo dici tu, professore ... grazie. Mi fa piacere ... Vieni con me."

Ich folgte ihr. Sie nahm eine Flasche Wein mit und zwei Gläser. Sie führte mich in eine etwas versteckte Ecke des Gartens, weg von den Gästen. Die Musik und die Stimmen waren nur noch entfernt zu hören.

„Bene, allora domani parti", stellte sie fest.

„Sì, mi dispiace."

„Anche a me. Ti accompagno all'aeroporto se vuoi."

„Davvero? Ma Napoli è lontano."

„Ti accompagno volentieri … così stiamo ancora un po' insieme."

„Sì, una buona idea. Va bene. Grazie, Francesca. Tu sei veramente una donna …"

Sie stellte die Gläser auf eine kleine Mauer und füllte sie.

„Beviamo!", forderte sie mich auf.

„Alla tua salute."

„Alla tua!", sagte sie.

„Allora, come sono io?", wollte sie wissen.

„Tu sei una donna … molto interessante, bella, affascinante …" Ich verwendete alle Adjektive, die ich kannte.

„Grazie …"

„Sì, e io voglio …"

„Cosa vuoi?"

„Aspetta … devo pensare."

Sie lachte wieder. Ich musste mich anstrengen, um das zu sagen, was ich sagen wollte.

„Io voglio che tu vieni in Germania. Sì."

„Davvero? E quando?"

Sie umarmte mich ganz fest. Und ich zog sie zu mir her. Dann flüsterte sie mir ins Ohr:

„Perché non mi baci?"

Ich wusste, dass **baciare** *küssen* heißt. Warum ich sie nicht küsste? Gute Frage. Ich hatte keine Zeit, um etwas zu sagen oder zu überlegen. Dann passierte es einfach. Ich hatte schon lange nicht mehr so für jemanden empfunden wie in diesem Moment … Danach schauten wir uns tief in die Augen und ich musste es ihr sagen:

„Mi piace come sei, come canti e come baci."

Sie strahlte mich an.

„Sei davvero fenomenale."

„Vieni in Germania?", fragte ich nochmal.

„Certo. Non so … forse anche fra dieci giorni … che dici? Dopo cominciano le lezioni al conservatorio e devo lavorare."

„Va bene. Sono contento."

„Anch'io. Allora ci rivediamo presto."

Die Musik, die Party, die Leute. Alles war so weit weg, und Francesca war so nah.

„Sì, a presto!"

Wir gingen noch ein Stück Hand in Hand zurück in Richtung Haus. Auf einmal tauchte der Herr Charmeur auf. Er sah uns, drehte sich wieder um und ging weiter. Das mit uns beiden blieb also nicht unbemerkt und bald würde der ganze Freundes- und Familienkreis Bescheid wissen. Doch wie würde es mit Francesca weitergehen? Würde es tatsächlich ein Wiedersehen mit ihr geben? Tausend Fragen schwirrten mir im Kopf herum … alles war so unklar und stand noch in den Sternen des wundervollen Nachthimmels über dem Cilento.

WORTLISTE

Verwendete Abkürzungen

f. = *feminin*	qc = *qualcosa*
m. = *maskulin*	qn = *qualcuno*
pl. = *Plural*	ugs. = *umgangssprachlich*

1

l'	**acqua (f.)**	*Wasser*
	allora	*also*
	anche	*auch*
	anche tu	*du auch*
	Andiamo in acqua.	*Wir gehen ins Wasser.*
	bene	*gut*
	benissimo	*sehr gut*
	Bisogna vederlo.	*Man muss es sich ansehen.*
	Buongiorno!	*Guten Tag!*
	c'è	*es gibt, da ist*
	Capisci?	*Verstehst du?*
la	**casa**	*Haus*
	Che bello!	*Wie schön!*
	Che carino!	*Wie süß!*
	chiamarsi	*heißen*
	ci sono	*es gibt, da sind*
	Ci sono stata una volta.	*Ich bin einmal dort gewesen.*
	Ci vediamo dopo.	*Wir sehen uns später.*
	cinque anni fa	*vor fünf Jahren*
la	**collina**	*Hügel*
	Come stai?	*Wie geht es dir?*
	Come ti chiami?	*Wie heißt du?*
	Conosci ...?	*Kennst du ...?*
	Cosa è ...?	*Was ist ...?*
	Di dove?	*Woher?*
	Di dove sei?	*Woher bist du?*
	di Monaco	*aus München*
	dietro quella collina	*hinter dem Hügel dort*
	Dove?	*Wo?*
	Fa caldo.	*Es ist warm.*
	Fa molto caldo.	*Es ist heiß.*
	forse	*vielleicht, ungefähr*
	Ho capito.	*Ich habe verstanden.*
	Ho detto che ...	*Ich habe gesagt, dass ...*
	ma	*aber*
	Mi chiamo ...	*Ich heiße ...*
	Mi è piaciuto/a tantissimo!	*Es hat mir sehr gut gefallen!*
	Ne vale la pena.	*Es lohnt sich.*
	Non si dice ...	*Man sagt nicht ...*
il	**paesino**	*Dörfchen*
	Piacere!	*Freut mich, dich/ Sie kennenzulernen!*
	poche case/ persone	*wenige Häuser/ Menschen*
	poi	*dann*
	Quanto ci vorrei tornare!	*Wie gerne würde ich noch einmal hinfahren!*
	qui	*hier*
	Sai, ...	*Weißt du, ...*
	Sei qui in vacanza?	*Machst du hier Urlaub?*
	Sei tedesco?	*Bist du Deutscher?*
	Siamo sulla spiaggia.	*Wir sind am Strand.*

	Sono tedesco.	*Ich bin Deutscher.*
la	**spiaggia**	*Strand*
	sulla collina	*auf dem Hügel*
	tutto bene	*alles in Ordnung*
	Va bene.	*Okay.*
	Vale la pena di andarci.	*Es lohnt sich, hinzufahren.*
	Vale la pena di vederlo.	*Es lohnt sich, es sich anzusehen.*
	Vedi, ...	*Siehst du, ...*
	Vivo a Salerno.	*Ich lebe in Salerno.*
	... vuol dire ...	*... bedeutet ...*

2

l'	**aeroporto (m.)**	*Flughafen*
	all'università	*an der Universität*
	alle otto	*um acht (Uhr)*
	alle scuole superiori	*an der Schule (Oberstufe)*
	Andiamo fuori a cena stasera?	*Gehen wir heute Abend zusammen essen?*
la	**barca**	*das Boot*
	Bravo!	*Sehr gut!*
il	**canto**	*Gesang*
la	**cena**	*Abendessen*
	Che lavoro fai?	*Was machst du beruflich?*
	Ci siamo simpatici.	*Wir sind einander sympathisch.*
la	**colazione**	*Frühstück*
	Cosa vuol dire ...?	*Was bedeutet ...?*
il/la	**cugino/a**	*Cousin(e)*
	da mia cugina	*bei/zu meiner Cousine*
	davvero	*wirklich*
	Dobbiamo festeggiare.	*Wir müssen feiern.*
	È facile, no?	*Das ist einfach, oder?*
	Esatto!	*Richtig!*
	fantastico/a	*fantastisch*
la	**fisica**	*Physik*
	giù al porto	*unten am Hafen*
	grande	*groß*
	Hai capito?	*Hast du verstanden?*
l'	**insegnante (m./f.)**	*Lehrer/in, Dozent/in*
	Insegno musica al conservatorio.	*Ich unterrichte Musik am Konservatorium.*
	interessante	*interessant*
il	**lavoro**	*Arbeit*
	Lavoro a Salerno.	*Ich arbeite in Salerno.*
	Lo sai che ...?	*Weißt du, dass ...?*
	Ma cosa hai capito?	*Was hast du eigentlich verstanden?*
(tu)	**mi dai**	*du gibst mir*
	Mi piace.	*Das gefällt mir.*
	mio/a	*mein(e)*
la	**nave**	*das Schiff*
	Non l'avevo mai sentita!	*Das habe ich noch nie gehört!*
il	**numero di telefono**	*die Telefonnummer*
	Oddio!	*Oh Gott!*
	Ora devo andare.	*Jetzt muss ich gehen.*
	passare a prendere qn	*jdn abholen*
	Però niente baci.	*Aber keine Küsse.*
il	**pianoforte**	*das Klavier*
	piccolo/a	*kleine(r, s)*
	più o meno	*mehr oder weniger*
	portare	*bringen*
il	**porto**	*Hafen*
il	**posto**	*Ort*
il	**pranzo**	*Mittagessen*
il	**professore**	*Professor*
il	**professore di fisica**	*Physikprofessor*
	Proprio così!	*So ist es!*
	questa sera	*heute Abend*
	qui davanti	*hier vorne*

	Scambiamoci i numeri di telefono!	*Lass uns Telefonnummern austauschen!*
	Sei davvero unico!	*Du bist wirklich einzigartig!*
la	**serata**	*Abend*
	simpatico/a	*sympathisch*
la	**strada**	*Straße*
	sul porto	*am Hafen*
	sulla strada	*auf der Straße*
	Ti chiamerò ...	*Ich werde dich ... nennen.*
(io)	**ti do**	*ich gebe dir*
	Ti passo a prendere.	*Ich komme dich abholen.*
il	**traghetto**	*die Fähre*
	tuo/a	*dein(e)*
	l'università (f.)	*Universität*
	Vuoi sapere ...?	*Möchtest du wissen ...?*

3

	adesso	*jetzt*
	adorare	*verehren, vergöttern*
	al posto di	*(an)statt*
	al sud	*im Süden*
	allegro/a	*fröhlich*
	amare	*lieben*
	l'amico/a (m./f.)	*Freund(in)*
	l'amico (m.) di famiglia	*Freund der Familie*
	l'amico (m.) tedesco	*der deutsche Freund*
	ancora	*noch*
	ancora di più	*noch mehr*
	anziano/a	*alt*
il	**Bel Paese**	*(wörtl.:) das schöne Land (Spitzname für Italien)*
	Buona serata!	*Einen schönen Abend!*
	capire	*verstehen*
	Capisci?	*Verstehst du?*
la	**carne**	*Fleisch*
	Ci mettiamo lì.	*Wir stellen uns dorthin.*
la	**cucina**	*Küche*
	Dai!	*Los!, Komm!, Auf geht's!*
	Dai, andiamo!	*Komm, lass uns gehen!*
	dare	*geben*
(tu)	**dici**	*du sagst*
	dire	*sagen*
la	**domanda**	*Frage*
	domani	*morgen*
	ecco	*hier*
	Ecco a Lei!	*Hier, bitte!, Das ist für Sie!*
	Ecco, lo sapevo!	*Das habe ich mir gedacht!*
	essere in compagnia	*in Gesellschaft sein*
la	**fame**	*Hunger*
la	**famiglia**	*Familie*
	fare una bella figura	*einen guten Eindruck machen*
il	**fiore**	*Blume*
	gli anni passano	*die Jahre vergehen*
(tu)	**hai parlato**	*du hast gesprochen*
	Ho fame.	*Ich habe Hunger.*
	imbottito/a	*gefüllt*
	in questo momento	*in diesem Moment*
	magari	*vielleicht*
il	**mare**	*Meer*
il	**modo**	*Art*
	mostrare rispetto a qn	*jdm gegenüber Respekt erweisen*
	normalmente	*normalerweise*
il	**paese**	*das Dorf, das Land*
i	**Paesi Bassi (pl.)**	*Niederlande*
il	**parcheggio**	*Parkplatz*
	Perché?	*Warum?*
il	**pesce**	*Fisch*
	Piano, per favore!	*Langsam, bitte!*
	pieno/a di vita	*voller Leben*

	più tardi	*später*
il	**posto libero**	*freie(r) Platz*
	questo/a	*diese(r, s)*
	Sali!	*Steig ein!*
la	**salita**	*Aufstieg*
la	**settimana**	*Woche*
	si mangia bene	*man isst gut*
	si usa	*man benutzt*
	trovare	*finden*
	tutto	*alles*
	Tutto a posto?	*Alles in Ordnung?*
(noi)	**usiamo**	*wir verwenden*
la	**vecchia torre**	*alte(r) Turm*
(lui/lei)	**vede**	*er/sie sieht*
	vedere	*sehen*
(tu)	**vedi**	*du siehst*
(io)	**vedo**	*ich sehe*
(lui/lei)	**vedrà**	*er/sie wird sehen*
(tu)	**vedrai**	*du wirst sehen*
(io)	**vedrò**	*ich werde sehen*
	veramente	*wirklich*
	vero	*wahr*
	Vero?	*Nicht wahr?*
lo	**zio**	*Onkel*

4

	A dopo!	*Bis später!*
	aggiungere	*hinzufügen*
	alzare	*erheben*
	andare	*gehen, fahren*
	andare matto/a per qc/qu	*verrückt nach etw/jdm sein*
(voi)	**andate**	*ihr geht/fahrt*
(noi)	**andiamo**	*wir gehen/fahren*
	l'antipasto (m.)	*Vorspeise*
	augurare	*wünschen*
	bellissimo/a	*sehr schön, wunderschön*
	Benvenuto/a!	*Willkommen!*
il	**bicchiere**	*Glas*
	brindare a qc/qu	*auf etw/jdn trinken*
il	**brindisi**	*Prosit*
	Buon appetito!	*Guten Appetit!*
	buonissimo/a	*sehr gut*
	buono/a	*gut*
	Certo!	*Natürlich!, Sicher!*
	Che dici?	*Was sagst du?*
	Che fai?	*Was machst du?*
	Che piacere vederti!	*Was für eine Freude, dich zu sehen!*
	Che spettacolo!	*Einfach herrlich!*
	Che vi faccio?	*Was kann ich euch machen?*
	Che vi porto?	*Was kann ich euch bringen?*
	Chi offre, paga.	*Wer einlädt, zahlt auch.*
	Chiaro?	*Alles klar?*
	cioè	*das heißt*
	come secondo	*als zweiten Gang*
	Come si dice...?	*Wie sagt man...?*
	Come va? (ugs.)	*Wie geht's?, Wie läuft's?*
	conoscere	*kennen*
	derivare da	*stammen aus*
	dire grazie a qn	*zu jdm danke sagen*
	durante	*während*
	È un piacere.	*Es ist mir eine Freude.*
	esiste	*es gibt*
	l'espressione (f.)	*Ausdruck*
	Fai!	*Mach!*
	fare un brindisi	*anstoßen*
la	**festa**	*Fest*
	Figurati!	*Keine Ursache!*
	finalmente	*endlich*
la	**forma imperativa**	*Befehlsform*
	fresco/a	*frisch*
la	**frittura mista**	*gemischte Platte mit frittiertem Fisch und Meeresfrüchten*
i	**gamberoni (pl.)**	*Riesengarnelen*
	Hai visto?	*Hast du gesehen?*
	Immaginati!	*Stell dir vor!*
	in latino	*im Lateinischen*

	lavorare	*arbeiten*
(io)	**lavoro**	*ich arbeite*
	Ma di niente!	*Keine Ursache!*
	magnifico/a	*wunderbar*
	matto/a	*verrückt*
	Non ti preoccupare!	*Mach dir keine Gedanken!*
	Non ti siedi?	*Setzt du dich nicht?*
l'	**offerta (f.)**	*Angebot*
	offrire	*einladen*
(io)	**offro**	*ich lade ein*
	oppure	*oder*
	ottimo/a	*hervorragend*
	pagare	*bezahlen*
	Parla!	*Sprich!*
	perché	*weil*
il	**pomodorino**	*Cocktailtomate*
la	**pronuncia**	*Aussprache*
	quindi	*also*
la	**risposta**	*Antwort*
	Scherzavo!	*Das war nur Spaß!*
lo	**scherzo**	*Scherz*
	se	*wenn*
	sedersi	*sich setzen*
	Sedetevi!	*Setzt euch!*
	Siediti!	*Setz dich!*
	significare	*bedeuten*
la	**sola cosa**	*das Einzige*
	suo/a	*sein(e)/ihr(e)*
il	**tavolo**	*Tisch*
	Ti piace/piacciono ...?	*Magst du ...?*
	Tutto chiaro!	*Alles klar!*
	un po' più avanti	*ein bisschen weiter vorne*
(lui/lei)	**va**	*er/sie geht/fährt*
(io)	**vado**	*ich gehe/fahre*
(tu)	**vai**	*du gehst/fährst*
	Vai!	*Geh!*
(loro)	**vanno**	*sie gehen/fahren*
	verso	*in Richtung*
	volentieri	*gerne*
la	**volontà**	*Wille*

5

	abitare	*wohnen*
	accompagnare	*begleiten*
	al nord	*im Norden*
	alloggiato/a	*untergebracht*
	altri/e	*andere*
	appena	*gerade*
	arrivare	*ankommen*
	arrivato/a	*angekommen*
il	**balcone sul mare**	*Balkon mit Meerblick*
la	**birra**	*Bier*
la	**bottiglia**	*Flasche*
la	**città**	*Stadt*
il	**congresso**	*Kongress*
	conoscere	*kennenlernen*
il	**conto**	*Rechnung*
	cucinare	*kochen*
	cucinato	*gekocht*
il/la	**cuoco/a**	*Koch/Köchin*
il	**cuore**	*Herz*
	diverse volte	*mehrere Male*
il	**dolce**	*Nachtisch, etwas Süßes*
la	**domenica**	*Sonntag*
	Dove dormi?	*Wo schläfst du?*
	È così che si fa.	*Genau so macht man das!*
	eccezionale	*einzigartig*
	facile	*einfach*
la	**famiglia**	*Familie*
	Fammi!	*Mach mir!*
i	**finocchi (pl.) gratinati**	*gratinierter Fenchel*
il	**fratello**	*Bruder*
	gentile	*freundlich*
il	**giorno**	*Tag*
	Grazie a te!	*Danke dir!*
	Hai fatto buon viaggio?	*Hattest du eine gute Reise?*
	imparato	*gelernt*
	Lì si sta bene.	*Dort fühlt man sich wohl.*

	mangiare	*essen*
	mangiato	*gegessen*
il	**marito**	*Ehemann*
il	**medico**	*Arzt/Ärztin*
	meraviglioso/a	*wunderbar, herrlich*
il	**mercoledì**	*Mittwoch*
	Mi fa piacere!	*Das freut mich!*
la	**moglie**	*Ehefrau*
	molto	*sehr*
	Non c'è niente da pagare.	*Es gibt nichts zu bezahlen.*
	Non è possibile!	*Das ist nicht möglich!*
	Non lo so.	*Ich weiß es nicht.*
	oggi	*heute*
	parlare	*sprechen*
	partire	*abreisen*
il	**passato**	*Vergangenheit*
le	**patate (pl.) al forno**	*Ofenkartoffeln*
	Portane un po'!	*Bring ein paar davon!*
il	**pranzo**	*Mittagessen*
il	**presente**	*Gegenwart*
	Prova!	*Probiere!*
	Quando?	*Wann?*
la	**scienza**	*Wissenschaft*
lo/la	**scienziato/a**	*Wissenschaftler(in)*
	solo/a	*allein*
	tanti/e	*viele*
	Ti è piaciuto/a?	*Hat es dir geschmeckt?*
	tutti gli anni	*jedes Jahr*
	venuto/a	*gekommen*
	Vogliamo andare?	*Wollen wir gehen?*

6

	andare a casa	*nach Hause gehen/fahren*
	andare a dormire	*schlafen gehen*
	andare a fare una gita	*einen Ausflug machen*
	andare dal dottore/da un amico	*zum Arzt/zu einem Freund gehen/fahren*
	andare in giardino	*in den Garten gehen*
	andare in ufficio	*ins Büro gehen/fahren*
	ascoltare	*zuhören, lauschen*
la	**baia**	*Bucht*
	buio/a	*dunkel*
la	**cala**	*Bucht*
la	**caletta**	*kleine Bucht*
il	**complimento**	*Kompliment*
	domani	*morgen*
	dormendo	*schlafend*
	Dormi bene!	*Schlaf gut!*
	favoloso/a	*fabelhaft, traumhaft schön*
la	**grotta**	*Grotte*
	guardare	*betrachten*
	l'idea (f.)	*Idee*
	Lo so che sei lì.	*Ich weiß, dass du dort bist.*
il	**messaggio**	*Nachricht*
	mi piace	*mir gefällt*
	neanche io, neanch'io	*ich auch nicht*
	niente	*nichts*
	Non riesco a dormire.	*Ich kann nicht schlafen.*
	non riuscire a fare qc	*nicht in der Lage sein, etw zu tun*
	Non si dice.	*Das sagt man nicht.*
	piacevole	*angenehm*
	romantico/a	*romantisch*
la	**sabbia bianca**	*weißer Sand*
	sentire	*riechen, hören*
	Sono contento/a.	*Ich freue mich.*
	Stai già dormendo?	*Bist du schon am Schlafen?*
	stanco/a	*müde*
la	**stella**	*Stern*
	uscire	*ausgehen*
	verso mezzogiorno	*gegen zwölf Uhr mittags*
la	**voce**	*Stimme*

7

l'	**aereo (m.)**	*Flugzeug*
	andare a fare un bagno	*baden gehen*
	appunto	*genau, eben*
	arrivare in anticipo	*früh dran sein*
	Aspetta!	*Warte!*
	A stasera!	*Bis heute Abend!*
	Buona giornata!	*Einen schönen Tag!*
la	**carne alla brace**	*gegrilltes Fleisch*
	chiedere	*fragen*
	ci vogliono	*es braucht*
	ci vuole	*es braucht*
il	**compleanno**	*Geburtstag*
	continuare a fare qc	*etw fortsetzen*
	Cosa c'è da guardare?	*Was gibt es zu schauen?*
	così perfetto/a	*so perfekt*
il	**dolce alle mandorle**	*Mandelkuchen*
	Dormito bene?	*Gut geschlafen?*
	Eccomi qua.	*Hier bin ich.*
l'	**esempio (m.)**	*Beispiel*
	essere fortunati	*Glück haben*
	fare qualche foto	*ein paar Fotos machen*
	fermarsi	*anhalten*
la	**frase**	*Satz*
la	**gita**	*Ausflug*
	Giusto?	*Richtig?*
	imparare l'italiano	*Italienisch lernen*
l'	**insenatura (f.)**	*Bucht*
	insistere	*beharrlich sein*
	invitato/a	*eingeladen*
	laggiù	*da drüben*
	Ma certo!	*Aber sicher!*
	mancare	*fehlen*
	mandare	*schicken*
	mi devi spiegare	*du musst mir erklären*
	Non dirmi che hai paura.	*Sag mir nicht, dass du Angst hast.*
	non lasciare	*nicht aufgeben*
	non mollare	*nicht aufgeben*
	preferito/a	*Lieblings-*
	qua	*hier*
	Quanto tempo ci vuole?	*Wie lange dauert es?*
	Quella macchina sta andando via.	*Das Auto dort fährt gerade weg.*
il	**regalo**	*Geschenk*
	scendere	*aussteigen*
la	**sorpresa**	*Überraschung*
	spostare	*verschieben*
	Ti ricordi questa parola?	*Erinnerst du dich an dieses Wort?*
	un poco, un po' (di)	*ein wenig, ein bisschen*
	volere	*wollen, mögen*

8

	acquistare	*kaufen*
	affascinante	*faszinierend, bezaubernd*
	aiutare qn	*jdm helfen*
	annullare	*stornieren*
	Aspetti!	*Warten Sie bitte!*
	Attenda un attimo per cortesia.	*Bleiben Sie bitte einen Moment dran.*
la	**bellezza**	*Schönheit*
	cambiare	*ändern*
il	**cambio di prenotazione**	*Umbuchung*
la	**capra**	*Ziege*
la	**carta di credito**	*Kreditkarte*
	chiamare a nome di qn	*für jdn anrufen*
	Ci penso io.	*Ich kümmere mich darum.*
	Come posso aiutarla?	*Wie kann ich Ihnen helfen?*
la	**compagnia aerea**	*Fluggesellschaft*

	comprare	*kaufen*
il/la	**conoscente**	*Bekannte(r)*
	Cosa c'è?	*Was ist los?*
	Cosa succede?	*Was geschieht gerade?*
	dare una mano a qn	*jdm helfen*
	digitare	*tippen*
	Dimmi tutto!	*(wörtl.:) Sag mir alles!; Ich bin ganz Ohr!*
	divertente	*lustig, unterhaltsam*
	effettuare	*durchführen*
	Fammi vedere!	*Zeig mal her!*
	fare la spesa	*einkaufen*
	fare lo spelling	*buchstabieren*
la	**farina**	*Mehl*
	fermarsi	*sich aufhalten, bleiben*
il	**formaggio caprino**	*Ziegenkäse*
i	**genitori (pl.)**	*Eltern*
il	**giovedì**	*Donnerstag*
	Hai ragione!	*Du hast recht!*
l'	**importo (m.)**	*Betrag*
	intenso/a	*intensiv*
	invece di	*(an)statt*
la	**mail di conferma**	*Bestätigungsmail*
il	**martedì**	*Dienstag*
	me	*mir*
	mettere in viva voce	*den Lautsprecher einschalten*
il	**mucchio (di)**	*Haufen*
	non avere bisogno di qc	*etw nicht brauchen*
	Non mi interessa.	*Das interessiert mich nicht.*
il	**numero del volo**	*Flugnummer*
	ora	*jetzt*
l'	**ora (f.)**	*Uhrzeit*
la	**partenza**	*Abreise*
	preferire fare qc	*etw lieber tun*
la	**prenotazione**	*Buchung*
	rimanere	*bleiben*
il	**sapore**	*Geschmack*
	sicuramente	*sicher*
la	**situazione**	*Situation*
lo	**smarrimento di bagagli**	*Verlust des Reisegepäcks*
i	**soldi (pl.)**	*Geld*
la	**spiegazione**	*Erklärung*
	spostare	*verschieben*
	strano/a	*komisch*
	subito	*sofort*
	succedere	*geschehen, passieren*
	te	*dir*
	telefonare a qn	*jdn anrufen*
	tornare al menu principale	*zum Hauptmenü zurückkehren*
	tra	*zwischen*
il	**viva voce**	*Lautsprecher*
il	**volo**	*Flug*

9

	agosto (m.)	*August*
	andare a prendere qc	*etw holen*
	aprile (m.)	*April*
	aprire	*öffnen*
	Aspettami!	*Warte auf mich!*
il	**bagagliaio**	*Kofferraum*
i	**bocconcini (pl.)**	*Mozzarellabällchen*
	Buondì!	*Guten Tag!*
la	**busta**	*Tüte*
la	**cassa**	*Kasse*
la	**cassetta**	*Kasten*
	chiuso	*geschlossen*
	coprire	*bedecken*
	Cosa stai facendo?	*Was machst du gerade?*
	di là	*(nach) nebenan*
	dicembre	*Dezember*
	Ditemi!	*(wörtl.:) Sagen Sie mir!; Ja, bitte?*

	fare spese	*Einkäufe tätigen*
	febbraio	*Februar*
il	**fico**	*Feige*
il	**fico secco**	*getrocknete Feige*
il	**fior di latte**	*Mozzarella aus Kuhmilch*
la	**frutta**	*Obst*
	gennaio	*Januar*
	giugno	*Juni*
	Ho da fare.	*Ich habe zu tun.*
	in tedesco	*auf Deutsch*
	intanto	*in der Zwischenzeit*
la	**lista della spesa**	*Einkaufsliste*
	luglio	*Juli*
il	**lunedì**	*Montag*
	lungo/a	*lang*
	maggio	*Mai*
la	**marmellata**	*Marmelade*
	marzo	*März*
la	**melanzana**	*Aubergine*
	nero/a	*schwarz*
	novembre	*November*
	orrendo/a	*furchtbar*
	ottobre (m.)	*Oktober*
	pagare in contanti	*bar bezahlen*
la	**pagnotta**	*Stange Brot*
il/la	**panettiere/a**	*Bäcker(in)*
	pelare	*schälen*
la	**pellicola**	*Klarsichtfolie*
	pesare	*wiegen*
il	**piatto**	*Gericht*
i	**(pomodori) pelati (pl.)**	*geschälte Tomaten*
	portare	*bringen, führen*
	rotondo/a	*rund*
il	**sabato**	*Samstag*
	semplice	*einfach*
	settembre	*September*
	Si tira avanti.	*Man schlägt sich so durch.*
	Te li faccio vedere.	*Ich zeige sie dir.*
	Ti lascio fare colazione.	*Ich lasse dich frühstücken.*
il	**tipo di verdura**	*Gemüsesorte*
	togliere la buccia	*die Schale entfernen*
	Torno subito!	*Ich bin gleich zurück!*
	una decina di	*etwa zehn*
il	**vassoio**	*Platte, Tablett*
il	**vassoio di affettato**	*Aufschnittplatte*
il	**venerdì**	*Freitag*
la	**verdura**	*Gemüse*

10

	l'albero (m.) d'ulivo	*Olivenbaum*
	baciare	*küssen*
il	**basso**	*Bass*
il/la	**batterista**	*Schlagzeuger(in)*
la	**bevanda**	*Getränk*
	Buon divertimento!	*Viel Vergnügen!*
	cantare	*singen*
	chiamare	*nennen*
	Ci rivediamo presto.	*Wir sehen uns bald wieder.*
	coltivare	*anbauen*
	cominciare	*beginnen*
	crescere	*aufwachsen*
	diventare grande	*groß werden*
	domani mattina	*morgen früh*
	Eccola lì!	*Da ist sie!*
	entrare	*hineingehen, hereinkommen*
	essere seduti/e (pl.)	*sitzen*
	fare il timido	*schüchtern sein*
la	**festa di compleanno**	*Geburtstagsfest*
il	**futuro**	*Zukunft*
il	**genio**	*Genie*
il	**giardino**	*Garten*

grazie a qn	*dank jdm*	(noi) saremo	*wir werden sein*
le lezioni (pl.)	*Unterricht*	(voi) sarete	*ihr werdet ein*
meglio	*besser*	(io) sarò	*ich werde sein*
migliorare	*besser werden*	il sassofono	*Saxophon*
il/la musicista	*Musiker(in)*	Servitevi pure!	*Bedient euch!*
nascere	*geboren werden*	il tedesco per principianti	*Deutsch für Anfänger*
l'orto (m.)	*Gemüsegarten*	Ti sta bene!	*Es steht dir gut!*
il paradiso	*Paradies*	tornare	*wiederkommen*
il/la pizzaiolo/a	*Pizzabäcker(in)*	Tranquillo!	*Immer mit der Ruhe!*
il pomeriggio	*Nachmittag*	un po' di tutto	*von allem ein bisschen*
presentare	*vorstellen*	l'uva (f.)	*Weintrauben*
salire	*hinaufgehen*	vicino a	*in der Nähe von*
(lui/lei) sarà	*er/sie wird sein*	il vicolo	*Gasse*
(tu) sarai	*du wirst sein*		
(loro) saranno	*sie werden sein*		

BILDNACHWEIS

Umschlag:
(Rahmen:) Ladzha/Shutterstock; (Bild:) Marco VDM/Getty Images

S. 12, 20: redchocolate/Shutterstock; **S. 30:** AuraArt/Shutterstock; **S. 44:** Kamieshkova/Shutterstock; **S. 58, 80:** Irina Yuzh/Shutterstock; **S. 67:** Ohn Mar/Shutterstock; **S. 93:** primiaou/Shutterstock; **S. 104:** Natasha_Pankina/Getty Images; **S. 118:** (Lichterkette:) GooseFrol/Shutterstock; (Schlagzeug:) Tiwat K/Shutterstock

für Eve

Prolog.
Lucile

Ich habe Gott nie um Kinder gebeten. Es gibt so viele Frauen, *mondieu*, die Araberinnen machen richtige Hexentänze deshalb, knien nieder und flehen Allah an, er möge sie mit Kindern segnen. Segnen! Ich habe nie verstanden, was daran ein Segen sein soll. Erst bereiten sie dir Übelkeit, du kotzt dir die Seele aus dem Leib, jeden Morgen, dann tun dir alle Knochen weh und der Schweiß rinnt dir vor Anstrengung den Rücken hinunter, wenn du dich auch nur ein paar Meter bewegen willst. Kein Mann guckt dich mehr an, schon von Weitem sehen sie, wie dein Bauch, deine Hormone, deine monströsen Brüste deine Schönheit zerstört haben. Bei der Geburt reißen sie dir dann die Muschi auf, und nach stundenlangen Schmerzen, wenn du denkst, die Qual sei endlich vorbei, endlich das Balg raus aus deinem Bauch, wird es dir auf die Brust gelegt, wo ihm dann nichts anderes einfällt, als dich anzuschreien, knallrot in seinem hässlichen, zerknautschten, verklebten Gesicht, brüllt es dich an, und alle um dich herum schauen blöde, oh, wie niedlich, *oh làlà*, dieses niedliche kleine Wesen, *putain*, nehmt es weg!, habe ich gerufen, nehmt es weg, ich bin es doch gerade erst losgeworden.

Von wegen! Dann hängen sie monatelang an deiner Brust, als wären sie eigens dazu da, dir deinen Körper wegzunehmen. Du musst sie weiter mit dir rumschleppen, weil sie sich sonst gar nicht einkriegen vor Schreien, und das ist ein Gebrüll, so was hat man noch nicht gehört, etwas Lauteres habe ich überhaupt noch nie gehört als Babygebrüll. Sie sabbern und scheißen und machen Pipi, und von dir wird verlangt, dass du glücklich damit bist, diesen Schleim andauernd wegzuwischen, den ganzen Tag, du stopfst ihn ja auch immer wieder von oben in sie rein, und dann wischst du ihn weg, du kommst zu nichts anderem mehr, Schleim in allen Farben. Dann beruhigt sich die Lage, doch, ich würde sagen, nach ungefähr einem Jahr geht es. Sie können sogar manchmal ganz niedlich sein, wie sie herumglucksen, aber das Schreien und das Gezeter, das geht leider nie weg, auch Jahre später nicht. Und wenn sich mal eines beruhigt hat, bist du gleich wieder am Kotzen, weil schon das nächste unterwegs ist.

Ich weiß wirklich nicht, warum Allah mir das angetan hat, ich habe ihm von Anfang an gesagt, ich kann mit Kindern nichts anfangen, und er beschert mir gleich vier. Vier! Versteht mich nicht falsch, ich habe sie immer geliebt, nicht nur meine zwei Söhne, es ist wahr, ich wollte keine Kinder, erst recht nicht nach Maurice und Antoine, aber *bon*, was soll man machen, dann kamen eben noch Marie und Solange, geliebt habe ich sie ja alle vier, aber wenn ich vor der Wahl gestanden hätte, ich hätte mich ganz bestimmt nicht für vier Kinder entschieden. Versteht das denn niemand, dass eine Frau es satthat, immer wieder wie ein Elefant durch die Gegend zu laufen, über neun Monate, um dann schon wieder jemanden an der Brust hängen zu haben, erst an der Brust und dann am Rockzipfel, über Jahre und Jahre? Wo gibt es das denn bitte sonst in der Natur, alle Tiere werden schneller selbstständig, einfach alle, nur diese kleinen Gören von Menschen nicht!

Bah non, ich wollte endlich ein bisschen was haben vom Leben! Ich wollte mich amüsieren, ich war jung, *mondieu*, ich wollte ins Kino und schick dinieren mit meinem Claude und lesen und mir ein schönes Leben machen, zwei Söhne, das reicht doch wohl! Aber nein, Marie hat sich an meiner Gebärmutter festgebissen, gleich von Anfang an, dagegen konnte selbst die stärkste Hexe nichts tun, so blieb sie eigentlich ihr Leben lang, die kleine Marie, sie biss sich fest und ließ nicht mehr los. Wie eine Zecke wollte sie die Energie aus mir heraussaugen. Aber auch eine Mutter muss Grenzen ziehen.

Ach, sie hat es mir nicht leicht gemacht. Sie war krank, meine Marie, sie muss wohl schon krank auf die Welt gekommen sein, sie war schon immer ein komplizierter Charakter, unselbstständig, eitel, rasend, wenn sich nicht alles um sie drehte. Und nie hat sie gelernt, mich in Ruhe zu lassen. Die Jungs hingegen, Maurice und Antoine, die waren einfacher. Schon früh standen sie auf eigenen Beinen, nur deshalb habe ich sie bei ihrem Vater in der tunesischen Wüste gelassen, sie kamen zurecht, sonst wäre ich doch nie weggegangen mit Claude. Ja, die beiden Jungs lieben ihre Mutter, sie waren mir nie böse deswegen, sie sind oft zu uns gekommen, auf unseren Hof, sogar in unsere kleine Wohnung nach Tunis habe ich sie mitgenommen, ich habe sie nicht verlassen. Bis zu meinem Tod waren sie voller Dankbarkeit für alles, was sie von mir bekommen haben, sie besuchten mich hier in der Rue de Flandre, sie sorgten für mich, oh ja, ich kann mich nicht beklagen, sie waren sogar etwas zu oft hier, wenn man mich fragt. Ich hätte wirklich ein bisschen mehr Ruhe gebrauchen können in meinen letzten Jahren, nur ein bisschen Ruhe, mehr wollte ich doch nie vom Leben, und meinen Spaß natürlich, wozu kommt man denn sonst auf die Welt? Ein paar Jahre hat man hier, um Spaß zu haben, dann wird man wieder zu Staub, man sollte keinen so großen Wirbel darum machen.

Aber ich habe immer gewusst, wie ich mich aus dem Dreck ziehe. Vier Kinder habe ich großgezogen, und trotzdem habe ich meinen Weg gefunden, von der Tochter eines ausgewanderten Postboten zu einer Grundbesitzerin nahe Tunis, das kann sich doch sehen lassen, oder etwa nicht. In guter Gesellschaft haben wir diniert, wir waren bei den Baliers zu Gast, die haben in Tunis direkt für die französische Verwaltung gearbeitet, ganz direkt. Ich habe für ein gutes Umfeld gesorgt, aber meine Töchter wussten nie zu schätzen, was ich ihnen geboten habe, leicht war das nicht, nach der Rückkehr, ihnen einen guten Lebensstandard zu bieten in Frankreich. Sie waren verwöhnt, ja, das kann ich mir schon vorwerfen, ein bisschen verwöhnt habe ich sie, Marie und Solange. Ich habe alles von ihnen weggehalten, erst den Tod ihres Vaters, dann die Ängste, die ich in Tunesien ausstehen musste, als der Algerienkrieg näher kam, und Bizerte, nach Bizerte mussten wir einfach gehen, wir hatten keine Wahl mehr. Ich habe alles für sie organisiert, den ganzen Umzug nach Frankreich, ich habe sie zu meiner Schwester gebracht und sie hatten eine schöne Kindheit in Selles-sur-Cher, während ich mich um alles kümmerte, ich habe unseren Haushalt nach Frankreich geholt, ich habe uns eine Wohnung in Châteauroux gesucht, ich habe Marie erst auf die katholische Mädchenschule nach Tunis und dann fürs Abitur nach Paris gebracht, damit sie eine ordentliche Ausbildung bekommt. Und ich war es auch, die sie an die gute Literatur herangeführt hat, von mir hat sie die Klassiker bekommen, Proust, Flaubert, Thomas Mann, sonst hätte sie doch nie Literatur studiert, ohne mich. Und ihren Freund, ihren kleinen Freund habe ich mit offenen Armen empfangen in meiner Wohnung, diesen Alain, ich konnte gut verstehen, was sie an ihm fand, ja, Geschmack hatte sie! Er hatte etwas Verwegenes mit seiner Lederjacke, ein bisschen wie Alain Delon, der Schauspieler, er war hübsch anzusehen, das gebe ich zu. Sie hatte eine offene und moderne Mutter, meine Marie, da kann sie sich nicht beschweren.

Und als sie sich schwängern ließ mit ihren zwanzig Jahren! Natürlich, da habe ich alles drangesetzt, um sie zu retten, um ihr mein Schicksal zu ersparen. Alles habe ich drangesetzt! Die kleine Marie war ganz durcheinander, als sie zu mir kam, aber ich wusste, was zu tun ist, ich habe ihr da rausgeholfen, im Gegensatz zu mir hatte sie eine Mutter, die an ihrer Seite stand, ich musste da ganz alleine durch, aber meine kleine Marie kann von Glück sagen, dass wir ihr das Ding so schnell entfernen konnten. Meine Güte, wie am Spieß hat sie geschrien, als es da im Bidet lag, das kleine Stück Fleisch, was hat sie denn gedacht? Dass das Balg wie ein Engelchen in den Himmel fliegt, ein kleiner Hauch, der durch das Zimmer weht? Ein Stück Fleisch war es nach über zwei Monaten, ist doch klar, ist aber doch kein Drama, ein paar Zellen eben, jeden Tag stand ich in der Küche und schnitt und klopfte Fleischzellen, damit sie schön zart wurden, jahrzehntelang tat ich das für meine Mädchen, frisches Lamm oder Kalb, das haben Marie und Solange immer gerne gegessen, mit meinem berühmten Couscous, den mochten sie alle gerne, was macht sie da für ein Drama bei dem kleinen Hautläppchen, meine Güte. Aber natürlich habe ich sie wieder beschützt, wie ich es sonst auch getan habe, ich habe Marie in eine Decke gewickelt und ihr gut zugeredet, ich habe sie auf das Sofa gesetzt, bin zurück ins Bad und habe das Hautläppchen genommen und es ins Klo geworfen, einmal ziehen – und weg war es, *mondieu*, das machen wir doch jeden Tag mit unserer Scheiße und mit unserer halben Gebärmutter, wenn wir unsere Tage haben und ins Klo bluten, was macht das für einen Unterschied.

Ja, ich habe sie wohl ein bisschen zu sehr verwöhnt, und dafür strafte mich das Schicksal, dafür hatte ich sie weiter am Rockzipfel, sie wollten einfach nicht loslassen. Aber ich habe es wiedergutgemacht, als sie nach all der Zeit zu mir kam, um sich erneut an mich dranzuhängen, da habe ich ihr gezeigt, dass sie auf eigenen Beinen stehen muss, habe sie geschüttelt, wie sie es als kleines Mädchen schon gebraucht hätte, ordentlich geschüttelt, damit sie versteht, dass sie es alleine schaffen muss. Dass ich nicht ewig für sie da sein kann. Denn *mondieu*, waren fast sechzig Jahre etwa nicht genug? Fast sechzig Jahre lang musste ich mich um sie kümmern, immer wieder, wenn sie völlig am Ende hier auftauchte, betrunken, hysterisch, wo blieb denn da mein eigenes Leben? Maurice hat nur zehn gebraucht, zehn Jahre, dann war er alt genug, um für sich zu sorgen und für seinen kleinen Bruder gleich mit! Aber Marie, als reife Frau kam sie noch bei mir an, das konnte ich nun wirklich nicht akzeptieren, dann wäre ich ja wohl eine Rabenmutter, wenn ich eine Sechzigjährige wieder unter meinen Rock gelassen hätte. Und dann hätte sie mich noch ins Grab gebracht, oh ja, das hätte ihr gefallen, ihre Mutter zu beerdigen. Nein, den Gefallen tat ich ihr nicht, ich habe ihr deutlich gemacht, dass sie jetzt erwachsen werden musste. Dass sie sich nicht mehr an meine Brust hängen konnte. Vielleicht bin ich etwas grob geworden, vielleicht, aber ich denke, die Botschaft ist angekommen. Ja, es war erst einmal ein Drama, natürlich, wie es Maries Art war, musste sie die ganze Welt zusammenbrüllen, *oh làlà.* »Ich bringe mich um«, ich kann es nicht mehr hören, meine Töchter hatten aber auch einen Hang zur Melodramatik, alle beide, meine Güte, Solange auch, immer dieser Hang zu Tabletten und zum großen Drama. Aber richtig umgebracht hat es sie beide ja doch nie.

Nun habe ich endlich meine Ruhe, eine himmlische Ruhe ist das ohne die Kinder und ihr Gezeter, endlich bin ich wieder eine Frau, keine Mutter, nein, einfach eine Frau. Ich würde schon sagen, dass ich ein glücklicher Mensch war, oh ja, ich war immer zufrieden mit mir, ich wusste, was ich wollte, und ich wusste, wie ich es bekam, ich brauchte keine Hilfe. So ist das, wenn man in sich ruht: Wenn ich die Welt in Ruhe lasse, dann lässt sie auch mich in Ruhe, ganz einfach. Ich hatte gute Gene, ich wusste schon immer, dass ich viel Zeit haben würde auf dieser Erde, *maktub*, so stand es geschrieben. Vielleicht ist das Allahs Geschenk für die Qualen, die er mir mit den Kindern bereitete, er schickte mich durch diese schweren Prüfungen, damit ich mir mein kleines Leben erarbeite, und *mondieu*, das habe ich gemacht! Ich habe es mir hart verdient, meine letzte Zeit in der Rue de Flandre, den ganzen Tag nur lesen, schön in meinem Bettchen, während mein Kopf durch die Welt wanderte. Ich las Krimis aus England, Liebesromane aus Kolumbien, historische Romane aus Südfrankreich, ich wanderte durch die Schlösser der Loire, ich hungerte als Bäuerin und stürzte Louis XVI., ich hörte Gottes Stimme als die heilige Jeanne d'Arc, dazu eine feine Zigarette und einen guten Cognac, mehr wollte ich doch nie. Das machte mich glücklich, ja, es stimmt, ich bin glücklich gestorben. In Ordnung, ein bisschen Angst hatte ich schon davor, hier zu vergammeln und keiner merkt es, und dann würden sie meine Leiche nicht mehr finden, sondern nur noch ein paar Hautlappen und Knochen in stinkender Sauce, das ist nicht elegant, darauf konnte ich verzichten. Aber ich hatte einen Trick, einmal am Tag ließ ich mein Buch fallen, immer morgens, so hörte der Nachbar, dass ich noch am Leben war, meine Zigaretten holte mir der Concierge, er hat ganz schöne Augen, der Concierge, das muss ich sagen: diese Augen! Und einmal in der Woche ging ich selbst hinunter und holte mir mein Hühnchen auf dem Marché de Joinville, hmm, das aß ich mit den Fingern, ich löste das heiße Fleisch vorsichtig von den Knochen und lutschte die salzige Haut, wie gut das tat, mit den Kartoffeln, dem zerlaufenen Hühnerfett und ein bisschen Zitrone dazu, himmlisch, eine himmlische Ruhe.

1.
Lisa

Die Luft ist voller winziger Nadeln, ganz feine, dünne Nadeln fliegen hinab auf den nassen Asphalt und stechen Lisa ins Gesicht, sie piksen ihr in die Stirn, in die Wangen, und sie würden ihr auch in die Augen stechen, wenn sie sie nicht zusammenkneifen würde, viele kleine Nadeln auf der gerunzelten Stirn. Wie gerne wäre sie im Hospiz geblieben. Im Hospiz mit den roten und blauen und grünen Decken, überall lagen Kissen und Decken herum, warm und weich, aber hier draußen ist alles steinig und kalt und nass, am liebsten würde Lisa in die Gebärmutter zurückkriechen, aus der sie gekommen ist, nur ganz kurz, nur einen Moment, einfach zurück durch die weiche Vagina, wieder im warmen Fruchtwasser schwimmen.

Im Hospiz fühlt sie sich wohl. Das versteht niemand. Lisa merkt es, man glaubt ihr nicht, Anne glaubt ihr nicht, ihre Mitbewohnerin, sie schaut immer so mitleidig, wenn sie nach Hause kommt, und, wie war es, fragt sie. Wie geht es deiner Mutter, das fragt sie lieber nicht. Dabei geht es ihr gut, Lisas Mutter und Lisa geht es wirklich gut, seit sie stirbt, ist alles irgendwie viel einfacher, und im Hospiz fühlt sie sich wohl, weil alle dort sterben oder weil sie Eltern und Freunde oder Kinder haben, die dort sterben, Sterben ist dort ganz normal, anders als hier draußen, hier draußen schauen alle so schockiert, wenn Lisa sagt, dass ihr Mutter stirbt, und alle tun so, als sei das komisch. Überall ist normaler Alltag und Lisa ist die Komische, aber es ist gar nicht komisch, dass ihre Mutter stirbt, es ist ganz normal, und sie ist gerne mit ihr zusammen dabei. Schön war es, sagt sie also, wenn Anne fragt, es war richtig schön, aber Anne glaubt ihr nicht, sie schaut mitleidig, und Lisa weiß, was sie eigentlich hören will. Dass es furchtbar war, will sie hören, so stellt sie es sich vor, das Hospiz, als furchtbaren Ort, an dem alle traurig sind, verzweifelt, weil sie sterben oder weil sie einen sterbenden Menschen besuchen, furchtbar, weil die kleinen sterbenden Kinder auf ihren kahlen Köpfen kleine Tücher tragen und mit ihrem seligen Lächeln wegen der Schokolade in der Hand irgendwie traurig aussehen, furchtbar, weil man alte, sterbende Männer durch die Wände heiser stöhnen hört, husten, stöhnen und rufen, aber das ist doch ganz normal, im Hospiz ist es normal. Es stimmt, das Hospiz bei ihrer Mutter ist der einzige Ort, an dem Lisa sich überhaupt noch wohlfühlt.

Hier draußen nicht, die Häuser, die Straßen, sie meinen es nicht gut mit ihr, sie muss nur eine Sekunde nicht aufpassen, nur ganz kurz nicht aufpassen und schon verrücken sie ein Stück, die Häuser, ganze Straßenschluchten, nur ein bisschen, wenige Zentimeter, sie verrücken und schon fühlt sich die Straße, die einmal Lisas Straße war, fremd an. Lisa ist sich sicher, dass sie das extra macht. Die Straße.

Am Hermannplatz spuckt die U-Bahn sie aus, die blaue 8, sie spuckt sie den gelben Kacheln entgegen und Lisa lässt sich von den anderen die Treppe hochschieben, und oben warten wieder die Nadeln auf sie. Lisa bleibt stehen, sie will da nicht raus, schon kommt der Stoß von hinten,

»Ey, träumst du?«, und sie stolpert auf den grauen Platz und knautscht ihr Gesicht wieder unter dem Nieseln zusammen, wie alle hier, Kopfschmerzen und schlechte Laune unter den schwarzen Kapuzen.

Dabei kann Regen ganz anders sein. Oh ja, Regen kann auch weich sein, ganz weich und duftend, ein warmer Sommerregen, wie gut er riechen kann auf einer heißen, staubigen Straße, ach, wäre doch nur Sommer, im Sommer wäre das ganz sicher nicht passiert, niemals würde ihre Mutter sterben, während die Schwalben den Sonnenuntergang anschreien, da würde sie sicher nicht im Hospiz liegen, nein, da würde sie Richtung Süden fahren, bis ans Mittelmeer. Der Herbst ist schuld, mit seinen fallenden Blättern kam der Knoten, ohne diese Dunkelheit hätte sie doch nie an ihren Hals gefasst, die Kälte fuhr ihr in die Knochen, die Kälte und die Feuchtigkeit, keine Sonne weit und breit, um sie richtig zu trocknen, und dann dieser spitze Nieselregen hier, der ist doch einfach nur scheiße, überhaupt findet Lisa es nicht richtig, wie es gerade läuft, es läuft absolut nicht richtig. »Es läuft nicht richtig, Maman«, das wird sie ihr später sagen, das ist doch nicht richtig, mit der Bankkarte ihrer Mutter zur Sparkasse zu gehen, um Geld von ihrem Konto auf das Konto der toten Großmutter zu überweisen, für eine Wohnung, in der sie beide jetzt nicht mehr leben werden, Mamie nicht und Lisas Mutter auch nicht, das ist doch nicht richtig.

Lisa drückt die Tür zur Sparkasse auf, die warme Luft lässt ihre Brille beschlagen. Sie geht zum Automaten und holt die Karte aus ihrer Tasche, ihre Mutter hat sie noch immer in dieser Plastikhülle, die hat Lisa schon lange nicht mehr, sie schiebt die Karte aus der Hülle und in den Automaten, der nach der PIN fragt, sie tippt 6734 und klickt auf Überweisung, sie schreibt *Citya Immobilier*, sie tippt 946,57 Euro, meine Güte, 946,57 Euro Nebenkosten im Quartal, das macht ja über 300 Euro pro Monat, kein Wunder, dass sich ihre Mutter und Tata Solange immer wegen der Nebenkosten gestritten haben, über 900 Euro im Quartal, so viel zahlt Lisa ja Miete und Nebenkosten zusammen für ihr WG-Zimmer, wie viel müsste man wohl für die Rue de Flandre Miete zahlen, das kann sich doch keiner mehr leisten, eine so große Wohnung in Paris, und dann auch noch Innenstadt. Kein Wunder, dass ihre Mutter keine eigene Wohnung in Paris mieten wollte, sie wollte darauf warten, dass Mamie stirbt, über hundert war sie, da kann man wohl davon ausgehen, dass man die Wohnung bald übernehmen wird, seit zwanzig Jahren ging Lisas Mutter davon aus, seit es im Testament so geregelt war. Schon zu ihren Lebzeiten überschrieb Mamie die Wohnung an Lisas Mutter und Tante, und Tata Solange ließ sich von Lisas Mutter ihre Hälfte auszahlen, weil Lisas Mutter in die Wohnung einziehen wollte, nach Mamies Tod. Aber Mamie starb nicht, sie sagte es ja. »Wenn ich sterbe, dann nehme ich dich mit mir ins Grab«, das sagte sie zu ihrer Tochter, und jetzt passiert es also, jetzt ist Lisas Großmutter gestorben und nimmt Lisas Mutter mit sich ins Grab.

Der Zigarettenrauch kommt Lisa schon im Flur entgegen, im blau, gelb und rot bemalten Flur, sie kann riechen, hinter welcher Tür ihre Mutter wohnt. Sonst würde ihre Mutter hier auch keine fünf Minuten bleiben, wenn sie hier nicht rauchen dürfte, keine fünf Minuten. »Marie Bellanger« steht an der Tür, vorher stand hier ein anderer Name, aber Lisa erinnert sich nicht mehr an ihn, es ist wie im Hotel, überlegt sie, sobald man ein Zimmer bezieht, kann man sich nicht mehr vorstellen, dass jemand anderes dieses Bett vor einem beschlief, dass ein anderer Kopf auf dem Kissen lag, man ist Herrscherin des Zimmers, Herrscherin der Gegenwart, alles andere existiert nicht, weder Vergangenheit noch Zukunft. Marie Bellanger. Herrscherin der Gegenwart.

Lisa öffnet die Tür und taucht in den Rauch ein. »Maman, ich finde, es läuft gerade falsch«, sagt sie, »irgendwas läuft hier falsch. Ich kann doch nicht das Geld meiner sterbenden Mutter auf das Konto meiner toten Großmutter überweisen. Das ist doch scheiße.« Ihre Mutter lacht, ihre braunen Augen sprühen noch immer, wenn sie lacht, sie werden ganz feurig und sprühen rebellische Funken, »oh ja«, lacht sie, schlurft zu ihrem Nachttisch, um sich eine neue Zigarette zu holen, »oh ja, *ma chérie*, ich sage dir, es läuft absolut nicht richtig.« Wie sie darüber noch lachen kann. An Halloween vor ein paar Wochen wurde sie am Hals operiert, die Chirurgen schnitten einen Teil des Knotens heraus, um zu sehen, ob es Krebs ist. Sie saß auf ihrem Bett, im weißen Krankenhaushemd, die Haare abstehend, kalkweiß im Gesicht, um die Augen dunkle Ringe, aus ihrem Hals kam ein Schlauch voller Blut, der in einem kleinen Fläschchen endete, es baumelte vor ihrer Brust hin und her, halb mit Blut gefüllt, so saß sie auf dem Bett, als Lisa reinkam, und strahlte sie an. Sie beugte sich nach vorne, rieb ihre Hände gegeneinander und sagte: »Happy Halloween, Lisa! Na, wie gefällt dir mein Kostüm?« Beim Lachen rutschte ihr ein Auge zur Seite weg, wie immer, wenn sie müde oder krank war, da musste auch Lisa lachen, sie setzte sich zu dieser Untoten auf das Bett und lachte mit ihr, »meine Maman.«

Jetzt hat sie sich daran gewöhnt, an den neuen Anblick ihrer Mutter, das Gesicht aufgequollen von den Medikamenten, der Körper im Gegenteil zusammengeschrumpft, ganz klein der dünne Körper, den Lisa nicht mehr anfassen darf, nur ihre Hand darf sie manchmal nehmen, ihre Finger sehen aus wie immer, schöne, zarte Finger hat sie, ganz kleine Hände. Lisa gibt ihr einen Kuss auf die Wange und setzt sich an den Tisch am Fenster, das wie immer geschlossen ist, Lisa versucht gar nicht erst, darüber zu diskutieren, sie weiß schon, was ihre Mutter sagen würde, bist du wahnsinnig, würde sie sagen, es ist Winter, draußen herrscht eine riesige Kälte, willst du mich umbringen, geht es dir nicht schnell genug?

»Hier, Maman, die Quittung«, sagt Lisa und holt den zerknitterten Zettel aus ihrer Hosentasche. Ihre Mutter setzt sich gegenüber an den Tisch, lehnt sich zurück, schlägt ihre Beine übereinander, legt ihren Bademantel auf ihren Knien zurecht und zündet sich ihre Zigarette an. »Aber nein, Lisa«, sagt sie, dann fängt sie an zu husten, eine trockene Aschelawine, sie hustet, ohne Luft zu holen, bis die Lunge zusammengeklebt ist, bis sie anfängt zu würgen, gleich kommt die ganze verdammte Lunge raus, so hört es sich an, als würde gleich die ganze schwarze, verteerte Lunge aus ihrem Hals springen. Sie läuft rot an, dann schafft sie es, Luft zu holen, tief holt sie Luft und hustet dann weiter, »aber nein«, hustet sie, »behalte du das alles!«

Lisas Magen wird ein Knoten, er zieht sich zu einer Erbse zusammen, das kennt sie schon, das tut er immer, wenn er eine Information verstanden hat, die ihr Kopf noch gar nicht kapiert, er faltet sich zusammen wie die Lunge ihrer Mutter, ihr Kopf aber schnallt es einfach nicht, »aber nein«, sagt sie, »nein, wieso, hier, das muss zu den Unterlagen für die Wohnung, das muss in deinen Ordner!« Ihre Mutter nimmt sich das Glas Wasser vom Tisch und trinkt ein paar Schluck, ihre Hand zittert dabei. Sie räuspert sich, sie schaut Lisa an, ihre braunen Augen sind ganz groß und klar, sie will ihr etwas sagen mit diesen Augen, aber Lisas Kopf hört weg, noch immer. »Mach es mir doch nicht so schwer«, flüstert sie. »Du musst dich jetzt um die verdammte Rue de Flandre kümmern. Mamie ist tot, ich sterbe bald, sie gehört jetzt dir. Du musst die Unterlagen sammeln. Du musst den Überweisungsschein behalten. Du musst den Ordner aus meiner Wohnung holen.« Lisa lässt den Zettel sinken. Jetzt versteht sie. Ihre Mutter kümmert sich ab jetzt nicht mehr um die Wohnung, weder sie noch ihre Großmutter, beide kümmern sie sich nicht mehr darum, denn jetzt ist nur noch Lisa da, jetzt gibt es nur noch sie. Diese verdammte Wohnung überspringt einfach eine Generation und landet bei ihr, alles landet bei ihr, auch der verdammte Ordner mit den Papieren, einfach alles, was Mamie gehörte und was ihrer Mutter gehörte, gehört bald Lisa, und jetzt versteht sie, was ihr Magen sagen wollte, *merde*, wollte er sagen, *putain de merde*.

Die Rue de Flandre hieß immer nur »verdammte Rue de Flandre«, seit Lisa denken kann. Irgendwann stieg sie zur Avenue de Flandre auf, aber so wird sie nicht genannt, »diese verdammte Rue de Flandre, Mamie hat

mich damit übers Ohr gehauen!«, das sagte Lisas Mutter immer. »Sie macht nur Ärger, diese Wohnung!« »Du hattest nur Ärger mit der Wohnung, und jetzt habe ich sie an der Backe«, sagt Lisa, und ihre Mutter lacht, »stimmt!«, lacht sie, »das stimmt, und weißt du, wer mir das vorhergesagt hat?« Lisa lacht jetzt auch, es stimmt, es trifft alles ganz genau ein. »Ja«, sagt sie, »weiß ich. Mamie hat es vorausgesagt. Sie hat gesagt, dass du nicht mit dieser Wohnung planen sollst.« Denn mit Mamies Worten ist Lisa aufgewachsen, immer wieder hat ihre Mutter sie zitiert. »Plane nie mit dieser Wohnung, *ma chérie*«, hat Mamie gesagt. »Plane nie mit dieser Wohnung, denn wenn ich sterbe, nehme ich dich mit mir ins Grab.«
»Sie wollte nie, dass ich darin wohne, ich bin mir sicher, dass sie deshalb so alt geworden ist, hunderteins, wer wird denn sonst noch hunderteins, und noch dazu rauchend und trinkend? Sie wollte partout nicht, dass ich in ihrer Wohnung wohne, das hat sie mir nicht gegönnt, und als sie erfahren hat, dass ich sterben werde an diesem verdammten Krebs, da hat sie sich fallen lassen, ich sage dir, das hat sie extra gemacht.« Lisas Mutter zündet sich noch eine Zigarette an.

Mamie ist hingefallen und hat sich die Hüfte gebrochen, und dann wurde sie ins Krankenhaus gebracht und operiert, sie haben die über hundert Jahre alte Frau noch einmal operiert, und sie ist tatsächlich wieder aufgewacht nach der OP, aber dann war sie zu schwach. »Wenn du sie noch einmal besuchen willst, solltest du das jetzt machen«, schrieb Tata Solange an Lisa. »Es geht ihr nicht gut, lange macht sie nicht mehr.« Aber Lisa war es egal, ihre Mutter lag im Krankenhaus und ob ihre Großmutter nun ebenfalls starb oder nicht, das war ihr egal.

Ein paar Tage später kam dann die zweite Mail aus Paris, »Mamie ist gestorben«, schrieb Tata Solange, »gestern ist sie eingeschlafen, sie ist einfach eingeschlafen. Ich weiß nicht, in welcher Verfassung deine Mutter ist, entscheide du, ob du es ihr sagst. Alle sterben, meine Mutter, meine Schwester, wer weiß, wann ich geholt werde.«

Eigentlich hat Lisa immer gedacht, dass sie erleichtert sein würde, wenn Mamie endlich gestorben ist. Sie würde erleichtert sein, weil ihre Mutter dann endlich frei wäre, weil sie sich nicht mehr vor dem Tod von Mamie fürchten würde, sondern endlich in die Rue de Flandre ziehen und nicht mehr auf Mamie warten würde. Aber dann war es Lisa einfach egal.

»Mamie ist gestorben«, hat sie ihrer Mutter am nächsten Tag gesagt. Es ist nicht lange her, sie saßen hier am kleinen Tisch im Hospiz, und ihre Mutter zuckte nur mit den Schultern. »Natürlich«, sagte sie und zündete sich eine Zigarette an. »Natürlich ist sie jetzt gestorben. Weil auch ich jetzt sterbe.« Und Lisa nickte.

»Weißt du, du kannst mit der Wohnung machen, was du willst, Lisa«, sagt ihre Mutter jetzt, sie drückt ihre Zigarette im Aschenbecher aus. »Es ist deine Entscheidung. Aber wenn du mich fragst, ich rate dir: Verkaufe sie. Verkaufe sie, so schnell es geht. Diese Wohnung hat immer nur Ärger gebracht.« Lisa lächelt. Das hat sie ihr selbst immer geraten: Verkaufe die Wohnung einfach, wenn Mamie stirbt. Sie tut dir nicht gut, und du willst doch nicht zwischen den Wänden deiner toten Mutter leben, die dich nie dort haben wollte, die sie dir nie gönnte, das kann dir doch nicht guttun. Werde die Wohnung los, so schnell es geht, hat sie ihr gesagt. Und jetzt muss sie es eben tun, sie muss sie verkaufen, vielleicht muss sie dafür nicht einmal nach Paris fahren, vielleicht geht das auch von Berlin aus. »Ja, ich werde sie verkaufen«, sagt Lisa. Ihre Mutter sagt nichts mehr, sie ist in Gedanken schon wieder woanders, sie wird müde, Lisa sieht es, die Hand, die ihre Zigarette hält, zittert, ihr rechtes Auge rutscht immer wieder zur Seite, sie starrt vor sich hin. Es ist Zeit zu gehen. Lisa steht auf und gibt ihr drei Küsse auf die Wange, »meine Maman, meine Maman, meine Maman.« Als sie aus dem Hospiz auf die Straße tritt, ist es dunkel geworden. Der Nieselregen hat sich in Schnee verwandelt, nicht in die schönen, dicken Flocken, sondern in kleine, harte, stechende Schneeflocken. Das ist nicht gut, denkt Lisa. Ihre Mutter hasst Schnee.

2.
Marie

Es war mein Land. Ich kannte jeden Winkel der Felder, ich kannte die kleinen Schleichwege, die Wiesen, auf denen im Frühling besonders viele Mohnblumen wuchsen, ich wusste, wann der *oued* Wasser führte und wann er nur aus Sand bestand, ich kannte jeden Olivenbaum, Oleanderbusch und jedes Vogelnest, ich wusste immer, welcher Kaktus gerade reife Früchte trug und welche Katze gerade wo geworfen hatte, und ich kümmerte mich um die Kätzchen und die Vögelchen und die Jasminblumen, denn es würde ja alles mir gehören. So hat dein Großvater es mir gesagt. Es war ein warmer Sommerabend nach einem glühend heißen Tag, die Sonne ging gerade unter, und wir standen vor unserem

Haus auf der Terrasse und schauten über die Hügel voller Weizen, breitbeinig auch ich, denn ich wollte ja mithalten. »Das alles wird einmal dir gehören, *ma petite chérie*«, sagte er mir, ich weiß es noch genau, und dann streichelte er mir mit seiner rauen Hand über den Kopf, »das wird alles einmal dir gehören.«

Ach, meine Lisa, ich weiß nicht, was willst du wissen? Es ist eine lange Geschichte, weißt du. Eine lange Geschichte. Ich hatte in Tunesien ein wildes Leben, *ma petite chérie*, ich stromerte allein über die Felder, ohne Aufsicht, und die meisten Abende verbrachte ich bei den Arabern, bei Ulimas Familie. Ulima war unsere Kinderfrau, unsere *nounou*, sie verbrachte die Tage bei uns, ich hatte sie sehr gerne, sie wickelte mich immer in ein Bettlaken und zog dann an einem Ende, sodass ich mich ganz schnell drehte und über das Bett herauskullerte, das machte mir viel Spaß, das spielten wir oft, bevor meine Schwester Solange geboren wurde. Die meisten Abende aß sie mit ihrer Familie bei uns, denn Mamie ließ es sich nicht nehmen, die großartigsten Gerichte zu kochen, *poulet au citron*, Kalbsbraten, Lammkoteletts, *cassoulet*, und natürlich ihren berühmten Couscous, wenn mein Vater die Glocke läutete, kamen die Arbeiter von den Feldern, wuschen sich und setzten sich zu uns an den Tisch.

Sie aßen gerne bei uns, meine *nounou* und ihr Mann Suleiman und die drei Kinder. Mit den beiden Jungs spielte ich nie, aber ich liebte Aisha, ihre älteste Tochter. Aisha war so alt wie ich, wir wuchsen wie Schwestern auf, schon mit drei zankten wir uns darum, wer mit den Kätzchen spielen durfte. Sie hatte glänzende, tiefschwarze Locken, die ich bewunderte, denn meine waren zwar auch schwarz, aber glatt und langweilig, und während Mamie mir meine Haare in Tunis immer kurz schneiden ließ, trug Aisha ihre ganz lang über ihren Rücken, oft fielen ihr die Locken ins Gesicht und dahinter blitzten mich ihre mandelförmigen Augen an. Wenn meine *nounou* am Freitag nicht zum Abendessen kam, lief ich zu ihnen in das kleine Häuschen am Ende des Chilifeldes, denn mein Vater baute Chili und Weizen an. Ich lief also unseren Hügel hinunter, dann den kleinen Pfad am Weizenfeld entlang, nicht den langweiligen breiten Weg, den unser Auto immer nahm, sondern den schmalen Pfad, der an den Olivenbäumen der Nachbarn vorbeiführte, und ich begann zu rennen, rechts Oliven, links Chilischoten, unter mir fühlte sich die rote Erde so wunderbar fest an, dass ich glaubte zu spüren, wie ich auf der Weltkugel tanzte, während sie sich drehte. Manchmal blieb ich stehen, pflückte eine reife Schote und brachte sie Aisha mit, wohl wissend, dass sie von mir verlangen würde, hineinzubeißen. Natürlich biss ich hinein, ich musste ihr ja beweisen, dass ich eine echte Tunesierin war wie sie, dann brannte die Schärfe mir auf der Zunge und im Rachen, doch niemals fragte ich nach Baguette und Wasser zum Löschen, niemals, ich zeigte es ihr, ich war eine von ihnen.

Meistens gab es Couscous bei Ulima, und nie hätte ich es laut gesagt, aber ich fand, er schmeckte fast besser als Mamies, weil wir Kinder bei Aisha mit den Händen essen durften und auch mit den Fingern schmeckten, ich stopfte mir den mit Sauce vollgesogenen Couscous in den Mund und biss von der Merguez ab, dann leckte ich mir die rote, fettige Sauce von den Fingern und lachte Aisha an, deren Mund auch ganz rot war. Aisha brachte mir auch etwas Arabisch bei, das meiste habe ich vergessen, *khobz* heißt Brot, siehst du, das weiß ich noch. Ich war immer neidisch darauf, wie Aisha und Ulima fließend vom Französischen ins Arabische fielen, mitten im Satz wechselten sie plötzlich die Sprache und ich verstand nichts mehr, bis sie genauso plötzlich wieder Französisch sprachen. Aisha hatte Mitleid, man könne doch nicht nur mit Französisch durchs Leben kommen, das sei ja traurig, sagte sie, also setzten wir uns auf unsere zwei Steine unter den Zitronenbaum, den Mamie im Hof gepflanzt hatte, und lernten. Manche Worte trieben mir noch lange den süßen Duft der Zitronenblätter in die Nase, sie duften so gut, wenn man sie zwischen den Fingern reibt, weißt du, ich konnte sogar einige Sätze, aber das habe ich alles vergessen, *bof*, das ist so lange her.

Mamie fand gut, dass ich so viel mit meiner *nounou* und Aisha beschäftigt war, »mit den Arabern«, wie sie sagte, das war ihr recht. Hauptsache, ich war aus dem Haus, nur ein bisschen zu dreckig fand sie mich immer, wenn ich nach Hause kam, mit roten Saucenfingern und Füßen voller Erde, »warst du wieder bei den Arabern, du Dreckspatz«, sagte sie dann und schickte mich ins Bad.

Weißt du, ich glaube, Mamie hat das Leben dafür verflucht, ihr ausgerechnet dann eine Tochter verpasst zu haben, als sie sich endlich von ihrem ersten Mann und ihren zwei Söhnen befreit hatte. Nicht, dass der Mann, mit dem sie vor deinem Großvater zusammengelebt hatte, nicht in Ordnung gewesen wäre, das war er eigentlich schon. Jedenfalls hat sie nie erzählt, dass er sie geschlagen hätte oder so, und sie hat nie ein Geheimnis für sich behalten, wenn er sie schlecht behandelt hätte, dann

hätten wir diese Geschichte gehört, wieder und wieder. Nein, er muss in Ordnung gewesen sein, ihr erster Mann, aber trotzdem war sie mit ihm unglücklich, es war wohl die Langeweile. Ihr erster Hof lag im südtunesischen Nirgendwo, fast schon an der algerischen Grenze, die Gegend habe ich dir nie gezeigt, *ma chérie*, das ist eine sehr triste Region, keine Berge, kein Grün, selbst das Meer ist weit, alles ist trocken und staubig und irgendwie *beige*. Niemals kam Besuch vorbei, niemals wurde Mamie zum Abendessen eingeladen, und zum nächsten Kino waren es Stunden mit dem Auto. Natürlich, sie hatte sich gesellschaftlich verbessert, wie sie es sich als junges Mädchen vorgenommen hatte, ihr Vater war Postbote gewesen und jetzt gehörte ihr immerhin ein kleiner Hof, aber sie fühlte sich einfach zu einsam in der Wüste. Sie hatte zwei Söhne dort, das weißt du ja, deinen Onkel Antoine und deinen Onkel Maurice, die verbrachten ihre Tage draußen auf den Feldern, und auch sie hatten eine Kinderfrau, die sich um sie kümmerte.
Mamie aber verbrachte ihre Tage depressiv im Bett, sie verging vor Langeweile in ihrem *beigen* Leben, bis mein Vater vorbeikam, also dein Großvater. Claude.

Claude war ein Freund der Familie, er wollte sich um die Geräte auf dem Hof kümmern, denn weißt du, dein Großvater hatte immer ein Händchen für Automobile, Traktoren und Maschinen, er konnte alles reparieren, das hatte er auf der Landwirtschaftsschule gelernt, und so wurde er von seinem Vater manchmal losgeschickt. Mamie verliebte sich auf der Stelle. Er sah gut aus, dein Großvater. Du kennst ja die Fotos, mit seinen pechschwarzen Haaren, elegant nach hinten gekämmt, dem starken Kinn und den ausgeprägten Wangenknochen.

Sein feines Gesicht wirkte fast ein bisschen weiblich, aber keineswegs schwach. Seine Kleidung war elegant, er hatte eine gute Ausbildung in Tunis genossen und machte große Augen, als er Mamie erblickte.
Claude blieb zwei Wochen zu Besuch, dann wollte er auf den Hof seiner Eltern zurückkehren, gar nicht weit von Tunis, in der Nähe von Zaghouan. Als Mamie ihn am letzten Abend küsste, küsste er sie zärtlich zurück. »Zurückhaltend«, erzählte sie immer, er habe eben ihr die Entscheidung überlassen. »Ich möchte mit dir gehen«, sagte sie, und er lächelte, hievte ihren Koffer in sein Auto und nahm sie mit. So verließ Mamie ihren ersten Mann. Mir erzählte sie, dass Antoine und Maurice gar nicht traurig waren, als sie sich verabschiedete. Wenn du mich fragst, ich kann mir schon vorstellen, wie meine Brüder sie still angeschaut haben, ohne Regung, aber ich bin mir sicher, dass sie sich die Augen ausweinten, abends in ihren Betten, denn Mamie brachte uns schnell bei, unsere Traurigkeit nicht zu zeigen. Sie wurde immer wütend, wenn wir weinten. Also ließen wir es.

Auf dem Land von Zaghouan warteten einige Monate des Glücks auf Mamie. Das kleine Haus, das Claude von seinem Vater bekam, war bescheiden – nicht wie *Bou da*! *Mondieu, Bou da*, so hieß der prächtige Gutshof meiner Großeltern, was für eine Villa, an der Straße zu Depienne, ganz weiß gestrichen, mit ihrem Glockenturm strahlte die Villa kilometerweit über die Felder, die Fensterläden und die Tür waren ebenso blau wie der Himmel darüber. Zur Pforte führten ein paar Stufen, über sie gelangte man in einen großen Salon, von dessen hoher Decke ein Kronleuchter hing, das Haus hatte zwei Küchen, schließlich musste hier für zehn Arbeiter und eine große Familie gekocht werden, es gab zwei Bäder und sicher sechs Schlafzimmer, in jedem davon war ein kleiner Kamin, und wenn man die Treppe bis ganz hinauf auf das Dach stieg, konnte man die Felder bis ganz hinten zu unserem kleinen Hügel überblicken und auf der anderen Seite sogar bis zu den Bergen von Zaghouan sehen, die im Sommer in der Hitze flimmerten und im Winter von Wolken gestreichelt wurden. Wenn mein Großvater die große Glocke auf dem Dach von *Bou da* läutete, konnte man sie ganz bestimmt bis Depienne hören.

Das Haus, das Claudes Eltern ihm und Mamie überließen, hieß *Mezreg*, es war nicht halb so groß, es hatte gerade mal zwei winzige Schlafzimmer, eine kleine Küche und einen Salon – doch als Mamie dort einzog, hatte sie es geschafft. Sie gehörte nun zur Familie Bellanger, und die Familie genoss in Tunis einiges Ansehen. Dass Claudes Eltern Mamie von Anfang an als Neureiche ablehnten, war ihr egal. Sie hatte bekommen, was sie wollte: ein wenig Prestige, Zugang zu den guten Kreisen der französischen Gesellschaft und einen Mann, der sie nicht nur abgöttisch liebte, sondern der ihr auch ihre Freiheiten ließ.

Mein Vater verbrachte die Tage auf dem Feld oder im Büro und die Abende in der Garage, um an alten Automobilen und Traktoren herumzubasteln. Er liebte die Technik, diese enorme Potenz in seinen Händen, so sah er die Maschinen, als potenzierte Menschenkraft, »die uns den Göttern ein Stück näher bringt«, wie er sagte. Eines Tages kaufte er sich eine Kamera, die waren damals sehr selten, nur wenige konnten sie sich leisten. Er kaufte sie sich und fing an, das Pflügen der Felder aufzunehmen, in Nahaufnahme, von allen Seiten filmte er, wie der eiserne Pflug die satte rote Erde aufwühlte, wie er sich in sie hineingrub, wie Pflug und Erde miteinander spielten, ein Liebesspiel der Elemente. Er hatte einen beinahe pornografischen Blick auf die Landwirtschaft, dein Großvater, er stellte sich vor, die reife tunesische Erde zu befruchten wie den Körper seiner Frau. Und er liebte es, dass er durch die Technik sogar in die Luft aufsteigen konnte, er wollte den Himmel gar nicht erobern, es ging ihm nicht um Macht, ich glaube, er liebte es einfach, abzuheben, sich von der Erde zu entfernen, die ihn bannte, ihn festhielt, und er liebte es auch, die Kraft des Motors unter sich vibrieren zu spüren.

An den Wochenenden fuhr er zum Flugplatz und kreiste über unseren Ländereien. Seine Fliegermütze stand ihm gut, und jedes Mal, wenn Mamie ihn zum Flugplatz begleitete, verliebte sie sich von Neuem in ihn. Doch niemals stieg sie mit in das Flugzeug, niemals. Deine Großmutter zog es vor, mit beiden Beinen auf dem Boden zu stehen. Sie las in ihren Büchern, bis Papa aus dem Himmel zurückkehrte.

Es war ein glückliches Leben, erzählte Mamie immer, bis sie eines Morgens mit einem elenden Gefühl im Magen aufwachte. Alles in ihr zog sich zusammen. Sie hielt sich erschrocken die Hand vor den Mund, sprang aus dem Bett und rannte zur Toilette. Heftig musste sie sich übergeben. Mit wackeligen Beinen stakste sie zurück ins Bett und zog sich die Decke über ihre Nase. Sie wusste bereits, was das bedeutete. Die Übelkeit hielt an, und auch ihre Tage wollten einfach nicht kommen. Mamie wollte nicht schwanger sein, auf keinen Fall. Sie hasste ihren Bauch dafür, dass er langsam größer wurde, abends trommelte sie wütend mit ihren Fäusten auf ihn ein, was soll ich sagen, sie hatte damals schon Spaß dran, mich zu schlagen.

Aber ich muss auch sagen, ich verstehe sie ein bisschen, Lisa, wirklich, ich verstehe sie. Sie bekam es mit der Angst zu tun. Sie wollte endlich das Leben genießen, allein, sie wollte keine Kinder mehr, sie wollte ein Leben führen, das sich um sie drehte, und darauf hatte sie ja eigentlich ein Recht, oder nicht? Die Verhütung war damals nicht so einfach wie heute, weißt du. Das Gefühl, eine fremde Macht habe von ihrem Körper Besitz ergriffen, muss überwältigend gewesen sein. Mamie fühlte sich dem fremden Wesen in ihrem Unterleib ausgeliefert, das sich dort gegen ihren Willen eingenistet hatte. Sie wollte in ihrem Körper alleine sein, über ihn verfügen können, sie wollte ihre Ruhe haben und ihr kleines Leben mit deinem Großvater genießen, und auf keinen Fall wollte sie ihn mit einem unwillkommenen Geschöpf teilen, das ihr ruhiges Leben schreiend und brüllend zunichtemachen würde. Sie verfluchte den Samen meines Vaters, und sie verfluchte ihre eigene Fruchtbarkeit.

3.
Lisa

Lisa hatte sich vorgenommen, in die Wohnung zu gehen. Einfach reingehen, hat sie sich gesagt. Sie hat die Métro bis Crimée genommen, die Linie 7, diese rosa Linie, von Châtelet über Stalingrad bis Crimée konnte sie einfach durchfahren, sie hat die Stationen gezählt, wie sie es als

Kind so gerne mochte, es sind vierzehn, und dann ist sie bei Crimée ausgestiegen, in Fahrtrichtung die Treppe hochgestiegen, dann nach links, wieder die Treppe hoch, und oben stand sie schon direkt vor dem Monoprix, nur wenige Meter von dem großen grünen Tor entfernt, das mit diesem glatten, vollen Klacken aufging und sie in das verwinkelte Gebäude einließ. Sie ist an dem Steinfeld vorbei durch den kleinen Hof mit den eckigen Bäumen gelaufen, die erste Treppe zur Zwischenebene hoch auf die Galerie, dann hat sie den Weg nach rechts zu Mamies Aufgang genommen, falsch, hat sie sich gesagt, falsch, es ist nicht mehr Mamies Aufgang, es ist jetzt deiner, sie ist also links abgebogen und hat an der Zwischentür geklingelt, um in den Wohnturm zu kommen, und dann hat sich nicht Mamies krächzende Stimme gemeldet, Mamie hat nicht *»allô?«* gekrächzt, sondern Larissa hat sie reingelassen, Larissa, die Freundin von Lisas Mitbewohnerin Anne, Lisa fand sie nett, als sie sie in Berlin getroffen hat, »Hallo« hat sie gesagt, auf Deutsch, mit H, und hat Lisa reingelassen, und dann hat sie den Fahrstuhl genommen bis hoch in den siebten Stock, und nun steht sie hier vor der Wohnung, vor Larissa, und irgendwie kann sie doch nicht einfach in die Wohnung gehen, weil sie etwas aufhält, und Lisa fragt sich, was das ist. Vielleicht der Geruch. Lisa hatte nicht an den Geruch gedacht, denn natürlich, die Wohnung riecht nach Piment, Paprika und Zimt, gemischt mit abgestandenem Zigarettenqualm und modrigem Moschus, nach alter Frau in ungewaschenem Hauskleid mit Blümchenmuster. Natürlich, die Wohnung riecht nach Mamie.

Larissa öffnet die Tür ein Stück weiter. »Komm doch rein«, sagt sie und lächelt dabei, »komm doch rein, willkommen in deiner Wohnung!« Lisa macht einen Schritt nach vorne. »*Salut*, schön, dass du endlich hier bist!«, sagt Larissa und macht die Tür hinter ihr zu, und Lisa steht in der Rue de Flandre.

Die noch helle Abendsonne scheint von links durch das große Balkonfenster, Staubteilchen tänzeln im gelben Licht, das den alten Möbeln einen goldenen Schimmer verleiht. Und rechts, rechts liegt der dunkle Flur, der an den Bücherregalen und dem großen schwarzen Wandschrank vorbei zur Küche führt, dann zu den Schlafzimmern weiter hinten in der Wohnung, und zum Bad. Lisa blickt in den Flur und wundert sich, denn eigentlich müsste doch ihre Großmutter gleich aus diesem Flur kommen, Mamie, eine Zigarette im Mundwinkel, eigentlich müsste sie kommen und »Lisa!« krächzen, Lisa, *ma petite fille*, aber da kommt niemand. Nur Larissa, Larissa steht noch immer neben der Tür, schaut Lisa an und wartet. »*Salut*«, sagt Lisa, und Larissa lächelt, ihre Augen werden ganz groß und braun, groß, braun und besorgt. Lisa schaut weg, sie schaut sich das Wohnzimmer an. Larissa hat die Tapete abgerissen. Die Möbel stehen noch an ihrem Platz, links die Anrichte, rechts die Truhe, geradeaus der große Esstisch vor dem Balkon. Aber die Tapete ist abgerissen, so genau weiß Lisa nicht mehr, wie sie ausgesehen hatte, braun vielleicht, oder gelb, aber jetzt ist sie weg. »Ihr habt die Tapete abgerissen«, sagt sie, »ja«, sagt Larissa, »ja, ich hoffe, das war okay, aber die Wohnung war in einem krassen Zustand, ehrlich gesagt, sie war ganz schön verdreckt, und die Tapete ... sie war sehr alt, deine Oma, oder?« »Sie hieß Mamie«, sagt Lisa und schiebt hinterher, weil es ja nicht stimmt, weil sie ja Lucile hieß eigentlich, »wir haben sie Mamie genannt.«

Larissa nickt: »Ja, stimmt, hier heißt das Mamie.« Sie sagt es richtig, Mamie, mit Betonung auf der letzten Silbe. Nicht wie im Deutschen, Mami.

Lisa setzt sich an den Tisch, an den massiven Holztisch im Wohnzimmer. Sehr alt, ja, sehr alt war Mamie wirklich. »Sie ist über hundert Jahre alt geworden«, sagt sie, »aber ich habe sie lange nicht mehr gesehen«, viele Jahre ist es her, dass sie das letzte Mal in Paris war, sie erinnert sich noch genau, das war bei diesem Couscousessen. »Willst du einen *rouge*?«, fragt Larissa, und Lisa lächelt, jetzt lächelt sie doch. Weil Larissa es so schön sagt. Einen *rouge*. »Ja, einen *rouge* hätte ich jetzt wirklich gerne.«

Früher traf sich die Familie hier jeden Sonntag zu Mamies Couscous. Einmal war Lisa dabei, vor sechzehn Jahren. Sie legt ihre Wange auf das Holz, das sich gut anfühlt, schön fest, und es riecht auch gut. Lisa atmet tief ein, Holz und Gewürze. Ras el-Hanout, ja, der Tisch riecht nach Couscousgewürz. Lisas Mutter war immer so streng mit der richtigen Mischung, nicht zu viel Zimt, erinnert sie sich, Paprika, ein bisschen Piment, und was noch? Maman, wie sie die Gewürze im Mörser mischt, Lisa sieht sie genau, Maman, lächelnd und mit roten Wangen, »und jetzt kommt das Wichtigste«, sagt sie, »das Geheimnis jedes guten Couscous, nicht leicht zu bekommen in Deutschland!« Mist. Sie kommt nicht drauf. Aber dieses Holz. Dieses Holz tut gut. Unter diesen Tisch ist sie immer gekrochen, als sie noch klein war, die kleine Lisa ist hier unter den Tisch gekrochen und ist um die Beine der Erwachsenen gestrichen wie eine Katze, und dann hat Tata Solange die Tischdecke gehoben und sie angelacht, »oh, kleine *minou*, da ist ja ein Kätzchen!«, hat sie gerufen und Lisas Kopf gestreichelt, und Lisa hat geschnurrt.

Mit zwei Gläsern Rotwein in der Hand kommt Larissa aus der Küche. Dabei hüpft sie leicht, als hätte sie kein Gewicht, Lisa ist es, als würde Larissa durch die Wohnung tanzen, oder nein, als würde sie wehen, als würde sie durch die Rue de Flandre geweht werden wie einer dieser Steppenläufer in der Wüste. »Was für einen Wein hast du besorgt?«, fragt Lisa, »ein Touraine kann sehr gut schmecken«, hat ihre Mutter ihr oft gesagt, »wenn man den richtigen erwischt, aber Vorsicht, das kann schnell danebengehen. Der Jahrgang zählt! Es gibt Jahre, da kann man den Wein direkt wegkippen. Anders ist es bei Bordeaux. Bei einem Bordeaux kann man eigentlich nichts falsch machen.« »Bordeaux«, sagt Larissa, und Lisa nimmt einen Schluck und muss lächeln. »Ich hatte vergessen, wie gut der Wein in Paris schmeckt!«, sagt sie, und jetzt lächelt auch Larissa wieder. »Komm«, sagt sie, »komm, noch besser schmeckt er auf dem Balkon.«

Draußen das Rauschen der Großstadt, kühles, frisches Rauschen, der Wind fährt Lisa durch die Haare, sie hält sie ihm hin, ja, wehe mir Mamies Hauskleidgestank aus den Haaren. Die Sonne geht gerade unter, der Himmel ist gelb und rot gefärbt, gemischt mit dem Braun und Grau der Smogwolke, die stets über Paris hängt, dreckig, das schon, aber ein schöner, anonymer Großstadtdreck. Unten das Hupen auf der Avenue de Flandre, Lisa beugt sich über die Balustrade, schade, die Autos kann sie nicht sehen, sie sind von den großen Platanen verdeckt, aber die Menschen, sie sind so klein, winzige Figuren, ganz schnell schwirren sie umher, man kann ihre Hektik gar nicht ernst nehmen von hier oben, sie sehen lustig aus, wie sie unter die Platanen rennen, oder ins Monoprix unten im Haus, oder in die Métro hinein, einfach verschluckt vom Pariser Untergrund. Wie oft stand Mamie hier oben und blickte über Paris. Wie sie von hier oben wohl aussahen, Lisa und ihre Mutter, wenn sie hier ankamen aus Berlin, ganz klein da unten, »schau mal, Mamie erwartet uns schon, schau, sie winkt dir zu!«, sagte Lisas Mutter und zeigte hoch auf den Balkon, auf eine winzige Mamie, Blümchenhauskleid und wilde weiße Haare, eine winzige Mamie hoch oben im siebten Stock.

Larissa beugt sich ebenfalls über die Balustrade, sie blickt nach rechts, da steht der Tour Montparnasse, ein schwarzer Koloss am anderen Ende der Stadt. Sie ist so klein, dass ihre Füße den Boden fast nicht mehr berühren, als sie sich über die Balustrade beugt. In der Abendsonne sieht ihr Gesicht jugendlich aus, die blonden Locken wehen über ihre Stirn und ihren Nacken, eine junge Studentin in Paris. Fast wie Lisas Mutter damals, fast wie Marie, als sie hier stand als Studentin der Sorbonne, Simone de Beauvoir und Albert Camus im Kopf, etwas jünger sogar als Larissa jetzt mit ihren Anfang zwanzig, wie sie sich die blonden Locken aus dem Gesicht streicht, mit ihrer kleinen, ganz kleinen Hand, eine beeindruckend kleine und zierliche Hand, findet Lisa. Natürlich, weil Anne diese Zierlichkeit so mag, sie hat meistens sehr zierliche Freundinnen, obwohl sie selber nun wirklich nicht zierlich ist mit ihrem dicken, runden Gesicht, Apfelbacken sagt man wohl, bayerisch sieht sie aus, ihre Anne, bayerisch und mit ihren beiden starken Beinen fest auf dem Boden stehend, dabei kommt sie gar nicht aus Bayern, sondern von der Nordsee, die kann keiner umhauen, aber ihre Freundinnen, die sind klein und zierlich, als würde sie sie ganz leicht hochheben und durch die Welt tragen können.

Es war sonnig, Lisa weiß noch genau, wie sonnig es war, Vogelgezwitscher und Sonnenstrahlen an der Küchenwand, wie sie es hasste. Winter war doch gut, tote Bäume, totes Gras, alles tot, das fand Lisa gut, als sie das Leben ihrer Mutter auflösen musste, ihre Wohnung, ihre Papiere, ihre Steuern, ihre Krankenkasse, ihre Versicherungen. Und als Lisa damit fertig war, war da noch Mamies Leben. Mamies Wohnung, Mamies Papiere, Steuern, Krankenkasse warteten auf Lisa, in Paris. Lisa wollte nicht nach Paris. »Ich will nicht nach Paris«, sagte sie Anne. »Ich kann nicht, diese scheiß Wohnung, ich kann da nicht hin, aber sie kostet mich über dreihundert Euro im Monat, nur die Nebenkosten, das kann ich nicht bezahlen, was soll ich denn jetzt machen.« Und Anne fing an zu lächeln, zwischen ihren dicken Backen lächelte sie: »Ich glaube, ich habe eine Idee.« Larissa kannte sie noch aus der Schule, sie war ihre erste Freundin gewesen, »meine erste richtige Freundin«, sagte Anne, »sie sucht eine Wohnung in Paris, für ihr Auslandssemester, sie ist sehr nett, du wirst sie mögen.« Und *voilà*. Nun wohnt sie hier, in dieser klebrigen Wohnung, hier in Mamies Sachen, auch in Mamies Dreck, »ich schwöre dir, sie macht das extra«, sagte Lisas Mutter immer, »sie macht das extra, sie verschmiert ihre Scheiße auf dem Klo und hat einen riesigen Spaß dabei, Lisa, so werden die Alten, sie werden zu kleinen Babys, wenigstens werde ich nicht so alt.«

»Und war sie sehr dreckig, die Wohnung?«, fragt Lisa. Larissa dreht sich um und zuckt mit den Schultern, »na ja, als ich die Tapeten ab hatte und einmal ordentlich durchgeputzt, ging es«, sagt sie, »die Wohnung ist ja wunderschön, das Parkett ist sehr gut erhalten, es wurde nur sehr lange nicht renoviert, das merkt man, und geputzt auch nicht«, Larissa lächelt. »Eine tolle Wohnung, so groß, aber es ist komisch, hier zu wohnen«, sagt sie, »inmitten der Sachen deiner Großmutter, ich frage mich oft, wie sie so war. Ich habe schon mit dem Nachbarn von unten gesprochen, er mochte sie sehr, eine außergewöhnliche Frau war das, hat er gesagt, und dass er sich Sorgen um sie gemacht hat, weil sie allein in der Wohnung war. Jeden Morgen hat sie ein Buch fallen lassen, damit er hörte, dass es ihr gut ging, hat er erzählt.«

Lisa nimmt ihr Glas und geht wieder rein. Die Wohnung ist in Larissas Blond getaucht. Blond strahlt die Sonne auf das helle Fischgrätparkett, den dunklen Holztisch, auf die Holztruhe und die hellen Wände und auf die Bücher, all die Bücher im Regal, bis es sich im Dunkel des Flurs verliert, verschluckt von dem großen schwarzen Wandschrank im Eingang. Oh, an den Wandschrank kann sich Lisa sehr gut erinnern. Darin gab es eine Schatztruhe, Lisa weiß noch, wie Mamie daraus immer Neues hervorzauberte, einen kleinen Esel, den mochte Lisa besonders gerne, den kleinen Esel mit dem struppigen Fell, und es gab dort auch ganz kleine Puppen, die sich verwandeln konnten, wenn man ihre Röcke umdrehte, dann verschwand die Puppe unter dem Rock und wurde ein Muffin, ja, ein nach Erdbeer riechender Muffin. Lisa schiebt die schwere Schranktür zur Seite. Es riecht nach Flohmarkt, nach alten Klamotten, Mänteln, aber nein, da unten ist keine Spielzeugkiste mehr, nur Regenschirme und alte Hüte.

Sie geht weiter, sie geht in die Küche, ihre Schuhe bleiben an den kleinen blauen Fliesen kleben, wie früher, denkt sie, der Boden ist ganz genauso dreckig wie damals, aber der Boden war ihrer Mutter egal. *»Bof«*, hat sie gesagt, *»bof*, Mamie ist eine alte Frau, wen kümmert schon der Boden, weißt du, in Deutschland gibt man gerne damit an, dass man vom Boden essen kann, uns war er immer egal, der Boden.« Hier hat Mamies Geruch sich auf die Wände gelegt, eine dicke gelbe Schicht auf den Wänden, auf dem Küchenschrank, Fett vermutlich, eine dicke Fettschicht, gemischt mit Nikotin und Piment, es riecht nach Mamie mit Piment.

Lisa geht zum Fenster, jetzt braucht sie keinen Stuhl mehr, um rauszuschauen, sie kann sich einfach davorstellen und rausgucken, *»tu vois,* siehst du Sacré-Cœur?«, hat Mamie die kleine Lisa gefragt, und Lisa hat sich auf den blauen Küchenstuhl gestellt und gestreckt, bis sie die weiße Basilika sehen konnte, Lisa streckt den Kopf aus dem Fenster, wo war die Kathedrale denn noch mal, sie blickt nach links, ja, da hinten, zwischen den Hochhäusern strahlt die Kuppel von Sacré-Cœur über der Stadt.

»Willst du sehen, wie die Zimmer jetzt aussehen?« Lisa zieht den Kopf wieder rein und schlägt dabei gegen den Fensterrahmen. »Ich habe auch da die Tapete abgerissen und den Schimmel entfernt«, sagt Larissa, »komm, schau sie dir an, sie sind viel heller so, finde ich.« Und schon geht sie los, sie geht raus aus der Küche, und Lisa bleibt erst kurz stehen, aber dann kommt sie hinterher, durch den schmalen Flur folgt sie Larissa, durch die Tür in den Schlafbereich der Wohnung, rechts Mamans und Mamies Zimmer, geradeaus die kleine Toilette, links das Badezimmer, das Badezimmer mit dem Bidet.

»Hier schlafe ich jetzt«, sagt Larissa, sie steht vor Mamies Zimmer, nur dass es jetzt nicht mehr Mamies Zimmer ist, sondern Larissas. Blümchendecke, Kleider, ein Plakat, das eine Demonstration für den 31. März ankündigt, *nuit debout* steht darauf. Darunter, auf dem alten Sekretär, Bücher und Zettel und Stifte. Das Zimmer ist kleiner, als Lisa es in Erinnerung hatte, klein und quadratisch, aber das Fenster ist groß, es erstreckt sich fast über die ganze Wand. Die anderen Wände wirken tatsächlich heller, weiß gestrichen, außer über dem Bett, da prangt ein großer gelber Fleck. Ein großer, runder Fettfleck. »Wir haben ein paarmal drübergestrichen, er ging nicht weg«, sagt Larissa, die Lisas Blick gefolgt ist, »ich glaube, deine Oma hat ihren Kopf immer an dieser Stelle gegen die Wand gelehnt, wenn sie im Bett lag, der Fleck geht nicht mehr weg.« Mamies ranziges Überbleibsel. Ihr Kopf. Ihr Kopf an die Wand gelehnt, Zigarette im Mundwinkel, ein Buch auf den Bauch gestützt. Immer mit Zigarette, ohne Filter, »die Verrückte raucht ohne Filter!«, hat Lisas Mutter gesagt, »es wird sie noch umbringen.« »Sie ist kaum mehr aufgestanden«, erklärt Lisa, »meine Großmutter hat ihre letzten zwanzig Jahre mehr oder weniger lesend hier im Bett verbracht, vermutlich hast du recht, vermutlich hat ihr lesender Kopf über die Jahre diesen Fleck hinterlassen.«

»Was liest du so?«, hat sie Mamie gefragt, als sie das letzte Mal hier war, da konnte sie schon ein bisschen Französisch, »was liest du so?« »Alles, *ma petite fille*«, hat Mamie gesagt, »ich lese alles, was mich aus dieser Wohnung wegträgt, hinaus in die weite Welt. Weißt du, wenn man alt ist, hat man das meiste schon gelesen, aber ich fange an zu vergessen, manchmal weiß ich gar nicht so genau, ob ich ein Buch schon gelesen habe oder nicht. Das ist praktisch: Ich kann die tollsten Bücher immer neu entdecken, ich reise wieder und wieder um die Welt«, dann lachte Mamie, sie lachte mit ihren schrumpeligen schwarzen Zähnen. Wie alt sie da schon war, da war sie schon Mitte achtzig. Und dann lebte sie noch fünfzehn Jahre.

»Sie hat immer ein Buch fallen lassen für den Nachbarn, sagst du?« Larissa nickt. »Ja, sie hatte wohl Angst, dass sie stirbt und niemand sie findet.« Lisa schaut Larissa an, jetzt schaut sie ihr direkt in ihre großen Augen. »Wäre mir egal gewesen, wenn Mamie hier einsam gestorben wäre. Weißt du was, eigentlich hätte sie es verdient gehabt.«

4.
Marie

Schließlich nahm Mamie Ulima zur Seite und fragte sie flüsternd nach einer Engelmacherin. Sie zeigte dabei auf ihren Bauch. »Um das wegzumachen«, flüsterte sie. Ihre Mutter hatte ihr gesagt, dass sie sich an die Araberinnen wenden solle, wenn sie einmal ins Unglück fallen sollte. »Die Araberinnen haben die alte Hexenkunst noch nicht verlernt«, sagte sie, »du kannst ihnen nicht vertrauen, aber mit dem Unglück kennen sie sich aus.«

Doch Ulima schaute Mamie nur mit großen Augen an und schüttelte den Kopf. Sie kannte Mamie noch nicht. »Aber Madame«, sagte sie, »sie haben doch einen so guten Mann, Madame, ein schönes Haus. Sie haben keinerlei Sorgen. Sie werden eine hübsche Tochter bekommen, die allen Männern die Augen verdrehen wird. Allah hat Sie gesegnet!« Flatsch, da war Mamie die Hand ausgerutscht. »Ich habe dich nicht nach deiner Meinung gefragt!«, zischte sie. Ulima hielt sich die Wange, ihre Pupillen wurden zu kleinen schwarzen Stecknadelköpfen, sie schaute auf den Boden. Nun kannte sie sie. »Ja, Madame. Ich frage nach einer Kräuterkundigen.« Mamie drehte sich um und legte sich wieder ins Bett. Am nächsten Tag winkte Ulima deine Großmutter dann zu sich. »Es gibt eine Frau, ein paar Dörfer weiter«, flüsterte sie. »Sie kann, was Sie suchen, Madame. Mein Mann bringt Sie morgen dorthin, wenn Sie wünschen.«

Mamie hat mich nicht verschont, *ah oui*, sie hat mir alles erzählt und kein Detail ausgelassen. Vielleicht meinte sie es gut, vielleicht wollte sie mich warnen, vielleicht wollte sie mir auch erklären, warum sie mich nie so lieben konnte, wie ich es gebraucht hätte: weil sie mich nicht haben wollte. Schade. Schade, dass es nicht klappte mit der Abtreibung, es wäre besser für uns alle gewesen, wenn du mich fragst, ich hätte lieber gar nicht erst existiert, als einer stolzen Frau aufgezwungen zu werden, die mich nicht haben wollte.

Das Haus der Engelmacherin war eine karge Wellblechhütte auf der anderen Seite von Pont du Fahs. Mein Vater hat mich oft dorthin mitgenommen, in Pont du Fahs machten wir die wichtigsten Besorgungen, eine hässliche Kleinstadt zwischen den Hügeln vor Zaghouan, ein paar staubige Straßen voller Laster und Pferdewagen, rund um den Güterbahnhof war es laut und dreckig, wenn alle Bauern ihre Ernte zum Verladen in die Stadt brachten, aber ich mochte die Ausflüge mit meinem Vater dorthin trotzdem gerne. Jeden Sommer brachte er den Weizen her, und wenn er mich mitnahm, kaufte er mir ein paar Dragees oder diese leckeren runden Kekse aus Mandelteig, die von den Frauen so lange in Wildrosenwasser gelegt werden, dass man beim Hineinbeißen meint, Blüten zu atmen. Und einmal kaufte mir mein Vater sogar eine große Glocke aus Schokolade. »Die haben die Glocken wohl aus Versehen in Pont du Fahs fallen lassen«, sagte er dann, denn weißt du, bei uns brachte nicht der Osterhase die Schokolade, nein, es waren die Glocken aus dem Vatikan, die zu Ostern in die Welt ausflogen und Schokolade verteilten, und meistens musste ich die Schokolade in unserem kleinen Garten vor dem Haus suchen, aber einmal hatten sie sie eben aus Versehen in Pont du Fahs fallen lassen.

Die Hütte der Araberin war nicht mehr als ein grauer Betonblock mit Blechdach. Vom Vordach hingen getrocknete Kräuter herab, an einen Pfosten vor dem Haus war eine einsame Ziege angeleint, um die Hütte herum pickte ein Huhn auf dem Boden. Die Frau war alt, mit einem runzeligen Gesicht unter dem Kopftuch und einem zahnlosen Mund, dessen Lippen sich bereits nach innen zurückzogen. Sie winkte Mamie wortlos in die dunkle Hütte und befahl ihr, sich auf die Matte zu legen. Mamie wusste von meiner Großmutter, dass die Hexe jetzt einen Kleiderbügel oder einen Stock nehmen und in ihr herumstochern würde. Ihr war alles recht. Sollte sie das hier nicht überleben, so stünde es eben geschrieben, das sagte sie immer, *maktub*, »so steht es geschrieben.« Doch die Hexe nahm nichts dergleichen. Stattdessen reichte sie Mamie ein Glas mit einer gelblichen, dicken Flüssigkeit. Sie sagte etwas auf Arabisch, das Mamie aber nicht verstand. Ich glaube, es muss der Saft aus der Rinde der Aloe vera gewesen sein. Mamie nahm das Glas und roch daran, es roch nach gar nichts, doch sie zögerte. Sie schaute zu der Hexe hoch, die ihr zunickte. Dann holte deine Großmutter tief Luft und schluckte den bitteren Saft in einem Zug herunter. Die Hexe nahm ihr das Glas wieder weg und drückte Mamies Körper zurück auf die Matratze. Sie sollte liegen bleiben. Ihr Herz schlug ihr bis in die Kehle und sie musste den Impuls unterdrücken, die Flüssigkeit zu erbrechen, in der sicher irgendein Gift war, das sich jetzt langsam und unaufhaltsam in ihrem Körper ausbreiten würde. Sie schloss die Augen und versuchte, ihre Atmung zu beruhigen.

Nach einiger Zeit fühlte sie, wie die Krämpfe kamen. Sie hatte das Gefühl, Durchfall zu bekommen, weißt du, wie wenn man starke Regelschmerzen hat, doch als sie hinauslief und sich hinter das Haus in die Sträucher hockte, kam nichts. Sie konnte kaum aufstehen, so stark waren jetzt die Krämpfe. Mamie torkelte zur Hauswand in den Schatten und legte sich auf den Boden. Doch die Alte kam hinterher. Sie griff ihr unter den Arm, zog sie hoch und brachte sie zurück in die Hütte. Als Mamie sich auf die Matte zurückgelegt hatte, zog ihr die Alte den Rock und die Unterwäsche aus. Sie schaute ihr zwischen die Beine, nickte zufrieden und holte ein blaues Tuch, das sie meiner Mutter wie eine Windel umwickelte. Mamie ließ es geschehen, ganz damit beschäftigt, die Krämpfe durch die Atmung flacher zu kriegen. Schließlich schlief sie ein.

Am Abend kam Ulimas Mann, um sie abzuholen. Mit wackeligen Beinen ließ sich Mamie zum Auto führen, das rumpelnd auf dem Feldweg den Berg herunterfuhr, durch enge Kurven, Schlammlöcher und über Steine, bei jedem Schlag durchzuckten Schmerzen ihren Unterleib und sie hatte Mühe, nicht ohnmächtig zu werden, ihre Lippen waren taub und ihr Nacken fühlte sich heiß und kalt an. Als sie endlich zu Hause im Bett lag, fühlte sie sich immer noch elend. Ihr war übel und die Krämpfe kehrten immer wieder. Aber sie war erleichtert – das erzählte sie mir immer wieder – wie unendlich erleichtert sie war, dass es jetzt vorbei war, dass sie endlich nicht mehr schwanger war. Morgen würde es ihr besser gehen, und das Ding in ihrem Bauch würde nicht mehr wachsen. Endlich war sie wieder sie selbst. Und sie hatte ihr ganzes Leben noch vor sich.

Doch die Erleichterung hielt nicht lange. Auch eine, auch zwei Wochen nach dem Besuch bei der Hexe nahm die Übelkeit nicht ab. Jeden Morgen untersuchte Mamie mit den Fingern ihren Bauch und hatte den Eindruck, dass er wuchs. Sie bekam Angst. Was, wenn der Saft nicht richtig gewirkt hatte? Sie hatte zwar geblutet, aber auch nicht so viel, wenn sie es recht bedachte. Was, wenn das Ding noch drin war? Nach weiteren zwei Wochen hatte sie die Gewissheit. Sie war immer noch schwanger. Endlich gab Mamie ihren inneren Widerstand auf. Sie würde ein weiteres Kind bekommen. So stand es eben geschrieben.

Als ich auf die Welt kam, mit zehn Fingerchen und zehn Zehen, puterrot und kerngesund, schickte Mamie ein Stoßgebet in den Himmel. Immerhin hatte sie keinen Krüppel zu versorgen. Das sagte sie gerne zu mir, »immerhin bist du kein Krüppel, *ma chérie*«, sie lachte dabei und tippe mir mit dem Finger auf die Nase.

5.
Lisa

Draußen ist es inzwischen dunkel, kalte Luft zieht durch die Balkontür in die Rue de Flandre, doch Lisa lässt sie auf. Sie gießt sich den Rest Rotwein in ihr Glas, sie will nicht ins Hotel, nicht ins Bett. Also noch einen Wein.

Larissa hat ihr eigentlich angeboten, das Bett zu beziehen im zweiten Zimmer, »du musst ja nicht im Zimmer deiner Großmutter schlafen«, hat sie gesagt, »schlaf doch nebenan.« Nebenan, das war früher mal das Zimmer von Lisas Mutter und dann Papis Büro gewesen, aber da will Lisa erst recht nicht schlafen. Als sie klein war, hat sie geträumt, dass Mamie im Nachthemd in ihr Zimmer kommt, die weißen Haare flogen ihr hinterher, sie stand nur da, vor Lisas Bett, den Finger auf ihrem Mund, schscht, und Lisa war sich sicher, dass sie zu ihr ins Bett wollte. Nein, hat sie geschrien, nein, und ist weinend aufgewacht, ganz verschwitzt, ihre Mutter musste sie trösten und ihr die Angst nehmen, »aber nein, Mamie kommt nachts nicht in dein Zimmer«, das hat Lisas Mutter ihr gesagt, denn wenn sie bei Mamie in Paris waren, hat sie nie getrunken, da war Lisas Mutter immer nüchtern und gleich für sie da, wenn sie Angst bekommen hat, »*chérie*, wenn es dir hier nicht gefällt, können wir jederzeit zurück nach Berlin fahren«, hat sie gesagt und Lisa in den Arm genommen.

Es war Lisa nur so rausgerutscht, aber als sie es in ihren Ohren klingen hörte, »Wäre mir egal gewesen, wenn Mamie hier einsam gestorben wäre, eigentlich hätte sie es verdient gehabt«, da klang es irgendwie brutal. Vielleicht muss sie sie Larissa noch mal in Ruhe erklären, ihre Familiengeschichte, vielleicht muss sie ihr die Geschichte von Mamie und ihrer Mutter erzählen. Mit der Hand fährt sie an den hölzernen Furchen der Tischplatte entlang, sie muss an Papi denken, sie darf nicht das Wachs aus den Ritzen kratzen, »nein, Lisa, lass das«, hat Papi gesagt, lass das, »das Wachs soll den Tisch doch schützen, *petite Lisa.*« Sie erinnert sich noch genau an das Couscousessen. Viel verstanden hat sie damals noch nicht, sie hatte erst ein bisschen Französisch in der Schule, die meiste Zeit hat sie sie nur zetern gehört, schimpfen und lachen und zetern, Tata Solange und ihre Mutter und Mamie, ewig diskutierten sie und lachten, und wie sie schrien, meine Güte, manchmal schrien sich Tata Solange und Lisas Mutter plötzlich an, kein Wort hat Lisa verstanden, aber die Blitze verstand sie sehr wohl, die sie sich mit ihren rabenschwarzen Augen über den Tisch zuwarfen, denn wenn sie wütend war, waren die Augen ihrer Mutter nicht mehr braun, sie wurden schwarz, und hier sah Lisa zum ersten Mal, dass auch die Augen von

Tata Solange schwarz werden konnten. Vielleicht sollte sie sich doch bei ihr melden, überlegt Lisa, schließlich ist sie in Paris, Tata Solange wohnt nur eine Stunde entfernt, sie sollte sie anrufen. Vielleicht morgen.

Es gab Couscous, und Lisa war so stolz. Sie war stolz, endlich an einem der berühmten Couscousessen der *Pieds-noirs* beteiligt zu sein, sie stellte sich vor, wie alle Familien, die aus Tunesien oder Algerien zurückgekehrt sind, sonntags beim Couscous saßen und über die alten Zeiten redeten. »Ich bin eine *Pied-noir*«, sagte sie sich, obwohl sie sich gar nicht sicher war, ob sie überhaupt noch eine *Pied-noir* war, als Tochter eines Deutschen und einer Französin aus Tunesien, ab wann hört man wohl auf, eine *Pied-noir* zu sein? »Wieso heißt das eigentlich *Pied-noir*?«, fragte sie ihre Mutter, »Schwarzfuß, wieso heißt das so?«, und ihre Mutter sagte: »*Ma chérie*, das heißt so, weil wir uns in Nordafrika die Füße verbrannt haben.«

Wie das Bauernhaus in Tunesien wohl aussah? Wie war der Salon, in dem dieser Tisch hier gestanden haben muss? Klein und einfach war es für das Haus einer französischen Gutsfamilie, hat ihre Mutter gesagt, es stand oben auf einem Hügel voller Weizen und unten gab es ein Flussbett. In diesem Haus auf dem Hügel neben dem Fluss müssen sie alle am Tisch gesessen haben, abends beim Essen, Lisas Mutter und Großmutter und ihre Tante Solange, und der Vater ihrer Mutter natürlich, bevor er gestorben ist, auch die Hausangestellten, hat ihre Mutter gesagt, auch die Hausangestellten aßen stets mit am Tisch, die Kinderfrau, deren Kinder und dann die Landarbeiter.

An jenem Sonntag, beim Couscousessen, da saßen sie alle hier, erinnert sich Lisa, zusammen mit Papi, Mamies drittem Mann. *»Mais elle est hystérique, c'est pas possible!«*, schimpfte Mamie über Tata Solange, die vor der Balkontür stand, genau hier, sie war außer sich, ganz außer sich war sie, und fächelte sich mit einer Zeitschrift hektisch Luft zu, wobei sie sich mit der anderen Hand die Bluse von ihrer Brust wegzog, damit die Luft auch zwischen ihren Brüsten ankam. »Wollt ihr mich umbringen?«, rief sie. »Ihr wollt mich umbringen, ich schwöre es euch! Vierzig Grad sind hier drin, kein bisschen Sauerstoff, da, ich bin ganz rot im Gesicht! Ich schwitze!« Tata Solange tupfte sich das Dekolleté mit einer Serviette ab, »aber wirklich! Ich schwöre es euch! Mitten im Sommer das Fenster schließen, Maman, du lüftest hier nie! Du bist eine alte Frau. Was denkst du, dass alte Frauen angenehm riechen? Du musst wirklich mal lüften! Du erstickst uns sonst noch!« Und dann riss sie die Balkontür auf, da knallte es schon, hinter Lisa knallte die Küchentür zu. »*Mondieu*, es zieht!«, rief ihre Mutter, »mach die Balkontür zu! Es zieht!«, und Tata Solange: »Du willst mich ersticken! Na gut, wie ihr wollt, dann ersticke ich eben!«, und machte die Balkontür wieder zu, »ich ersticke vor euren Augen, ihr wollt es ja nicht anders haben, so stur, wie ihr seid!« Lisas Mutter und Mamie schauten sich an und rollten mit den Augen. »Das habe ich gesehen!«, heulte Tata Solange wieder auf. »Ihr habt mit den Augen gerollt! Denkt ihr, das sehe ich nicht?«

»*Mais quand même*, Solange! Können wir jetzt endlich in Ruhe essen?« Mamie schlug schließlich mit der Faust auf den Tisch, dass die Gläser und das Besteck klirrten. Und dann mischte sich Papi ein, viel sagte er nie, Papi, aber wenn es ihm zu bunt wurde, murmelte er: *»Oh oui, quand même«*, und dann war Ruhe. Papi. Viel weiß Lisa eigentlich nicht über ihn, Mamie hat ihn noch in Tunesien kennengelernt, in Tunis, nachdem ihr voriger Mann gestorben war, Lisas Großvater Claude, der in seinem Flugzeug vom Himmel fiel. In Tunis organisierte Papi für die französische Verwaltung den Brückenbau, und dann arbeitete er in Châteauroux für das Verkehrsministerium und schließlich hier in Paris. Das Einzige, an das sich Lisa genau erinnert, waren seine Haare, oder besser: seine fehlenden Haare. Denn eines Tages fand sie heraus, dass Papi zwar überhaupt keine Haare auf dem Kopf hatte – dafür aber ganz viele auf der Brust. »Aber Papi, warum hast du denn hier so viele Haare?«, quiekte sie morgens in Mamies und Papis Bett und zog an seinen Brusthaaren. »Psst«, machte Papi und legte lächelnd den Zeigefinger über die Lippen, »psst!«

Damals, bei dem Couscousessen, saß Papi am Kopf des Tischs. *»Hein?«*, fragte er, als Mamie von ihm wissen wollte, ob er noch mehr von dem Touraine wollte, *»hein?«*, und sie kreischte dann: »Was ist los, hast du dein Hörgerät schon wieder abgestellt?!« So kreischte sie, alle lachten, aber Mamie blieb ganz ernst und sagte, an Lisas Mutter gewandt: »Ich weiß nie, ob er nicht mehr ganz richtig im Kopf ist oder schon wieder die Batterien rausgenommen hat. Das macht er nämlich ständig. Nicht das Hörgerät rausnehmen, das sehe ich ja, sondern die Batterien verstecken.« Papi strahlte Lisa an: »Genial, oder?«

»Isst du gerne Couscous?«, wollte Solange von Lisa wissen, sie fragte es auf Deutsch, das machte sie häufiger, als Lisa ganz klein war, sie gab sich Mühe. »Guten Tag«, sagte sie oder »Wie geht es dir«, Lisa mochte das, denn Mamie verstand sie nicht, gar nicht, von Mamie verstand sie kein Wort. Manchmal, wenn in der Rue de Flandre alle lachten und Lisa kein Wort verstanden hatte, lachte sie trotzdem mit, und ihre Mutter fragte sie strahlend: »Hast du verstanden?« Und da musste Lisa den Kopf schütteln, »nein«, sagte sie, und Lisas Mutter war enttäuscht. Dabei hatte sie sich entschieden, nur Deutsch mit ihrer Tochter zu sprechen, als Lisa geboren wurde, denn sie waren in Deutschland und in den deutschen Büchern rieten Psychologinnen damals dazu, die Kinder lieber nicht durch Zweisprachigkeit zu verwirren, weil sie dann Probleme im Kindergarten bekämen. »Ich wollte dich nicht verwirren, *ma chérie*«, erklärte sie Lisa später. »Was sagen sie?«, fragte Lisa ihre Mutter, als sie bei Mamie waren, und zupfte an ihrem Ärmel, »Maman! Maman! Was denn? Was hat Mamie gesagt?« »Jetzt nicht!«, zischte Lisas Mutter, »jetzt nicht, ich will dem Gespräch folgen!«

Aber was für einen riesigen Teller Couscous Mamie kochen konnte! Einen riesigen Couscous mit Lamm, mit Merguez, mit gebratener Paprika und gegrillten Auberginen, mit Kichererbsen und Kohl und Möhren. Sie ordnete alles auf dem Berg von feinem Grieß an, und als sie ihn hereintrug, ging ein Raunen durch das Esszimmer. Mamie stellte die Platte mit einem tiefen Seufzer auf den Tisch, nahm die Kelle und verteilte Couscous, Fleisch und Gemüse auf den Tellern, dazu einige Merguez, am Schluss die rote Sauce mit den Kichererbsen und den guten Gewürzen. Sie nahm stets als Erste ein bisschen Couscous mit Sauce und schmeckte nach. Sie zögerte, kaute weiter, horchte auf. Zog die Schultern nach hinten, richtete sich auf, blickte forschend in die Runde. »Ich weiß nicht, ob ich die richtige Mischung gefunden habe«, sagte sie dann. »Es schmeckt toll, Maman, wie immer, wirklich.« »Ein bisschen zu viel Zimt.« »Quatsch, genau richtig.« »Es ist nicht die richtige Mischung.« »Es schmeckt wie in Tunesien, Maman.« »Hier findet man nur die algerische Mischung.« Eine Weile herrschte Ruhe, alle kauten. »Gibst du mir die Harissa?«, fragte Tata Solange, und Mamie: »Schmeckt es dir nicht, dass du es scharf machen musst?« Dann legte Papi seine Hand beruhigend auf Mamies Handrücken. »*Arrête*, Lucile«, sagte er mit ganz tiefer, ruhiger Stimme. »Hör auf. Wir sind alle glücklich. Es schmeckt köstlich. Wie in Tunesien.« Und endlich strahlte Mamie, Lisa kann es noch sehen, wie sie strahlte. »Ja?«, strahlte sie, »ja? Wisst ihr, es ist nicht leicht, die richtigen Gewürze in Paris zu finden.«

6.
Marie

Was ich am meisten liebte, wenn ich auf unseren Feldern herumstromerte, war Jasmin. Ich mag seinen Duft noch immer sehr, er ist süß und gleichzeitig zurückhaltend, bescheiden irgendwie. Natürlich wusste ich ganz genau, wo ich meine Jasminsträucher finden konnte. Manchmal lief ich kilometerweit, nur um den Duft der gerade am stärksten blühenden Pflanze einzufangen. Dann setzte ich mich unter dem Strauch auf den Boden, schloss die Augen und sog die jasminige Luft ein, so tief ich konnte – ich trank sie eigentlich mehr.

Ach, Jasmin roch so gut, wie meine Mutter schön war. Habe ich dir einmal ein Foto von Mamie gezeigt, als sie jung war? Sie war wirklich eine Schönheit. Deine weiße Porzellanhaut hast du von ihr geerbt. Ich schenkte Mamie gerne kleine Sträuße Jasmin. Dafür nahm ich die noch geschlossenen Blüten, außen mussten sie noch ganz rosa sein, legte sie in trockene Weizenhalme und band sie eng zusammen, einen nach dem anderen, so, wie ich es dir bei den Straßenverkäufern in Tunis gezeigt habe, weißt du noch? Ein Strauß Jasminblumen ist eine Kunst für sich! Jede einzelne Blüte musst du mit einem dünnen Faden an den Halm binden, dafür braucht man kleine Finger und viel Geduld, bis die vielen winzigen Blüten einen richtigen Strauß ergeben, der schon nach wenigen Stunden seinen ganzen Duft entfaltet - und schon bald wieder verblüht ist. Wenn ich als kleines Mädchen den Duft von Jasmin in die Nase bekam, musste ich sofort anhalten und herausfinden, wo er herkam. Er hatte etwas Verzaubertes. Als würde dort, wo der Jasmin wuchs, ein Schatz auf mich warten.

Ich weiß noch, manchmal nahmen mich meine Eltern mit nach Tunis. Die Hauptstadt war nicht weit entfernt, nicht einmal zwei Stunden mit dem Auto. Das Zentrum war imposant mit seinen breiten Boulevards, eine riesige Hektik war das zwischen den Autos, Bussen, der Tram, den Fahrrädern und Pferdewagen, aber außerhalb der Stadt wartete das Paradies, zwischen den weißen Villen von La Marsa und Sidi Bou Saïd blühten Bougainvillea und Oleander in den prächtigsten Farben, es roch süß und von überall konnte man hinter den Palmen das Kap Bon auf der anderen Seite der Bucht sehen, seine Berge im Dunst beinahe so blau wie das Mittelmeer. Zwischen den römischen Ruinen von Karthago spielte ich gerne und an der Promenade am kleinen Hafen von Sidi Bou Saïd gab es frischen Orangensaft, süßes Popcorn und gebrannte Mandeln. Ich wollte immer mitkommen, wenn meine Eltern in Tunis Besorgungen machten, denn manchmal konnte ich sie dazu überreden, den Nachmittag am Strand von La Marsa zu verbringen, dann durfte ich meine nackten Füße ins Meer halten, während meine Eltern einen Minztee tranken oder einen Pastis. Ach, das Mittelmeer! Das himmelblaue, endlose Mittelmeer, ich wollte es so gerne sehen, und an einem schönen Tag im Mai, da nahmen mich meine Eltern endlich wieder mit. Mamie hatte an diesem Morgen eine ausgezeichnete Laune, immer wieder streichelte sie mir über den Kopf oder zwinkerte mir zu. »Bei den Baliers werden wir dinieren«, sagte sie fröhlich und drehte sich vor dem Spiegel hin und her, »bei den Baliers in Tunis! Ich brauche ein neues, hübsches Kleid, was meinst du, *ma chérie*? Komm, wir fahren in die Stadt, wir gehen in das beste Geschäft auf der Avenue Jules-Ferry, komm mit, wir suchen dir auch was Schönes. Du willst doch auch schön sein, für das feine Essen, oder nicht?« Über die Einladung von den Baliers hatte sich meine Mutter besonders gefreut, denn die Baliers waren das, was sie eine »angesehene Familie« nannte. Monsieur Balier arbeitete »direkt« für die französische Verwaltung, »ganz direkt«.

So fuhren wir nach der Mittagshitze alle drei los nach Tunis, dein Großvater, Mamie und ich. Wir fuhren mit unserem Pick-up über die staubige Landstraße, an unserem guten schwarzen Peugeot werkelte mein Vater gerade, und ich saß wie immer hinten auf der Ladefläche, das mochte ich am liebsten, hinten auf der Fläche sitzen, das rumpelte so schön, da roch ich plötzlich Jasmin. »Haltet an!«, rief ich, »haltet an, hier riecht es nach Jasmin!« Mamie lachte, »ja, halt ruhig an«, sagte sie zu meinem Vater. Das Auto hielt am Straßenrand, und ich sprang von der Ladefläche, rannte zu dem Jasminstrauch, der über die Mauer hing, und pflückte ein paar Blüten. »Für die schönste Maman der Welt!«, sagte ich, drückte ihr die Blüten in die Hand und gab ihr einen Kuss. »Jaja, ist ja gut«, lachte sie und rieb sich die Wange, »nicht, dass du mich noch schmutzig machst, du kleiner Dreckspatz.« Das sagte sie immer, entweder sollte ich aufpassen, dass ihre Schminke nicht verschmierte, oder ich sollte sie nicht dreckig machen. »Du musst daran riechen!«, klärte ich Mamie auf, und sie roch daran, »mmh, wie süß!«, schwärmte sie lachend, und ich kletterte zufrieden zurück auf meine Ladefläche. »Festhalten!«, rief mein Vater, der Wagen rumpelte los und ich quietschte vor Vergnügen. Ich hörte, wie meine Mutter meinem Vater etwas zuflüsterte. »Man sollte meinen, da steckt eigentlich ein kleiner Junge drin«, sagte sie leise.

Meine Mutter sah großartig aus in ihrem Kleid. Es war von einem tiefen Grün, etwas dunkler als die Farbe der Palmen, es bedeckte nur ihre Schultern, die langen weißen Arme waren frei, von der engen Taille an fiel es luftig nach unten bis kurz unter die Knie. Wenn Mamie sich drehte, breitete sich der weite Rock in der Luft aus und sie sah aus wie eine Tänzerin. Als sie meinen strahlenden Blick sah, lächelte sie. »Na, gefällt dir deine alte Mutter?«, fragte sie, und ich nickte, »du bist die schönste Maman auf der ganzen Welt!« »Na, dann wollen wir mal zusehen, dass sie auch die schönste Tochter bekommt«, lächelte sie und suchte auch mir ein Kleid aus. Es war weiß mit kleinen Rüschen am Saum und an der Brust waren kleine weiße Blümchen aufgestickt. Ich weiß noch, ich drehte mich vor dem Spiegel hin und her und fand, das sah man doch, dass ich ein Mädchen war, eine Prinzessin, konnte man sogar denken. Ich hüpfte auf und ab, auch mein Kleid schwang so schön. »Na, willst du es haben?« Meine Mutter stand hinter mir, schaute mich durch den Spiegel lächelnd an und streichelte mir zärtlich eine Strähne aus der Stirn, »so können wir uns blicken lassen, was?«

Als ich aus dem Geschäft stolzierte, fühlte ich mich auf einmal viel erwachsener. Ich reckte meine Nase in die Höhe und blickte die Avenue entlang, ich sah mir die vielen Damen an, die zwischen den Bäumen in ihrer Mitte flanierten, und versuchte, ihren Gang nachzuahmen. Mamie lachte, »na, jetzt bist du wohl keine Bäuerin mehr, meine Kleine«, grinste sie und nahm mich an die Hand. Danach fuhr Papa mit uns nach Sidi Bou Saïd, »für einen kleinen Pastis«, zwinkerte Mamie ihm zu, doch als wir uns an das Café am Hafen setzten, das gemütliche Café unter den Orangenbäumen, blieb ich brav am Tisch sitzen, sehr zur Verwunderung meines Vaters. »Willst du nicht auf die Steine klettern oder am Strand deine Füße ins Wasser halten?«, fragte er, aber ich drückte das Paket mit dem Kleid ganz fest an meine Brust und schüttelte den Kopf, »nein, dann wird mein Kleid noch nass!«, flüsterte ich, er lachte und bestellte mir einen Orangensaft, »aber deinen Saft wirst du doch noch trinken.« Da wurde mir angst und bange, dass ich ihn verschütten könnte, ganz erleichtert war ich, als ich ihn endlich aufgetrunken hatte und wir wieder im Auto saßen.

Am nächsten Freitag machten wir uns für den Abend hübsch. Meine Mutter zog sich gekonnt schwarze Kohlestriche auf die Lider und sah gleich aus wie eine arabische Schönheit. Ich liebte es, sie beim »Schönmachen« zu beobachten, wie sie das nannte. »Maman, jetzt siehst du aus wie eine Tunesierin!«, sagte ich. »Na ja, das bin ich ja auch«, lächelte meine Mutter und verteilte mit einem Pinsel noch etwas Rouge auf den Wangen. »Nein, wie Aishas Mutter, meine ich.« »Wie eine Araberin, sagst du?« Sie zog die Augenbrauen hoch. Ich sagte lieber nichts. »Aber *ma chérie*, wir sind doch keine Araber. Wir sind Franzosen!« Sie rieb die Lippen aneinander, um den roten Lippenstift gleichmäßig zu verteilen. »Soll ich dir verraten, was mein Trick ist?« Ich nickte. »Der Trick ist, nicht zu viel Schminke zu verwenden. Eine Frau, die etwas auf sich hält, schminkt sich immer dezent. Man unterstreicht nur ein kleines bisschen die eigene Schönheit. Merk dir das.« Ich merkte es mir.

Auf der Fahrt nach Tunis durfte ich sogar auf ihrem Schoß sitzen. Mit ihren weißen Handschuhen hielt sie mich ganz fest. Ich hatte Élisa mitgenommen, meine Puppe, damit sie auch einmal richtig ausging, und hielt sie ans Fenster, sodass sie auch alles sehen konnte. So viele Autos auf einen Haufen hatte ich noch nie gesehen, es war der Freitagabend und alles drängte zurück in die Stadt, um rechtzeitig zum Feiertagsessen bei der Familie zu sein. Überall wurde gehupt und gerufen, es roch nach Staub und Abgasen, ein Fahrrad schlängelte sich zwischen dem Blech durch, ein Junge rannte ihm hinterher, ich folgte ihm mit den Augen bis zum Bürgersteig, wo ein alter Mann auf einem Stuhl saß und Wasserpfeife rauchte, ganz in Ruhe, als würde ihn all dieser Lärm gar nicht berühren, sein zerfurchtes Gesicht bewegte sich nicht. Doch, plötzlich faltete es sich zu einem Lächeln, der Mann zwinkerte mir zu, dann lachte er und zeigte seinen zahnlosen Mund, schnell vergrub ich meinen Kopf in den Hals meiner Mutter.

Das Haus der Baliers war ganz weiß angestrichen, nicht so grau wie unseres, und hatte im Eingang zwei große Bögen. Drin gab es sogar einen kleinen Innenhof mit einem Brunnen, umgeben von Bougainvillea. Ich fühlte mich nun wirklich wie eine Prinzessin. Aber als wir dann am Tisch saßen, wurde mir bange. »Dass du dich ja benimmst«, hatte meine Mutter mich ermahnt, schon seit Tagen. »Du isst mit der Gabel und du stehst nicht auf, bis wir fertig sind.« Und das hatte ich mir ganz fest vorgenommen. Aber neben meinem Teller lagen so viele Gabeln, lange und kurze und eine ganz kleine. Ich schaute zu meiner Mutter hinüber, doch sie war ganz in das Gespräch mit Madame Balier vertieft und schaute mich nicht an. Zielsicher nahm sie die Gabel mit den langen Zacken, also nahm ich sie auch, erleichtert, dass ich dieses Problem so schnell gelöst hatte. Aber ich fand auch das Essen komisch. Es gab ekliges Fleisch mit viel Speck in einer weißen Sauce, wenn ich versuchte, es zu kauen, glibschte es wie Gummi zwischen den Zähnen. Ich versuchte, es mit möglichst viel Sauce herunterzuschlucken, und aß schnell Baguette hinterher, damit es ja nicht in meinem Hals hängen bliebe.

Als mich Monsieur Balier ansprach, zuckte ich zusammen. »Na, kleine Marie, du sitzt jetzt aber schon lange brav am Tisch.« Hilfesuchend sah ich zu meiner Mutter. Die nickte aufmunternd. Ich sah zurück zu Monsieur

Balier. »Willst du nicht aufstehen und ein bisschen im Garten spielen?« Ich sah wieder zu meiner Mutter. Ich sollte doch sitzen bleiben, bis alle aufstehen, hatte sie gesagt. »Ist gut, geh nur«, sagte sie aber jetzt und nippte an ihrem Weißwein. Das ließ ich mir nicht zweimal sagen. Ich nahm Élisa, sprang auf und rannte zur Tür. »Nicht rennen!«, donnerte es hinterher. Sofort blieb ich stehen und stolzierte hinaus, ich hatte ganz vergessen, dass ich ja eine Prinzessin war.

Ich sah mich gespannt um, aber der Garten schien mir langweilig. Es gab richtig grünes Gras, das hatten wir nicht auf unserem Hof, aber es war ganz kurz geschnitten, keine Blumen. Ich zog meine Schuhe aus und rannte ein bisschen darauf herum, es fühlte sich schon gut an unter den Sohlen, aber auf unseren Feldern gab es lange Halme zum Flechten, und hier war nichts dergleichen. Ich setzte Élisa neben meine Schuhe, damit sie sich im weichen Gras ausruhen und mir beim Spielen zuschauen konnte, dann stromerte ich zum Rand des Gartens, und tatsächlich, hier wuchsen einige Mohnblumen, die sich durch den Zaun rankten. Also hockte ich mich hin und begann, die Blütenblätter zu einem Prinzen zu falten, wie Aisha es mir gezeigt hatte. Das Schwarze in der Mitte wurde sein krauses Haar, einige Blüten sein langer roter Umhang, man musste es nur richtig halten, dann konnte man sich richtig vorstellen, wie der Umhang im Wind hinter dem Prinzen herwehte. Als ich ein paar Prinzen fertig hatte, spielte ich, dass sie sich um die einzige Prinzessin stritten, eine Margerite, weil jeder Prinz mit ihr zusammen sein wollte. Aber die Margerite wollte sich nicht entscheiden und scheuchte sie weg.

Da sah ich durch den Zaun zwei kleine Murmeln im Dunkeln leuchten. Ich erschreckte mich, doch als ich genauer hinschaute, konnte ich erkennen, dass es die Augen eines kleinen Kätzchens waren, das Licht von der Terrasse der Baliers erleuchtete seine Augen. Wir schauten uns stumm an, beide noch immer ein bisschen erschrocken. »Na, kleine *minou*?«, fragte ich und stand langsam auf, damit es nicht weglief. Das Kätzchen schaute mich weiter an. »Bist du ganz alleine?« Es antwortete nicht, blieb aber stehen. »Armes Kätzchen, warte, ich helfe dir rüber«, sagte ich und begann, über den Zaun zu klettern. Ganz vorsichtig, mein Kleid durfte ja nicht kaputtgehen. Ich sprang auf der anderen Seite hinunter und hockte mich hin, um die Katze zu streicheln, die ihrerseits anfing, zu schnurren, ihren Schwanz um meinen Arm zu wickeln und ihren Körper an mein Knie zu schmiegen. Ich streichelte sie weiter, immer darauf bedacht, mich nicht auf den dreckigen Boden zu setzen, damit mein Kleid auch schön sauber bliebe. Sie war wunderschön, weiße und hellgraue Streifen zierten ihren Rücken und den Schwanz, am Hals hatte sie ein ganz weiches, weißes Lätzchen.

»Marie! Komm sofort zurück!« Ich erstarrte. Der Ton war gar nicht gut. Das Kätzchen schaute mich erschrocken an, das Fell an seinem Schwanz wurde ganz dick. Man darf eine Katze nicht mehr streicheln, wenn sie das macht, das wusste ich von Aisha. »Marie! Worauf wartest du? Komm zurück! *Vite!*« Langsam drehte ich mich um. Meine Mutter hatte die Hände in die Hüften gestemmt und starrte mich an. Mein Magen wurde ganz flau. Langsam ging ich zum Zaun. »Das ist ja toll, hast du dir vorgenommen, dein schönes Kleid gleich am ersten Abend zu zerstören ja?«, zischte sie. »Ich mache es nicht kaputt!«, rief ich zurück. Schließlich hatte ich darauf extra aufgepasst. Ich raffte den Rock und hob mein Bein über den Zaun, er war gerade so hoch, dass er zwischen meine Beine passte, wenn ich mich, wie vorhin, auf die Zehenspitzen stellte. Aber als ich gerade mit einem Bein auf dem Boden der anderen Seite war, das Gewicht verlagerte und mein zweites Bein nachziehen wollte, da passierte es. Ratsch. Laut und deutlich. Ich erstarrte. Jetzt war alles ganz still. Gefährlich still. Meine Mutter sagte keinen Mucks. Nur die Zikaden konnte ich zirpen hören, sie zirpten, als wäre nichts geschehen. Ich stieg vom Zaun, mein Kleid hing fest. Mit der Hand ertastete ich die Stelle und spürte einen Nagel, ich zog an dem Stoff, da riss es weiter auf, aber der Zaun ließ mich frei. Immer noch kein Mucks von meiner Mutter, ich spürte ihre Umrisse mehr neben mir, als dass ich sie wirklich im Augenwinkel wahrnehmen konnte. Ich drehte mich um, ganz langsam, und hob den Blick zu ihr. Da stand sie, beide Hände noch immer in die Hüften gestemmt, regungslos vor der erleuchteten Villa. Obwohl es dunkel war, konnte ich deutlich das Weiß ihrer Augen sehen, die sorgfältig geschminkten Lider hatte sie weit zurückgerissen, den roten Mund leicht geöffnet, nur leicht.

Jetzt kam sie in Bewegung. Mit einer schnellen Geste packte sie mich am Oberarm. Ohne ein Wort zog sie mich hinter sich her über den schönen Rasen. Ich versuchte, auf die Füße zu kommen, aber sie zog mich zu schnell, und ich fiel immer wieder hin, sodass meine Knie über den Rasen schleiften. Meine Stumpfhose wurde nach unten gezogen, sicher würde sie grüne Flecken bekommen. *»Aïe!«*, jammerte ich und versuchte, mich aus dem schmerzenden Griff zu winden, »*Aïe*, lass mich los!« Prompt plumpste ich auf den Boden. Sie hatte losgelassen. Ich hatte mich noch gar nicht orientiert, da rumste es schon gewaltig. Mein Kopf flog nach hinten. Rums, dröhnte es in meinem Kopf. Und wieder. Rums, zur anderen Seite. Ich konnte kaum Luft holen, da schon wieder: rums. »Was ist hier los?!«, hörte ich die Stimme meines Vaters im Hintergrund, er sagte noch etwas, ich konnte nicht hören, was, zu laut war das Rauschen in meinem Ohr. Ich versuchte, meinen Kopf mit den Armen zu schützen, doch ich spürte sie nicht richtig, alles fühlte sich komisch an. Schließlich schaute ich zwischen meinen Fingern hoch. Mein Vater hielt den Arm meiner Mutter fest, ihre erhobene Hand ragte noch immer steif in die Luft. Mein Kopf wummerte im Takt meines Herzens, meine Wangen begannen im selben Takt zu pochen, ich war eigentlich nur noch ein Wummern. Ich spürte, wie mir schlecht wurde.

»Das kleine Biest«, zischte meine Mutter jetzt, »das kleine Biest hier, das sich meine Tochter nennt, hat nichts anderes im Kopf, als mich fertigzumachen!« Da zog sich mein Hals zusammen. Ich konnte gar nichts dagegen tun, ich versuchte es ja, aber die Schluchzer kamen einfach so aus meiner Kehle und schüttelten meinen Brustkorb. »Ah, jetzt weinst du auch noch?! Typisch! Du willst mich wohl als Rabenmutter darstellen, vor allen hier, was? Das würde dir wohl passen!« Mit einer schnellen Bewegung riss sie ihren Arm von meinem Vater los, rums, noch einmal flog mein Kopf zur Seite. Es half augenblicklich. Das Schluchzen hörte auf. Schnell zog ich den Rotz hoch. »So, der Abend ist ruiniert. Ruiniert, hörst du? Ich wollte dich für den Nachtisch holen, aber so kannst du dich ja wohl kaum blicken lassen. Bist du jetzt zufrieden? Wir fahren nach Hause.«

Meine Mutter strich ihr Kleid glatt, ihr schönes, grünes Kleid. »Komm, wir verabschieden uns«, sagte sie zu meinem Vater, er schaute mich kurz traurig an, dann verschwanden sie durch die Terrassentür. Ich blieb auf dem Gras sitzen, dem weichen Gras, am liebsten wollte ich mich gar nicht mehr bewegen, doch dann fiel mir Élisa ein, meine arme kleine Élisa, ganz alleine saß sie noch da hinten im Garten, sicher hatte sie Angst bekommen. Ich stand langsam auf, erst drehte sich der Garten ein wenig, aber dann konnte ich doch ganz gut stehen. Ich lief zu ihr, aber ich konnte ihr nicht in die Augen sehen, ich nahm sie in meinen Arm und drückte sie gegen meine Brust, setzte mich hin und zog meine Schuhe wieder an, die Grillen surrten noch immer, ich ging um das Haus herum zu unserem Auto und setzte mich mit Élisa in die hinterste Ecke der Ladefläche. Nach einer Weile hörte ich Stimmengewirr. »Machen Sie sich keine Sorgen«, hörte ich Madame Balier sagen, »sicher geht es der kleinen Marie bald besser, legen Sie sie schnell ins Bett.« »Es war ein wundervoller Abend, Madame«, sagte meine Mutter, ich hielt mir beide Ohren zu, sie klang wieder so freundlich, so verständnisvoll, so schön, aber der Ton galt nicht mehr mir, ich wollte es nicht hören. Kurz erschien vor mir das Gesicht meines Vaters, der sich vergewisserte, dass ich auf der Ladefläche Platz genommen hatte, dann hörte ich das dumpfe Zuschlagen der Türen, aber ich nahm meine Finger erst wieder aus den Ohren, als ich spürte, wie der Motor angelassen wurde.

Ich sah die Baliers vor ihrem Haus winken und winkte zurück. Ich schaute in den Himmel, der Mond war eine Sichel, schön eigentlich. Ich starrte auf den Saum meines Kleides. Nahm den zerrissenen Stoff in die Finger. So ein schönes Kleid, dachte ich, so schön, meine Mutter hat es mir geschenkt, damit ich eine kleine Prinzessin bin, aber das bin ich nicht, ich bin ein Biest, ich habe dieses Kleid nicht verdient. Wieder kamen mir die Tränen. Nein, damit musste jetzt Schluss sein! Ich straffte meinen Rücken. Ich hatte den Abend ruiniert. Ruiniert, hallte es durch meinen Kopf. Jetzt musste ich mich endlich zusammenreißen. Schluss jetzt. Ich musste endlich anfangen, eine gute Tochter zu sein. Wenn ich jetzt weiter weinen würde, würde ich nach der Fahrt verheult aussehen und Mamie wäre wieder enttäuscht und wütend. Also konzentrierte ich mich darauf, die Rüschen zu zählen, eine nach der anderen, die Rüschen am Saum meines Kleides, ich zählte immer bis zehn, wie Aisha es mir beigebracht hatte, eine Rüsche nach der nächsten, über den Riss zählte ich einfach drüber, immer im Kreis.

7.
Lisa

Die Avenue de Flandre ist fast leer, nur ab und zu rauscht ein Auto vorbei, eine Gruppe Frauen, die laut lachend in der Seitenstraße verschwindet, ein Mensch, der sich in einen Hauseingang drückt, eingehüllt in dreckige Schlafsäcke. Lisa glaubt, dass es ein Mensch ist, eigentlich ist kein Kopf zu sehen, nur die Schlafsäcke. Die Métro ist geschlossen, Lisa sieht das dicke Eisentor vom

Bürgersteig aus, erst in ein paar Stunden wird es wieder quietschend geöffnet, um die ersten Leute zur Arbeit fahren zu lassen.

Auch die Rezeption im Hotel wirkt dunkel und verlassen, Lisa steht vor der geschlossenen Glastür, sie muss einen Code eingeben, um reinzukommen, sie holt ihr Smartphone aus der Tasche und öffnet ihre Notizen, 4932B, klack, die Tür öffnet sich. Lisa nimmt den Fahrstuhl in den fünften Stock, das Licht im Fahrstuhl ist grell, richtig weiß, und weiß sieht auch Lisas Gesicht aus, blass und müde. Das Licht im Hotelflur ist komisch, es flackert und ist gelb und irgendwie nicht richtig. 55, 56, 57. Lisa steckt den Schlüssel ins Schloss, die Tür geht auf. In der Mitte des Zimmers steht das breite Bett, ein breites Bett mit einer grünen Decke und weißem Laken, französisch eng um die Matratze gewickelt. Das mag Lisa eigentlich. Wenn die Decke so eng ist.
Lisa setzt sich auf das Bett und lässt sich nach hinten fallen. Sie schließt ihre Augen. Und steht gleich wieder auf. Sie steht wieder auf, geht zu ihrem Rucksack, den sie vorhin nur auf den Boden geworfen hatte, sie kramt darin herum, bis sie ihre Kulturtasche findet, die nimmt sie mit ins Bad, schließt die Tür ab und setzt sich auf den Toilettendeckel, wo sie ihre Ellbogen auf die Knie stützt. Okay, Lisa, sagt sie sich. Okay. Eine halbe Schlaftablette, aber nur eine halbe, und nur diese Nacht, denn wenn sie morgen Abend auch nicht schlafen kann, dann kann sie nicht einfach noch eine nehmen. Sonst kann sie ohne gar nicht mehr schlafen. Sie teilt eine Schlaftablette in zwei Teile, sie nimmt die etwas größere Hälfte und schluckt sie mit viel Wasser. Lisa schließt ihre Augen. Ein bitterer Geschmack breitet sich in ihrem Mund aus.

Dann geht sie zurück ins Zimmer, zieht sich aus und legt sich ins Bett. Die Laken zieht sie dabei nur ein ganz kleines Stück unter der Matratze vor, nur so viel, dass sie gerade darunterpasst, und macht das Licht aus. Sie wird nicht kommen, sagt sie sich. Nein, sie wird nicht kommen. Ihre Augen werden schwer. Und dann öffnet sie sie doch kurz. Nur einmal, kurz, sie schaut sich den Schatten in der Ecke an, das ist der Fernseher, dann schaut sie sich den Schatten auf dem Stuhl an, das ist ihre Jacke. *Fais dodo*, hat ihre Mutter immer gesagt, zu der kleinen Lisa, schlafe jetzt. *Dodo.*

Als Lisa aufwacht, ist das Zimmer in helles Licht getaucht. Sie öffnet ihre Augen und findet das Licht blond, blonde Vorhänge, blonde Strahlen an der Wand, Paris. Und dann hört sie dieses Rauschen, das Hupen, Rufen, Türenknallen, Lachen vor dem Hotel auf der Straße. Lisa schlägt die Decke zurück und springt unter die Dusche. Sie bekommt Lust auf ein Baguette. Ein Baguette und vielleicht ein Croissant, oder nein, ein Schokocroissant.

Sie geht nicht die Avenue de Flandre zurück, von der das Hupen herüberweht, sondern nimmt die kleine Passage in die andere Richtung, zum Kanal. Das Bassin de la Villette ist hellgrün und hellblau, es spiegelt den Pariser Himmel und die Bäume vom Ufer, auch die Sonne, die Hochhäuser, ein leichter Wind spielt mit der Oberfläche, die sich kräuselt, als würde er sie leicht kitzeln, als würde der Wind das Wasser zum Lachen bringen. Die Sonne wärmt schon ein bisschen. Da hinten, erinnert sich Lisa, war dieser Spielplatz, auf der anderen Seite des Kanals, ein Spielplatz mit Schaukeln. Lisa läuft an den Cafés vorbei, am *Bellerive*, dann am Hostel, vor dem sich eine

Gruppe Jugendlicher mit Rollkoffern sammelt, vorbei an der Hebebrücke, über den Platz, auf dem sonntags immer Markt ist, hier hat sich Mamie immer ihr Zitronenhühnchen gekauft, mit ein paar Kartoffeln, es riecht noch leicht nach Fisch, gestern muss hier Markt gewesen sein. An der Rue de Joinville biegt Lisa links ab, sie kann ganz hinten schon die Avenue de Flandre sehen, das Monoprix leuchtet am Ende der Straße rot.

Rechts kommt eine Bäckerei, »Pauline« steht über der Tür, Lisa atmet tief durch die Nase ein, es riecht nach Butter, nach Butter und Schokolade, sie drückt die Tür auf und stellt sich hinten ans Ende der langen Schlange. Vor ihr steht eine ältere Frau mit Gehstock, mit leuchtenden Augen betrachtet sie die Küchlein und Croissants hinter dem Glas, *tarte au citron*, *tarte aux fraises*, Éclairs, Macarons in allen Geschmacksrichtungen, Zitrone, Pistazie, Schokolade, auch ein pinkes Macaron, so groß wie eine kleine Torte, mit ganzen Himbeeren zwischen den beiden Scheiben Mandelgebäck, »*stéphanie*« steht auf einem Schild, auf einem Schild aus Schokolade.

Die Frau bestellt sich ein Baguette und ein Éclair, klemmt sich das Brot unter ihren freien Arm, steckt das Päckchen mit dem Kuchen in ihre Handtasche und schlurft mit kleinen, aber festen Schritten wieder aus der Bäckerei, zu Hause reißt sie das Päckchen sicher gleich mit ihren zittrigen Händen auf, sagt sich Lisa, sie nimmt das Éclair heraus und legt es auf einen kleinen Teller, mit dem sie sich an den Tisch setzt, nur um es dann wieder in ihre Hand zu nehmen und es sich in den Mund zu schieben, mit denselben strahlenden Augen, mit denen sie es ausgesucht hat, nur für sich, und beim Abbeißen quillt die Sahnecreme rechts und links aus dem Kuchen heraus. »Madame?«, fragt die Verkäuferin und lächelt freundlich. »Was wünschen Sie?« Ein Baguette und *pains au chocolat* bestellt Lisa, *deux*. Falls Larissa noch da ist.

Die kleine Straße führt auf die Rue de Flandre zu, direkt auf die 119. Lisa überquert die Avenue an der Ampel halb und bleibt auf dem Mittelstreifen stehen. Sie muss den Kopf ganz nach hinten in den Nacken legen, um an dem Plattenbau hochzuschauen, ein langer Wohnriegel, grau und grün beugt er sich über Lisa, oder ist das eher türkis? Sie sucht nach Mamies Balkon, es muss ein rotes Schild daran hängen, *à vendre*, zu verkaufen, die Balkone sind immer zu zweit, immer zwei Balkone liegen direkt übereinander und dann gibt es zwei Etagen lang nur Fenster, dann wieder zwei graue Balken, in der Reihe daneben genauso, nur versetzt, die Ecken der Balkonpaare berühren sich, als würden sie Händchen halten, ein grau-türkises Mosaik gibt das. Nur der zehnte Stock durchbricht das Muster, ganz oben haben die Balkone keinen Zwillingspartner, ganz alleine hängen sie da. Aber Mamies Balkon hat Lisa immer noch nicht gefunden. Sie zählt von unten hoch, siebter Stock, nichts, doch, da ist das rote Schild, viel weiter rechts, als Lisa dachte: *à vendre*. Der Balkon ist leer.

Die zweite Ampel wird grün und Lisa läuft weiter, am Monoprix vorbei zum großen Eingangstor, *Résidence Artois-Flandre*, da ist es wieder, dieses Klacken, das mag sie wirklich gerne, klack, geht das Tor auf. Es riecht nach Reinigungsmittel, süßer als in den Berliner Gebäuden, dieses Reinigungsmittel ist irgendwie türkis. So roch es auch damals, als sie vom Restaurant zurückkamen,

Mamie und Papi, Tata Solange und Lisas Mutter, sie stützte Papi unter dem Arm, er ging schon gebückt, Tata Solange hatte Mamie untergehakt, und Lisa rannte vor zur Treppe, »darf ich hochlaufen?«, ihre Mutter nickte, »ja, *ma chérie*, wir nehmen den Fahrstuhl, lauf schon mal hoch!« »Er bleibt manchmal stecken«, hat sie ihr erzählt, »er bleibt stecken und dann ist er wochenlang kaputt und Mamie kann nicht mehr einkaufen gehen, weil sie die Treppen nicht schafft.« Das hat Lisa Angst eingejagt und dann wollte sie partout nicht mehr in den Fahrstuhl. Partout.

Lisa nimmt die erste Treppe hoch auf die Zwischenetage, geht auf der Galerie nach links zu Mamies Aufgang, *Hainaut* steht da. Aber sieben Treppen sind zu viel. Sie nimmt den Fahrstuhl. Ratternd schließen sich die Türen, vier, fünf, sechs, steht auf der Anzeige, und als er im siebten Stock ankommt, bleibt er rumpelnd stehen. Stille, dann ein Knattern, die Schiebetür wackelt knatternd zur Seite, der Flur ist ganz dunkel, nur den gelb flackernden Lichtschalter kann Lisa sehen, sie drückt drauf und erblickt am Ende des Flures die rot lackierte Wohnungstür. »Bellanger« steht in Schreibschrift auf dem Schild. Lisa schließt auf.

»Bonjour?« »Bonjour!« Larissa ist da. Sie kommt aus der Küche und lächelt Lisa an. »Na, wie geht es dir?«, fragt sie, dabei zieht sie das »na« in die Länge, »wie war die erste Nacht in Paris?«, »gut«, sagt Lisa, »ich habe geschlafen wie ein Stein.« Lisa lächelt und dreht sich weg, »ich habe Baguette mitgebracht«, sie legt die Pakete von *Pauline* auf die Anrichte neben der Tür. Larissa geht in die Küche, und Lisa zieht sich die Schuhe aus, der Holzboden ist

ganz warm, sie zieht auch die Socken aus. Bei jedem Schritt kitzelt die Maserung an den Füßen, sie läuft zum Tisch und legt ihre Hand auf das Holz, auch warm, das Holz ist auch ganz warm von der Sonne.

»Willst du auch warme Milch?«, ruft Larissa aus der Küche. Lisa geht zur Küche, klebrige Fliesen, gelbe Mamie an den Wänden, und sie nickt, »ja, Milchkaffee wäre gut.« »Kannst du das Besteck mitnehmen?« Lisa öffnet die Schublade im blauen Küchenschrank und nimmt zwei kleine Löffel und zwei Messer heraus, angenehm schwer sind sie. Und Zucker, sie öffnet die große Tür, da steht ein weißes Glas, »Zucker« steht drauf, auf Deutsch. Früher hatte Mamie immer diese Zuckerkartons, erinnert sich Lisa, diese spannenden blauen Kartons, bei denen man oben an der Seite eine kleine Lade öffnen konnte, wie eine Mini-Rutsche, über die man den Zucker ausgoss. Aber Larissa hat den Zucker umgefüllt.

»Oh, lecker, du hast *pains au chocolat* mitgebracht, von *Pauline*, die sind super!«, ruft Larissa aus dem Wohnzimmer, und als Lisa zum Tisch kommt, hat sie schon das halbe Croissant im Mund, die andere Hälfte breitet sich in feinem Butterweizenstaub über Papis Tisch und Larissas blauem Pullover aus, »musst du probieren!« Und tatsächlich, als Lisa reinbeißt, erinnert sie sich erst, wie Blätterteig eigentlich schmeckt, er ist so fein, dass er sich auf ihrer Zunge auflöst, ganz anders als die Schokocroissants in Deutschland. »Sie haben nichts mit den Schokocroissants in Deutschland zu tun, stimmt's?« Larissa lacht. »Da pappt der Teig sofort zu einem einzigen Matsch zusammen, ein Schokocroissant schmeckt nach Pappe mit Butter und langweiliger Schokolade«, sagt sie, »nach so einer Schokolade, die man in billigen Adventskalendern findet!« Sie schmatzt, sie schmatzt so laut, dass Lisa ihr Schmatzen lauter hört als ihr eigenes, also schmatzt Lisa auch einfach lauter, richtig laut. Lisa schmatzt gerne, sie findet, dass es dann viel besser schmeckt. Larissa nimmt sich den Camembert, und Lisa beschließt, auch mit Camembert weiterzumachen, mit Camembert und einem guten Stück Baguette. Der muffige Käse verdrängt sofort die Süße des Croissants und des Milchkaffees, muffig und salzig klebt er Lisa den Mund voll, eine klebrige, gelbweiße Schicht, die hartnäckig den Gaumen überzieht. Lisa reißt ein Stück Baguette ab und schiebt es hinterher, und dann, oh ja, und dann passiert etwas Wunderbares: Das Baguette und der Camembert verschmelzen zu einer Mischung aus Nussbaum und Weizenfeld. Mmh, macht Lisa. »Wie die Göttinnen«, sagt Larissa, »man lebt in Paris wie eine Göttin.«

Abends, erzählt sie, sitzt sie mit ihren Freundinnen auf den warmen Steinen der Place de la République und trinkt Wein, bei den Versammlungen von Nuit Debout. »Hast du von Nuit Debout gehört?« Lisa nickt, auch die deutschen Zeitungen haben von den Protesten berichtet. Studentinnen versammeln sich jeden Abend, nicht nur in Paris, auch in anderen Städten in Frankreich, schon seit ein paar Wochen, schon seit Ende März, aber da war es Lisa noch egal, da war ihre Mutter gerade zwei Monate tot, und ihr war so ziemlich alles egal, was auf der Welt passierte, auch Nuit Debout. »Jeden Abend versammeln wir uns«, erzählt Larissa, »wir versammeln uns und protestieren gegen das geplante Arbeitsgesetz, sie wollen die Kündigungen erleichtern, und das wollen wir verhindern.« Lisa nickt, ihre Mutter hat auch immer verfolgt, was in Frankreich passiert, von ihrem kleinen Sofa in Berlin aus, »ich gehe vielleicht nicht mehr raus«, sagte sie, »aber in meinem Kopf reise ich durch die Welt, jeden Tag!«, und dann zeigte sie von ihrem Sofa durch das Fenster nach draußen. Das Sofa hat sie nicht mehr verlassen, ihre letzten zehn Jahre nicht, sie hat Dokumentarfilme geguckt, über die Pinguine, über die Arabische Revolution, sie hat Nachrichten geschaut und französische Talkshows und alle Romane gelesen, die auf TV5 besprochen wurden, sie hat herausgefunden, wie man das Internet benutzt, ist auf die Seite der *Fnac* gegangen und hat sich alle Bücher bestellt, die sich spannend anhörten, und bestimmt hätte sie auch Nuit Debout verfolgt, aber Nuit Debout hat sie nicht mehr mitbekommen, wird sie auch nicht mehr, Lisas Mutter wird überhaupt nie erfahren, dass sich wieder Studentinnen auf den Plätzen von Paris versammeln, jetzt weiß Lisa schon mehr über die Bewegung, als ihre Mutter es jemals tun wird.

Lisa mischt sich einen zweiten Milchkaffee, es gibt diesen einen Punkt, wo er aufhört, braun zu sein, und ganz milchig wird, den muss man erreichen, und dann ein bisschen Zucker dazu, himmlisch, er schmeckt wirklich sehr gut, Larissas Kaffee. »Lisa?« »Ja?« »Ob du die Soldaten auch schon gesehen hast!« Ja, die Soldaten hat Lisa gesehen, »am Flughafen. Mit Gewehr in der Hand. Ich wollte mir einen Kaffee holen bei Starbucks, dann kamen sie rein und schmissen uns alle raus.« Es war direkt nach Lisas Landung in Paris-Orly. Starbucks mag Lisa eigentlich nicht so gerne, wozu fliegt man denn nach Paris, wenn man dort genau den gleichen Kaffee trinkt wie fast jeden Tag auf dem Weg zur Uni in Berlin. Aber sie war müde, hatte Kopfschmerzen und Lust auf Kaffee und Karamell, *»un caramel macchiato s'il vous plaît, au lait d'amande.«* Mit Mandelmilch. Dann kamen die Soldaten rein, erst zwei, die direkt zum Tresen liefen und aufgeregt mit dem Personal diskutierten, ein Soldat drehte sich um und rief: »Alle raus hier, wir müssen dieses Café evakuieren, alle raus!« Da kamen fünf weitere Soldaten nach, bildeten eine Kette zwischen Lisa und ihrem Kaffee, eine Bedienung hatte Lisas Papierbecher in der Hand, las ihren Namen darauf und rief: »Caramel Macchiato, Lisa?«, und Lisa nickte noch, aber der Soldat schob sie schon weg von ihrem Macchiato, »aber mein Kaffee?«, fragte sie, er sah sehr jung aus, vielleicht achtzehn, und schüttelte entschuldigend den Kopf, ganz nett schaute er, aber schüttelte den Kopf, »nein, Madame, auch Sie müssen das Café jetzt verlassen.« »Abends auf dem Platz geht es auch darum, dass wir keine Angst haben«, sagt Larissa und tunkt ihr Baguette in die Marmelade, »es ist eine ganz besondere Stimmung dort, komm doch mal mit, dann siehst du es selber.« Dann steht sie auf, Larissa steht auf, klopft sich den Butterweizenstaub von ihrem blauen Pulli, nimmt ihre Tasche und geht zur Uni, »*à toute à l'heure*, ich habe jetzt Vorlesung!« Die Tür fällt ins Schloss, Lisa kann noch das Rattern der Fahrstuhltüren hören, dann ist Ruhe.

Absolute Ruhe. Lisa schaut auf die Krümel von Larissas *pain au chocolat*. Und aus dem Fenster. Und auf die Möbel. Und die Möbel, findet Lisa, die Möbel schauen irgendwie zurück. Vorwurfsvoll. Oder abwartend. Auf jeden Fall stumm, sehr stumm. Und wenn sie nicht gleich mit dem Ausmisten anfängt? Lisa steht auf. Ich muss ja nicht gleich mit dem Ausmisten anfangen, sagt sie sich. Sie kann sich auch erst mal das Haus anschauen. Und mit dem Concierge sprechen, sie kann ihn fragen, wo der Keller ist, sie muss herausfinden, wo der Keller ist und ob es noch einen Schlüssel zu dem Keller gibt und wenn ja, wo. Ja, das wird sie machen, sie steht auf und zieht sich ihre Schuhe wieder an, sie schaut sich jetzt erst mal das Haus an.

Im Treppenhaus riecht es nach chinesischen Gewürzen, fast alle Familien der Avenue de Flandre sind aus Vietnam hierhergekommen, aber es sind Chinesen, das hat Lisa nie richtig verstanden, warum es Chinesen aus Vietnam waren. Sie erinnert sich noch daran, wie sie sich darüber lustig gemacht haben, Mamie und Tata Solange. »Hast du keine Angst?«, fragte Tata Solange, »ihr werdet von den Chinesen übernommen!«, und Mamie lachte, »ja, jetzt sind wir nicht mehr die Kolonialherren, jetzt übernimmt die Großmacht China, rette sich, wer kann.«

Das Treppenhaus wird unten breiter und heller, eine Schräge aus glattem weißem Stein führt seitlich auf die Zwischenebene. Draußen vor der Tür von *Hainaut* fängt das Labyrinth an, rechts geht es die Treppe hinunter in den Hof zum Tor, aber links und geradeaus fangen die Gänge an, die endlos verzweigten Gänge, Schrägen und Terrassen, Schilder weisen zu den Aufgängen *Kent* und *Artois*, ein anderes zu *Bâtiment A*, dem größten Wohnturm hier, mit fünfundzwanzig Etagen ragt er weit in den Pariser Himmel. Lisa geht Richtung *Kent*, der glatte Steinboden quietscht unter ihren Schuhen, links führen Schrägen den Gang entlang hinunter auf eine Terrasse mit Balustrade. *Interdit* steht auf einem Schild an einer

Säule, darüber ist ein Skateboard fahrendes Männchen gezeichnet, durchgestrichen von einem dicken roten Balken. Niemand ist da, Lisa setzt sich auf die Schräge und rutscht auf die Terrasse.

Von hier aus kann sie auf die Avenue de Flandre sehen, Autos und Busse stauen sich nur wenige Meter weiter unten, es wird gehupt und gerufen, Abgase mischen sich mit dem Geruch nach Baguette und diesem blumigen Reinigungsmittel. Es riecht auch nach Weihnachten, findet Lisa, irgendwie nach kitschigem Weihnachtsbaum voller Lametta und bunten Lichterketten, bunt müssen sie sein, die Lichter im Baum, rot und gelb und blau und grün. Da waren auch Wattebäusche, Watte und ein blau glitzernder Engel. Früher liebte es Lisa, ihren Kopf hineinzustecken, sie hat sich dann vorgestellt, darin zu leben, in dem Baum, zwischen den bunten Lichtern, sie wollte gar nicht mehr rauskommen. *»Attention!«*, hat Mamie gerufen, »pass auf!«, damit Lisa nicht mit dem Baum um den Kopf von dem kleinen Tisch herunterfällt.

Und Lisa erinnert sich an ein anderes Mal, es hat geregnet, andauernd geregnet, und sie hat sich gar nicht gut gefühlt, alles hat ihr wehgetan, die Arme und Beine und die Haut und der Kopf, tagelang musste sie im Bett bleiben, aber sie fand es ganz schön eigentlich, die Mädchen und die Pferde, ihre Mutter brachte ihr französische Zeitschriften über Mädchen und Pferde mit, die mochte sie, sie hat darin herumgeblättert und so getan, als würde sie alles lesen können, als würde sie Französisch verstehen, in Wahrheit, hat sie sich gesagt, in Wahrheit bin ich ein französisches Mädchen, das hier in Paris zur Schule geht, mit französischen Freundinnen und einer französischen Familie.

»Ah, Sie sind also die Enkelin von Madame Bellanger! Lassen Sie sich auch mal blicken.« Der Concierge sitzt auf seinem Drehstuhl, mit der Sitzfläche verschmolzen, sein Fleisch hängt rundherum herab, seine Augen sehen irgendwie traurig aus, der Drehstuhl zieht seine Lider nach unten, von dort schaut er missbilligend, missbilligend schaut er Lisa an. »Ähm, ja, ich bin hier, um die Wohnung meiner Großmutter aufzulösen. Ich werde sie verkaufen.« »Ach, verkaufen?« Jetzt öffnen sich seine Augen. »Ja wissen Sie, es geht mich ja nichts an, ich sag ja auch nichts, ich weiß schon, Familie, das ist immer schwierig. Wir haben uns nur immer gefragt, meine Frau und ich, wissen Sie, so eine alte Dame wie Madame Bellanger, so eine kluge, so eine mutige Frau, wir haben uns einfach gefragt, warum sie so selten Besuch bekam von der Familie. Denn wissen Sie, Hilfe hat sie ja schon manchmal gebraucht, auch wenn sie sehr stark war, aber mit hundert, also wissen Sie, mit hundert kann man einfach nicht mehr alles alleine. Sie ist ja fast hunderteins geworden!« Lisa ballt ihre Hand zur Faust und drückt ihren Daumen. »Ja«, sagt sie, »ja, meine Großmutter war schon etwas Besonderes.« Das Gesicht des Concierge hellt sich auf. »Oh ja, das kann man sagen, das war sie wohl! Wissen Sie, ich war ihr Freund, also, ihr besonderer Freund«, blinzelt er Lisa zu, »ich war in Ihre Großmutter verliebt und sie auch in mich, das kann man durchaus so sagen. Sie haben so wunderschöne blaue Augen, sagte sie mir immer, so blaue Augen habe ich in meinem ganzen Leben noch nicht gesehen, und das war lang, wie Sie wissen.« Er lacht. »Ich war mehrmals bei ihr, weil sie gestürzt war, sie war hingefallen und kam nicht mehr richtig hoch, deshalb rief sie die Feuerwehr an, wissen Sie, bevor ich hier im Haus angefangen habe, war ich bei der Feuerwehr, und so habe ich Ihre Großmutter kennengelernt.« »Sie war schon öfter gestürzt?« »Ach, nichts Ernstes«, sagt der Concierge und macht eine wegwerfende Handbewegung, »vielleicht war Sie auch nur einsam, sie bekam ja nie Besuch, wie sie sagte, vier Kinder und keines besuchte sie, aber sie regte sich darüber nicht auf, sie war so eine gute Frau, sie war gar nicht wütend, sondern wunderte sich eben nur, warum ihre Kinder sie nicht besuchten.« Kurz denkt Lisa an ihren Onkel Maurice. Denn Maurice, hat ihre Mutter ihr erzählt, Maurice habe Mamie oft besucht, einmal im Monat sei er von Korsika nach Paris geflogen, um nach dem Rechten zu sehen, das hat Lisas Mutter gesagt, »es wird sich gut um sie gekümmert, mein Bruder Maurice ist oft bei ihr«, obwohl er da auch schon Mitte siebzig war, »und das, obwohl er auch schon Mitte siebzig ist«, hat sie gesagt. Und Lisas Mutter wollte sich auch selbst um Mamie kümmern, sie wollte sogar nach Paris ziehen, hierher in die Rue de Flandre. Damals.

»Nun ja. Dafür gab es viele Gründe«, murmelt Lisa, »wissen Sie, ich bin eigentlich wegen des Kellers hier. Können Sie mir sagen, wie ich dahin komme?« »Verstehen Sie mich nicht falsch, Mademoiselle –« »Madame.« »Ach, Madame, Sie sind verheiratet?« »Ich möchte bitte Madame genannt werden, wenn es Ihnen nichts ausmacht.« »Aber natürlich, Madame. Hören Sie, das sind natürlich Familiengeschichten, in meiner Familie haben wir auch Probleme, ist doch klar«, er lacht, »aber eine alte Frau alleine lassen, also verstehen Sie mich nicht falsch, aber das ist doch etwas undankbar, finde ich, zumal, wenn ich das sagen darf, Ihre Großmutter eine äußerst liebenswerte und kluge Dame war. Monsieur, kommen Sie mal mit, hat sie mir immer gesagt, dann hat sie mich in die Küche mitgenommen, nehmen Sie doch Platz, eine kleine Zigarette können Sie doch mit mir rauchen, nicht wahr, so viel Zeit werden Sie doch haben, um mir Ihre wunderschönen blauen Augen noch etwas zu zeigen«, er kichert, »und dann hat sie mir von ihrer Familie erzählt, von den schönen Ländereien in Tunesien, es ist doch wirklich eine Schande, wie das dort gelaufen ist, nicht wahr, verstehen Sie mich nicht falsch, ich bin kein Rassist, sonst könnte ich hier ja auch gar nicht arbeiten, bei den ganzen Schlitzaugen«, er lacht, »also bei den Asiaten meine ich, heutzutage muss man ja stets korrekt sein, nicht wahr, aber dass Ihre Frau Großmutter aus Tunesien wegmusste, das ist doch wirklich eine Schande, da hätte Frankreich doch etwas mehr Stärke zeigen können, wenn Sie mich fragen.« Lisa schaut ihn an, seine Augen, die ihr irgendwie zu glotzen scheinen. Er hat die Schlüssel. »Also«, sie atmet ein, »also ich habe schon einen Käufer, und der Herr kommt ebenfalls aus China, er wird sich sicher freuen, hier einzuziehen, in die chinesische Community, das ist doch nett, nicht?«, sagt sie.

Eine Frau kommt rein, einen Stapel Briefe in der Hand, sie lächelt Lisa an. »*Salut*, alles klar bei euch?« Ihr Pferdeschwanz schwingt hin und her, sie hat lange, dicke, glänzende braune Haare. Schön. Eine schöne Frau, findet Lisa. Der Concierge schlingt seinen Arm um ihre Taille und zieht sie an sich. »Darf ich vorstellen? Meine Frau Dora, sie kümmert sich um Ihre Post.« »*Bonjour*, Madame, ich bin die Enkelin von Madame Bellanger, ich bin hier für die Kellerschlüssel, vielleicht wissen Sie ja ...« »Die Enkelin von Madame Bellanger, Dora, erinnerst du dich? So eine nette alte Dame.« »Aber sicher, sehr nett, Sie kennenzulernen. Madame Bellanger, ja. Ich erinnere mich. Sie war immer ... sehr nett. Zu meinem Mann.« »Ja, und Dora, stell dir vor, die Wohnung ist bereits verkauft! Kannst du dir vorstellen, an wen, das rätst du nie, natürlich an Chinesen. Wir sprachen gerade darüber. Wir haben ja nichts gegen die Asiaten hier, nicht wahr?« »Nein, sicher nicht, die meisten sind nett. Aber hast du Mademoiselle Bellanger schon die Geschichte von der Polizei erzählt?« »Madame«, sagt Lisa. »Ach, sind Sie verheiratet?« »Wissen Sie, eigentlich wollte ich nur fragen, wegen des Kellers ...« Aber der Concierge reibt sich bereits die Hände und nickt ganz wild, »sicher, die Geschichte mit der Polizei, das war was, vor einigen Monaten, Anfang des Jahres, es war jedenfalls noch kalt, nicht wahr? Also da stand plötzlich die Polizei vor dem Haus und wollte zu einem chinesischen Herrn, ich weiß nicht, was der angestellt hatte, jemanden verprügelt oder Schwarzgeld oder irgendwas mit Drogen, wie das immer so ist bei denen, jedenfalls hatte ich den gar nicht in meiner Liste, der wohnt hier nicht, Monsieur, sagte ich zu dem Beamten, aber der war sich ganz sicher, doch, doch, im fünften Stock, und er ging hoch und nahm oben einen Jungen fest, keine zwanzig war der, also, die holen ihre Verwandten aus China nach und melden sie hier nicht ordnungsgemäß an, das geht doch nicht, Mademoi... Madame, das werden Sie doch sicher verstehen, wie soll ich denn dann meine Arbeit machen, wenn die sich nicht mal bei mir anmelden. Meine Frau verteilt hier die Post, wir müssen doch wissen, wer wo wohnt, sonst bricht hier das Chaos aus, das reinste Chaos!« »Sicher«, murmelt

Lisa, »Ihre Arbeit müssen Sie ja schon machen können.« »Aber was Ihre Großmutter betrifft, Madame, also es war mir immer eine helle Freude, sie zu treffen, sie sah das alles ganz genauso, mit den Chinesen, wissen Sie, sagte sie mir, wissen Sie, ich fühle mich manchmal fremd im eigenen Land, komisch, nicht wahr, aber sie wiederholte es immer wieder, fremd fühle sie sich hier, und die Chinesen, die Chinesen, sagte sie, die würden sich in Frankreich beinahe wohler fühlen als sie selbst, und dann habe ich ihr Zigaretten geholt, ich habe ihr immer gesagt, Madame, in Ihrem Alter sollten Sie nicht mehr rauchen, aber sie hat immer gelacht und gesagt, die Jugend in ihren Knochen verlange nun mal nach Zigaretten, und dann konnte ich nicht Nein sagen. Ach, ich liebte sie, Ihre Großmutter.« Dora dreht sich um und sortiert die Briefe in verschiedene Fächer. »Ja, sie war eine besondere Frau«, sagt Lisa und schaut auf die Wanduhr, die langsam tickt, wie sie findet, sehr langsam, der Bildschirm, Facebook ist geöffnet, Urlaubsfotos, eine lachende Frau im Bikini vor einem Pool, das ist privat. Lisa schaut weg, schaut wieder den Concierge an, der sie anstarrt, anstarrt und wartet. »Nun, Sie wollen also in den Keller. Welche Nummer?«, fragt er schließlich. »Ja, also, das weiß ich nicht so genau, ich dachte, Sie könnten mir vielleicht sagen, welche Nummer zu der Wohnung gehört.« »Na also, das ist nicht meine Aufgabe, die Kellerzugehörigkeiten zu kennen, das müssen schon die Wohnungsbesitzer wissen, welcher Keller ihnen gehört, was ich Ihnen anbieten kann, wenn Sie mir die Kellernummer sagen, dann gebe ich Ihnen den Schlüssel zu der Kelleretage, das können wir so machen, aber Sie müssen schon wissen, welcher Keller es ist, denn wir haben hier drei Kelleretagen mit je drei verschiedenen Kellergängen, mit jeweils über dreißig einzelnen Kellern, wo kommen wir denn da hin, wenn alle vergessen, welcher ihr Keller ist.« »Verstehe«, sagt Lisa, sie findet, er fängt nun an zu stinken, seine rot geäderten Augen stinken sie an. »Verstehe, ich bedanke mich, vielen Dank für Ihre Hilfsbereitschaft, und dass Sie meine Großmutter so unterstützt haben, sehr hilfsbereit, ich kümmere mich also um den Keller und komme wieder, auf bald.« Der Concierge nickt. Lisa verlässt das Häuschen, sie geht durch den Hof an den Bäumen vorbei zu Mamies Aufgang, er tastet meinen Körper ab, sagt sie sich, meine Beine, meinen Po, sie spürt es ganz genau, wie er sie mit seinem Blick verfolgt. Schnell geht sie die kleine Treppe hinauf, um die Ecke, hier kann der Concierge sie nicht mehr sehen, die Bäume sind dazwischen, aber Lisa rennt weiter, sie rennt weiter durch die Tür von *Hainaut* ins Treppenhaus, vorbei an den Schrägen, die sieben Stockwerke hoch, Lisa rennt durch die chinesischen Gewürze zurück bis in den siebten Stock.

8.
Marie

»Wenn jemand uns angreift, dann verteidige ich uns«, sagte ich manchmal mit stolzgeschwellter Brust zu meinem Vater, wenn wir breitbeinig vor unserem Haus standen. Von hier aus schauten wir hinunter auf die Felder, die rot, gelb und grün vor uns lagen, ich schaute über die Olivenbäume der Nachbarn bis hinüber zu den Bergen von Zaghouan und bekam Lust, einfach loszurennen, ich war sicher, wenn ich nur genug Anlauf nahm, könnte ich bis zu den Bergen und sogar ein Stück hinauf rennen.

Ich fühlte mich unbesiegbar. Papa legte stolz seine Hand auf meinen Kopf und ich drückte meine Brust unter meinen verschränkten Armen noch ein kleines Stück heraus.

Ich wollte uns verteidigen, wie Papa das getan hatte. Damit meinte ich nicht gegen die Araber, die in Algerien die Franzosen angriffen und ihr Land zurückholten, und von denen Maman sagte, früher oder später würden sie auch uns aus Tunesien vertreiben, davon verstand ich noch nicht viel mit meinen acht Jahren. Nein, ich meinte gegen die Deutschen, denn ich liebte die Geschichte, wie dein Großvater sich den Deutschen in den Weg gestellt hatte. Als die Nazis zu uns kamen, da war ich natürlich noch nicht geboren, es war an einem nassen Herbsttag Ende 1942, Papa war achtzehn. Plötzlich stand der deutsche Offizier vor unserem Haus, erzählte meine Großmutter Louise, er hatte es bereits von Soldaten durchsuchen lassen und angekündigt, dass er in das schönste Zimmer einziehen würde, das neben der Veranda. Da fingen die Soldaten an, die Autos zu konfiszieren. Papa arbeitete damals noch nicht für Leclerc, sondern reparierte Autos auf dem Hof. Einige Soldaten fuhren mit den vier Autos auf dem Hof herum, sie wollten prüfen, ob sie fahrtüchtig waren, und das waren sie. Dann näherte sich ein Soldat der großen Garage neben dem Haus, in der Papas Renault stand, damals sein größter Schatz, ein Renault von 1938. Aus Naivität oder Todesmut, wer weiß das schon, erzählte Mamie Louise, stellte sich Papa ihm in den Weg. »Das ist unsere Garage!«, rief er, »und das ist mein Auto, daran habe ich lange gearbeitet! Da dürft ihr nicht rein.« Der Soldat schaute sich nach seinem Offizier um, »sieh mal, hier haben wir einen frechen Bengel, kommt ganz nach den Arabern«, der Offizier lachte, scheinbar hatte er etwas für vorlaute kleine Macker übrig. »Ich könnte dich einfach über den Haufen schießen, das weißt du schon?«, gluckste er. Mit einem arabischen Jungen hätte er das wohl ohne Weiteres gemacht, aber deinen französischen Großvater schob er nur grinsend mit dem Gewehr aus dem Weg.

Diese Geschichte erzählte mir meine Großmutter immer wieder, wenn ich auf ihrem Schoß saß, da waren die Deutschen und die Italiener längst von den Alliierten aus dem Land geworfen worden. Ich sah sie nicht so viel, die Großeltern, sie waren so gut wie nie bei uns im Haus, aber die Sonntage verbrachten wir meist bei ihnen in *Bou da*, wir aßen ein leichtes Mittagessen auf der Veranda, Mamie Louise bereitete köstlichen Reissalat zu, dazu nahm sie nicht viel, nur Tomaten, Mais, gekochte Eier und ein wenig feines Olivenöl, es schmeckte köstlich und tat so gut in der Hitze, dazu gab es Baguette und Citronade, eine herrlich süße Citronade, die Mamie Louise mit den Zitronen zubereitete, die sie direkt vor dem Haus pflückte.

Nachmittags zogen sich Papa und Großvater zurück in ihr Büro und diskutierten, und dann brachte Mamie meine kleine Schwester ins Bettchen und legte sich selbst zur Siesta. Das war meine Lieblingszeit, alles war still, selbst die Vögel warteten im Schatten leise darauf, dass die Hitze sich wieder zurückzog, und Mamie Louise goss mir noch eine eiskalte Citronade ein, zog mich auf ihren Schoß und erzählte Geschichten, dabei beobachteten wir, wie der leichte Wind die Blätter der großen Korkeiche im Innenhof rascheln ließ, nur ganz leicht. Mamie Louise erzählte, wie sie aus Draguignan ausgewandert waren, obwohl es dort so schön war zwischen den südfranzösischen Weinbergen, wie sie in Tunesien meinen Großvater kennenlernte, den gut aussehenden Gutsbesitzer, sie erzählte eben die Geschichte, wie Papa sich den Nazis in den Weg stellte, und sie erzählte auch, wie Papa Ärger mit den britischen Soldaten bekam, als er auf dem Dach von *Bou da* die französische Flagge hisste, im Radio hieß es, die Deutschen seien besiegt, da rannte er hoch und hisste die Flagge, ein Militärauto der Alliierten kam keine fünf Minuten später angerast und riss die Flagge wieder hinunter. »Sind Sie wahnsinnig!«, schrie der Soldat deinen Großvater an, »die deutschen Kanonen stehen noch auf den Hügeln, wollen Sie sich zum Kriegsende noch eine Kugel einfangen, oder was?«

Erst, als die glühende Sonne ganz gelb und fast orange wurde, sodass man sich aus dem Schatten heraustrauen konnte, sprang ich von ihrem Schoß, um bis zur Dunkelheit noch im *oued* zu spielen, das Flussbett verlief ganz nahe an *Bou da* und im Sommer konnte man gefahrlos hinunterklettern, dort unten war es angenehm kühl und ich versuchte, Salamander zu fangen. »Lauf, *ma petite fille*, lauf, damit du nicht so faul wirst wie deine Mutter«, sagte Mamie Louise dann augenzwinkernd und gab mir einen Klaps auf den Po, »lauf, damit du groß und stark wirst wie dein Papa!«

Ja, ich war sehr stolz auf meinen Papa. Und ich erinnere mich genau daran, wie er nicht mehr wiederkam. Morgens ging er los, ich weiß nicht mehr, was für eine Jahreszeit es war, aber auf den Feldern war schon lange nichts zu tun, ich denke, es war im Winter. Er ging los, wie immer küsste er mich auf den Kopf. »Treib's nicht zu wild«, sagte er und zwinkerte mir zu, und er streichelte Solange über die Wange, sie war ja noch keine drei, er ging los, um »ein paar Runden zu drehen«. Meine Mutter wollte diesmal nicht mit zum Flugplatz, sie lag mit Migräne im Bett. Und ich zog ebenfalls los, Aisha und ich hatten gerade ein kleines Projekt, aus ein paar Holzbrettern und getrocknetem Weizen wollten wir uns ein kleines Floß bauen, niemand wusste davon, wir wollten versuchen, mit dem Floß auf dem *oued* zu fahren, der bald wieder Wasser führen würde. Ich lief also los, den *oued* entlang bis zu einer kleinen Baumgruppe, unter der ich unsere Brettersammlung fand, wir hatten sie nach ihrer Länge und Breite sortiert und wir wollten sie zusammenbinden, abwechselnd breit und schmal, damit die breiten die schmalen hielten und die schmalen den Zwischenraum ausfüllten.

Aisha war noch nicht da, also fing ich alleine an, die ersten Bretter aneinanderzubinden, es gelang mir nicht so richtig gut. »*Hé*, du darfst das Boot nicht alleine bauen!«, quietschte Aisha, als sie angerannt kam. »Mach ich ja gar nicht, ich hab nur angefangen, außerdem ist es ein Floß!«, rief ich, aber sie schubste mich zur Seite und flocht die Bretter wieder auseinander. Ich ließ sie machen, sie wusste eigentlich immer besser, wie man richtig baute. Als sie fertig war, zeigte sie mir, wie man sie richtig festmacht, sie umwickelte immer drei Bretter mit noch feuchten Weizenhalmen, über Kreuz, »dann reißen sie nicht bei der ersten Strömung auseinander, *inch'Allah*!« Während sie knotete, sammelte ich weiter Halme, die ich ihr brachte, und so langsam wuchsen die Bretter zu einem kleinen Floß. Wir setzten uns darauf und mein Bauch kribbelte, als wir uns vorstellten, wie wir damit durch den Fluss reisen würden, »bis ans Mittel-

meer!«, sagten wir uns, auch wenn wir wussten, dass das Quatsch war, der Fluss versiegte nur wenige Kilometer die Felder hinunter.
»Wenn wir groß sind, wohnen wir einfach auf unserem Boot!«, sagte Aisha, und ich nickte, ich hatte gerade die Abenteuer von Huckleberry Finn gelesen und ihr alles erzählt. »Wir machen es wie Huck und Tom!«, sagte ich. Ich nahm mir vor, Papa von unseren Plänen zu erzählen und ihm unser Floß am nächsten Tag zu zeigen, niemand anders sollte es sehen, vor allem nicht Solange und Mamie, sonst würden sie mich hier nie in Ruhe lassen. Aber Papa wäre sicher sehr stolz auf mich, wie stabil es geworden war, und vielleicht würde er ja auch mitkommen, wenn wir damit losfuhren.

Ich rannte bei Sonnenuntergang nach Hause, denn wenn ich erst nach Untergang dort ankam, gab es immer ordentlich Ärger. Doch als ich außer Atem ankam, fand ich in der Küche nicht Mamie vor, sondern Ulima, sie hatte mir rote Kichererbsensuppe gekocht und sagte, ich solle essen und dann direkt ins Bett gehen, es würde heute spät. Ich hasste Suppe, das wusste sie doch. »Bäh«, sagte ich, »wieso kocht Maman nicht?«
»Iss jetzt!«, zischte Ulima. »Deine Eltern sind unterwegs, du siehst sie morgen.« Ich würgte die Suppe schnell hinunter, denn je schneller man isst, desto weniger merkt man den Geschmack, und ging ins Bett.

Am nächsten Morgen war niemand in der Küche, also ging ich in Mamies Zimmer. Irgendwas war komisch. Sie schlief nicht wie sonst um diese Zeit, sie saß auf dem Bett und rauchte, doch die Vorhänge waren zugezogen.
»Maman, wo ist Papa?«, fragte ich. »Ich muss ihm etwas

zeigen!« Sie blickte mich mit ihren eisblauen Augen an, mit jenen Augen, die Schläge ankündigten. Ich zuckte zusammen. Aber sie stand nicht auf. »Lass mich in Ruhe mit deinen Albernheiten«, zischte sie, »dein Papa kommt erst mal nicht wieder. Und nun geh raus, nimm Solange mit und geh zu den Arabern, in den Staub, egal, geh mir aus den Augen.« Ich blieb in der Tür stehen. »Ist er auf Reisen?«, fragte ich, denn das kannte ich, er reiste manchmal ein paar Tage, um neue Autos abzuholen. »Ja, auf Reisen, wie auch immer«, murmelte sie, »warte nicht auf ihn. Und mach die Tür hinter dir zu.« Ich machte die Tür hinter mir zu – und fing an zu warten. Ich wartete, jeden Abend lauschte ich auf die Geräusche in der Einfahrt, jeden Tag suchte ich den Himmel nach seiner Maschine ab, jeden Morgen rannte ich in die Küche, um zu schauen, ob Papa dort saß mit seinem Bol Kaffee. Aber dort saß niemand mehr, Mamie nicht, weil sie im Bett blieb, und Papa auch nicht, dort stand nur immer Ulima, die mir einen Kakao kochte. Ich fragte nicht länger nach Papa, ich wartete einfach weiter. Ich erinnere mich nicht, wann mir klar wurde, dass er nicht wiederkommen würde. Ich glaube, so richtig ist es mir nie klar geworden. Ich warte eigentlich immer noch.

Deine Großmutter veränderte sich. Seit Papa verreist war, verharrte ihre Miene ausdruckslos, ja nicht einmal, wenn ich barfuß über die schönen Fliesen und den Teppich im Salon rannte, verzerrte sie sich in dem üblichen Zorn. Sie stand nun gar nicht mehr auf. Sie las nicht am Küchentisch, sie fuhr nicht zum Abendessen nach Tunis, sie lag nur noch im Bett und rauchte und schlief. Ich machte mir Sorgen, aber wenn ich zu ihr ging, um sie aufzumuntern, jagte sie mich nur aus dem Zimmer. »Hau ab auf deine Felder, oder was du sonst so treibst, du kleine Wilde, geh zu den Arabern und lass mich in Frieden«, schrie sie dann, und ich sah zu, dass ich wegkam.

Meine Aufgabe war es nun, auf Solange aufzupassen. »Sieh zu, dass sie schläft! Sonst ist sie morgen wieder unausstehlich. Du weißt, sie kann ein kleines Biest sein, unsere Solange.« Oft nahm ich die Kleine mit, sie weinte viel, also holte ich sie zu Aisha und mir auf unser Floß, denn dort fühlte sie sich wohl und spielte mit kleinen Holzstückchen und was wir ihr sonst so brachten. Abends saßen nicht mehr alle bei uns am Tisch, Ulima und ihr Mann und die Kinder, sondern ich aß bei ihnen, jeden Abend aß ich mit Aisha und brachte Mamie einen kleinen Teller mit Essen mit, den ich ihr vor die Tür stellte, denn reinkommen sollte ich spät nicht mehr.

Bis sie eines Abends in unser Zimmer kam. »Komm, Marie, du schläfst heute bei mir«, sagte sie, nur diesen einen Satz, und drehte sich um. Mein Herz machte einen Sprung. Endlich! Endlich sprach sie wieder mit mir, endlich schaute sie mich wieder an, endlich kam sie wieder zu uns ins Zimmer! Und dann wollte sie auch noch, dass ich mit ihr kam. Nie zuvor hatte ich in Mamans und Papas Bett schlafen dürfen, immer hatte es geheißen: »Du hältst uns nur wach, mit deinem ständigen Zappeln, und mit deinen schwarzen Füßen machst du das Bett ganz dreckig.« Aber jetzt wollte sie meine Nähe. Ich sprang auf. Während ich meiner Mutter über die kalten Fliesen in das kleine Schlafzimmer folgte, blickte ich verstohlen auf meine Fußsohlen. Nicht gerade sauber, aber wenigstens nicht schwarz, befand ich, und den Sand zwischen den Zehen hatte ich schon abgeschüttelt.

Ich blieb in der Zimmertür stehen. Maman zog die Decke ein Stück zur Seite und klopfte auf das Laken. Sie lächelte nicht, sie schaute genervt, komm endlich. Also kroch ich mit klopfendem Herzen in das große, weiche Elternbett, die Laken waren glatt und sauber, und es war schön warm, es roch nach Maman. Ich versuchte, mit meinen Füßen nicht zu sehr die Laken zu berühren, und legte mich steif hin. Maman legte sich neben mich, auf die Seite, sie drehte sich zu mir. »Komm näher, kleine Marie«, flüsterte sie. Ihre Stimme wurde ganz heiser. »Eine einsame Mutter wird ihre Tochter doch wohl noch streicheln dürfen?«

Danach änderte sich alles. Maman stand wieder auf und machte uns Frühstück, und obwohl sie mich abends oft zu sich holte, um nicht alleine zu schlafen, war sie morgens wütend, mich in ihrem Bett vorzufinden, und zwang mich zu baden. »Dreckiges kleines Biest«, zischte sie morgens, »geh dich waschen. Und wasch dich auch zwischen den Beinen.« Aber ich blieb dreckig, egal wie stark ich mich wusch, ich blieb dreckig, und ich glaubte, Maman mochte mich deshalb nicht mehr. Oft machte ich in ihrem Bett die Augen zu und stellte mir vor, draußen zu sein, auf der Erde, der sauberen Erde, nicht hier, wo alles komisch roch und so feucht war. Doch ich war auch stolz: stolz, dass Maman mich brauchte und nicht meine Schwester. Dass wir Verbündete waren. Solange war eifersüchtig, und das zu Recht. »Was macht ihr denn immer in Mamans Zimmer?«, fragte sie. »Erwachsenensachen«, sagte ich. Sie verzog den Mund. »Und wann schläfst du wieder bei mir?« »Wenn Papa wiederkommt.«

9.
Lisa

Und als Lisa im siebten Stock ankommt, rennt sie weiter. Sie rennt weiter bis zur Wohnung, »Bellanger« steht an der Tür, sie schließt auf und rennt durch den Flur bis ins Bad, sie will es sehen, dieses Bidet, jetzt will sie es sehen, den Ort, von dem ihre Mutter so viel gesprochen hat in den letzten fünfzehn Jahren, das Bidet, von der Abtreibung, damals, als die Engelmacherin in die Rue de Flandre kam. Lisa schaut in das Bidet, und da ist nichts, es ist ganz weiß, ein bisschen gelb vielleicht rund um die Armaturen und den Abfluss. Natürlich, sagt sich Lisa. Natürlich, es ist weiß. Das ist alles lange her. Die Abtreibung. Und die Flucht ihrer Mutter aus Paris. Und trotzdem kommt es Lisa so vor, als passiere es noch immer, gerade jetzt, als sitze ihre Mutter noch immer verzweifelt auf dem Bidet.

Sie geht ins Wohnzimmer. Sie setzt sich auf den Boden. So warm, dieser Boden. Sie lehnt sich zurück und blickt sich um. Die Möbel schauen jetzt anders aus als vorhin. Lauter. Irgendwie sieht die Kommode laut aus. Und die Anrichte, die Anrichte auch, neben der Eingangstür. Nur der Schaukelstuhl steht ganz ruhig da, mit Papis Ruhe steht er zwischen den Fenstern, mit der Ruhe eines viel geschaukelten Schaukelstuhls. Einmal zu viel ist Papi geschaukelt, er wollte sich bücken, um etwas vom Boden aufzuheben, vom Boden unter dem Stuhl, und die Kufen kippten plötzlich nach vorne, über seinen Finger. Konnte aber wieder angenäht werden. Und hier, das Mädchen. Das Mädchen im Bild an der Wand, das kleine Mädchen, es bleibt in der schmalen Gasse stehen und will sich umdrehen, gleich dreht es sich um und sieht Lisa an, gleich, in ihrem weißen, leichten Sommerkleid. Der Fernseher steht nicht mehr da. Im Wohnzimmer ist nur noch ein Sofa, aber nicht das alte, Larissa hat es weggebracht, »das olle Sofa voller Motten«, stattdessen steht dort jetzt ein schwarzes Ledersofa von der Straße.

Aber Lisa sieht sie noch. Sie sieht noch, wie sie dort saßen, ihre Mutter und Mamie, einträchtig nebeneinander auf dem Sofa vor dem stets laufenden Fernseher, der jetzt weg ist, einfach weg, ein Loch im Raum, wie sie lachten und sich dabei auf die Schenkel klopften, wie sie Tränen weinten vor Lachen, wie hieß er noch mal, dieser Komiker, Guy Bedos? Es muss Guy Bedos gewesen sein. »Das verstehst du nicht, Humor kann man nicht übersetzen, besonders nicht den von Bedos, dafür muss man eine *Pied-noir* sein.« »Worüber lacht ihr denn so«, hatte Lisa gefragt, »du und Mamie, worüber lacht ihr denn?« »Das verstehst du nicht«, wütend ist Lisa zurück an den Esstisch gestapft, wütend hat sie sich hingesetzt und weitergepuzzelt, na toll, erst bringt sie mir kein Französisch bei, und dann übersetzt sie nicht für mich. Worüber haben Maman und Mamie wohl gesprochen? Diese Schreierei, meine Güte, konnten die brüllen und mit den Türen knallen, nie hat Lisa auch nur ein Wort verstanden, aber jetzt wüsste sie doch gerne, worüber sie gesprochen haben, wenn sie so gelacht haben über Guy Bedos.

Lisas Mutter wäre auch wütend geworden über diesen Concierge. Sie hasste es, wenn Mamie die Männer mit ihrem Charme bezirzte. »Gerade noch schreit sie herum, dann klingelt es, und Mamie verwandelt sich, sie trägt rasch Lippenstift auf und öffnet die Tür, eine Grande Dame ist sie plötzlich, mit Witz und Charme und den schönsten Wangen von allen, sie hatte so schöne Wangen, *ma chérie.*« Da ist ein Foto von ihr auf der Truhe, Mamie, noch jung, vielleicht vierzig ist sie auf dem Foto, trägt die Haare zu einer seitlichen Tolle, ihre blauen Augen hell und leuchtend, die Wangen hoch, und diese Lippen, volle Lippen, leicht lächelnd, nur ganz leicht. Eine Schönheit, ihre Mutter hatte recht, Mamie war wirklich eine Schönheit.

Lisa öffnet die oberste Schublade der Kommode, in der Schublade ein dicker Haufen loser Papiere, Kaffeeflecken, HSBC steht im Briefkopf, eine Bank. Rechnungen von der Hausverwaltung, Briefe von der Krankenversicherung, die muss Lisa eigentlich lesen, eigentlich müsste sie die alle mal durchschauen, wer weiß, ob Mamie schon überall als tot gemeldet ist, auch das muss sie Tata Solange fragen, aber es sind zu viele, viel zu viele Briefe. Lisa macht die Schublade wieder zu. Das Mädchen im Bild dreht sich noch immer nicht um.

Lisa geht in die Küche, Fett auf den Wänden, auf dem Boden, auf dem Schrank. Sie öffnet den Schrank, den großen blauen Küchenschrank, in dem der Zucker steht. Der französische Zucker im deutschen Zuckerglas und viele alte Dosen, milchige Gläser, alter Tee und alte Gewürze, muffig, die Dosen kleben an den Regalbrettern. Kann alles weg, findet Lisa, kann alles weg, sie sucht nach einer Mülltüte und erinnert sich dann an die Kammer, an die kleine Kammer in der Küche, rechts vom Fenster, mit Blick auf Sacré-Cœur. Die Kammer liebte Lisa früher sehr, denn es war eine Zauberkammer, wegen der Zauberklappe. Früher war sie auf Lisas Augenhöhe, Mamie ließ sie die Klappe immer öffnen und reinschauen, dann legte sie eine Mülltüte hinein. »Na los«, ermunterte sie ihre Enkelin mit einer Geste, »mach zu«, und Lisa schloss die Klappe, es rumpelte, und schnell machte sie sie wieder auf: leer! Die Tüte war weggezaubert. Wie Mamie lachte. Lisa geht in die Kammer und nimmt ein zerknülltes Aluminiumpapier vom Boden, öffnet die Klappe, wirft es hinein und schließt sie wieder. Sie kann hören, wie die Kugel durch die Wand fällt. Und öffnet die Klappe wieder: leer. Lisa lächelt.

Ich brauche ein System, sagt sie sich, so dauert es ewig. Sie geht zurück ins Wohnzimmer und setzt sich auf den Boden. Still ist es in der Wohnung, still und zäh. Schneidersitz, Lisa kreuzt die Beine und sieht sich den Esstisch von unten an, ja, hier ist sie früher immer druntergekrabbelt. *»Coucou!«*, genau, *»coucou«*, hat Tata Solange gerufen. Tata Solange. Lisa muss sie wirklich mal anrufen. Kribbeln, es kribbelt im rechten Fuß. »Wir Fische sind sehr empfindlich an den Füßen«, sagte Lisas Mutter immer, Fische, weil sie beide im März Geburtstag hatten, Lisa und Marie, und empfindlich, weil sie dabei an die kleine Meerjungfrau dachte, denn die hatte auch Schmerzen an den Füßen, als sie endlich welche bekam. Tausende Nadelstiche stachen ihr in die Sohlen, heißt es, bei jedem einzelnen Schritt an Land. Eigentlich war Lisas Mutter der Meerjungfrau gar nicht so unähnlich, findet Lisa. Jeder Schritt schmerzte sie, natürlich, mit ihren 1,56 Metern trug sie stets Absätze, sogar ihre Hausschuhe hatten hohe Absätze, »meine Sehnen sind schon verkürzt«, sagte sie, »ich kann gar nicht mehr ohne Absätze laufen, sie gehören zu meinen Füßen.« Das sagte sie auch über die Zigaretten, »die Zigarette gehört zu meiner Hand wie meine Finger.« Sechzig Zigaretten am Tag, das sagte sie den Ärzten. »Maman! Maman, lass doch!«, hatte Lisa gebettelt, aber ihre Mutter hörte nicht auf sie, »doch, Lisa, ich gehe hier nicht rein, wenn ich kein Raucherzimmer bekomme, das kannst du vergessen, oh nein, ohne Raucherzimmer kriegst du mich hier nicht rein«, dabei lächelte sie triumphierend, und Lisa schaute den Arzt an, bitte, sagen Sie jetzt nichts Falsches, »es tut mir leid«, sagte der Arzt, »es tut mir leid, wir haben hier keine Raucherzimmer«, und schon stand Lisas Mutter auf, das war's, Wochen hatte Lisa gebraucht, um sie zum Entzug zu bekommen, Wochen voller Überredungskünste, geschlafen hatte sie kaum, aber sie hatte sie hierherbekommen, ihre betrunkene Maman, hierher zur Psychiatrie, und jetzt machte dieser Arzt ihre Arbeit einfach so zunichte, wegen des scheiß Raucherzimmers. »Komm, Lisa, wir gehen, diese Spießer wollen mich hier nicht, dann trinke ich eben weiter.«

Ja, ohne Raucherzimmer war Lisas Mutter nicht in den Entzug zu bekommen, denn es ist eine Sache, mit dem Alkohol aufzuhören, *mon petit chou*, sagte sie Lisa, aber das Rauchen, das darf man einer Frau nicht nehmen, »die Zigarette gehört zu mir wie die Finger, die sie halten«, genau, so ging der Spruch. Der schöne Holztisch. Da konnte man wirklich gut drunterkrabbeln.

Lisa steht auf. Sie wird Kisten brauchen, viele Kisten. Und Klebeband. Und Zeitungspapier zum Einwickeln. Larissa hat ihr vorhin etwas von alten Landkarten erzählt, »die kannst du brauchen, um die Teller einzuwickeln, in der Anrichte sind richtig schöne, die willst du sicher mitnehmen.« Lisa öffnet die Anrichte, und richtig, hier stehen die Teller, gelbe Teller mit bunten Blumen drauf, und daneben ist auch der Stapel mit alten Landkarten. Fehlen nur die Kisten.

Es gibt einen Baumarkt unten im Haus, Castorama, direkt neben dem Monoprix, Lisa nimmt ihre Tasche und Schlüssel und geht nach unten. Die Kartons findet sie schnell, sie nimmt ein paar in S und in M, dann kommt sie an Handschuhen und Atemmasken vorbei, und sie hält das für eine sehr gute Idee, Atemmasken gegen Mamies Fett oder gegen den Staub im Keller, wer weiß, wie es im Keller aussieht, einen Zollstock kann sie auch gebrauchen, um die Möbel abzumessen für die kleine Wohnung in Berlin, vielleicht kann sie ja doch etwas gebrauchen für ihr Zimmer, vielleicht will ja Anne etwas haben oder Larissa, Larissa könnte sich auch ein Möbelstück aussuchen, wenn sie will, und Mülltüten braucht sie, zwei Rollen Mülltüten. *»Vous avez la carte fidelité?«*, fragt die Frau an der Kasse, Lisa versteht nicht gleich, was sie will. »Hmm?«, fragt sie. *»La carte fidelité!« »Ah non, merci.« »Thank you, good-bye.«* Englisch. Hört man Lisas Akzent so deutlich?

Oben angekommen faltet sie zwei der Kartons auf: einen für die Sachen, die sie mitnehmen will, einen für den Müll. Sie entscheidet, mit der Anrichte anzufangen, lieber nicht mit den Briefen. Jeden Teller packt sie einzeln ein, wickelt ihn jeweils in ein Stück Frankreich, hier in die Normandie, da in die Ardèche, in die Provence, ins Massif central. Hinter den Tellern findet sie zwei Holzfiguren, es sind zwei Gesichter afrikanischer Frauen, dicke Lippen, lange schmale Augen, schönes dunkles Holz. Kolonialfiguren. Sie schmeißt sie weg. Und dann findet sie das Puzzle. Das große 1000-Teile-Puzzle vom

Eiffelturm, das hat Mamie ihr mal zu Weihnachten geschenkt. Sie wusste, dass Lisa sehr gerne puzzelte, und Puzzeln, das hat Mamie auch gerne gemacht, also schenkte sie Lisa den Eiffelturm, aber er hatte so viele Teile, winzige Teile, jeden Abend nach dem Essen saß Lisa im Wohnzimmer und hat daran gepuzzelt. Und Mamie kam zu ihr geschlurft, ganz langsam, die Zigarette im Mundwinkel, das Auge wegen des Rauchs zugekniffen, sie schaute sich das Puzzle eine Weile an, legte einige Teile an, klopfte ihr auf die Schulter und schlurfte dann zurück vor ihren Fernseher.

Lisa erinnert sich noch genau daran, wie die Augen ihrer Mutter leuchteten, wie glücklich sie war, als sie sie so sah zusammen, die kleine Lisa und Mamie. Aber. Aber sie erinnert sich auch an Mamies Augen, wenn sie so kalt wurden. Eisblau. Sie sieht vor sich, wie sie hier standen, genau hier im Flur, Mamie und ihre Mutter, und wie Mamie sie schlug, wie sie ihrer Mutter mit aller Kraft ins Gesicht schlug, dass ihre Brille auf dem Boden zerbrach und sie nach hinten taumelte, Lisas Mutter taumelte nach hinten, verlor das Gleichgewicht und fiel hin, sie fiel auf ihre Brille und war blind, »ich war blind, ohne Brille bin ich blind.« Wie oft hat sie es ihr erzählt, wie oft hat Lisas Mutter es ihr erzählt, wie Mamie sie schlug, als sie noch einmal hier war, als sie hier war, um einzuziehen und Mamie zu pflegen, denn die war immerhin schon fast neunzig, »neunundachtzig war sie, die Hexe, und konnte noch immer zuschlagen wie eine Fünfundzwanzigjährige«, das hatte Lisas Mutter erzählt, betrunken, dabei weinte sie, »ich packte nur noch meine Handtasche und floh aus der Wohnung, ohne Brille, ohne Schuhe«, das war hier, genau hier, wo Lisa jetzt sitzt, standen sie, und hier gab Lisas Mutter auf. Denn Lisa erinnert sich auch noch, wie die Geschichte weitergegangen war. Wie sie aus der Wohnung rannte, ihre Mutter, blind und ohne Schuhe rannte sie die sieben Stockwerke hinunter und sprang in ein Taxi, sie floh nach Nizza, scheiß Nizza, sagt sich Lisa, mit dem Taxi, wieso habe ich sie bloß gefragt, wie viel das gekostet hat? Wie viel kostet es denn bis nach Nizza mit dem Taxi, das hat Lisa ihre Mutter gefragt, als sie sie von dort anrief, betrunken, aus Nizza, was für eine bescheuert-spießige Frage. Scheiße, sagt sich Lisa, sie war so blöd, das hat sie sie echt gefragt, sie war einfach zu blöd am Telefon, und dann hat Lisas Mutter sich umgebracht. Zumindest wäre sie gestorben, wenn Lisa nicht. Wenn nicht die Sanitäter. Rechtzeitig.

Lisa steht auf. Sie steht auf und geht raus aus der Wohnung, sie läuft die sieben Stockwerke runter, über die Galerie in den Hof, läuft durch das Tor, läuft über die Avenue de Flandre die Rue de Joinville entlang bis zum Kanal, denn sie hat genug, sie hat jetzt echt genug von der Wohnung. Von Mamie. Sie wird langsamer, sie geht weiter bis zum Bassin, wo ihr die Abendsonne ins Gesicht scheint, wo ihr Kinder entgegenrennen, kreischend, wo Pärchen auf Decken am Ufer sitzen und Baguette essen, Baguette mit Camembert und Rotwein, und wo über den Kanal diese Seile gespannt sind, Seile, die von Klettertürmen rechts und links des Beckens über das Wasser führen, eine Seilbahn, quietschend rasen Kinder über das Wasser, und über Lisas Kopf, Lisa legt ihren Kopf in den Nacken und verfolgt die quietschenden Kinder. Es ist ein Jahrmarkt, ein Jahrmarkt ist am Becken aufgebaut, es riecht nach gebrannten Mandeln und Zuckerwatte.

Von der Brücke aus kann Lisa den ganzen Trubel überblicken, sie steht auf der grünen Fußgängerbrücke, die den Kanal in einem großen Bogen überspannt, nicht weit weg von ihrem Hotel, Lisa steht auf der Brücke und schaut sich den Jahrmarkt an und das Hochhaus, das den Blick zur Avenue de Flandre verdeckt, dieses komische Hochhaus, das nur in der Mitte Balkone hat, nur auf dieser einen Etage, wie ein Gürtel trägt das Haus die Balkone genau auf der Taille.

Hellblaue Zuckerwatte, findet Lisa. Sie findet, sie braucht jetzt hellblaue Zuckerwatte, die sich erst ganz weich anfühlt, dann kristallig knirschend und dann die Zunge blau färbt, ganz blau. Sie kauft sich einen blauen *barbe à papa*, Papas Bart heißt sie in Frankreich, dann setzt sie sich an das Ufer und lässt ihre Beine baumeln, sie baumelt mit den Beinen und reißt ein Stück Zuckerwatte nach dem nächsten aus dem Bart, sie streckt ihre Zunge raus und umwickelt die Watte, dann zieht sie und beißt sie mit den Zähnen ab. Süß und Vanille. Lisa blickt auf die Wasserpflanzen, die langen, grünen Arme der Wasserpflanzen, die sich an die Wasseroberfläche schmiegen. Weich sehen sie aus. Obwohl. Wenn man da reinfällt, überlegt Lisa, wenn man da reinfällt, dann greifen sie bestimmt nach einem und man verknotet sich und kommt nie wieder hoch zum Atmen, nie wieder.

Zwei Kinder schwirren am Seil über sie hinweg, ein Junge saust von ihrer Seite auf die andere, an einem zweiten Seil kommt ein Mädchen an, sie lacht sich tot dabei, sie quietscht vor Lachen. Sie schwirrt gegen das Auffangnetz, eine Frau mit Helm hält sie fest und hakt sie ab. Hoch oben. Ist das hoch, denkt Lisa, das ist echt hoch, aber dem Mädchen ist es egal. Sie winkt ihrer Mutter unten und klettert runter, ganz schnell klettert sie runter, ihre roten Wangen kann man von hier unten erkennen. Sie glaubt einfach nicht, dass sie herunterfallen könnte. Sie glaubt, dass sie fliegen kann. Siehst du, sagt sich Lisa, dieses Mädchen kann fliegen. Und du schaffst es nicht mal, alleine in der Wohnung deiner Großmutter zu sein. Die Zuckerwatte ist alle, nur ein bisschen Blau klebt noch am Stiel. Lisa leckt den Stiel ab, das Holz ist rau, es fühlt sich an, als würden die holzigen Splitter ihre Zunge aufritzen. Lisa reibt ihre Zunge noch ein bisschen stärker am Holz.

10.
Marie

Man spricht von Rückkehrerinnen. Französische Rückkehrerinnen aus Algerien, französische Rückkehrerinnen aus Tunesien. Ich frage mich, was das soll, Rückkehrer. Ich jedenfalls bin nicht zurückgekehrt, wenn du mich fragst, ich bin in Tunesien aufgewachsen, ich kannte gar nichts anderes, von wegen zurückgekehrt, als würde ich irgendwie nach Frankreich gehören, weil meine Mutter dort geboren ist, oder meine Großmutter. Als hätte ich mich je dazu entschieden, Frankreich zu verlassen und nach Tunesien zu gehen, nein, ich bin in Tunesien geboren, und ich habe mich auch nie dazu entschieden, Tunesien zu verlassen und nach Frankreich zu gehen. Verschleppt wurde ich, meine Mutter hat mich aus meinem Heimatland nach Frankreich verschleppt.

Aber wenn ich dir von meiner Sehnsucht nach Tunesien erzähle, muss ich eines klarstellen: Ich wollte nie nach Frankreich, das stimmt, aber das heißt nicht, dass ich das Recht der Tunesier nicht anerkannte, ihr Land zu befreien. Es war richtig, dass sie es sich zurückgeholt haben, befreit haben aus dem französischen Protektorat, sicher war das richtig. Ich gehöre nicht zu den Französinnen, die durch die Vertreibung tief gekränkt sind, deren verletzter Stolz sich in Hass auf die gesamte arabische Welt verwandelt, die in ihren Villen sitzen in Südfrankreich und den *Front National* wählen, um es »den Arabern« heimzuzahlen. Weißt du, deine Großmutter, die konnte eine große Rassistin sein. Sie hat sich immer wichtiger gefühlt als die Tunesierinnen. »Die waren eben faul«, sagte sie, »sie haben ihr Land verkommen lassen, als wir kamen, hatten sie nicht einmal richtige Maschinen, also haben wir es übernommen und fruchtbar gemacht, wir haben Schulen gebaut und ihnen Wohlstand gebracht«, das hat Mamie immer gesagt. Nein, ich sehe das anders, die Französinnen kamen und haben sich das Land mit derselben Überheblichkeit genommen wie in Algerien, und diese Arroganz ist ihnen auf die Füße gefallen. Weißt du, ich war als Kind sowieso die meiste Zeit bei Aisha und meiner *nounou*, ich hatte mit den Franzosen nicht viel am Hut, jedenfalls bis ich in die Schule und dann ins Internat geschickt wurde, und dort konnte ich mit den Kindern auch nicht viel anfangen, die sich nicht die Finger dreckig machen wollten und sich nicht auf den dreckigen Boden setzen, und die sich zu fein waren, mit den arabischen Kindern zu spielen, sobald sie ihre wertvollen Popos auf eine französische Schulbank pflanzten.

Ich hätte alles gegeben, um weiter mit Aisha spielen zu dürfen. Doch nach dem Tod deines Großvaters schickte Mamie mich auf ein katholisches Internat, sie war der Meinung, das würde mir guttun, der Kontakt zu wohlerzogenen Mädchen und die strenge Erziehung der Nonnen, das würde mich auf die richtige Bahn bringen, »da lernst du wenigstens ein bisschen Disziplin, du kleine Wilde.« Sicher, sie fand mich zu dreckig. Und ich ging ihr zu sehr auf die Nerven, denn nachdem mein Vater verschwunden war, wollte Mamie Louise nichts mehr von Mamie wissen, und von uns auch nicht, sie und mein Großvater verkauften *Bou da* an einen arabischen Arzt aus Tunis und gingen zurück nach Frankreich, unser kleines Haus auf dem Hügel durften wir zwar behalten, aber das Land gehörte uns nicht mehr. Mamie entschied also, in unsere Wohnung in Tunis zu ziehen, damit Solange und ich »auf eine richtige Schule« gingen, wie sie sagte, die Dorfschule war ihr »zu arabisch«. Kannst du dir mich vorstellen, in einer winzigen Stadtwohnung in Tunis, mitten im Zentrum, zwischen Autos und Beton? Ich wurde verrückt, ich wurde verrückt in dieser winzigen Wohnung, und ich glaube, ich ging Mamie furchtbar auf die Nerven.

Ich konnte also nachvollziehen, warum ich ins Internat sollte, und ich wollte mich bessern, ja wirklich, jeden Sonntag versprach ich es unserem Pfarrer in der Kathedrale an der Avenue Jules-Ferry, die nun Avenue Habib Bourguiba hieß, ich versprach es unserem lieben Pfarrer. »Ich will mich bessern, ich weiß, ich bin zu wild, aber ich will mich bessern«, und so schlug er das Internat vor, und Mamie war begeistert, natürlich war sie begeistert.

Doch ich hasste die Nonnen. Sie verboten mir alles, was Spaß machte, das Spielen im Gras, das Herumrennen mit nackten Füßen, das Schlürfen von Limonade. »Schlürf nicht, Marie, das ist ekelhaft und zeugt nicht von guter Erziehung!«, zischte die Mutter Oberin und gab mir eine ihrer kleinen Ohrfeigen. Ich versuchte, ihr klarzumachen, dass es doch viel besser schmeckte, wenn man die Limonade ganz langsam durch den Mund zog, weil sich der Geschmack dann viel besser ausbreiten konnte. Aber das machte sie nur noch wütender. »Du willst nicht hören!«, schimpfte sie dann und zog mich am Arm vom Stuhl. »Du freches Mädchen, wer hat dich dazu aufgefordert, mit mir zu diskutieren?«, und dann gab es die richtigen Ohrfeigen, die, die so lange brennen auf der Wange und die einen ganz rot machen.

Im Internat hörte ich auf zu diskutieren. Ich hörte auch auf zu schlürfen. Was sie mir aber nicht nehmen konnten, waren meine Spaziergänge. Nach dem Nachmittagsunterricht durften wir raus, ich musste zwar meine Schuhe anbehalten, weil sie abends meine Sohlen kontrollierten, aber meistens gelang es mir, einen schönen Ort im Garten zu finden, an dem ich mir meinen Prinzen aus einer Mohnblume basteln konnte. Es war außerdem im Internat, wo ich lernte, Spaziergänge im Kopf zu machen. Die Nonnen wussten zwar nicht, wie man das Leben genoss, aber sie brachten mir Lesen und Schreiben bei, und ich sog die Buchstaben auf wie eine Verdurstende, sobald ich herausbekommen hatte, welche Welten die Bücher für mich bereithielten. Vor allem Jules Verne nahm mich mit auf seine Abenteuer. Ich reiste zum Mittelpunkt der Erde, immer wieder, oh wie ich es genoss, den strengen Blicken der Schwestern zu entkommen und einfach von der Erdoberfläche zu verschwinden! *Bon*, ich habe gesagt, ich hasste sie, aber gleichzeitig war ich ihnen auch sehr dankbar, denn sie hatten mir den Schlüssel zu einer Welt gegeben, die sie selbst nicht mehr kontrollieren konnten.

An den Wochenenden durfte ich nach Hause. Wir blieben meist in unserer Wohnung in Tunis, ich glaube, das lag auch an Papi. Denn es war jenes Jahr, in dem plötzlich Papi aufgetaucht war, natürlich war er damals noch nicht Papi, es war ein fremder Mann, der Marcel hieß und eines Abends bei uns aß, als Mamie mich vom Internat abgeholt hatte. »Das ist Marcel«, sagte sie, »er arbeitet für das französische Verkehrsministerium, ganz direkt, er ist hier für die Brücken verantwortlich.« Papi zwinkerte mir zu, strich mir einmal über den Kopf und sagte ansonsten nicht viel. Ich mochte ihn. Ich stellte mir vor, wie er Brücken zeichnete und dann glücklich lächelte, wenn sie vor seinen Augen entstanden, Stein für Stein. So war es vermutlich nicht, er war ja kein Architekt, sondern arbeitete für das Ministerium und kümmerte sich um die Bürokratie, dennoch passte sie, die Vorstellung, Papi mit seiner Schirmmütze beim Brückenbauen. Von diesem Abend an aß Marcel immer häufiger bei uns, zumindest in der Wohnung in Tunis, denn auf *Mezreg* setzte er nie einen Fuß. Wir wussten, warum, Solange und ich, wir wussten, dass er es nicht wagte, das Haus unseres Vaters zu betreten, doch niemand verlor darüber je ein Wort.

Manchmal fuhren wir am Wochenende aber auch zurück zum Hof, um »nach dem Rechten zu schauen«, wie Mamie sagte. Dort empfing uns meine *nounou* mit offenen Armen, ich rannte auf sie zu und sie hob mich hoch.

»Was bist du wieder schlau geworden!«, rief Ulima dann und küsste mich auf die Wange. Meistens wartete Aisha schon hinter ihrer Mutter, ein bisschen leiser als sonst. »Wie ist es denn bei den feinen Nonnen?«, fragte sie mich dann, wenn wir alleine waren. Wir waren inzwischen keine kleinen Mädchen mehr und bauten nicht mehr unsere Hütten, aber wir spazierten noch die Feldwege entlang und legten uns auf die Wiesen. Ständig fragte sie mich nach dem Internat, und ich wollte ihr nichts erzählen, zu weit weg erschien mir diese Welt der Nonnen, Aisha würde sie ja doch nicht verstehen. »Sie sind streng«, sagte ich nur, »streng, aber sehr weise.« »Du denkst jetzt wohl, du bist klüger als ich«, sagte sie darauf, »aber ich gehe auch zur Schule, und wir lernen das Gleiche wie ihr, und noch dazu gehören mir die Felder die ganze Woche, und du darfst sie nur am Wochenende besuchen, weil ich es dir erlaube.« Ich schubste sie, »gar nicht!«, rief ich, »gar nicht, das Land gehört mir und nicht dir, mein Papa hat es mir gegeben, und wenn du überhaupt hier sein darfst, dann nur, weil ich es dir erlaube!« Da schubste sie mich, und eine Weile rauften wir uns auf der Erde und wurden doch wieder klein und wild, ihre schönen langen Haare verhedderten sich in meinen Händen und schließlich lachten wir und einigten uns, dass uns das Land beiden gehörte, halb und halb.

Bof, ich war nicht lange im Internat, zwei Jahre nur. Ich erinnere mich an diese Zeit wie an einen zu kalten und dunklen Winter. Doch auch der zweite Winter ging vorbei, und als es endlich Sommer wurde, besuchten wir wie jedes Jahr meine Tante Sophie in Frankreich. Sie wohnte in Selles-sur-Cher, du weißt doch, es gibt da diesen Ziegenkäse, den du nicht magst, den mit der schwarzen

Schimmelschicht, genau, der kommt aus Selles-sur-Cher, dort hat Tata Sophie gewohnt, Mamies Schwester, und jeden Sommer waren wir da, Solange und ich. In diesem Jahr freute ich mich besonders auf den Urlaub, denn mit Aisha war es kompliziert, im Internat fühlte ich mich fremd und auch sonst fühlte sich die Welt nicht mehr richtig an. Ich freute mich darauf, zu Tata Sophie zu kommen, wo alles so sein würde wie immer.

Wir nahmen die Fähre nach Nizza, wo uns die Tante mit dem Auto abholte, ich liebte es, im Dorf anzukommen, mit der imposanten Kirche im Zentrum und den kleinen, schmalen Gassen drum herum. Wir machten immer wieder Tagesausflüge zu den schönsten Schlössern und Burgen der Loire, Chenonceau, Chinon, Blois, dafür packten wir einen großen Picknickkorb mit Camembert, etwas Obst, zwei oder drei Baguettes, wie die Königinnen saßen wir auf unserer Decke vor den Schlössern und verspeisten unser Mittagessen, und Mamie lachte viel und sagte: »Hier ist es eigentlich auch schön, wer weiß, was geschrieben steht, vielleicht wohnen wir mal hier, das würde dir doch auch gefallen, kleine Marie?« Und ich nickte, denn Mamie war zum ersten Mal richtig gut gelaunt, mit Tata Sophie lachte sie so viel, wie sie es nur mit deinem Großvater Claude getan hatte. Auch ich fühlte mich wohl bei Tata Sophie, sie regte sich nie auf, sie erhob nie ihre Stimme, meistens saß sie nur ganz ruhig da, in der Küche, und las in ihren Büchern. Dabei kratzte sie immer gedankenverloren ihre Stirn an der rechten Schläfe, genau am Haaransatz, und mit den Jahren konnte man sehen, wie sie dort immer mehr Haare verlor und sich eine kahle Ecke bildete, wie bei den Männern, aber eben nur auf einer Seite.

Nach einigen Wochen machte sich Mamie in diesem Sommer alleine auf den Weg zurück nach Tunesien und ließ uns noch ein wenig in Selles. »Ich kann den Hof nicht so lange alleine lassen«, sagte sie und gab uns Küsschen, »ach, meine Kleinen, ihr werdet mir fehlen.« Ich sagte ihr, sie sollte Tunesien schon mal von mir grüßen, ich würde auch bald kommen, und voller Vorfreude dachte ich daran, wie schön es sich anfühlte, wenn wir im Herbst zurückkehrten, wenn die Fähre in den Hafen von Tunis fuhr, vorbei an den Ruinen von Karthago, ich freute mich darauf, wie Mamie uns dort abholen, wie sie am Kai stehen würde, freudig winkend, wie ich sie überreden würde, uns in Tunis noch Nugat zu kaufen, und wie ich zum ersten Mal wieder barfuß über den kleinen Weg entlang des Chilifeldes laufen würde. Immer, wenn ich zurückkehrte, gab es eine kleine Überraschung, eine neue Katze hatte Quartier bezogen oder die Kaninchen hatten sich neue Höhlen gegraben. Außerdem freute ich mich auf Aisha. Ich brachte Tata Sophie immer dazu, mir etwas Kleines zu kaufen, eine Schokoladenfigur oder ein paar Kaugummis, das war nicht einfach, denn Tata Sophie war die geizigste Person, die ich kannte, sie sparte mit dem Wasser und beim Essen und vor allem wollte sie kein Geld für *bric-à-brac* ausgeben. Aber ich brachte sie eben doch dazu, mir eine Kleinigkeit zu kaufen, und dann bewahrte ich etwas davon für Aisha auf, damit wir die Süßigkeit gemeinsam lutschen konnten, ganz langsam, in einer unserer Höhlen oder auf einem schön warmen Stein im lauen Schatten unter einer Kiefer.

Doch am Ende dieses Sommers brachte uns Tata Sophie nicht nach Nizza. Stattdessen stand Mamie plötzlich wieder vor der Tür in Selles, umringt von Koffern stand sie einfach da, oben auf dem Treppenabsatz, hinter ihr konnte ich Marcel sehen, die Schirmmütze in der einen, einen großen Koffer in der anderen Hand.

Ich rannte auf sie zu und umarmte meine Mutter, »machen wir noch eine Reise?«, fragte ich, und Solange rief: »Au ja, noch eine Reise, eine Reise!« Mamie lachte und streichelte ihr über den Kopf. »Nein, mein Küken, wir bleiben jetzt hier«, sagte sie. Ich schaute sie an. Hier? Die Schule würde doch in zwei Wochen wieder anfangen. »Wie hier?«, fragte ich, »aber die Schule fängt bald wieder an, sie warten auf mich im Internat!« »Du gehst jetzt hier zur Schule«, sagte sie ruhig, »wir gehen nicht zurück. Wir bleiben in Frankreich.« Mir blieb die Luft weg. Die Zeit stand still, ich schaute Mamie an, ihre blauen Augen wurden eisig, ich konnte es sehen, wie sie einfroren, von außen nach innen, draußen schrien die Schwalben sich im Sonnenuntergang in Ekstase, Solange sah mich mit großen Augen an, in der Küche tickte die Uhr, ich hatte sie erst gestern aufgezogen, und jetzt zuckte die Stille bei jedem Ticken. »Na«, sagte Tata Sophie, »na, komm erst mal rein, Lucile, wir trinken jetzt in Ruhe einen Tee, und dann besprechen wir das alles mit den Mädchen, sie werden es schon verstehen.« Da wurde es mir klar. Wir würden nicht zurückgehen. Ich brach in Panik aus. »Nein!«, schrie ich, »nein, du lügst!«, und dann kam mir Élisa in den Sinn, meine Puppe Élisa, ich hatte sie zu Hause gelassen, sie lag auf meinem Bett, meine kleine Élisa, die hatte ich in Tunesien gelassen, damit sie nicht kaputtgeht, das hatte mir meine Mutter eingeredet, »lass Élisa lieber hier, sie geht auf der Reise nur kaputt«, »wo ist Élisa?!«, brüllte ich jetzt los, schmiss mich auf den Boden und riss die Koffer auf, ich wühlte panisch darin herum, die Klamotten flogen auf den Boden, »wo hast du Élisa eingepackt?« Meine Mutter riss mich am Arm hoch. »Lass das, du bist ja ganz hysterisch, beruhige dich! Deine blöde Puppe habe ich nicht mitgenommen, was denkst du denn, den ganzen Haushalt musste ich einpacken, da war kein Platz für deine Puppe.« Ich fing wieder an zu schreien, »ich hasse dich! Du hast sie dagelassen, sie ist jetzt ganz alleine in unserem Haus, ich hasse dich!« Solange weinte nicht, das hatte sie schon gelernt, bloß nicht weinen jetzt, sie stand nur erstarrt neben Mamie, eine Hand an ihrem Rock, die andere halb in ihrem Mund, und starrte mich an. Auch Mamie regte sich nicht mehr, keinen Millimeter regte sie sich, sie stand ruhig da, hielt mein Handgelenk mit ihren Fingern fest umklammert und sah mich mit ihren Eisaugen an. Ich kannte diesen Blick. Er duldete keine Diskussion. »Es ist nicht mehr unser Haus, Marie«, sagte sie tonlos. »Vergiss die blöde Puppe, du bist jetzt groß.«

11.
Lisa

Solanges Haare riechen weich und braun. Nach Haselnussbraun in der Sonne und espressobohnenbraun im Schatten. Nach Kaffee und Rauch und nach Jasmin. Die Haare von Tata Solange riechen wie die von Lisas Mutter, und Lisa hatte vergessen, wie sie riechen, mehr noch, sie hatte gar nicht mehr daran gedacht, dass es ihn überhaupt einmal gab, diesen Geruch. Sie möchte ihre Nase für immer in diese Haare drücken, denn wenn sie diesen Geruch schon einmal vergessen hat, dann kann es ihr auch wieder passieren, und was wäre ihr Leben ohne diesen Geruch? Beinahe wäre sie nicht hergekommen. Beinahe hätte sie sie verpasst, die Haare von Tata Solange.

Tata Solange fasst sie sanft an beiden Oberarmen und drückt sie ein Stück weg von sich. »Lass dich anschauen«, sagt sie, und da sind sie, diese fast schwarzen Augen, wie oft hat Lisa sie sich vorgestellt, diese Augen, und doch ist sie überrascht, wie schön dieses Braun sein kann, wenn es ganz groß und weich wird. »Lass dich anschauen«, sagt Tata Solange, jetzt werden die Augen noch ein bisschen dunkler, »du bist ja wirklich die perfekte Mischung aus Marie und Gerd, blond und braunäugig, ein helles Braun. Haselnuss, so sagt man doch in Deutschland, haselnussbraun? Aber immerhin nicht blau, eine erwachsene Frau bist du geworden, nicht zu fassen, kleine Lisa, meine Nichte.« Und dann drückt sie Lisa wieder fest in ihre Arme, Kaffee und Rauch und Jasmin, sie wünschte, sie hätte diese schwarzen Haare geerbt.

Sie hat sie angerufen. Sie hat Tata Solange angerufen, und es ging sogar mit dem Französisch, sie konnte ihr sagen, dass sie in Paris ist, und Solange hat geschimpft, dass sie ihr vorher nichts davon gesagt hat, aber zwischen dem Schimpfen hat sie immer »meine Nichte« gesagt, auf Deutsch, und Lisa hatte sich entschieden, sich zu trauen und zu ihr zu fahren. Einfach hin, hat sie sich gesagt, einfach in den Zug, fünfundvierzig Minuten nur, fünfundvierzig Minuten sind nichts, und dann ist sie bei Tata Solange und ihrer Cousine Charlotte, es wird schon gut gehen, was soll schon passieren. Als sie morgens vor Aufregung Durchfall bekommen hat, hat sie es ignoriert; es wird schon gehen. Als sie am Bahnhof kurz keine Luft mehr bekam, hat sie sich zusammengerissen; es wird schon gehen. Als der Zug an der Gare de l'Est angezeigt wurde, den Lisa zu Tata Solanges kleinem Dorf nehmen sollte, hat sie ihren Magen ignoriert, der sich zusammenzog; es wird schon gehen. Und als sie in den Zug gestiegen ist und sich einen Platz allein in einer Ecke gesucht hat, und als diese Leute einstiegen, diese vielen Leute und als die Frau sich direkt neben sie setzte, diese Frau mit den dicken blonden Haaren, da ist sie sitzen geblieben, sie ist einfach sitzen geblieben, bis sich die Türen geschlossen haben, denn sie wollte unbedingt zu Tata Solange und sie wusste, wenn sie jetzt aussteigt, nur weil sie Panik bekommt, dann kann sie nie hinfahren. Also ist sie sitzen geblieben, und die Türen haben sich geschlossen und ihr gegenüber hat noch ein Mann Platz genommen, ein großer Mann mit schwarzen Locken und Smartphone in der Hand, sie musste ihre Beine einziehen, um ihn nicht zu berühren, und dann fuhr der Zug los und die Angst kroch in Lisas Magen, denn sie wusste, die Türen würden sich erst bei Tata Solange wieder öffnen, und bis dahin waren sie zu, verrammelt, der Zug fuhr und der einzige Weg, aus dem Zug rauszukommen, von dieser blonden Frau und diesem Mann und all diesen Leuten wegzukommen, war, die Notbremse zu ziehen, und das durfte man nicht einfach so machen, Lisa blieb nichts anderes übrig, sie würde ihre Angst runterschlucken müssen und sitzen bleiben und sie einfach aushalten, diese Blicke, diese Blicke von der blonden Frau neben ihr und von diesem Mann vor ihr. Sie versuchte, ruhig zu atmen, und einige Minuten gelang es ihr, sie atmete und schaute aus dem Fenster und es war ganz beruhigend, wie die Hochhäuser des 19. Arrondissement an den Fenstern vorbeirauschten.

Aber dann war da dieser Käse. Dieser klebrige, gelbe Käse. Er schwitzte. Er dünstete Fett aus, ein gelber, klebriger Lappen, rechts und links quoll er aus dem Baguette, dem blassen Matschbaguette, das sich die blonde Frau in ihren Mund schob, in ihren rot bemalten Mund, der Lippenstift blieb auf dem Baguette kleben, zwischen ihren Zähnen und dem Teig bildeten sich Fäden, Spuckefäden. Und dann kaute diese Frau den galligen Käsematsch, sie kaute ihn und schluckte ihn runter, ihre Lippen waren ganz fettig vom Käse, und da wollte Lisas Magen sich nicht mehr herunterschlucken lassen, da bäumte er sich auf, er wollte weg von dieser Frau, aber sie ließ ihn nicht, sie blieb sitzen und schluckte und hielt die Luft an.

Schnaps. Sie musste einatmen, sie musste, und die Luft roch nach Schnaps. Sie hätte schwören können. Nach Schnaps und nasser Zigarettenasche. Maman mit hängender Unterlippe, Lisa roch Alkohol und Erbrochenes und nasse Asche, sie roch ihre Mutter, auf dem Teppich, im Erbrochenen und halb unter dem Wohnzimmertisch, die Flasche Wein lag umgekippt neben ihr und färbte den Teppich rot, auch das Erbrochene, das war auch rot, Maman, wie sie mit geschlossenen Augen und offenem Mund mit hängender Unterlippe auf dem Boden Alkoholwolken atmete. Hau ab, sagte sich Lisa, du hast in meinem Kopf nichts zu suchen, hau ab, verpiss dich, du betrunkene, du scheiß Betrunkene.

»*Ça va*, Madame?« Die Käsefrau sprach zu Lisa, und Lisa versuchte, weiter zu schlucken und nicht den Käsegeruch einzuatmen, und sie sagte *»Oui, ça va«*, sie sollte sie in Ruhe lassen, die Käsefrau, und auch der Mann mit dem Smartphone starrte sie jetzt an, Lisa schaute aus dem

Fenster auf die rostigen Bäume und sagte sich, dass sie in einem ganz normalen Zug saß und das ganz normale Bäume waren und dass sie ganz normal atmen konnte, ohne dass ihr Magen dabei rauskommen würde, wie alle anderen hier, normal, Menschen können das. Aber da schickte ihr Magen eine neue Welle los, sie spülte alles in Lisas Brust, wenn sie ihren Hals erreichte, die Welle, ihren rostigen Hals, dann würde sie ersticken, da war sich Lisa ganz sicher, sie schluckte und schluckte, sie löste sich auf, sie umklammerte ihren Arm, nichts, da war keine Haut, die Welt floss in sie hinein und sie in die Welt hinaus, sie holte tief Luft, aber sie kam nicht an, die Luft, sie kam nicht an, da fiel es ihr wieder ein, »du musst zählen, *ma chérie*, zähle, wenn die Welt sich so von dir löst«, das hatte ihre Mutter ihr beigebracht, »zähl einfach, das hilft, halte dich an den Zahlen fest.« Eins, zwei, drei, Lisa strich über ihren Unterarm, nichts, sie spürte nichts, vier, fünf, sechs, sie bohrte ihre Nägel in die Haut, nichts, stärker, zwei, drei, noch stärker, vier, fünf, sechs, jetzt, jetzt spürte sie Schmerz, fünf schmerzende Punkte, sie ließ los und fühlte wieder über die Haut, kleine, tiefe Rillen ertastete sie, Rillen, die zu pochen begannen, eins, zwei, drei, pochten sie, vier, fünf, sechs. Es beruhigte sie. Das Pochen. Es beruhigte sie, zu spüren, wo sie anfängt. Zwei. Drei. Vier. Und aufhört. Fünf. Sechs. Anfängt. Zwei. Drei. Und aufhört. Fünf. Sechs.

»Du siehst ein bisschen blass aus«, sagt Tata Solange, und Lisa spürt ihre blasse Haut und ihre Beine, die noch etwas wackelig sind, sie lacht. »Ich war ein bisschen aufgeregt«, sagt sie, »und ich reise nicht so gerne, wenn ich aufgeregt bin, dann geht es mir nicht so gut im Zug.« Tata Solange drückt sie noch einmal an sich. »Da merkt man, dass du eine Bellanger bist«, sagt sie, »das liegt in der Familie, die Angst vor dem Bewegen.« »Aber jetzt bist du ja hier, na los, *on y va, petite cousine*«, sagt Charlotte und sie haken Lisa unter, Tata Solange und Charlotte haken sie unter, wie auch ihre Mutter das immer gemacht hat, wenn sie in Berlin zum Griechen am Stuttgarter Platz gingen, »komm, zieh mich ein bisschen«, hat sie gesagt und Lisa so braun angeschaut, braun und weich von der Seite, »weißt du schon, was du beim Griechen nimmst?« »Und du?« »Lammkoteletts!«, rief Lisas Mutter aus, »mmh, Lammkoteletts!«, und dann leuchteten ihre Augen und sie leckte sich die Lippen.

»Lammkoteletts!«, sagt Solange und zieht Lisa hinter den Gleisen die Straße ins Dorf hinunter, »es gibt Lammkoteletts, ich hoffe, die magst du!« Und sie erzählt, dass Guillaume das Fleisch grillen wird, Guillaume, Charlottes Mann, denn sie würden bei Lisas Cousine im Garten essen, »es ist ja endlich Frühling, Gott sei Dank, dann können wir draußen sitzen und ich kann rauchen«, und einen guten Côtes du Rhône würde es auch geben, »du trinkst doch Wein, die Deutschen trinken ja lieber Bier, aber Bier zum Mittag, nein, das geht nicht, du trinkst doch einen Wein mit uns, meine deutsche Nichte?«

Sie laufen an kleinen Häusern mit kleinen Gärten mit wilden Blumen vorbei, dann kommen sie ins Zentrum, vorbei an einer *chocolaterie*, an einer *charcuterie* und zum Dorfplatz, dahinter das große Rathaus, *Liberté, Égalité, Fraternité* steht über dem Tor, sie überqueren den Platz und Charlotte geht vor in die *pâtisserie*, »sie holt uns nur ein Baguette«, sagt Solange, »du isst doch Baguette?

Wir haben ein Baguette mit Körnern bestellt, das ist gesünder, Charlotte will jetzt immer gesund essen, das ist diese Generation, gesund.« Lisa lacht und blickt in die Bäckerei, sie blickt auf die langen, knusprigen weißen Baguettes und in ihren Augen scheint ein Funken Bedauern zu sehen zu sein, denn Solange registriert es sofort, ihr Bedauern. »Ah«, sagt sie, »ah, du magst kein Körnerbaguette? *Oh làlà*, Prinzessin, komm, wir kaufen dir ein richtiges Baguette.« Und Lisa schüttelt den Kopf, aber schon wird sie von ihrer Tante in die Bäckerei gezogen, »kauf deiner Cousine ein richtiges Baguette!«, ruft Solange Charlotte zu, und Lisa wird rot, weil die Bäckerin sie anschaut, und da sagt Lisa: »Ich komme aus Deutschland, da bekommt man ein richtiges Baguette nicht alle Tage zu sehen!« Die Frau nickt Lisa lächelnd zu. Und Lisa freut sich, sie hat keinen Fehler gemacht in dem Satz. Doch da ist es, das Schwarz. Die schwarzen Augen, Solanges schwarzer Blick trifft Lisa, sie zieht sie wieder aus der Bäckerei raus. »Schsch!«, zischt sie, »sag das doch nicht! Es müssen nicht alle wissen, dass du aus Deutschland kommst, weißt du, das Dorf hier hat unter dem Zweiten Weltkrieg sehr gelitten.« Sie dreht sich wieder um und zieht die Tür auf, *»mais tu viens?«*, ruft sie, und Charlotte kommt mit dem Baguette unter dem Arm raus, ein weißes, langes Baguette, »ich mag das richtige Baguette auch lieber«, sagt Charlotte und lacht Lisa an, *»non, franchement*, ich war schockiert«, fährt Solange fort und zieht Lisa wieder am Arm über den Platz, »schockiert, als ich mir die Fotos von hier angeschaut habe, aus den Vierzigern, alles zerstört, sage ich dir, von den Brücken war nichts übrig, auch das Rathaus hier musste neu aufgebaut werden.« Sie zeigt auf das Rathaus, *Liberté, Égalité, Fraternité*, »ich weiß nicht, wie sie das hier geschafft haben, ich sage dir, alles zerstört von den Deutschen, wenn du willst, zeige ich dir nachher die Bilder.«

Sie gehen zurück zum Bahnhof, es geht bergauf, das war Lisa vorhin gar nicht aufgefallen, dass es zum Bahnhof so bergauf geht, hinter den Gleisen nehmen sie einen schmalen Kiespfad, der Pfad führt entlang der Schienen den Hügel weiter hoch, links wird er von einer Steinmauer gesäumt, Lisa fasst sie an, im Vorbeigehen, sie sind ganz rau und warm, die Steine. Bald kann sie über das Dorf blicken, kleine Häuser mit Mauern aus warmen, runden Steinen schmiegen sich aneinander, zwischen ihnen schlängeln sich schmale Straßen mit Kopfsteinpflaster, es fährt kein Auto, es sind überhaupt kaum Menschen auf der Straße, nur Vögel hört man, nur das Vogelgezwitscher über ihnen in den Lindenbäumen. »Du kommst zu keinem guten Zeitpunkt für das Dorf«, sagt Solange hinter ihr, »es ist die Zeit für das Mittagessen, niemand ist auf der Straße. Das nächste Mal treffen wir uns ein bisschen früher.«

Charlottes kleines Haus ist weiß getüncht, vorne zwei Fenster und in der Mitte die Tür aus massivem Holz, in dem Vorgarten wachsen Rosen und ein großer Busch Rosmarin. Drinnen riecht es nach altem Bauernhaus, nach Kaminfeuer und Holz. Die Küche, sagt Charlotte und öffnet die Tür nach rechts, der Boden ist aus Stein, aus großen Steinplatten, an einer Wand hängen Kräuter zum Trocknen, ein Strauß Wiesenblumen steht in einer Vase aus Glas auf dem Tisch mit weißer Tischdecke, und hier der Salon, sie gehen durch die Küche und wieder nach links, an einer schmalen Holztreppe vorbei in ein Esszimmer mit kleinem Holztisch, daneben ein großes Wohnzimmer, Bücher und Zeitschriften liegen aufgeschlagen auf dem Sofa. Gemütlich sieht es aus, findet Lisa, gemütlich, dieser Kamingeruch und dann der rote Teppich. Oben das Schlafzimmer, ein kleines Schreibzimmer und das Bad, Charlotte hat den gleichen Vorhang von Ikea wie Anne und Lisa, den weißen mit roten und gelben Blümchen drauf, aber hier gefällt er Lisa besser, er passt zu den Dachschrägen, dunkle Balken ragen in den Raum.

Am schönsten aber findet Lisa die Treppe, eine sehr schmale, steile Holztreppe, die alten Stufen knarren unter ihren Füßen, als sie sie wieder heruntersteigt, am liebsten würde sie die Schuhe ausziehen und barfuß über das Holz laufen, Charlotte zieht sie aber bereits am Arm in den Garten, »du musst es dir anschauen, mein kleines Paradies!« Draußen steht Guillaume hinter dem Grill, Lisa geht hin, um ihn zu begrüßen, aber Charlotte ruft sie schon weiter, »komm!«, ruft sie, »schau dir meinen Jasmin an!« Der Jasminstrauch wächst am Gartenzaun, von oben fällt er wie eine Kaskade herab, mit seinen weißen Blüten, er riecht süß, süß, aber gleichzeitig bescheiden, unten am Zaun wachsen Mohnblumen und vor der Terrasse große Lavendelsträucher, ein Beet voller Thymian, Majoran und Oregano, Charlotte reißt etwas Thymian ab und zerreibt ihn zwischen ihren Fingern, sie steckt ihre Nase zwischen ihre Hände und riecht daran, schließt die Augen, »mmh«, sie hält Lisa ihre Hand hin, »riech!« Lisa riecht und nickt, ja, es riecht nach Mittelmeer.

Solange hat sich inzwischen an den Tisch auf die Terrasse gesetzt und eine Zigarette angezündet, »genug Bewegung für heute!«, sagt sie und legt das Feuerzeug mit einem lauten Klacken auf den Tisch, diese Bewegung, die hatte Lisa auch schon fast vergessen, und wie ihre Tante die Zigarette zwischen ihre Finger nimmt, ganz locker, ihr Handgelenk auf der Stuhllehne, den Rauch ausbläst und dabei den Blick zufrieden über den Garten gleiten lässt, da sagt sich Lisa, dass sie sich das unbedingt merken musst, das musst du dir merken, dass auch Maman immer diese kleinen Bewegungen gemacht hat, sonst vergisst du es wieder.

Lisa nimmt einen Schluck Côtes du Rhône und lehnt sich zurück. »Worüber schreibst du deine Doktorarbeit?«, fragt Charlotte. »Diese Epoche mit Goethes Werther«, antwortet Lisa, sie findet die Worte für Sturm und Drang nicht, »ich schreibe über Jakob Michael Reinhold Lenz«, Solange lacht, »nie gehört«, sagt sie, »warum Lenz?« Lisas Interesse für Lenz wurde geweckt, als sie von seiner Eselei hörte. »Lenzens Eseley«, das hat Goethe in sein Tagebuch geschrieben, als er seinen Dichterfreund vom Hof in Weimar jagen ließ, und Lisa war davon überzeugt, dass Lenz versucht hat, mit Goethe zusammen zu sein. Eine innige Männerfreundschaft sollen sie gehabt haben, sie haben sich ihre Texte vorgelesen, sie haben sich dabei unterstützt, einen Verleger zu finden, darin gewetteifert, ihre Herzen freizulegen, der Natur nahe zu kommen, ein Wettkampf im Fühlen und im Schaffen, für Genies haben sie sich gehalten, schöpferische Genies, wie nahe müssen sie sich gestanden haben, und dann wollte Lenz Goethe küssen, oder er berührte ihn, wollte ihn liebkosen, das dachte Lisa, seit sie Goethes Tagebucheintrag gelesen hatte. Aber ihre Professorin lachte nur. »Da haben Sie aber eine steile These«, sagte sie, und:

»Daran haben sich schon viele Germanistinnen die Zähne ausgebissen, an diesem Rätsel, Sie können sich gerne auch daran versuchen.« Aber Lisa ließ es. Lieber wühlte sie in Lenzens Dramen, sie liebte es, wie seine Figuren sich aus ihrem Korsett zu befreien versuchen, dem Korsett aus gesellschaftlichen Zwängen und Begehren, wie sie zwischen dem Ich und dem Wahnsinn balancieren, zwischen Ohnmacht und Raserei, diese Angst vor dem Wahnsinn liebt sie, die Angst und gleichzeitig die Sehnsucht danach. Aber wie sollte sie das alles bloß auf Französisch sagen. »Ich mag seine Dramen«, sagt sie, »ich mag es, wie er über Wahnsinn schreibt.« *»De la folie?«*, Solange lächelt, *»ah bon.* Vielleicht sollte ich ihn mal lesen. Ich mag Theodor Fontane.« Und Lisa nickt, obwohl sie Fontane hasst, Effi Briest, wie sehr sie Effi Briest hasst, diese gestelzten Gespräche, diese Unterwerfung der Figuren unter die Konventionen, ihr ist schon klar, dass er damit die Gesellschaft kritisieren will, aber sie hält es nicht aus, das Korsett, die Bürgerlichkeit, Lisa nickt und nimmt noch einen Schluck Wein. »Yasmina Reza«, sagt Lisa, denn Reza liest sie gerade wirklich gerne, sie mag ihren Ton, diese trockene Ironie, und sie liest aus der deutschen Übersetzung die Sprache ihrer Mutter heraus. »Man muss französische Bücher lesen«, hat ihre Mutter immer gesagt, »man muss die aktuellen französischen Bücher lesen, um auf dem Laufenden zu bleiben.« *»Ah non!«*, sagt Solange, *»ah non,* ein schrecklicher Ton, diese Reza«, sie drückt ihre Zigarette im Aschenbecher aus, »schrecklich, liest man die in Deutschland?«, sagt sie und nimmt sich die nächste aus der Schachtel und dreht sich um, *»bon,* wie lange braucht Guillaume, um diese Koteletts zu grillen?« Sie wendet sich wieder Lisa zu, »ich hoffe, du hast nicht erwartet, dass es Couscous gibt, weißt du, für einen Couscous hast du dich ein bisschen zu spät angekündigt.« »Ich liebe Lammkoteletts!« »Ein Couscous ist so viel Stress, ich würde dir ja gerne einen kochen, einen Couscous, aber das war mir jetzt echt zu viel Stress. Du hast sicher lange keinen richtigen Couscous mehr bekommen, stimmt's, oder kannst du einen richtigen Couscous kochen?« Lisa hat nicht aufgepasst. Sie hat nicht aufgepasst, denn irgendwie hat sich Solanges Stimme jetzt geändert, irgendetwas in der Stimme ihrer Tante stimmt nicht, sie schaut sie an, und wirklich, Solange durchbohrt sie mit ihrem Blick, Lisa setzt sich auf, sie strafft ihre Schultern. »Ja«, sagt sie, »ja, Maman hat mir das Rezept beigebracht.« »Habt ihr denn auch *cocotte-minute* in Deutschland?« Solange runzelt die Stirn. »Ja«, sagt Lisa, »ja, wir haben Schnellkochtöpfe, aber andere, Maman hat mir deshalb einen aus Frankreich geschenkt.« »Kochte deine Mutter denn überhaupt Couscous, als sie in Deutschland war?« »Natürlich! Natürlich, sie kochte Couscous, zu besonderen Anlässen, an Weihnachten, zum Geburtstag, sie machte einen sehr guten Couscous!« »Weißt du, nach allem, was deine Mutter mir erzählt hat, machte sie sowieso keinen echten Couscous mehr.« Solange bläst den Rauch über sich in die Luft und schaut Lisa dabei an, scharf aus den Augenwinkeln, »deine Mutter hat mir erzählt, dass sie ihn schon lange nicht mehr mit Lamm gekocht hat.« »Ich weiß nicht, was du meinst«, sagt Lisa, »ihr Couscous war sehr lecker.« »Mit Rind!« Solange hält ihre Hand mit der Zigarette hoch in die Luft. »Sie hat mir gesagt, dass sie den Couscous mit Rind gekocht hat.« »Es schmeckt gut mit Rind, also, mit den richtigen Gewürzen«, sagt Lisa. Solange rollt mit den Augen. »Als würde man Ras el-Hanout in Deutschland bekommen.« »Maman hat immer ihre eigene Gewürzmischung benutzt. Und in Berlin waren wir zusammen auf dem türkischen Markt.« »Ach, es gibt tunesische Gewürze auf einem türkischen Markt?« »Klar«, sagt Lisa, sie versucht, nicht auf ihre Mutter zu hören, die ihr ins Ohr ruft: »Sie sucht Streit!« »Klar, auf dem türkischen Markt gibt es Piment und Zimt und Paprika und –« »Und?«, fragt Solange lächelnd. »Piment und Zimt und Paprika und was?« Lisa schaut hoch in den blauen Himmel. Maman, wie sie die Gewürze im Mörser zerkleinert, Maman mit roten Wangen, Maman, wie sie sagt: »Es ist schwer, die richtigen Gewürze zu finden.« Lisa greift zu ihrem Glas Wein. »Piment und Zimt und Paprika und ...« Solange lächelt. »Es sind getrocknete Rosen«, sagt sie und zerdrückt ihre Zigarette im Aschenbecher. »Getrocknete Rosenblüten kommen in den Couscous.«

»Magst du denn Lammkoteletts?«, Guillaume kommt mit einem silbernen Tablett mit Koteletts und Würstchen, die wie echte Merguez aussehen, rot und fettig, »Lisa, magst du Lammkoteletts?« Er legt jeder zwei Koteletts und eine Merguez auf den Teller, dazu gibt es Reissalat mit Tomaten, ein wenig Olivenöl und frischen Kräutern. Guillaume setzt sich, und sie fangen an, er nimmt das Kotelett einfach in die Hand, also nimmt Lisa ihres auch in die Finger, sie atmet den Duft nach Fleisch und Kräutern ein, und als sie in das Fleisch beißt, ist es außen leicht kross und innen ganz weich, sie kaut und nimmt noch einen Schluck Wein, in dem sich das Fleisch beinahe auflöst, so zart ist es. »Perfekt«, sagt Lisa, »ich liebe Lammkoteletts!« Und jetzt lächelt Solange, jetzt lächelt sie richtig, »wie deine Mutter«, sagt sie und schneidet sich ein Stück Fleisch ab. »Deine Mutter liebte Lammkoteletts auch sehr.«

Solange zerkleinert das Kotelett mit Messer und Gabel, sie steckt sich ein Stück rosa Fleisch in den Mund, nimmt einen Schluck Wein und nickt Guillaume zu. »Und die Russen? Tolstoi?«, fragt sie, und Lisa schüttelt den Kopf, »hab ich wirklich versucht, aber es geht einfach nicht. Ich lese im Moment auch lieber Frauen. Siri Hustvedt?« »*Mais non*, eine furchtbare Frau, ihre Figuren beschreibt sie so brutal, als würde sie einem damit ins Gesicht spucken.« »Eben«, sagt Lisa, »deshalb ja.« Solange hebt eine Augenbraue hoch, wischt sich das Fett von den Lippen und mustert ihre Nichte. »Iss noch ein bisschen, du bist so schmal«, sagt sie. »Du bist schmal, auch wenn du große Brüste hast.« Sie beugt sich zu Lisa herüber. »Du hast wirklich große Brüste, die sind aber nicht Bellanger. Hast du die von deiner deutschen Oma?«

12.
Solange

Versteh mich nicht falsch, sie sind schön, deine Brüste, aber deine Mutter und ich, wir hatten immer B-Körbchen, so waren sie, die Bellanger-Brüste, nicht groß, aber wohlgeformt. Ein bisschen dezenter eben. Hast du dich mit deiner deutschen Oma denn gut verstanden? Zu Mamie hattest du ja nicht so viel Kontakt, du Arme, deine Familie war klein, dabei hättest du Unterstützung gebrauchen können, mit deiner Mutter. Sie war schwierig, Marie, keiner weiß, warum sie so geworden ist, was für ein schwieriger Mensch. Ich finde es wirklich sehr traurig, dass du es so schwer hattest mit deiner Mutter. Du hattest es schwer, nicht? Ein bisschen egozentrisch war sie ja schon immer, aber der Alkohol hat sie auch sehr verändert. Wirklich, früher war deine Mutter eine so starke Frau, sie hat einfach alle in ihren Bann gezogen, und sie wusste, wie man das Leben richtig genießt. Oh ja, gelebt hat Marie, das kann man nicht anders sagen. Sie tanzte auf den Tischen. Wenn sich meine Schwester besonders frei fühlte, glühten ihre Augen vor Lebenslust wie dunkles Olivenholz. Wir haben ja alle sehr dunkle Augen, wir Bellangers, aber Maries Augen konnten richtig lodern wie Feuer, wenn ihr die Welt zu Füßen lag.

Wir waren einmal in einer Kneipe, deine Mutter, dein Vater und ich, auf Kreta war das. Wir hatten nicht wenig Wein und Ouzo getrunken und wir hatten viel über Tunesien gesprochen, da überredete Marie den Kneipenwirt, tunesische Musik aufzulegen. Sie hatte eine Kassette dabei, der Wirt stellte also diese Musik an, eine Sängerin war es, und Marie sprang auf, kletterte auf den Tisch, hob ihre Arme weit in die Luft und begann langsam, die Hüften zu schwingen. Oh, wie sie tanzen konnte! Alle Männer schauten nur noch sie an, und auch die Frauen konnten den Blick nicht von ihrem Körper abwenden. Sie hielt ihre Augen geschlossen, sie tanzte nicht für uns oder für die anderen im Raum, nein, sie tanzte für sich, und sofort gehörte der ganze Raum ihr. Es war einfach orgastisch, oh ja, wir waren nicht prüde, deine Mutter und ich, wir liebten das Leben und den Wein und den Sex. Marie wusste, wie man den Männern den Kopf verdreht. Sie fielen vor ihr auf die Knie, sodass sie sorgsam auswählen konnte, mit wem sie ihre nächste Nacht verbringen wollte. Doch einmal hat sie ihren Tanz vor deinem Vater gewagt, nur einmal. Er hielt es nicht aus, ich glaube, er hielt es nicht aus, dass sie ihn nicht brauchte, um Erregung zu erzeugen, auch, dass sie sich den Raum einfach genommen hat. Jedenfalls stand er auf, verpasste Marie eine Ohrfeige und verließ die Kneipe.

Wir haben damals viel Zeit zusammen verbracht, Marie, dein Vater und ich, vor allem auf Kreta. Hat deine Mutter dir erzählt, wie sie mich nach Kreta holte? Sie war eigentlich schon dort, sie war einfach losgefahren mit deinem Vater, sie hatte ihn einen Tag vorher in Paris kennengelernt. So war deine Mutter immer, sehr impulsiv, na ja und auch egoistisch dabei, das darf man ja wohl sagen. Jedenfalls hat sie mich zurückgelassen, ich war gerade einmal zwölf, aber dann kam sie wieder und nahm mich mit, und seitdem waren wir die meisten Sommer in Griechenland, in unserer Jugend.

Zurücklassen konnte sie uns gut, das hat sie mit dir ja auch gemacht, *ma pauvre*. Sie konnte einfach keine Verantwortung übernehmen. Als ich mit Charlotte schwanger wurde, da wohnte Marie bereits in Berlin. Du weißt ja, Charlottes Vater war längst über alle Berge, er lebte in Neuseeland und ich hatte nur ein paar Nächte mit ihm verbracht, er war also auf der anderen Seite der Welt, um dort Dokumentarfilme zu drehen mit seinem Kumpel. Ich habe ihm zwar geschrieben, dass ich schwanger war, aber er hat geantwortet, dass er keine Kinder wolle, dass das für ihn gar nicht infrage komme, er sei jung und wolle reisen und filmen, damals haben sie über die Maori gedreht, glaube ich. Er wollte also kein Kind und sagte klipp und klar, dass er sich dagegen entscheide, wenn es nach ihm ginge, solle ich abtreiben, aber es sei natürlich meine Entscheidung, mein Bauch gehöre mir, so haben wir das damals gesagt. Es war ein feministischer Slogan, und ich fand, er hatte recht, wir waren ja alle freie Menschen, und er hatte das Recht, sich gegen das Kind zu entscheiden. Ich wollte es aber bekommen, nicht aus Angst vor einer Abtreibung, sondern weil ich mir ein kleines Kind wünschte, mit dem ich mein kleines Leben aufbauen würde, und ich war damals schon überzeugt, dass man dafür keinen Mann brauchte, und übrigens: braucht man auch nicht. Ich stellte mir vor, wie ich das Mädchen – ich wusste von Anfang an, dass ich eine Tochter bekommen würde –, wie ich Charlotte also mit deiner Großmutter und Marie aufziehen würde, wir würden das schon schaffen, wir Frauen. Ich war eine junge Mutter, ich habe Charlotte recht früh bekommen, mit Mitte zwanzig, aber ich verstehe eure Generation auch nicht, Lisa, du bist jetzt über dreißig, es wird langsam Zeit, man kann nicht ewig Kinder bekommen, das weißt du doch? Irgendwann ist die Zeit abgelaufen, und dann endest du einsam, ich verstehe euch nicht, bist du auch so eine, die Karriere machen will, eine Karrierefrau, sind Geld und Macht dir wichtiger, als ein Kind aufzuziehen? Ich wusste, ich wollte ein Mädchen, eine Begleitung im Leben, es gibt nichts Schöneres als die Beziehung zwischen einer Mutter und einer Tochter, und ich kann ja auch von Glück sagen, dass meine Tochter sich niemals so undankbar verhalten hat wie deine Mutter.

Marie versprach damals, dass sie mir bei Charlottes Geburt beistehen würde, mir die Hand halten bei den Wehen. Aber sie kamen nicht, die Wehen. Ich weiß noch, es war August, ein verdammt heißer August, deine Mutter und ich hielten die Füße den ganzen Tag in Eisbäder, und es war komisch, meine Wehen kamen einfach nicht, schon über eine Woche warteten wir, dafür hatte Marie schlimme Krämpfe, sie hatte ihre Tage und ihre Gebärmutter kämpfte, als würde sie mein Kind herauspressen wollen. Sie hatte damals Streit mit deinem Vater, sie wollte ein Kind und er nicht, partout nicht, und er hatte Urlaub, aber sie war bei mir in Paris, nach der Geburt wollte sie mit ihm wegfahren, aber Charlotte kam einfach nicht, und eines Morgens beschloss sie, trotzdem loszufahren, sie fragte mich, »ist es okay, ich habe Angst, dass die Beziehung zu Gerd sonst noch in die Brüche geht, ich muss mit ihm nach Kreta.« Für mich war es nicht okay, gar nicht okay. Aber ich saß da mit meinem dicken Bauch auf dem Sofa, die Füße im Eiswasser, und wusste nicht, wie lange ich noch warten muss, also sagte ich: »Na los, hau doch ab, geh mit deinem Gerd nach Griechenland«, und das tat sie wirklich, sie packte einfach ihre Sachen und haute ab. Noch am selben Abend setzten die Wehen ein, ich konnte von Glück sagen, dass ich damals eine sehr gute Freundin hatte, sie stand mir bei, sonst wäre ich ganz alleine gewesen, also das konnte sie schon immer gut, deine Mutter, der eigenen Nase nach gehen und andere hängen lassen.

Mamie war sehr traurig, Lisa, sehr traurig, dass deine Mutter einfach abgehauen ist, das hat deine Großmutter wirklich nicht verdient. Sie liebte deine Mutter, sie kümmerte sich immer um sie und war sehr besorgt, und deine Mutter haute einfach so ab und nahm ihr später auch noch das Enkelkind. Du konntest kein Wort Französisch, bis du erwachsen warst, weißt du, wie furchtbar das für Mamie war? Dass deine Mutter einfach jeden Kontakt zu ihrem Enkelkind unmöglich machte, ihr sogar die Sprache unserer Familie verbot? Grausam war sie, grausam! Und Mamie war so traurig. Du kennst doch die Geschichte von dem weißen Strickkleid, oder? Mamie hat deiner Mutter immer Pakete nach Berlin geschickt, mit guter Wurst, einem Pastis, manchmal zu Weihnachten auch mit *makroud*, sie konnte sehr gut *makroud* backen. Sie strickte auch für deine Mutter, Schals und Ponchos und einmal wollte sie ihr zum Geburtstag eine große Freude machen und strickte ihr ein wunderschönes Kleid, das bis zu den Knöcheln ging, ganz in Weiß. Deine Mutter liebte dieses Kleid, als ich in Berlin war, trug sie es zu jeder Party, aber sie kam deine Großmutter trotzdem nicht besuchen. Ich verstehe einfach nicht, wieso sie so grausam war.

Aha, das hat sie dir also auch erzählt, dass sie nicht geliebt wurde? Das stimmt nicht. Weißt du, deine Mutter war eine große Lügnerin. Deine Großmutter hat sie immer geliebt, lies es nach, es steht auch in den Briefen, die sie ihr schickte. Deine Mutter war einfach krank, sie verfiel in Depressionen und griff dann zum Alkohol, niemand hätte das verhindern können. Sie wurde krank und das krankhafte Lügen gehörte dazu. Dann hat sie dir wohl auch diese Geschichte erzählt? Die hat sie allen erzählt. Ich mag es gar nicht wiedergeben, so ekelhaft ist diese Geschichte. Sie erzählte rum, dass Mamie sie angefasst hätte, nachdem unser Vater gestorben war. Ekelhaft! Ich erzähle dir mal, wie es war. Unser Vater Claude hatte diesen Unfall mit dem Flugzeug, das weißt du ja, er stürzte ab, und von einem auf den anderen Tag war er nicht mehr da. Wir konnten nicht einmal Abschied nehmen, es gab auch keine Leiche, die wir beerdigen konnten, er verbrannte mit seinem Flugzeug, gerade war er noch hier, und im nächsten Moment war nur noch Staub übrig. Mamie traf das schwer, sie konnte den Schmerz nicht ertragen, sie liebte ihn über alles. Vermutlich hat Marie dir auch erzählt, dass die Familie ihr nichts vom Tod unseres Vaters erzählt hat, was? Nun, ich war noch sehr klein, mit Bestimmtheit kann ich es also nicht sagen, aber das kann ich mir absolut nicht vorstellen, dass Mamie ihr das nicht erzählt hat. Wenn du mich fragst, wollte deine Mutter es einfach nicht wahrhaben, sie hat sich die Welt schon immer so gedreht, wie es ihr passte, sie wollte es also nicht wahrhaben und glaubte Mamie nicht, dass er tot war, und im Nachhinein gab sie deiner Großmutter dafür die Schuld.

Jedenfalls war es einfach zu viel für unsere Mutter, mit zwei Kindern auf dem tunesischen Land, plötzlich ganz alleine, und dein Großvater? Nur noch Asche. Sie fühlte sich alleine und sie wollte auch Marie trösten, also holte sie sie abends zu sich ins Bett, um nicht alleine zu sein, und vielleicht drückte sie sie auch an sich, was soll daran denn bitte falsch sein, in Zeiten der Trauer mit seiner Tochter zu kuscheln? Ganz normal! Aber angefasst hat Mamie sie nie, das sage ich dir, ich habe ja mit ihr darüber gesprochen, einfach war das nicht, aber ich habe es angesprochen, als deine Mutter es überall herumerzählte und Mamie total getroffen war von dieser Lügerei. Sie konnte es einfach nicht fassen, dass deine Mutter sie so fertigmachen wollte. Sie hat sie nie gestreichelt, das hat Marie erfunden, glaub diese ekelhafte Geschichte nicht, hast du sie etwa geglaubt? Wir wissen nicht, warum sie das erzählt hat. Und überhaupt, hat denn mal jemand an mich gedacht in dieser Geschichte? Marie durfte bei Mamie schlafen, die beiden hatten sich, und ich war zwei Jahre alt und wurde ganz alleine gelassen in meinem

Zimmer, ich hatte niemanden, nicht eine Sekunde hat Marie an mich gedacht.

Sie hat oft gelogen, deine Mutter, soll ich es dir beweisen? Als sie schon eine Weile getrunken hat, sagen wir, fünf oder sechs Jahre, du warst schon zehn, jedenfalls gingst du zur Schule, da rief mich deine Mutter an und erzählte mir doch glatt, sie sei unglücklich, weil dein Vater ein Alkoholproblem habe. Dein Vater! Jeden Abend betrinke er sich und werde gewalttätig, und sie überlege, ihn zu verlassen und dich mitzunehmen. Da lallte sie wirklich herum, dein Vater trinke zu viel. Das weißt du ja selber, dass er nie getrunken hat, vielleicht hat er sie mal geschlagen, in Ordnung, aber wer soll ihm das vorwerfen, man konnte es ja wirklich nicht mit deiner Mutter aushalten, ein paar saftige Ohrfeigen haben ihr ganz sicher nicht geschadet.

Dann hat sie dir wohl auch die Geschichte erzählt, wie Mamie sie geschlagen haben soll, vor ein paar Jahren? Und das hast du geglaubt? Dass eine Neunzigjährige es schafft, deine Mutter so zu schlagen, dass ihre Brille kaputtgeht? Dann glaubst du aber auch, was du willst, du legst dir die Welt zurecht wie deine Mutter. Nein, ich habe ja mit Mamie gesprochen, nach dem Drama, es war ein großes Drama für die ganze Familie, und ich sage dir, was genau passiert ist, es ist wichtig, dass du die Wahrheit kennst. Es fing so an: Deine Mutter kam in Deutschland nicht mehr zurecht, weil du dein Abitur machtest und ausziehen wolltest, und sie Angst bekam vor der Einsamkeit. Also hatte sie wohl entschieden, wieder nach Paris zu ziehen, hier in die Rue de Flandre, um mit deiner Großmutter zusammenzuleben. Wir wollten das nicht, wir wussten ja, dass sie trank, und deine Großmutter war schon neunzig, ich glaube, sie war damals schon fast neunzig Jahre alt, sie konnte sich nun wirklich nicht mehr um Marie kümmern. Sie kam trotzdem. Sie kam einfach nach Paris, trotz unserer Warnungen, und zog in die Wohnung ein. Papi war schon einige Jahre tot, aber es gab noch sein Büro in unserem früheren Kinderzimmer, du weißt doch, er hatte so viele Bücher, und die standen dort alle, auch sein Schreibtisch, seine Notizen, eben alles, was von ihm noch übrig geblieben war. Deine Mutter hatte keinen Respekt vor den Toten, sie kam und räumte einfach alles aus, die Bücher und die Regale und alle Kisten, einfach in den Keller. Du kannst dir nicht vorstellen, was Papis Kinder für ein Theater gemacht haben! Sie hatten immer das Gefühl, wir würden uns wichtiger nehmen als sie, sie mochten Mamie nicht und konnten die Hochzeit und deine Mutter und mich als Stiefgeschwister nie akzeptieren, es gab auch große Streitereien nach seinem Tod, als es um das Erbe ging. Da hatte sich alles endlich beruhigt, und deine Mutter kam nach Paris wie der Elefant in den Porzellanladen. Sie packte Papis ganze Sachen in den Keller und richtete sich in dem Zimmer ein, Papis Kinder sind immer noch wütend deswegen, und wer musste sie beruhigen? Ich natürlich, ich und deine Großmutter, wir haben uns mehrmals mit ihnen getroffen, und am Ende haben sie einige seiner Sachen mitgenommen, Mamie hat sogar geweint deswegen.

Aber damit nicht genug, deine Mutter nistete sich also in der Wohnung ein, oh ja, sie dachte wohl, es sei ja ihre Wohnung, ihr Besitz. Und dann sagte Mamie ihr, dass sie eigentlich lieber alleine wäre, gar nicht wütend, sie erwähnte es nur einmal ganz ruhig, dass es ihr lieber wäre, wenn deine Mutter sich eine eigene Wohnung in der Nähe suchen würde, und deine Mutter rastete total aus. Sie holte sich Whisky, mehrere Flaschen, und begann zu trinken, auf dem Sofa im Wohnzimmer, sie trank immer weiter, und dann stand sie auf, total betrunken, du weißt ja, wie sie dann war, sie hatte diese rabenschwarzen Augen, sie konnte rasen vor Wut, und dann haute sie alles kurz und klein, in diesem Zustand rannte sie also in das Zimmer deiner Großmutter, die dort friedlich im Bett lag und las, sie riss die Tür auf, baute sich vor ihr auf und brüllte sie an, sie habe ihr Leben zerstört, sie habe sie missbraucht, sie habe ihr das erste Kind genommen, sie habe sie geschlagen und verbannt, und jetzt wolle sie sie loswerden, aber das würde sie nicht schaffen. Deine Großmutter war verzweifelt, ich sage dir ja, sie konnte sich einfach nicht erklären, woher Marie diese Lügen hatte. Deine Mutter rannte wutentbrannt zurück ins Wohnzimmer und setzte sich wieder hin. Da stand Mamie auf und ging zum Telefon, sie wollte mich und deinen Onkel Maurice anrufen, weil sie Angst hatte, sie wollte um Hilfe rufen. Aber deine Mutter hörte das, sie rannte zu Mamie, entriss ihr den Hörer und warf mit dem Telefon um sich. Und dann schlug sie Mamie ins Gesicht, es war nicht das erste Mal, schon mit zwanzig, als sie nach Kreta abgehauen war, hat sie unsere Mutter geschlagen, *je te jure*, ich habe es mit meinen eigenen Augen gesehen! Und erneut schlug sie Mamie ins Gesicht, aber diesmal so stark, dass sie selbst auf den Boden fiel, deine Mutter fiel von ihrer eigenen Gewalt um, weil sie die Balance verlor. Nicht Mamie hat Marie geschlagen, es war andersherum, und es wird Zeit, dass du diese Wahrheit kennst. Ich glaube, Marie hat sich darüber selbst erschreckt, sie rannte jedenfalls aus der Wohnung, ohne Brille und Schuhe, nur mit ihrem Portemonnaie, und fuhr mit dem Taxi nach Nizza, so verrückt war sie. Und dann versuchte sie, sich umzubringen, natürlich. Sie konnte mit ihrer eigenen Gewalt nicht mehr leben, deine Mutter, sie hat sich selbst das Leben ruiniert, mit ihrer eigenen Gewalttätigkeit.

13.
Lisa

Auf der Rückfahrt ist der Zug ganz leer, Lisa sucht sich einen Sitzplatz in einer Nische am Fenster, diesmal setzt sich niemand neben sie. Die Sonne ist inzwischen orange, orange flutet sie die Felder und Bäume, und Lisas Magen ist satt und zufrieden von den Koteletts. Sie lehnt ihren Kopf gegen das kühle Fenster und schaut zu, wie die Bäume an ihr vorbeirauschen, die Bäume und Felder und Sträucher. »Ach diese Geschichte«, hat sie gesagt, »ach, dann hat sie dir diese Geschichte also auch erzählt, sie hat gelogen, deine Mutter.« Die Geschichte von dem Missbrauch. Die Bäume sind wieder normal grün, sattgrün, eine Wonne, würde Lenz sagen, die Wonne der Natur. Gemahlene Rosen. Das ist ihr einfach nicht eingefallen, in den Couscous gehören gemahlene Rosen. Lisa schiebt ihre Hand in den Ärmel, legt sie auf ihren Unterarm und drückt leicht zu. Dann schaut sie an sich herunter. Sie kann sich in den Ausschnitt schauen, unter ihrem offenen Hemd trägt sie dieses schwarze Tanktop, das enge, das Anne ihr letztens geschenkt hat, weil es ihr selbst zu klein geworden ist, »das steht dir gut«, hat Anne gesagt, »das betont deine Brüste«, und dann hatte sie gelacht und Lisa in die Seite gekniffen. Und jetzt sieht Lisa ihre Brüste von oben und sie sehen voll und rund aus. Lisa setzt sich gerade hin, da wackeln sie, ihre Brüste wackeln nach rechts und nach links. Sie knöpft ihr Hemd zu und versucht sich daran zu erinnern, wie die Brüste ihrer deutschen Oma ausgesehen haben. Waren die auch so groß? Spitz waren sie, die Brüste von Lisas Oma waren vor allem spitz unter ihren Blusen, es müssen die BHs gewesen sein, diese dreieckigen BHs machten die Brüste spitz, die aus den Fünfzigerjahren. Verdammt. Gemahlene Rosen, das hätte ihr echt einfallen können. Lisas Telefon vibriert, es ist Larissa. »Hey, wie ist es gelaufen?«, schreibt sie. »Meine Brüste sind ihr zu deutsch«, tippt Lisa und steckt es wieder weg.

Der Himmel über der Gare de l'Est strahlt in allen Farben, orange und gelb und lila und pink, und dann ist der Himmel weg und über Lisa breitet sich eine Metalldecke aus. Sie steigt die Treppen hinab in den Untergrund und läuft durch die weiß gekachelten Tunnel zur Linie 7, zur rosa 7 Richtung La Courneuve – 8 mai 1945. Die Station ist nach der Befreiung von den Deutschen benannt, das hat Larissa ihr gestern erzählt, als sie sagte, dass sie die rosa 7 früher so gerne mochte. Weil sie so rosa ist, meinte Lisa eigentlich, weil die Arbeiterbewegung hier so stark war, erklärte Larissa aber, deshalb heiße die Endstation so, die Arbeiter aus der Vorstadt La Courneuve hätten den Nazis in der Résistance kurz vor dem Kriegsende Hunderte Maschinengewehre geklaut, sie überfielen dafür einen Nazi-Laster, und deshalb hätten sie viel zur Befreiung beigetragen, zur Befreiung von den Deutschen.

Lisa fährt nicht bis Crimée, sondern steigt bei Stalingrad aus, und als sie über die Treppen nach oben kommt, ist alles voller Menschen. Und voller Matratzen. Männer und Frauen liegen auf den Matratzen, andere sitzen darauf und drehen an ihren Gaskochern oder füllen Wasser von großen Flaschen in Töpfe. Eine Frau hat ein Mädchen auf ihrem Schoß sitzen und flicht ihr die Haare, sie flicht ihr viele kleine Zöpfe, ganz eng, das Mädchen will aufstehen, aber ihre Mutter zieht ihren Kopf wieder an sich, »halt still, sonst werde ich nie fertig«, sagt sie, das stellt Lisa sich vor, denn eigentlich hat sie sie nicht richtig verstanden, auch wenn es sich französisch angehört hat. Lisa schaut sich um, das Lager geht noch ein ganzes Stück unter der Métro entlang, bestimmt zweihundert Menschen wohnen hier, ein Mann stellt sich vor sie und hält ihr die offene Hand hin. Lisa schüttelt den Kopf und blickt auf den Boden, sie geht weiter zur Ampel und lässt den Mann einfach stehen, die Ampel wird grün und sie geht über den Boulevard de la Villette und dann noch einmal über die Avenue de Flandre, bis sie auf der Place de La Rotonde ankommt, auf dem Platz am Anfang vom Bassin de la Villette, wo es endlich ruhiger wird, obwohl auch hier viele Menschen sitzen. Sie sitzen im Café und auf den Treppen, sie lachen und trinken Wein und Bier und Pastis, und auf einer Treppe sitzen besonders viele Männer, vor ihnen steht eine Frau mit einem Flipchart, auf das sie zeigt und ein Wort immer wiederholt. Es muss eine Sprachschule sein, eine Sprachschule für Geflüchtete, überlegt Lisa. Die Männer auf der Treppe fangen an zu lachen, die Frau am Flipchart hat einen Witz gemacht. Lisa bleibt stehen. Sie hätte dem Mann wirklich etwas geben können. Wieso hat sie ihm nichts gegeben? Als Mädchen wollte sie jeder Person etwas geben, die sie gefragt hat, »Maman, darf ich?«, und oft gab ihre Mutter ihr ein Fünf- oder Zehn-Franc-Stück in die Hand, »gib ihr etwas, aber bedank dich!«, denn wenn ein Mensch einem die Gelegenheit gibt, zu helfen, hat ihre Mutter immer gesagt, dann muss man sich dafür bedanken. Sie hätte ihm etwas geben sollen.

Lisa geht weiter am Bassin entlang, das Wasser ist diesmal ganz ruhig, eine dunkelgrüne Fläche. Sie läuft wieder durch den Rummel, wieder durch die quietschenden Kinder, sie läuft an einem Stand mit Sprühregen vorbei, es ist eine Holzbühne, auf der große Duschen stehen, die ganz fein Wasser versprühen, und einige Kinder rennen durch den Nebel und lachen. Weiter hinten steht sogar ein Pferd im Regen, die Kinder finden es toll und streicheln das nasse Pferdefell, das so schön braun glänzt, als wäre es gar kein Fell, sondern dicke lederne Haut, das Pferd findet es auch schön und senkt den Kopf, damit ein Kind es an der Nase streicheln kann, und oben auf dem Pferd sitzt ein lachender Polizist, es ist ein Polizistenpferd, und vor dem Stand sieht Lisa, wie zwei andere Polizisten ohne Pferd eine Gruppe Soldaten grüßen, die mit Gewehr in ihren Händen über die Promenade schlendern und lächelnd den Kindern dabei zusehen, wie sie durch den Sprühregen rennen. Als Lisa an ihnen vorbeigeht, kann sie direkt in den Gewehrlauf sehen. Ganz direkt.

Lisa geht weiter, sie geht weiter am *Bellerive* vorbei, auch hier sitzen viele Leute und trinken, Stella trinkt man hier, Bier in ganz kleinen Flaschen, aber Lisa hat es der Pastis angetan, einen Pastis würde sie jetzt auch gerne trinken, oder einen guten Wein. Sie setzt sich an den Kanal, lässt ihre Beine über den flauschigen Wasserpflanzen baumeln und holt ihr Telefon raus. »Was machst du?«, schreibt sie Larissa, »Lust auf einen Pastis?« Und Larissa hat Lust. »In 5«, schreibt sie, und zehn Minuten später sieht Lisa sie kommen, am Bassin läuft sie entlang unter den Platanen, sie hat schwarze Schnürstiefel mit hohen Absätzen an, Suffragetten-Schuhe, würde Anne sagen, und schwarze Jeans und darüber einen weiten weißen Strickpullover, unter dem ihre Brüste wie zwei spitze Knospen hervorstechen. Larissa hält sich mit der Hand ihren blonden Pony aus der Stirn, mit der anderen winkt sie Lisa.

Im *Bellerive* gibt es keinen Platz mehr, also laufen sie am Kanal entlang, Larissa schlägt vor, zu einer Bar in der Nähe des Parc des Buttes-Chaumont zu gehen, zur Bar *Les Chics Types*, »damit du wieder lernst, dass du schicke Brüste hast«, lacht Larissa. Sie gehen am Hostel vorbei auf die Hebebrücke und schauen auf die Boote, die vor der Brücke darauf warten, dass sich die Schleuse öffnet, um auf das Bassin zu fahren. Eine Familie sitzt in einem Boot, eine ältere Frau mit weißer Mütze, so einer weißen Touristinnenmütze gegen die Sonne, und eine jüngere Frau mit Sonnenbrille und ein kleiner Junge, die jüngere Frau sitzt am Steuer und die ältere Frau zeigt dem Jungen etwas und er lacht, er lacht und hält seine Hand in den Kanal.

»Schau mal«, sagt Larissa und zeigt auf das Hochhaus neben dem Bassin, »hast du schon gesehen? Das Haus ist verrückt, es hat nur auf einer Etage Balkone, kannst du mir erzählen, warum man so ein Haus baut, in dem nur eine Etage Balkone bekommt und alle anderen haben keine?« »Wie ein Gürtel!«, sagt Lisa, »es sieht aus, als würde das Haus einen Gürtel tragen.« Sie laufen weiter auf die andere Seite des Kanals, hinter dem Künstlerhaus biegen sie rechts ab, früher war es ein Bootshaus und jetzt wohnen Künstler und Studierende darin, gegenüber steht *Kiezcafé* über einem Café, »Berlin ist hier in Mode«, sagt Larissa, und Lisa schaut auf ihre Brüste hinunter. »Also wie jetzt, deine Brüste waren deiner Tante zu deutsch? Was heißt denn das? Zu deutsch?« Sie hüpfen, Lisa sieht, wie ihre Brüste beim Laufen auf und ab hüpfen, eigentlich hüpfen sie auch nicht, sie wabbeln, findet Lisa, ihre Brüste wabbeln orientierungslos umher. Larissas hingegen wabbeln nicht, sie sind ganz klein und erhaben, zierliche kleine Knospen, die man durch den Pulli nur leicht erahnen kann, wie gerne würde Lisa darüberstreicheln, ja wirklich, einmal über die Knospen streichen, wie sich das wohl anfühlt.

»Na ja, sie hat gesagt, dass ich nicht gerade die Brüste der Bellanger-Frauen geerbt hätte, und mich gefragt, ob ich sie von meiner Oma hätte, von der deutschen natürlich«, sagt Lisa. Als ihre Brüste wuchsen und sie das erste Mal blutete, war ihre Mutter nicht da, sie war in der Psychiatrie, Entzug, und als sie nach vier oder fünf Monaten endlich zurückkam, betrachtete sie Lisa und rief: »Du hast ja Brüste bekommen, *ma chérie*, da ist man nur mal kurz weg, und schon bist du eine Frau! Oh, was für schöne Brüste du hast.« Aber inzwischen sind sie viel größer als damals. »Das macht auch die Pille«, sagt Lisa, und Larissa nickt, »ja, nimmst du die Pille?« Ja, nimmt sie, weil sie so starke Schmerzen hat, wenn sie ihre Tage bekommt, so starke Krämpfe, dass sie sich nicht mehr bewegen kann, »ich kann mich dann echt nicht mehr bewegen.« Endometriose, hat die Frauenärztin gesagt, »die Gebärmutterschleimhaut wächst an Stellen, wo sie nicht hingehört, an den Eierstöcken oder an der Blase oder Darm oder sonst wo im Bauchraum.« Sie wuchert sich fest wie eine Flechte, und dann krampft und blutet es überall, manchmal sogar woanders im Körper, wie Stammzellen können die Zellen der Gebärmutter überall wachsen, sogar am Gehirn, »sogar am Gehirn, habe ich mal gelesen.« Lisa lacht. »Wie Platon geschrieben hat«, lacht sie und erzählt Larissa von Platons Schriften über die Hysterie. Dass er die Theorie vertrat, die Gebärmutter sei ein wanderndes Organ, es wandere im Körper umher, und wenn es sich am Gehirn festbeiße, dann würden Frauen eben hysterisch. Larissa lacht, und wenn sie lacht, dann hat sie ganz kleine Grübchen.

»Und das sollte dich beleidigen? Dass du deutsche Brüste hast?«, fragt sie. »Na ja, das hat es auch!« Lisas Mutter hat oft gesagt, dass sie nicht so deutsch sein soll. »Sei nicht so deutsch!«, hat sie gesagt, wenn sie bei Rot stehen geblieben ist oder fand, dass man etwas nicht so machen konnte, wie ihre Mutter es machen wollte. Zum Beispiel mochte Lisa es nicht, dass sie das Schulbrot immer in Papier einwickeln musste, ihre Mutter schlief morgens noch, also machte sich Lisa ihr Brot selbst, was sie so lange nicht schlimm fand, bis sie merkte, dass alle anderen ein Brot von ihren Eltern mitbekamen, und es gab natürlich auch kein Butterbrotpapier zu Hause, so ein beschichtetes Papier extra für Butterbrote, nein, Lisa nahm Zeitungspapier, aber die anderen in der Schule hatten immer eine Brotdose, und wenn Lisa ihr Brot nicht aß und im Schulranzen vergaß, dann fing es an zu stinken und das Fett von der Butter oder der Salami machte ihre Bücher und Hefte schmutzig, »ich will eine Brotdose!«, hatte Lisa gefordert, »und wieso machst du mir die Brote nicht?« »Sei nicht so deutsch«, hatte ihre Mutter geantwortet. Oder wenn Lisa wollte, dass ihre Mutter sich nicht noch einen Wein bestellt. »Du hattest schon drei Gläser«, sagte Lisa, »das reicht doch, ich bin auch müde, bitte, lass uns nach Hause gehen«, dann sagte ihre Mutter: »Hör auf, meine Gläser zu zählen, sei nicht so deutsch.«

»Warum, wie sind Deutsche denn?«, fragt Larissa. Lisa hat die Stimme ihrer Mutter schon im Ohr: »Die Deutschen sind immer ein bisschen nazi geblieben. Die meisten sind wie Wachhunde. Wuff, wuff! Sie bellen, sobald du etwas falsch machst.« Larissa lacht, und wenn sie lacht, wackeln ihre blonden Locken. Eigentlich, überlegt Lisa, eigentlich hat ihre Mutter ihr auch oft gesagt, dass sie gar nicht so deutsch ist. »Du bist keine Deutsche«, hat sie ihr gesagt, »du bist die Tochter deiner Mutter, mit einem natürlichen Sinn für Subversion, mit einer großen Freude an der kreativen Rebellion, ein bisschen mehr Mittelmeer, das spürt man«, und wenn Lisa doch über die rote Ampel gegangen ist, »ach komm«, hat sie manchmal zu ihrer Mutter gesagt, »wir gehen rüber!«, dann hat ihre Mutter sich gefreut, dann hat sie gestrahlt darüber, dass ihre Tochter doch nicht so deutsch ist.

Sie biegen in die Avenue de Laumière ein, die Straße ist ruhig, von Lindenbäumen gesäumt, die eine große Ruhe ausstrahlen, die hellen Altbauten erzählen vom 19. Jahrhundert und am Ende der Avenue kann Lisa schon das dunkle Grün des Buttes-Chaumont sehen. »Auf Haussmann ist man hier stolz«, sagt Larissa und hakt Lisa unter, »auf die Haussmann'schen Viertel in Paris, aber ich finde, es sieht einfach aus wie in Schöneberg.« Sie gehen die Straße noch ein Stück bergauf, bis auf der linken Seite eine Bar auftaucht. »Hier ist es«, sagt Larissa und zeigt auf die Tische, *»voilà: Les Chics Types.* Hier essen wir.«

Die Luft ist erfüllt von dem Gemurmel und Gelächter der Leute, es ist warm, zum ersten Mal in diesem Jahr hat Lisa das Gefühl, durch die Luft zu schwimmen, durch das Gelächter und die Stimmen. Auf den kleinen Tischen stehen Karaffen voller Rotwein und Wasser, die Leute schenken sich ein, lachen und reden und gestikulieren dabei wild mit den Händen. »*Coucou*, kommst du?« Larissa steht hinten in der Ecke der Terrasse und winkt Lisa. Sie quetscht sich durch die Stühle zu ihr durch, zu einem ganz kleinen, runden Tisch, sie zwängt sich auf den kleinen Stuhl und merkt, dass genug Platz ist, um gut zu sitzen, gerade genug Platz.

Die meisten hier sind jung, zwischen zwanzig und dreißig, vielleicht studieren sie noch, oder sie haben erste kleine Jobs und Praktika. »*Mais non*, habe ich ihm gesagt, ich habe keine Zeit, ich muss die Präsentation vorbereiten, das hat ihm gar nicht gefallen, aber er muss es eben schlucken«, hört Lisa eine Frau am Nachbartisch zu ihrer Freundin sagen, dann hebt sie genervt die Handflächen nach oben, *»je te dis.«* Auf der Speisekarte stehen arabischer Taboulé, mexikanisches Hühnchen in Erdnusssauce, *steak frites*, amerikanische Burger. »Den vietnamesischen Salat mit Glasnudeln und Crevetten!«, sagt Larissa, als der Kellner kommt, und Lisa nickt, *»pour moi aussi!«, »deux?«*, fragt der Kellner, *»oui, deux, s'il vous plaît«*, »einen Wein dazu?«, »keinen Roten«, sagt Larissa, »was habt ihr denn?«, »Sauvignon«, »*ça marche*, und eine Karaffe Wasser bitte.« Wasser. Lisa merkt, wie viel Durst sie hat. Kopfschmerzen beinahe schon.

»Ich weiß, wie anstrengend es ist, wenn die Familie sich auf deinen Körper stürzt«, sagt Larissa. Eigentlich hat sich Lisas Familie nie auf ihren Körper gestürzt. Und sie sich auch nicht. Okay, ihren Bauch fand sie immer schon etwas zu dick. Wie er über den Jeansbund quillt, das hat sie schon gestört, als sie dreizehn war. Und heute noch nervt es sie, und noch mehr, wenn sie sieht, wie Männer mit ihren Bäuchen umgehen. Moritz zum Beispiel. Ihr Kommilitone Moritz, er schreibt seine Dissertation über das Genie im Sturm und Drang und Lisa über die Geschlechterrollen bei Lenz, sie sitzen zusammen im Kolloqium und Lisa ist genervt davon, wie Moritz die Genies des Sturm und Drang so anhimmelt, Männer, die die Welt neu erschaffen, die sich die weibliche Schöpfungskraft und Gefühlswelt aneignen und dadurch zum perfekten Menschen werden, was für ein Klischee, was gibt es dazu noch zu forschen, als hätten sich nicht längst genug Literaturwissenschaftler auf diese Genies gestürzt. Und Moritz ist wütend, sobald Lisa auch nur anspricht, dass es ein reiner Männerbund war, weil Frauen ausgeschlossen wurden, ganz explizit ausgeschlossen. Oh wie genial, Männer, die sich auf die Schultern klopften und sich für Genies hielten, während Frauen unter männlichen Namen veröffentlichen mussten, dann wird Moritz wütend, und während sie sich streiten, sitzt Moritz auf dem Stuhl wie ein nasser Sack, er hängt eigentlich mehr, als er sitzt, weit nach hinten gelehnt, mit dem Arm über der Lehne, die Beine von sich gestreckt. Und dann rutscht ihm das T-Shirt hoch, der Bauch schaut heraus, er quillt über seine Jeans, man sieht den halben Bauchnabel, aber Moritz stört es nicht, er lässt es so, lässig hängt er so auf seinem Stuhl und vermutlich merkt er es nicht einmal. Und Lisa sieht seinen Bauch an und fühlt schnell nach, ob ihr T-Shirt noch richtig sitzt, sie zieht ihr T-Shirt zurecht und setzt sich gerade hin, dabei ist er viel schöner, ihr Bauch, viel schöner als der Bauch von Moritz.

Aber ihre Brüste, die fand sie eigentlich immer schön. »Ist schon okay«, sagt sie, »das ist eigentlich gar nicht so schlimm. Das mit den Brüsten.« Larissa blickt sie an, und etwas in ihrem Blick lässt Lisa verstummen. »Nein«, sagt Larissa, »nein, ich spreche von mir. Ich meinte, dass ich es anstrengend finde. Über meinen Körper zu sprechen.« Der Kellner bringt Wein, Wasser und Baguette, und Larissa und Lisa fassen gleichzeitig nach dem Brot, kurz berühren sich ihre Hände, Larissa lacht und zieht ihre Hand zurück. Lisa auch. Und gießt sich erst mal Wasser ein.

»Ich weiß nicht, hast du gerade überhaupt die Nerven, mir zuzuhören?«, fragt Larissa. Lisa schaut hoch. Nerven hat sie eigentlich keine mehr. Aber was Larissa ihr erzählen will, das will sie schon hören. Sie hebt eine Augenbraue. Erzähl. »Ich kann eigentlich erst hier in Paris wieder richtig essen«, sagt Larissa. Sie schaut auf die Straße. Mit vierzehn, mit vierzehn habe es angefangen, in diesem Ferienlager. Da habe sie das erste Mal gesehen, wie ihr Bauch aussehe, von oben, wie er diese Falten bildete, wenn sie sich hinsetzte, und sie habe beschlossen, nichts mehr zu essen, so lange, bis er glatt wäre, auch beim Sitzen. »Ich war so stolz auf mich«, erzählt sie, »wenn die

Waage zeigte, dass es wieder ein Kilo weniger ist, das habe ich ganz stolz in mein Tagebuch geschrieben, es lief gut, erst ganz langsam, aber dann wurde mein Bach flacher, sechs Wochen war ich in diesem Ferienlager, in Kanada war es, ich aß einfach nicht mehr, und als ich zurück in Berlin war, wurde meine Mutter wütend, weil ich ihr Essen nicht mehr essen wollte. Du isst schon wieder zu wenig, so musste sie mein Essensverhalten ständig kommentieren, wenn ich bei ihr war, nun iss doch einfach, hast du etwa schon wieder abgenommen? Du siehst aus wie ein Stöckchen, iss wenigstens die Kartoffel noch oder diese Scheibe Brot oder noch einen Joghurt, und dann kriegte ich keinen Bissen mehr runter, du weißt gar nicht, wie ekelhaft Essen werden kann, Essen war für mich nur noch ekelhaft.« Lisa nickt. Inzwischen, sagt Larissa, inzwischen sei es wieder okay, sie esse richtig gerne, »wir beide kennen uns noch nicht so lange, du und ich, aber du weißt sicher schon, wie gerne ich esse.« Lisa lächelt, Larissa nickt, »ja, aber wenn es Druck gibt, dann ist mein Magen zu, dann streikt er noch immer, dann passt nichts mehr rein, dann wird mir schlecht, gerade wenn ich zu Hause zu Besuch bin und meine Mutter sagt: Bist du immer noch nicht darüber hinweg, du bist doch keine Jugendliche mehr, ist ja schlimm, wie dünn du bist, man sieht sogar deine Rippen.« Larissa schaut auf die Straße, eine Frau fährt auf dem Fahrrad vorbei und singt, »*work work work work work*«, singt sie, und »*dirt dirt dirt dirt dirt.*« Lisa folgt ihr mit dem Blick, dann schaut sie wieder Larissa an und wagt es, sie legt ihre Hand auf den Tisch, mit der Handfläche nach oben, und Larissa schaut auf die Hand und lächelt und legt ihre hinein. »Ach, es geht mir gut«, sagt sie, dann nimmt sie ihre Hand wieder weg und macht eine wegwerfende Bewegung, »es geht mir ja gut, das ist alles lange her und jetzt esse ich gerne, aber manchmal, da stört mich mein Bauch, und das ärgert mich, weil ich doch eine selbstbewusste Frau sein will, nicht eine von denen, die ständig an ihrem Körper herumwerkeln, was soll's, ich wollte dir nur auch was von mir erzählen.« Larissa schaut Lisa kurz an, und dann schaut sie wieder der Frau auf dem Rad hinterher, der Rihanna, und Larissas Wangen sind ganz rot und ihre braunen Augen leuchten, und ihre Locken wehen ganz leicht über ihre Stirn, nur ganz leicht, als würden sie sie streicheln. Sie sieht schön aus. Lisa beugt sich vor und nimmt sich ein Stück Baguette. Es schmeckt nach feiner Butter und Weizen, »mmh, dieses Baguette«, sagt Lisa.

Der Kellner bringt den Salat mit den Crevetten, aber Lisa und Larissa rühren sich nicht, sie schauen beide weiter auf die Straße. Es ging eigentlich gar nicht um meine Brüste, überlegt Lisa. Das war es nicht. Es war, wie Solange über Maman gesprochen hat. »Ach, diese Geschichte hat sie dir also auch erzählt?« Die Geschichte. Die Geschichte von dem Bett, dem breiten Bett im Haus auf dem Hügel in der Nähe von Tunis, Mamies Bett. Von den Füßen, von ihren immer dreckigen Füßen und den weißen Laken im Bett. »Und wer hat an mich gedacht?«, hat Solange gefragt, »und wer hat an mich gedacht, ich war noch klein und ganz allein in meinem Zimmer, um mich hat sich niemand gekümmert.« Larissa nimmt einen Schluck Wein, aber sie fasst die Crevetten noch immer nicht an. Sie war eine Lügnerin, hat sie gesagt. Lisa hat sie nicht verteidigt. Solange hat ihre Mutter angegriffen, und sie hat nichts gesagt. Weil sie sich nicht ganz sicher war. Vielleicht stimmt es ja. Lisas Mutter hat oft gelogen. Wenn sie getrunken hat, und sie hat oft getrunken oder Geschichten verdreht, und vielleicht hat sie diese Geschichte verdreht, fragen kann Lisa sie jedenfalls nicht mehr. »*Ça va*, ist alles okay bei euch?«, fragt der Kellner. Larissa und Lisa nicken. Er geht wieder. »Aber«, sagt Larissa, »ich meine, wie kamt ihr denn überhaupt auf deine Brüste? Deine Tante hat das einfach angesprochen? Wie denn? So beim Small Talk beim Grillen?« Da muss Lisa lachen, sie lacht und nimmt sich ihr Glas Wein und trinkt einen Schluck, und Larissa lacht auch und trinkt Wein, »ja, einfach so beim Small Talk«, sagt Lisa: »*Oh làlà*, deine Mutter hat den Couscous mit Rindfleisch gemacht, mit Rindfleisch, jawohl, und außerdem sind deine Brüste sehr groß, die sind aber nicht Bellanger.« Larissa grinst. Lisa nimmt ihre Gabel und stochert in ihrem Salat herum. Sie nimmt ein Blättchen und knabbert daran. Es schmeckt nach Sojasauce und nach Knoblauch. Sie nimmt ein paar Glasnudeln, sie schmecken nach Koriander. »Ziemlich gut«, sagt Lisa, und Larissa nimmt ebenfalls ihre Gabel.

Vielleicht hat sie es wirklich erfunden. Immerhin hat ihre Mutter ihr auch einmal erzählt, ihr Vater sei in Wirklichkeit der Trinker, »ja, wirklich Lisa, er trinkt jeden Abend Whisky«, hat sie gesagt, dabei wussten alle, wer jeden Abend Whisky trank. Aber eigentlich konnte sie es ihr sofort an der Nase ansehen, wenn sie log, dieser unsichere Blick, Lisa wusste es sofort, wenn sie Blödsinn erzählte, betrunken, wie sie war, »Maman, du erzählst schon wieder Blödsinn«, sagte sie ihr, und dann lachte ihre Mutter darüber, sie konnte nicht anders, »stimmt«, lachte sie dann, »stimmt, ich erzähle Blödsinn«, und dann musste auch Lisa lachen. Und dann war da diese Verzweiflung. Diese Verzweiflung in ihrem Blick, wenn sie vom Tod ihres Vaters erzählte, von Mamie, die nicht mehr aufstehen wollte, von der kleinen Solange, die sich an sie klammerte, der sie das alles erklären musste. Wie allein sie gewesen war. Und wie erleichtert, als Mamie sie endlich zu sich rief, sie endlich wieder bei sich haben wollte. Und wie verzweifelt über den Dreck, den sie nicht loswurde, den ganzen Dreck, wie sie weinte darüber, wie dreckig sie sich fühlte, sich noch immer fühlte, als erwachsene Frau, sie saß vor Lisa auf dem Boden, sie schluchzte und legte sich ganz auf den Boden, sie drückte ihr Gesicht auf den Teppich, den vom Wein rot gefärbten Teppich. »Wieso liebt sie mich nicht, Lisa?«, schluchzte sie, »wieso? Mamie hat alles Leben aus mir gesogen, und dann hat sie mich weggeworfen.«

Nein, Lisa kennt die Geschichte ihrer Mutter. Sie kennt sie, weil sie jede einzelne ihrer Narben kennt. Die kleine runde am Knie, weil ihre Mutter sich da auf Kreta auf einen Seeigel gekniet hat und sein Stachel im Gelenk abgebrochen ist. Er wanderte seither durch das Gelenk, und wenn Regen nahte, rieb sie sich ihr Knie, »mein Knie tut weh, Lisa, es regnet bald, lass uns reingehen.« Die größere runde Narbe am Rücken, wo ihr ein Muttermal weggebrannt worden war – »*bof*, das ist nichts, Lisa, das tut nicht weh.« Die breite längliche an den Handgelenken, wo sie sich die Pulsadern aufgeschnitten hatte, »ein Unfall, *ma chérie*, nur ein blöder Unfall.« Und die große Narbe in ihrem Bauch, die Narbe, die niemand sehen konnte, die ihr aber so oft wehtat, dort, wo ihr der Embryo herausgestochen wurde, wo Mamie sie dazu zwang, das neu entstehende Leben aus sich herausstochern zu lassen. Und eben die große Narbe zwischen den Beinen, die auch niemand sehen konnte, die nur Marie kannte und dann Lisa, weil sie ihr davon erzählte, die Narbe genau dort, wo sie von Mamie gestreichelt worden war. Ich kenne dich doch, sagt sich Lisa, ich kenne jede deiner Wunden, da kann Solange erzählen, was sie will, Maman, es tut mir leid, ich weiß doch, dass du mich nicht angelogen hast, es tut mir leid.

Lisa nimmt einen Schluck Wein, er verbindet sich so gut mit dem Knoblauch und dem Koriander. Zeit für die *crevettes.* Sie nimmt eine zwischen die Finger und zieht sie auseinander, sie zieht das feste Fleisch aus der Schale und die ölige Knoblauchsauce läuft ihr zwischen die Finger, auch Larissa leckt sich die Finger ab und lächelt sie an, ihre Wangen sind gerötet, vom Wein und Essen ganz gerötet, und Lisa zieht eine Augenbraue hoch, sie lächelt Larissa an. »Was?«, fragt Larissa und nimmt die nächste *crevette.* »Du bist schön«, sagt Lisa.

14.
Marie

Ich hasste Frankreich von Anfang an. Die Leute in Selles-sur-Cher waren spießig und kleinlich und verbohrt, immer hieß es, ich sei zu laut oder ungekämmt, und überhaupt seien wir unerzogene kleine Araberinnen. Einmal musste ich in den Supermarkt, wir brauchten Seife. Ich fragte also, »*Monsieur*, wo ist die Seife?«, und der Angestellte brachte mich zu einem Regal, da gab es aber nicht eine Seife, da gab es mindestens zwanzig verschiedene. Blaue Seifen, gelbe Seifen, sogar rote Seifen. Kleine und große Seifen, eckige und runde Seifen,

Seifen für trockene Haut und normale Haut, Seifen mit Olivengeruch, Seifen mit Jasmin- und Erdbeerduft. Wie sollte ich herausfinden, welches die richtige Seife war? Unmöglich, es war unmöglich zu entscheiden. Ich brach in Tränen aus, ich wusste nicht, was ich machen sollte, ich weinte und weinte und setzte mich auf den Boden in der Hoffnung, dass irgendwann die richtige Seife zu mir finden würde.

In der Dorfschule meinten die anderen Kinder, ich sei komisch, sie wollten nicht mit mir spielen. Die Mädchen fanden mich zu wild, die Jungs wollten nicht mit einem Mädchen spielen. In den Pausen ließen sie mich stehen, dann lachten sie mich aus, weil ich anfing, mir Bücher mitzunehmen und mich in eine Ecke zu setzen, um zu lesen, während sie durch die Gegend liefen. Sie fanden es lustig, dass ich die ganze Zeit las. Mamie gab mir immer neue Bücher, unter anderem Proust, an dem ich hängen blieb, monatelang las ich nur noch Proust, ich verschlang ihn sogar auf dem Schulhof. Am liebsten wäre ich im Klassenzimmer geblieben, aber der Lehrer scheuchte uns immer hinaus, also suchte ich mir eine ruhige Ecke unter einem Baum auf dem Hof. »*Oh làlà*, eine Intellektuelle, stört sie bloß nicht!«, lachten die anderen, *bof*, mir war das egal, mir war nur wichtig, dass der Lehrer mich mochte. Und der liebte mich. Er freute sich über meine Beiträge, er gab mir die besten Noten für meine Aufsätze, und als das erste Mal weiße Flocken vom Himmel fielen, sagte er: »Mademoiselle Bellanger, Sie haben sicher noch nie Schnee gesehen, gehen Sie nur raus«, die anderen mussten drinbleiben, und nur ich rannte auf den Schulhof. Aber als die erste Flocke hinabrieselte und auf meiner Wange landete, wusste ich: Ich hasse Schnee.

Schnee ist kalt und nass und tut weh auf der Haut. Wie ein Nadelstich. Ich weiß wirklich nicht, was die Leute daran finden. Wütend rannte ich wieder ins Klassenzimmer. »Ich hasse Schnee«, sagte ich.

Ich war froh, als der Winter vorbei war und der Frühling die Natur wieder zum Leben erweckte. Sobald es wärmer wurde, verbrachte ich die meiste Zeit alleine draußen am Fluss, am Cher. Mamie war ohnehin nicht zu Hause, weil sie die Übersiedlung von Tunesien nach Frankreich organisierte und dabei war, eine Wohnung in Châteauroux zu suchen, wo Marcel jetzt arbeitete, das Ministerium hatte ihn aus Tunesien dorthin geholt. Châteauroux. Château-Roux. Den Namen mochte ich, er schien mir verheißungsvoll, ich stellte mir immer ein rotes Schloss vor, thronend auf einem großen Berg, umgeben von kleinen mittelalterlichen Häuschen und einer Stadtmauer. Natürlich hatten wir in Selles-sur-Cher auch ein sehr schönes Schloss am Dorfeingang, ich hatte es mit Mamie schon so oft besichtigt, sie hatte die Königin gespielt und ich die Dienstbotin, damals wollte ich keine Prinzessin sein, sondern die Dienstbotin, ich lief hinunter in die Schlossküche und stellte mir vor, für Mamie zu kochen und ihr abends das Bett mit einer Bettpfanne vorzuwärmen. Aber in meinem roten Schloss würde ich natürlich ein langes Prinzessinnenkleid tragen und auf einem Kamel reiten. Kein weißes Pferd, das war ja langweilig, ich wollte ein Kamel, davon hatte ich mit Aisha immer geträumt, wir beide als Beduininnen auf Kamelen in der Wüste.

Aber Châteauroux lag noch in der Zukunft, also weit, weit weg, und so versuchte ich, mir mein Leben in Selles-sur-Cher einzurichten. An den Nachmittagen stromerte ich an den Ufern des Cher entlang und begutachtete mein neues Revier. Mir gefiel die Wildheit der Bäume, die, moosbewachsen, ihre trockenen Äste in alle Richtungen streckten, wie in einem Märchenbuch. Ich rannte den kleinen Pfad entlang zwischen den Bäumen hindurch, immer weiter, das Dorf ließ ich schnell hinter mir, bis links nur noch der Fluss war und rechts Wälder und Felder, ab und zu ein Haus, aber meistens nur Wiesen voller Mohnblumen, so weit das Auge reichte, Mohnblumen, aus denen man lauter kleine Prinzen basteln konnte, deren rote Umhänge im Wind flatterten. Ich rannte und rannte, und mit mir flogen blaue Libellen, sie begleiteten mich ein Stück, bevor sie sich wieder auf ihre Felder zurückzogen. Erst auf meiner Lieblingslichtung machte ich halt. Schon auf meinem ersten Spaziergang hatte ich sie entdeckt, eine Lichtung mit einer wilden Wiese, man konnte sie vom Pfad aus in der Sonne leuchten sehen, aber musste durch einiges Gestrüpp, um sie zu erreichen. Außer mir war nie jemand hier. Hier war ich glücklich, glücklich mit dem Duft der Gräser, mit meinen Schmetterlingen und der weichen Nachmittagssonne, die mir sanft in der Nase kitzelte. Mit jedem meiner Schritte scheuchte ich neue Käfer und Fliegen aus den Gräsern hoch, die ganze Wiese brummte laut, gelbe Zitronenfalter und rot-schwarze Monarchen flatterten von Halm zu Halm. Es roch nach Thymian und Minze. Ich suchte den Boden nach den Kräutern ab, weil Solange Minztee liebte und sich so freute, wenn ich ihr frische Minze brachte, und an den Rändern der Lichtung fand ich immer welche. Ich pflückte ein paar Blätter und steckte sie in meine Tasche, wenn ich ohne Minze nach Hause kam, würde meine Schwester traurig sein. Das war meine Art ihr zu zeigen, dass ich an sie dachte, auch wenn ich sie auf meinen Ausflügen nicht dabeihaben wollte.

Denn am allerliebsten war ich alleine. Aber inzwischen war ich vierzehn, und das ist ein Alter, in dem die anderen Jungs und Mädchen einen nicht mehr in Ruhe lassen. In Selles-sur-Cher gab es einen Jungen, der anfing, sich für mich zu interessieren. Er gehörte zu einer Clique von drei Jungs und zwei Mädchen, sie waren alle etwas älter als ich, um die sechzehn, und machten immer Blödsinn, sie trugen sich gegenseitig huckepack durch die Straßen und über den Kirchplatz, und im Sommer saßen sie am Ufer des Cher, die Jungs grölten und die Mädchen kreischten und ich war eigentlich froh, wenn ich weit genug von ihnen weg war, damit sie mich und mein Wäldchen nicht störten. Doch einmal kam ich auf meinem Rückweg an ihnen vorbei, sie lagen im Gras am Ufer, und der eine Junge stand auf und stellte sich mir in den Weg. »*Salut*, du bist doch die Neue, oder?«, fragte er. Ich schaute ihm lieber nicht in die Augen, ich hielt den Blick gesenkt, wie Ulima es mir beigebracht hatte, »schau ihnen nicht direkt in die Augen«, sagte sie, »sonst denken sie, du bist ein leichtes Mädchen.« »Wir leben schon länger hier«, sagte ich leise. »Schon fast ein Jahr.« »Ihr kommt aus Algerien, *Pieds-noirs*, richtig?«, fragte er, und die Mädchen hinter ihm kicherten. Mich nervte es, das immer richtigstellen zu müssen. »Nein, aus Tunesien.« »Gut, dann eben aus Tunesien. Willst du mit uns schwimmen kommen, kleine Tunesierin?« Ich schaute hoch. Wollte er mich auf den Arm nehmen? Doch der Junge sah ganz freundlich aus. Er sah überhaupt ganz gut aus, wache Augen und ein ausgeprägtes Kinn, die nassen schwarzen Haare trug er nach hinten gekämmt, aber eine Strähne hatte sich im Wind freigemacht und fiel ihm in die Stirn. Er lächelte mich an. »Was willst du mit der Kleinen, Alain? Komm, wir wollten Spaß haben!«, rief eines der Mädchen hinter ihm, sie stand auf, drängelte sich an seine Seite und hakte sich unter. »Ich muss eh nach Hause«, sagte ich, »siehst du, die Kleine muss nach Hause!«, rief die Blonde und zerrte an seinem Arm, »komm, ich will wieder ins Wasser!« Hinter ihnen standen auch die anderen auf und begannen, sich nass zu spritzen. Er ging einen Schritt rückwärts, blieb dann aber noch einmal stehen und schaute mich mit seinen hellbraunen Knopfaugen an. Mein Bauch kribbelte plötzlich. »Wie heißt du?«, fragte er. »Marie.« »Dann bis bald, Marie!«, er drehte sich um und rannte den anderen hinterher: »Eh, wartet auf mich!«

Von der Brücke aus konnte ich sehen, wie die Clique im Wasser herumtollte. Die Mädchen schrien, Alain machte einige Schwimmzüge und schaute zu mir hoch, da wurde er auch schon von seinem Kumpel runtergedrückt, sie drückten sich gegenseitig unter Wasser und kamen schreiend wieder hoch. Es sah eigentlich lustig aus. Aber Mamie hatte mir zwei Dinge eingebläut: Erstens sollte ich mich nicht in die Nähe der Dorfjungs wagen. »Die wollen nur Ärger«, hat sie mir gesagt, »und so eine wie du, die kann sich nicht zurückhalten, du bist ein naives Mädchen, also sieh zu, dass du Abstand hältst!« Und zweitens durfte ich auf keinen Fall im Fluss baden, »man sieht sie nicht, aber es gibt schlimme Strömungen, wenn der Fluss tief ist, und wenn er im Hochsommer so flach ist, dass man beinahe durchwaten kann, dann brechen sich die Kinder das Genick, die so dumm sind, von der Brücke reinzuspringen. Hier sind schon einige kleine Mädchen ertrunken, also wehe, ich erwische dich im Fluss!« Ich lief also schnell nach Hause und hoffte, dass niemand aus dem Dorf gesehen hatte, wie ich mit dem fremden Jungen sprach, der unbekümmert in den Cher sprang.

Ich rannte die Hauptstraße entlang an der *fromagerie* vorbei, die schon geschlossen hatte, an der Kirche vorbei, die abends stets umgeben war von kreischenden Schwalben, ich legte wie immer meine Hand kurz an die Mauer, weil ich es liebte, wie warm sie sich anfühlte nach einem heißen Sommertag, als hätte sie die Sonne nur für den Abend aufbewahrt, dann rannte ich weiter bis zur Ecke, verlangsamte meinen Gang, an der *charcuterie* vorbei, die ebenfalls bereits geschlossen hatte, und ging schließlich durch Tatas offene Haustür in den Hof, um Solange zu finden. Denn das Haus meiner Tante hatte einen kleinen Hof mit einem Tisch und Stühlen und einer enormen Holztür, ich liebte es, diese schwere Tür aufzumachen und zu schließen, ich stellte mir dann vor, in einem Schloss zu leben, in einem ganz kleinen Schloss natürlich, kleiner als das Château von Selles-sur-Cher.

Tatsächlich saß Solange im Hof auf dem Boden und flocht ein paar Grashalme zusammen zu einem kleinen Korb, über die Hälfte war schon fertig, geduldig knotete sie die Enden ihres Halms zusammen und nahm den nächsten. Sie hatte eine ganz kleine Puppe von Tata Sophie geschenkt bekommen, gerade einmal so groß wie ihr Daumen, die legte sie gerne in ihre selbst gemachten Körbchen. Jetzt sah sie auf und lächelte halb, halb zog sie ihren Mund beleidigt nach unten. »Warst du am Fluss?«, fragte sie, ohne dabei mit dem Flechten aufzuhören, und im selben Atemzug: »Nie nimmst du mich mit! Gehst du morgen wieder hin? Kann ich mitkommen?« Sie tat mir wirklich ein bisschen leid, meine kleine Solange. »Ja, morgen nehme ich dich mit«, sagte ich und hielt ihr die inzwischen etwas müden Minzblätter entgegen, »hier, hab ich dir mitgebracht!« Sie strahlte. »Wollen wir Prinzessin spielen?« Ich spielte gerne Prinzessin, obwohl mir eigentlich klar war, dass ich aus dem Alter schon raus sein musste. Aber meine Tante hatte unten im Haus ein Stoffgeschäft, es gab dort herrliche Kleider, Tücher und Stoffe, und wenn sie abends geschlossen hatte und oben mit dem Abendessen beschäftigt war, stahlen wir uns gerne rein und verkleideten uns als Prinzessinnen.

»In Ordnung, spielen wir Prinzessin, aber nur bis zum Abendessen!«, sagte ich. Auf den Zehenspitzen schlichen wir uns in das Geschäft, die Rollläden waren schon heruntergelassen, nur durch die Ritzen fiel etwas fahles Licht in das Zimmer. Es roch wunderbar nach verschiedenen Stoffen und ein bisschen nach Lavendel, denn Tata Sophie hängte einen Strauß getrockneten Lavendel neben die Kasse. Ich, als ältere Prinzessin, durfte mein Zepter nehmen – eine alte Gardinenstange – und Solange alles befehlen, was mir in den Kopf kam. »Mach einen Handstand!«, befahl ich jetzt zum Beispiel, und Solange machte einen Handstand, zumindest versuchte sie es, aber sie fiel um und landete mit den Füßen voran in einigen Kleidern, die hinter ihr an der Stange hingen. Es gab einen großen Krach, als die Kleiderstange ihrem Gewicht nachgab und mit meiner Schwester und den Kleidern in einem bunten Haufen verschwand. Solange quietschte und grub sich zwischen grünen, roten und beigen Kleidern wieder an die Luft. Natürlich dauerte es keine Minute, bis Tata Sophie zur Tür reinkam. Wir beide zogen die Köpfe ein. »Was stellt ihr hier wieder an, ich habe euch doch verboten, mit den Kleidern zu spielen!«, hörten wir sie schon in unseren Köpfen rufen, bevor sie nur den Mund aufmachte, doch diesmal schimpfte sie gar nicht. »Gut, dass ihr da seid, es gibt Neuigkeiten!«, sagte sie stattdessen, Solange und ich sahen uns an, »kommt in die Küche!«, da war Tata Sophie schon wieder zur Tür raus, »und räumt das Bordell auf, das ihr wieder angerichtet habt!«, rief sie über die Schulter.

Wie gewöhnlich, wenn sie nicht arbeitete oder kochte, saß sie am Küchentisch, normalerweise tat sie das über ein Buch gebeugt, gedankenversunken, und kratzte sich an dieser Stelle direkt über der Stirn. Aber jetzt schaute sie uns ernst an. »Setzt euch hin«, sagte sie, und als wir saßen: »Es gibt gute Neuigkeiten! Eure Mutter hat mich gerade angerufen. Sie hat endlich eine Wohnung gefunden. Noch in diesem Sommer zieht ihr nach Châteauroux.« Ich erinnere mich, wie mein Herz einen Satz machte. Ich glaube, ich sagte gar nichts, ich kann mich jedenfalls nicht daran erinnern, dass das Gespräch nach dieser Eröffnung noch weiterging. Aber ich weiß noch, wie ich in mein Zimmer rannte, mich auf das Bett warf und mir die Decke über den Kopf zog. Auf keinen Fall wollte ich schon wieder umziehen. Ich wollte hierbleiben, bei meinem Fluss, bei meiner Lichtung, bei meinen Schmetterlingen und der Minze. Solange kam hinterher und kroch zu mir unter die Decke. Wir sahen uns an. »Ich will hier nicht weg!«, flüsterte ich. »Ich auch nicht«, flüsterte Solange zurück. »Wenn du bleibst, bleibe ich auch.« Eine Weile lagen wir so da, jede überlegte, wie wir das anstellen könnten. Unter der Decke wurde es heiß. Ich hob sie an einer Stelle hoch, nur ein kleines Stückchen, um ein bisschen Luft reinzulassen. Der Sauerstoff tat gut. Schnell schloss ich das Loch wieder. »Meinst du, in Châteauroux gibt es einen Fluss?«, flüsterte ich. »Weiß nicht. Und gehen wir da auch zur Schule?« »Bestimmt.« »Und dann wohnen wir wieder mit Maman zusammen.« »Ja.« Wir schwiegen. Wie viele Zimmer wir wohl haben würden? In welchem Bett ich wohl schlafen würde? Mein Magen zog sich zusammen. »Schlafen wir dann wieder in einem Zimmer?«, flüsterte auch Solange. »Weiß nicht.« Ich grub mein Gesicht in die Matratze. Solange legte ihren Kopf auf meinen Rücken. »Wenn du gehst, komme ich mit«, stellte sie fest. Sie hielt die Minze noch in der Hand, es roch nach Fluss und Wald und Gras.

15.
Lisa

Wieder muss Lisa in Stalingrad umsteigen, von der rosa 7 in die orange 5. Der Menschenstrom zieht sie aus der Métro, nach links in den nächsten weiß gepflasterten Tunnel hinein, die Treppen hoch, dann rechts an den Treppen zur blauen 2 vorbei, unter dem Flüchtlingslager durch, bis zum Bahnsteig der 5 und mit hinein durch die geöffneten Türen in die Métro, dann schließen sich die Türen hinter Lisa, genau hinter ihr, sie muss ihren Bauch einziehen und sich gegen die anderen drücken, damit die Türen zugehen. An der Stange in der Mitte ist gerade genug Platz für ihre Hand, die Frau neben ihr lächelt sie kurz an und schaut dann weg, sie schaut auf den Boden. Lisa versucht herauszufinden, welche Hand zu der Frau gehört, vielleicht ist es die gebräunte Hand mit den zwei Ringen, der eine Ring ist dünn und golden, der andere hat ein goldenes Viereck in der Mitte, zahlreiche dünne Falten ziehen sich zwischen den Fingern, viel hat diese Hand angefasst, jetzt klammert sie sich an diese Stange, diese Metallstange, von den vielen Händen längst warm geworden. Lisa verlagert ihr Gewicht auf das linke Bein und versucht, das rechte ein bisschen zu schütteln, es zieht in ihrem Bauch, wenn sie auf dem rechten Bein steht, es zieht ganz leicht, rechts unten, als würde ein Finger an ihrem Eierstock zupfen, nur leicht zupfen. Eisprung.

Gare de l'Est? Gare de l'Est. Die Menge strömt raus, Lisa hält sich nun an der Stange fest, damit sie nicht mitgezogen wird. Die Aussteigenden geben den Blick auf die Klappsitze frei, niemand sitzt auf den Klappsitzen, und bevor die nächste Menschenmenge aus dem Bahnhof in den Wagen strömt, geht Lisa in die Ecke und ergattert einen Platz, sie setzt sich hin und atmet tief durch. Viele Bäuche und viele Beine drängen sich erneut neben sie, vor sie, Lisa lehnt ihren Kopf gegen die Wand. Es riecht gut, nach Jasmin und Gewürzen, neben Lisa steht eine Frau, sie lehnt gegen den hochgeklappten Sitz, Lisa schaut an ihr hoch, sie trägt ein grün-gelb gemustertes Wickelkleid und einen Turban aus demselben Stoff auf dem Kopf, ans Ohr hält sie sich ein Handy.

Es war in Paris, als Lisa zum ersten Mal Menschen mit schwarzer Hautfarbe gesehen hat, ihre Mutter hielt sie fest an der Hand und zog sie durch die Gänge, sie mochte, wie es roch, es roch nach Blumen unter der Pariser Erde, und sie schaute sich um und betrachtete all die Menschen, so viele verschiedene Menschen, besonders die Frauen mit den vielen langen schwarzen Zöpfen schaute Lisa gerne an, »wie lange es wohl dauert, diese Zöpfchen zu flechten?«, fragte sie ihre Mutter, »das dauert bestimmt viel zu lange und ziept«, denn Lisa hasste es, wenn ihre Oma ihr Zöpfe flocht, es war immer nur ihre Oma, die ihr Zöpfe machen wollte, richtig fest zog sie dann an ihren Haaren, das hasste Lisa, bei ihrer Mutter durfte sie sie immer offen tragen oder manchmal zum Pferdeschwanz mit einem *chouchou*. »Das sind die Mädchen gewohnt«, sagte ihre Mutter, »das machen ihre Mütter und Großmütter und deren Großmütter schon immer, und bereits als ganz kleine Kinder tragen sie die Zöpfe, das tut ihnen gar nicht mehr weh, ihre Kopfhaut kennt das.« »Kann ich auch mal solche Zöpfe haben?«, fragte Lisa, und ihre Mutter lachte, »das hältst du doch gar nicht aus!«, lachte sie, »schon nach dem ersten Zopf würdest du die Geduld verlieren und auf den nächsten Baum klettern, du kleiner Klettermaxe, ich glaube nicht, dass diese Zöpfchen etwas für dich sind«, und sie wuschelte Lisa durch die Haare. »Und wieso haben die so eine dunkle Haut?«, fragte Lisa dann. »Weil Menschen alle möglichen Hauttöne haben können«, sagte ihre Mutter, »du bist ja auch blasser als die meisten Menschen. Weißer.« »Und wieso gibt es keine Menschen mit dunkler Haut in Berlin?« Denn in Charlottenburg hatte Lisa keine Menschen mit dunkler Haut gesehen oder sie nicht bemerkt. »Weil viele aus afrikanischen Ländern nach Paris gekommen sind«, sagte ihre Mutter, »oder ihre Eltern oder Großeltern, denn in vielen afrikanischen Ländern wird Französisch gesprochen, deshalb sind hier mehr Menschen mit dunkler Hautfarbe als in Berlin, sie kommen hierher, weil sie die Sprache sprechen und die Kultur kennen.« Das kam Lisa komisch vor. Dass die

Leute aus Afrika gekommen sein sollen, und nicht aus Paris, denn für sie waren sie ja immer hier, sie waren immer da in Paris. Immer, wenn Lisa hierherkam.

Die Frau im grün-gelben Kleid redet weiter in ihr Telefon, es klingt, als würde sie schimpfen, sie gestikuliert mit dem freien Arm durch die Luft. Ihr Französisch klingt breiter als das von Tata Solange, das A ist nicht so spitz, sondern ganz rund. Eritrea, hat Larissa gesagt, die meisten der Geflüchteten, die unter der Métro Stalingrad schlafen, kommen aus Eritrea, aber die Frau hier muss ja keine Geflüchtete sein, überlegt Lisa, vielleicht wohnt sie im 18. Arrondissement, vielleicht wohnt sie in Barbès und arbeitet als *nounou* für irgendein kleines Mädchen, die in Marais wohnt, und da fährt sie jetzt hin, vielleicht schimpft sie mit ihrer Mutter am Telefon, oder mit ihrer Schwester, es steigen wieder Menschen ein, oder nein, sie ist Lehrerin, vielleicht ist sie ja auch Lehrerin, oder Dozentin, vielleicht ist sie Dozentin an einer Universität, oder Professorin? Lisa winkelt ihre Beine an, wieder zieht es im Bauch, die Frau schaut Lisa an, sie zieht ihre Augenbrauen zusammen und schaut Lisa direkt an, sie sieht verärgert aus, vielleicht hat Lisa sie zu lange angestarrt, sie wird rot und blickt vor sich auf den Boden, viele Füße, viele Beine und Füße vor ihr.

République? République. Als würde die Frau aus dem Lautsprecher erst ganz vorsichtig fragen: Sind Sie sicher, dass Sie Ihr Leben so führen wollen? Wollen Sie hier wirklich aussteigen? Und dann, beruhigend: »Na gut. Also dann steigen Sie hier aus.« Die Métro bremst, es quietscht, und die Türen öffnen sich mit einem Schnaufen, viele steigen aus, jetzt wird der Raum vor Lisa frei, sie steht ebenfalls auf, um auszusteigen, sie steht jetzt vor der Frau, die noch immer streng guckt, jetzt spricht sie zu Lisa, sie sagt etwas, das Lisa nicht versteht, Lisa zieht ihre Augenbrauen hoch, *»comment?«* Da klopft die Frau neben sie an die Wand, sie klopft auf einen Aufkleber an der Wand. *En cas d'affluence, ne pas utiliser les strapontins*, steht da, und darunter sogar auf Deutsch: Bei starkem Fahrgastaufkommen bitte nicht die Klappsitze benutzen. »Okay?«, fragt die Frau, und ihre Augen werden weicher. »Okay«, sagt Lisa, *»désolée*, ich bin nicht von hier«, die Frau nickt und steigt aus, und Lisa hinterher.

Wieder läuft sie durch die gepflasterten Tunnel, die Treppen hoch, um die Kurve, wieder Treppen hoch, dann wird es voll, es wird voll und die Menschen gehen immer langsamer, bis die Menge ganz anhält. Lisa wird gegen die Körper gedrückt, von hinten, von der Seite, sie atmet tief durch und blickt zum Ausgang, man kann ihn schon sehen. Jetzt wälzt sich die Menge langsam vor, und langsam erkennt Lisa eine Kette schwarz angezogener Menschen vor dem Ausgang, es ist eine Kette von Polizisten, Polizisten in voller Montur. Erst als Lisa schon fast vor ihnen steht, sieht sie, dass sie die Taschen durchsuchen und einige Personen abtasten. *»Putain!«*, zischt eine Frau neben ihr und zückt ihr Telefon, *»mais c'est pas vrai!«*, sie tippt darauf herum.

Lisa dreht sich um, zurück kann sie nicht, sie nimmt ihren Rucksack ab und öffnet ihn, doch bevor sie selbst reinschauen kann, zieht bereits ein Polizist daran, »Madame, Ihre Tasche«, sagt er, »haben Sie darin irgendetwas Gefährliches, Messer, Glas?« Lisa schüttelt den Kopf. Er nimmt den Rucksack und wühlt darin herum. Zwei Frauen gehen an ihm vorbei, ihre Taschen fasst er nicht an, sie tragen feine Schuhe und Kostüm. Dann stutzt der Polizist und greift in Lisas Rucksack, er zieht etwas heraus, es ist die Flasche Wasser, die Lisa eingepackt hat, er schüttelt den Kopf, »die dürfen Sie nicht mitnehmen«, »das Wasser?«, fragt Lisa, »das hier ist Glas!«, ruft er, »das ist Glas«, wiederholt Lisa, aber er schaut sie schon gar nicht mehr an, er wirft die Flasche in eine große schwarze Tüte und reicht ihr den Rucksack, »weitergehen.«

Lisa steigt die Stufen hoch, das Tageslicht blendet kurz, dann sieht sie, wie viele Leute hier sind, der ganze Platz ist voller Menschen. Es sind junge Leute, die auf der Place de la République stehen, Hunderte, vielleicht Tausende, von hier aus kann Lisa sie nicht überblicken. Sie lachen, diskutieren, gestikulieren, begrüßen sich, küssen sich. Eine Weile läuft Lisa umher und schaut in die vielen Gesichter, dann wird ihr klar, dass sie Larissa so nicht finden wird. Sie holt ihr Telefon heraus. »Kann ich dir helfen?« Lisa mustert die Frau, die sie angesprochen hat, sie ist jung, weiß, vielleicht Anfang zwanzig. Ihre blonden Haare trägt sie offen, ein fransiger Pony fällt in ihre Stirn, sie hält einen Stapel Flyer in der Hand, die sie sich gegen die Brust drückt. »Nein, danke, ich suche nur eine Freundin«, sagt Lisa, *scheasch*, sagt sie, sie kann ihren Akzent selbst hören. »*Cherche*«, sagt sie noch mal, diesmal spricht sie das r hart mit. »Bist du ein *international*?«, fragt die Frau. »Ein was?« »Ein *international*?« »Ich komme aus Deutschland.« »Schön! Bislang habe ich nur die *camérades* aus Italien und Griechenland getroffen, ich wusste gar nicht, dass auch Leute aus Deutschland kommen.« Sie drückt Lisa einen Flyer in die Hand und geht weiter, *»à plus tard!« »Solidarity beyond borders«* steht da quer über das Blatt, und darunter, auf Deutsch: »Die *Loi Travail* ist nur ein Ausdruck des neoliberalen Herrschaftsregimes in Europa. Verstehen können wir sie nur im Zusammenhang mit Hartz IV in Deutschland, mit den Kürzungen der Sozialleistungen in Griechenland, mit den rigiden Sparvorgaben der EU«, Lisa überfliegt den Rest, unten wird ein internationales Nuit-Debout-Meeting angekündigt, Dienstag, achtzehn Uhr. Sie faltet den Zettel zusammen und steckt ihn in ihre Tasche, als sie wieder hochschaut, sieht sie die Marianne. Die Mutter der République wacht erhobenen Hauptes über das Treiben, den Olivenzweig hält sie mahnend in die Luft. Lisa quetscht sich zu ihr durch, hier steht die Menge nicht so dicht, sie setzt sich auf den Sockel, in den Schoß der République, so sagt man doch, im Schoß der Republik. »Bin bei Marianne«, schreibt sie Larissa, »wo steckst du?« Sie schaut sich den Sockel von unten an, bunt ist er, voller Graffiti, davor hängt ein weißes Transparent, *»Même pas peur«*, steht darauf, das A in *»pas«* ist ein Eiffelturm, der lachend die Zunge rausstreckt, wie ein freches Mädchen sieht er aus, la Tour, denkt Lisa, weiblich, La Tour Eiffel.

Die Sonne wärmt Lisas Gesicht von der Seite, sie dreht sich ihr ganz zu und schließt die Augen. Zwischen den Rufen, dem Gemurmel und dem Lachen auf dem Platz kann sie leise Vögel zwitschern hören, und für einen Moment wird auch das Lachen zu Gezwitscher, tausend zwitschernde Menschen auf dem Platz, das Licht sieht hellgelb aus, gelb-orange scheint es durch Lisas Lider. *Même pas peur.*

»*Coucou!*« Lisa öffnet ihre Augen wieder, zwischen den vielen Körpern sieht sie das Gesicht ihrer Freundin, die sich durch die Menge zu ihr durchschiebt und ihre Arme öffnet, Lisa umarmt Larissa fest, die nach Orange riecht. »Riechst du nach Orange?«, fragt Lisa, und Larissa lacht, »*fleurs d'oranger*«, sagt sie, »das ist mein Duschgel.« Sie zieht Lisa vom Sockel hoch. »Komm mit, wir sitzen da hinten, Adam und Vivienne sind auch da, meine Kommilitoninnen.« Larissa zieht sie an der Hand hinter sich her, und Lisa lässt sich ziehen, durch die Körper, durch die Masse von Körpern, Bäuche und Rücken schmiegen sich an Lisas Bauch, sie stellt sich vor, dass es Kuscheltiere sind, weiche Plüschbäuche. Dann öffnet sich die Menge plötzlich und gibt den Blick auf den Pavillon vorne frei, dazwischen ein Feld voller Köpfe, hier sitzen die Leute auf dem Boden, in kleinen Gruppen sitzen sie und zwitschern.

Larissa setzt sich zu einem Mann und einer Frau, ein junger Mann mit dunkler Haut und schwarzen Locken in einem weißen Hemd, das weit aufgeknöpft ist, Lisa kann seine Brust sehen, seine glatt rasierte Brust, die Frau hat einen blonden Dutt, weiße Haut mit Sommersprossen, ihre Lippen sind rot angemalt, sie trägt eine Sonnenbrille und Blümchenbluse und schaut zu Lisa hoch, die sich vorsichtig hinsetzt, zwischen die vielen Knie, die von allen Seiten kommen, und dann faltet sie ihre Beine selbst zu spitzen Knien zusammen. Der Stein ist ganz warm, richtig warm von der Sonne. Lisas Bauch entspannt sich.

»Du bist also Lisa, wir haben schon viel von dir gehört«, sagt die Frau. Lisa lächelt, »ja, die bin ich«, sagt sie und hält ihre Hand hin. Die Frau lacht und nimmt sie zögerlich, eigentlich nimmt sie sie nicht, sie legt vielmehr ihre Hand leicht in Lisas, dann zieht sie sie wieder heraus, das mag Lisa nicht, wie ein Fisch fühlt es sich an, wie ein labbriger Fisch. Dann beugt sich der Mann vor, Lisa kann fast auf seinen Bauchnabel schauen, einen Bauch hat er nicht, oder fast nicht. Er beugt sich vor und gibt ihr rechts und links Küsschen. *»À Paris, on donne des bisous!«*, sagt er und lacht. Lisa nickt. Und schaut Larissa an. »Das sind Adam und Vivienne«, sagt Larissa, »mit ihnen studiere ich an der ENS.« »Also, deine Großmutter kommt aus Paris?« Vivienne zündet sich eine Zigarette an und pustet den Rauch über Lisa in die Luft. »Ja. Und meine Mutter hat hier auch gelebt.« »Deine Mutter ist Französin? Aber du hast einen deutschen Akzent!« »Ja, meine Mutter hat mit mir Deutsch gesprochen« *»Ah. Bon.«* Sie zieht wieder an ihrer Zigarette.

Lisa blickt sich um. Der Platz ist von Pavillons und Zelten umgeben, *crêpes* steht an einem Zelt, daneben ist ein Boxring aufgebaut, ein Junge tänzelt um einen älteren Mann mit Glatze herum, der sich kaum bewegt, er dreht sich nur mit dem tänzelnden Jungen, und als der Junge einen Schritt nach vorne wagt und nach dem Kinn des Mannes boxt, haut der dem Jungen leicht gegen den Bauch, nur ganz leicht, der Junge zuckt zurück und ruft etwas, Lisa kann es nicht hören, und der Mann lacht und hebt seine Fäuste wieder schützend vor sein Gesicht. Neben den Boxern ist noch eine Fläche abgesperrt, mit gelben Bändern, *Espace féministe* steht auf einem weißen Zettel, zwischen den Bändern sitzt eine Gruppe von jungen Frauen, es sind vielleicht zehn junge Frauen, sie sitzen im Kreis und reden. Neben den Feministinnen ein weißer Pavillon. *Non à la récolonisation de l'Afrique!* steht auf dem roten Transparent, das über den Stand gespannt ist, und unten am Tisch klebt ein anderes: *Commission France-Afrique.* Ein großer Topf steht auf dem Tisch, ein Mann schöpft mit einer Kelle runde Teigteilchen aus dem Öl, ganz vorsichtig, er scheint sehr heiß zu sein, *beignets*, weist ein Pfeil, *beignets au sucre.* Vor dem Stand steht eine Frau mit einer Tasse in der Hand, sie nippt daran, vorsichtig, vor ihrem Bauch trägt sie ein Baby in einem Tragetuch, sie wippt leicht zum Reggae, der ab und zu herüberweht, dabei hüpft sie manchmal ein bisschen, und wenn sie hüpft, dann quietscht das Baby vor Lachen, es schaut über den Platz und der Blick bleibt an Lisas Augen hängen, und wieder hüpft die Frau und das Baby quietscht Lisa begeistert an und klatscht in die Hände.

»Also, natürlich hängt das alles zusammen!«, sagt Vivienne, sie sagt es zu Adam, »wenn der Kündigungsschutz abgeschafft wird, wer ist davon als Allererstes betroffen? Migrantinnen und Frauen natürlich! Sie haben immer die schwächere Position, sie sind immer am stärksten von Sozialkürzungen betroffen, und wenn die 35-Stunden-Woche abgeschafft wird, wer kümmert sich dann nach den langen Arbeitstagen um die Hausarbeit? Auch Frauen! Entweder die Mütter und Ehefrauen, oder wenn sie Geld haben, die Kindermädchen und Putzfrauen aus dem Maghreb oder aus Eritrea, die dafür ein paar Euro erhalten, um das Geld an ihre Verwandten zu schicken.« Adam rollt mit den Augen. Dann schaut er Lisa an. »Sag du doch auch mal was!«, sagt er. Lisa zieht die Augenbrauen hoch. »Wieso, was soll ich denn dazu sagen?« »Kommt deine Familie nicht auch aus Tunesien?«

»*Bonjour?* Hört ihr mich?« Ein lautes Fiepen sticht durch Lisas Kopf, sie hält sich die Ohren zu, wie es alle tun. Als sie die Hände wieder heruntermimmt, ist es ruhig geworden. Eine Frau steht jetzt am Mikrofon, sie hält einen Zettel in der Hand und dreht sich vom Platz weg, sie redet mit den Technikerinnen, die am Mischpult hinter ihr stehen, dann dreht sie sich wieder um. »Entschuldigung«, sagt sie, »ja, also, guten Abend! Es ist der 79. März, seit über zwei Monaten treffen wir uns hier – jeden Abend!« Jubelrufe, Applaus, Lisa mag das, dieses Weiterzählen der Märztage, für Nuit Debout ist einfach immer März, eine Verweigerung des Alltags, niemals soll er weitergehen, niemals wieder, sie dreht sich um, jetzt sitzen noch viel mehr Leute hinter ihr, und dahinter stehen die Menschen dicht an dicht, bis hinter der Marianne stehen sie und schauen nach vorne, nur die Marianne blickt weiter nach links, als würde sie über den Platz wachen und aufpassen, dass niemand kommt. »Das ist noch gar nichts, es war schon viel voller«, flüstert Larissa. »Und es gibt noch immer Versammlungen in vielen anderen Städten!«

Anne nimmt Lisa in Berlin auch oft auf Demos mit, gegen steigende Mieten, es gibt viele Demos gegen steigende Mieten in Neukölln. Seit vor ein paar Jahren die Mietproteste am Kotti losgegangen sind, geht Anne gerne zum *Gecekondu,* diesem Bretterverschlag auf dem Platz, wo sich die Mieterinnen treffen und Demos organisieren und manchmal auch backen, aber *beignets* gibt es da nicht, dafür hat Anne Lisa schon selbst gemachte Baklava mitgebracht. Lisa setzt sich meistens in den *Südblock,* wenn sie am Kotti ist, sie setzt sich ans Fenster mit ihrem Laptop, schreibt an ihrer Arbeit und trinkt einen

Minztee und im Sommer frischen Orangensaft, dann sitzt sie unter den Bäumen auf den Bänken, am liebsten direkt beim Brunnen, da plätschert es so schön und mit den vielen Leuten um sie herum, die Arabisch oder Türkisch sprechen, hat Lisa manchmal das Gefühl, am Mittelmeer zu sein, fast.

»Na, wie wär's, kommst du mit?« Larissa knufft Lisa in die Seite. »Hm?«, fragt Lisa. »Na, zur Demo am Mittwoch! Vivienne und ich gehen hin, kommst du mit?« Mit Anne macht es Lisa Spaß, in der Menge zu laufen. Wenn die Menschen nicht mehr Hunderte einzelne Körper sind, Hindernisse, zwischen denen man sich durchquetschen muss, sondern zu einer Masse werden, zu einem Körper, Klangkörper, zu einem Chor, zu einem Gesang, wenn sie nicht mehr durch die Straßen laufen, sondern fließen, dann kommt dieses Prickeln, dann prickelt es in Lisas Bauch und kurz scheint so vieles möglich. »Alles war möglich«, das hat ihre Mutter gesagt, wenn sie von 1968 erzählt hat, »stell dir vor, er war weg, de Gaulle war weg, was das für ein Gefühl war, wir hatten den Präsidenten verjagt, stell dir vor, es schien einfach alles möglich damals.« »Und dann?« »*Bof*, und dann war Sommer und wir sind alle in die Semesterferien gefahren.« Lisa nickt. »Ja, vielleicht. Vielleicht komme ich mit.«

»Nach der Versammlung treffen sich wie immer unsere Arbeitsgruppen«, sagt die Frau vorne, »heute kommen die Queerfeministinnen zusammen, die antikoloniale Arbeitsgruppe, Technopolitics ...« Ein junger Mann mit Dreadlocks ruft ihr etwas zu, das Lisa nicht versteht, »ah ja, die Küche trifft sich im Küchenzelt und braucht Unterstützung.« Dann geht ein Mann mit langen Haaren zum Mikro. »Ich wollte nur ...« Die Boxen geben wieder dieses Fiepen von sich, er sieht sich um, die Moderatorinnen bedeuten ihm, einen Schritt zurückzugehen. Das Fiepen hört auf. Schön sind sie, die Haare, findet Lisa, es sind ganz lange schwarze Haare, die glatt über seine Schultern fließen. »Also, ich wollte nur ankündigen: Wir haben eine Gruppe *Musique debout* gegründet.« Applaus. Er lacht und kratzt sich am Hinterkopf, »ja also, wir treffen uns in einer halben Stunde dort hinten, hinter der Marianne. Wir haben schon einen Drummer, zwei Gitarristen, zwei Sängerinnen. Also kommt vorbei!« Er winkt und verschwindet wieder in der Menge. Es folgt ein Mann mit einer Baskenmütze, er ist vielleicht fünfzig, fünfundfünfzig Jahre alt, etwas älter als die meisten hier, er entfaltet einen kleinen Zettel. »Das macht er hier jeden Abend«, flüstert Larissa. Der Mann fängt an, er spricht rhythmisch, es muss ein Gedicht sein, die Leute lachen immer wieder, auch Larissa und Adam und Vivienne lachen, sieht Lisa, also lächelt sie auch ein bisschen, aber sie versteht es nicht, sie versteht nicht, was der Mann sagt. Er bekommt viel Applaus, und Lisa klatscht mit.

Dann geht eine junge Frau zum Mikro. Sie trägt ihre blonden Haare zum Dutt oben auf dem Kopf, wie Vivienne, auch ihre Lippen sind knallrot. In der Hand hält sie einen Zettel, sie zittert. »Ich, also ich bin es nicht gewohnt, vor so vielen Menschen zu sprechen«, sagt sie, ihre Stimme klingt klein. Die Menge klatscht, »nur Mut!«, ruft ein Mann. Vivienne dreht sich zu Larissa um und rollt die Augen, »als bräuchte sie seine Erlaubnis!« Die Frau am Mikro lächelt. »Okay, was ich zu sagen habe, ist wichtig. Ich mache mir nicht nur Sorgen wegen der *loi travail.* Sicher, sie darf nicht durchkommen«, Applaus, »nieder mit der *loi travail*!«, ruft einer. Es dauert, bis es wieder ruhig wird. Die Frau setzt erneut an. »Ja, aber«, das versteht Lisa wieder nicht, bis sie wieder reinkommt, »jede Dritte mit Doktortitel ist arbeitslos«, sagt die Frau, »überhaupt ist fast jeder Zweite hier unter sechsundzwanzig ohne Arbeit. Und wenn wir arbeiten? Dann hält ein Vertrag gerade einmal zwei Monate, dann wird er um zwei Monate verlängert und wieder um zwei Monate. Wie soll man so sein Leben planen?« Die Leute wedeln zustimmend mit den Händen. Wie bei Occupy. Einmal war Lisa bei einer Occupy-Kundgebung, es war auf der Wiese vor dem Reichstag, und auch da haben alle mit den Händen gewedelt, wenn sie gut fanden, was gesagt wurde. »Wie bei Occupy!«, sagt Lisa, und Larissa lächelt, »ja, warst du bei Occupy?« Lisa nickt. Sie kann sich noch daran erinnern, dass eine Frau mit einem riesigen weißen Hut gesprochen hatte, an den Hut waren Blumen gebunden und die Frau hatte über Liebe gesprochen, über Algorithmen und die Liebe, und dann hatte sie Herzchen hochgeworfen, Hunderte winzige Herzchen waren auf die Versammlung hinabgerieselt, »ich hab genug«, hatte Anne gemurmelt, »zu viel Hippie«, und sie waren gegangen. »Hat in Deutschland nicht richtig funktioniert«, sagt Larissa, »aber in den USA schon, da gab es einen großen Protest gegen die Finanzkrise und die Schulden, es gab Besetzungen und Camps, das muss toll gewesen sein, aber in Deutschland, na ja, das konnte man nicht richtig ernst nehmen.«

»Ich finde also, wir sollten nicht nur gegen das Arbeitsgesetz protestieren, sondern auch gegen alle Liberalisierungsmaßnahmen, die vorher schon beschlossen wurden«, sagt die Frau, ihre Stimme wird jetzt laut. Wieder versteht Lisa sie nicht, dann sagt sie etwas mit Kündigungsschutz. »Wir sollten diese drei Punkte in unsere

Flyer schreiben.« Einige wedeln mit den Händen nach unten, andere zeigen überkreuzte Arme, die Handzeichen für Ablehnung und Veto, auch die kennt Lisa von anderen Versammlungen. Jetzt ergreift die Moderatorin das Mikro. »Okay, danke für deinen Beitrag. Viele hier geben dir sicher recht, aber wir haben keinen Forderungskatalog, wir machen hier kein Wahlprogramm.« Lauter Applaus. »Darauf haben wir uns geeinigt. Wir wollen lernen, diskutieren und neue Formen der Demokratie ausprobieren.« Die Frau faltet ihren Zettel zusammen und verlässt den Pavillon.

Es kommt ein Mann mit Hut, ein älterer Mann, »das ist Oreste Scalzone!«, flüstert Larissa. Lisa hat den Namen nie gehört, aber auf dem Platz wird es ruhig, ganz ruhig, tausend, vielleicht sogar zweitausend Körper verstummen. Im Halbdunkel der Dämmerung beginnt der Mann langsam unter seinem schwarzen Filzhut zu sprechen, es klingt italienisch, aber als Lisa genau hinhört, sind seine Worte doch französisch, französische Worte italienisch ausgesprochen.

»Die anderen«, sagt er, »die Männer der Algorithmen, der Wirtschaft, der Leistungsideologie, sie alle hätten nie gedacht, dass wir da sind. *Eh bien* – wir sind da! Wir sprechen verschiedene Sprachen, aber als Ensemble der Singularitäten haben wir in einer Art Sinfonie zueinandergefunden. Wie Félix Guattari gesagt hat über seine Arbeit mit Gilles Deleuze: Wir waren zwei, und da jeder von uns mehrere war, machte das schon eine ganze Menge!« Die Leute jubeln, der Spruch scheint bekannt, Lisa kannte ihn noch nicht. »Aber wir reden und reden und man lässt uns reden und wir riskieren, dass man uns hierlassen wird, damit wir uns redend müde machen. Aber dies kann ein Ort werden, wo wir die Rede reflektieren. Und das reflektierte Wort kann weit kommen und kann mächtig sein! Natürlich, man gewinnt und man verliert, heute so und morgen so, aber es ist die Hartnäckigkeit, die Macht der Hartnäckigkeit, die das Regime der Algorithmen aufbrechen kann. *La vie ne peut pas être un algorithme.* Das Leben kann kein Algorithmus sein.« Die Leute jubeln laut, »Oreste Scalzone, er hat Potere Operaio gegründet!«, ruft Larissa Lisa ins Ohr, »die Gruppe Arbeitermacht, zusammen mit Toni Negri und Nanni Balestrini!« Nanni Balestrini hat Lisa gelesen, über die Streiks bei Fiat, es hat ihr gefallen, wie experimentell er mit der Sprache umging, er hat einfach die Satzzeichen weggelassen, ohne Punkt und Komma, *oral history* pur, das hat Lisa geliebt.

Larissa strahlt sie an, und Lisa lächelt zurück, ja, die Sinfonie der vielen Stimmen, doch, das gefällt ihr, und die Sprache mochte sie auch, dieses italienische Französisch, als würde er sich das Französisch einfach aneignen, als würde er es sich nehmen und in sein Leben einbetten und nicht andersherum. »Wir haben eine Geheimsprache«, hat Lisas Mutter ihr immer gesagt, »weißt du, von außen sieht es so aus, als würde ich mit dir Deutsch sprechen, aber ich spreche mit dir kein Deutsch! Ich spreche mit dir Französisch, aber auf Deutsch. Das ist meine Maman-Sprache.«

Und dann donnert es plötzlich. *»Let's take back the power!«*, donnert es über den Platz, die Köpfe drehen sich wieder nach vorne, dort steht ein Mann mit langen Dreadlocks, er läuft hin und her, *»let's take back!«*, ruft er und hält das Mikro Richtung Menge, *»the power!«*, rufen ein paar Leute zurück, von den lauten Stimmen vibriert die Luft, sie vibriert auf Lisas Haut. »Unser Volk ist seit Jahrhunderten gewohnt, dass uns Freiheit nicht geschenkt wird, wir müssen sie erkämpfen!«, ruft er. »Das war zu Zeiten der Sklaverei in den USA so. Das war in Algerien so.« Jubel auf dem Platz. »Und das ist auch jetzt so, für alle, die bei Stalingrad gestrandet sind! Hunderte unserer Leute wohnen dort auf dreckigen Matratzen und ohne fließendes Wasser, erst haben die Kolonialisten unsere Länder ausgebeutet und uns arm gemacht, und wenn wir herkommen und ein Stück Reichtum zurückwollen, lassen sie uns nicht einmal unter der Métro schlafen, sie verjagen uns jede Nacht, und wenn sie uns kriegen, schieben sie uns ab! Aber sie kriegen uns nicht mehr. Wir haben lange geschlafen, aber jetzt sind wir aufgewacht! Schlafen wir noch? *Non! On reste debout!«* *»Debout!«*, ruft die Menge. »Wieso werden sie denn verjagt?«, fragt Lisa. »Wer?« »Na die Leute in Stalingrad! Wer verjagt sie denn?« »Na was glaubst du denn? Die Polizei natürlich! Die Polizei kommt nachts und vertreibt sie aus dem Lager. Man kann ihn sogar von der Avenue de Flandre aus hören, den Lärm.« »Aber wohin denn? Wohin vertreibt man sie?« Larissa zuckt mit den Schultern. »Nirgendwohin. Sie sollen sich einfach nicht sammeln.« *»The power!«*, donnert die Menge, Lisas Bauch fängt an zu prickeln. Sie schaut zum Stand mit den frittierten *beignets*, die Frau mit dem Baby hält ihre Faust mit den anderen in die Luft, *»the power!«*, ruft sie, und das Baby schaut seine Mutter mit großen Augen an, mit großen Augen und offenem Mund, und dann steckt es sich seine Faust in den Mund.

»Okay, uns reicht's.« Adam und Vivienne stehen auf. »Wollen wir?« Lisa reißt ihren Blick von dem Baby los und schaut hoch. »Kommst du?«, fragt Larissa und hält Lisa ihre Hand hin. Sie seufzt und lässt sich von Larissa hochziehen. Hoch auf die Füße, dann stakst sie durch die vielen Knie und Beine und Füße, sie lässt sich wieder durch die Körper ziehen, Plüschbäuche, durch die Polizeikette, wieder die Treppe hinunter in die Gänge, wieder durch den weißen Tunnel, nach links, die Treppe hinunter, weiter zur orangen 5, hinein in die Métro, die jetzt ganz leer ist. Lisa setzt sich neben Larissa auf einen Klappsitz und schaut auf das Schild, *En cas d'affluence, ne pas utiliser les strapontins. Strapontins*, murmelt sie und schaut aus dem Fenster, sie blickt auf die schmutzigen Wände des Tunnels, auf die vorbeirauschenden Kabel, und mit jeder Sekunde Kabel rauscht die République weiter weg.

16.
Marie

Ich wollte nicht weg aus Selles-sur-Cher, das stimmt, aber ich muss sagen, in Châteauroux gefiel es mir richtig gut. Es gab dort auch einen Fluss, einen wunderschönen, sogar ein bisschen breiter und wilder als der Cher: die Indre. Jeden Samstag gab es am Ufer der Indre im Stadtzentrum Musik und Tanz, es fand ein Ball statt. Ich war inzwischen fast sechzehn und hatte Mamie überzeugen können, samstags alleine dorthin gehen zu dürfen, um ein bisschen zu tanzen, nicht lange, spätestens um zwölf musste ich zu Hause sein, aber immerhin. Was Mamie nicht wusste: Ich hatte mich dort mit Alain verabredet, mit meinem ersten Freund aus Selles-sur-Cher. Er nahm jeden Samstag das Auto seiner Eltern und fuhr mich in Châteauroux besuchen.

Noch bevor wir unsere Sachen bei Tata Sophie gepackt hatten, war ich mit ihm zusammengekommen, nach unserem ersten Treffen unten am Fluss. Er war danach öfter da, ohne seine Clique, denn er verstand, dass ich lieber alleine war. Er begleitete mich den kleinen Pfad entlang bis zu den Feldern hinter dem Dorf, er setzte sich mit mir auf alte Äste auf meiner Lichtung und saugte mit mir die Gerüche der Gräser ein, und er lief mit mir sogar durch die Felder und die Mohnblumen. Lach nicht! Damit waren wir schon zufrieden, mit Thymian und Rosmarin und dem Rennen durch die Mohnblumen, mit fünfzehn habe ich noch keinen Jungen geküsst, man darf sich nicht so schnell weggeben.

Aber als wir in Châteauroux lebten, war ich schon älter, und ich war auch neugierig geworden. Ich weiß noch, über meinem Bett hing ein Plakat von Alain Delon, ich fand es toll, dass mein Freund so hieß wie er. Er sah so cool aus in seiner Lederjacke, jeden Abend gab ich ihm einen Gutenachtkuss, meinem Alain aus Papier, und als ich mich für den samstäglichen Ball umzog, befahl ich ihm, wegzusehen. Ich zog mein schönstes Kleid an, es war sonnengelb und ließ die Schultern frei, um die Brüste und Taille herum war es ganz eng und von der Hüfte abwärts sehr weit, es sah schön aus, wenn ich mich drehte. Und dann machte ich mich auf den Weg zum richtigen Alain, aufgeregt, dass wir uns bald wieder küssen würden.

Auf dem Weg zur Indre musste ich am Bahnhof vorbei, jedes Mal begann mein Herz zu klopfen. Denn am Bahnhof lungerte die Bahnhofsclique herum, so nannten wir sie, die Bahnhofsclique. Einer von ihnen, ein blonder Typ, war besonders verwegen, oft betrunken und laut grölend, er hatte den Ruf, sich viel zu prügeln. Ich hatte ein bisschen Angst vor ihm: Es war Gérard Depardieu, kurz bevor er nach Paris gezogen ist. Damals wusste ich natürlich nicht, dass er Schauspieler werden würde, er war bloß der laute Macker vom Bahnhof, aber viele Jahre später sah ich ihn in Bertoluccis *1900* im Kino. *Bon*, natürlich, er sah verdammt gut aus als Olmo, wild und ungestüm, und ein bisschen bereute ich es, mich in Châteauroux von ihm ferngehalten zu haben. Schon damals waren die Mädchen hinter ihm her, er lehnte sich locker gegen ein Auto und sie umringten ihn in ihren kurzen Röckchen, sie tranken Wein direkt aus der Flasche und rauchten, sie diskutierten laut, pöbelten herum, auf mich wirkten sie wild und gefährlich, aber auch interessant. »Lass dich ja nicht auf die Bahnhofsjungs ein, hörst du?«, warnte mich Mamie, »die sind gefährlich! Und dafür bist du noch viel zu jung.«

Dabei hatte ich mich schon fast auf einen Bahnhofsjungen eingelassen, auf Michel, Gérards besten Freund. Er ging auf meine Schule, ein Jahrgang über mir, aber er wirkte schon viel älter als siebzehn, vielleicht war er auch sitzen geblieben. Michel hatte mich auf dem Schulhof angesprochen. »Was liest du da?«, fragte er, und ich zeigte ihm mein Buch, es war *Das andere Geschlecht* von Simone de Beauvoir. Mamie hatte es mir gegeben, ja, ich sagte doch, sie las alles, und de Beauvoir fand sie spannend, »sie versteht nicht alles, weil sie nie Kinder bekommen hat«, sagte sie mir, »aber es stimmt, was sie schreibt, dass man nicht als Frau geboren wird, lies das Buch, es wird dir guttun«, und ich liebte es. Ich glaube, Michel war von mir beeindruckt, er hatte zwar noch nichts von de Beauvoir gelesen, dafür aber Camus und Sartre, und er wollte mit mir über Existenzialismus diskutieren, so kam er immer in der großen Pause zu mir. Ich lieh ihm die *Mandarins von Paris* aus und er gab mir Albert Camus' *Der Fremde*, »weil du doch solche Sehnsucht nach Tunesien hast, denn Camus' Sehnsucht nach Algerien spürt man in jeder Zeile des Romans.« Immer, wenn Alain mich fragte, ob ich abends nicht mitkommen wolle zum Bahnhofsplatz, sagte ich Nein.

»*Hé*, setz dich doch mal zu uns!«, rief Gérard jetzt wieder, als ich an ihnen vorbeilief, er machte einfach jedes Mädchen in meinem Alter an. Und seit ich mit Alain zusammen war, hatte ich mir die Haare wachsen lassen, längst hatte ich nicht mehr diesen Bubikopf, meine Haare waren jetzt fast schulterlang, unten in einer eleganten Welle nach außen gekämmt, wie es gerade in Mode war, mit einem Pony, und bei jedem Schritt wippten meine Haare über meinen Schultern. Meine Brille hatte ich zu Hause gelassen, um hübscher zu sein, deshalb konnte ich kaum etwas sehen. Ich hielt meinen Blick auf den Boden gesenkt und ging weiter, als hätte ich nichts gehört. Doch dann kam Michel auf mich zu, ich sah es aus dem Augenwinkel. »Marie! Wie geht's?«, fragte er und ging neben mir her. »Gut.« »Willst du nicht stehen bleiben?« »Nein.« »Nur ein paar Minuten, nur eine Weile, das tut doch nicht weh!« »Nein.« »Okay, ich hab hier was für dich.« Er hielt mir einen zusammengefalteten Zettel hin. »Was ist das?« »Nun nimm schon, dann lasse ich dich auch in Ruhe!« Ich steckte den Zettel in meine Tasche, und Michel ließ mich ziehen.

Als ich den Ball erreichte, tanzten bereits die ersten verliebten Paare. Es waren hauptsächlich Jugendliche, die Erwachsenen kamen erst später. Auf der Mauer zum Ufer saß Alain, als ich näher kam, sah ich, wie er mich anstrahlte. Er sah so gut aus. Eben wie Alain Delon, fand ich. Das gleiche starke Kinn, das Kinn ist das Wichtigste, merk dir das, ein Kinn, das keine Angst vor der Welt hat. Dann die starken Wangenknochen und eine breite Stirn. »Da bist du ja!« Alain zog mich an den Hüften zu sich und küsste mich. Ein Zungenkuss, seit einigen Tagen küssten wir uns mit Zunge. *Uh-là!* Mir wurde heiß, ich weiß noch, mein Atem beschleunigte sich, mein Körper schmiegte sich an seinen, im Rhythmus der Zungen, die einander umschmeichelten. Es war nicht das erste Mal, dass ich merkte, wie zwischen meinen Beinen etwas zu pochen begann, aber diesmal hatte ich das Gefühl, das Klopfen erfüllte meinen ganzen Körper. »Lass uns tanzen!«, raunte er und zog mich auf die Tanzfläche. Eng umschlungen bewegten wir uns im Takt, wir küssten und küssten uns, bis meine Lippen ganz heiß und wund waren, und bei jeder Bewegung merkte ich, wie feucht ich war. »Du bist so schön!«, sagte er mir, »so schön in deinem Kleid, ach, ich wünschte, wir könnten uns öfter sehen.«

Er versprach mir, nach Châteauroux zu kommen, sobald er sein Abitur in der Tasche hatte, dann würde er ein paar Wochen mit mir verbringen, bevor er zum Studium nach Paris wollte. Und ich wollte nachkommen. Damals sprach Mamie noch nicht darüber, dass wir bald nach

Paris ziehen würden, aber wann teilte sie uns überhaupt mal mit, was sie plante, ich denke, so machte man das damals, man sprach nicht mit den Kindern über die Pläne. Mein Bauch kribbelte, als ich mir das vorstellte, Alain und ich im Studium, erwachsen in Paris, dann könnten wir tun, was wir wollten, uns sehen, wann wir wollten, vielleicht würden wir sogar zusammen wohnen. Ich legte meinen Mund an seinen Hals und sog seinen Geruch ein, er roch so beruhigend nach Kaffee und Tabak, er hatte damals gerade angefangen zu rauchen, und darunter mischte sich der Duft nach Thymian. Alains Lippen schmeckten nach Sommer, sie waren heiß und voll. Ach, ich wünschte mir, dieser Abend würde nie enden. Wir tanzten Rock 'n' Roll, Alain schleuderte mich durch die Gegend, bis sich die Welt um mich drehte, und dann tanzten wir wieder eng verschlungen, unsere nass geschwitzten Körper schmiegten sich aneinander, wieder dieses Pochen, diese Sehnsucht, gierig suchte meine Zunge seine. Bis wir plötzlich unterbrochen wurden.

»Was fällt dir ein, du kleines Biest!«, zischte Mamie und verpasste mir eine Ohrfeige, vor allen Leuten, peng, dass mein Kopf zur Seite flog. Vor allen Leuten! Sie war unmöglich. Ich bin mir sicher, sie konnte mir einfach keinen Spaß gönnen. Sie hat gespürt, dass ich mein Leben ohne sie plante, da war ich mir sicher, sie gönnte es mir nicht, ein eigenes Leben zu haben, und da hatte sie sich auf den Weg gemacht, um mich zurückzuholen. Wie nackt ich mich plötzlich fühlte, mit feuchter Unterhose und dicken Lippen, ich schämte mich unendlich, so vor ihr zu stehen, und hielt meine Wange, den Blick auf den Boden gerichtet, mit dem Wunsch, er möge sich auf der Stelle auftun und mich verschlucken. Alain wollte dazwischengehen, doch ich hielt ihn zurück. »Hau ab!«, zischte ich und drückte ihn weg. Plötzlich war ich wütend auf ihn. Was wollte er noch hier? Er hatte schon genug angestellt, mich von zu Hause weggelockt, war in meinen Mund eingedrungen, in meine Welt, hatte Mamie wütend gemacht. Ich hatte das Gefühl, sie verraten zu haben und dass Alain mich dazu verführt hatte. Er hatte mich beschämt. Eine Weile stand er mit hilflos hängenden Armen da, aber ich drehte ihm den Rücken zu. Schließlich sah ich aus dem Augenwinkel, wie er sich entfernte. Mir kamen die Tränen.

»Hör sofort auf zu weinen, du willst wohl, dass mich alle für eine Rabenmutter halten?« Mamie packte mich am Handgelenk und zerrte mich quer über den Platz bis nach Hause. »Maman! Nicht so schnell!«, rief ich und versuchte, mich frei zu machen. Sie ließ mich los. Wutentbrannt ging sie vor mir her, einige Meter, und ich trottete mit gesenktem Kopf hinterher. »Aber Maman«, setzte ich an, »es ist noch nicht zwölf Uhr.« Sie drehte sich um, nur ganz kurz, aber lang genug, damit ihre Eisaugen mich erwischen konnten. Ich sagte nichts mehr. Als wir zu Hause ankamen, riss sie mich am Arm in mein Zimmer, ich stolperte und fiel auf den Boden. Mein Knie platzte auf. »Dich muss man wegsperren, du kleine Hure!«, schrie sie und knallte die Tür zu. Ich konnte hören, wie der Schlüssel umgedreht wurde.

Da lag ich, auf dem kalten Boden. Die plötzliche Stille war unerträglich. Mein Bett, meine Lampe, mein Schreibtisch standen stumpf und vorwurfsvoll da, alles hatte sich von mir abgewandt. Der Gestank meiner feuchten Unterhose kroch mir in die Nase, wütend zerrte ich sie mir runter und schmiss sie in die Ecke. Ich verzog mich unter meine Decke und versuchte, mich nicht zu bewegen.

Mit der Zeit bekam ich kaum noch Luft. Vorsichtig zog ich die Decke zurück und atmete die frische Luft tief ein. Ich wünschte mir, ich könnte den Abend rückgängig machen. Wie hatte ich mich Alain vor all den Leute so hingeben können? Hatten sie es wohl alle gesehen, das Pochen zwischen meinen Beinen? Bestimmt hatten sie es gesehen. Und Mamie. Mamie hatte es auch gesehen. Ich weinte, und mir liefen die heißen Tränen die Wangen hinunter in die Ohren.

Da klopfte es leise an der Wand, viermal, zweimal kurz und zweimal lang. Solange. Ich klopfte leise zurück, dann klopfte es wieder, zweimal, und zweimal klopfte ich zurück, und dann kam noch ein Klopfen, ich lächelte, ach, meine kleine Solange, und klopfte ein letztes Mal zurück. Ich setzte mich hin und schaltete meine Nachttischlampe an. Mitten in meinem Zimmer auf dem Boden lag meine Tasche. Da fiel mir der Zettel von Michel wieder ein. Ich könnte ja einmal reinschauen, dachte ich. Mamie würden es nicht erfahren. Und Alain, der sollte bloß wegbleiben. Ich setzte mich auf den Boden und entfaltete den Brief, lang war er nicht, nur eine Seite, Michels Schrift war schwer zu entziffern.

Es war ein Liebesbrief. Wie schön ich aussähe, wenn ich lese, stand darin, dass ich die einzige so intelligente und hübsche Frau sei, die er kenne, dass meine Augen vor Klugheit strahlen würden, dass er mit niemandem so über das Absurde auf der Welt sprechen könne wie mit mir, dass die Stadt zu klein für uns sei, Châteauroux, ein bourgeoises Provinznest, dass wir uns hier nicht entfalten könnten und dass er beschlossen habe, nach Paris zu gehen, »mit Gérard und den anderen«, dass er mich fragen wolle, ob ich mitkäme, mit ihm nach Paris, in die Stadt unserer Lehrer, in die Stadt de Beauvoirs, Sartres und Camus', wir seien für die Großstadt gemacht, wir beide. Ich solle meine Bücher einpacken, mehr würde ich nicht brauchen, nur meine Bücher und die Luft von Paris.

Mein Herz klopfte bis zum Hals. Er mochte mich! Michel mochte mich, und er wollte mich mitnehmen – nach Paris! Warum nicht? Mein Bauch kribbelte. Warum nicht! Einfach alles hinter mir lassen, ha, ich würde es Mamie zeigen, würde einfach mit der Bahnhofsclique abhauen, das hätte sie davon, weinen würde sie, weinen um die Tochter, die sie mit ihrer Bosheit vertrieben hat, direkt in die Arme der Jungs. Ein wildes Leben würde ich führen in Paris, und sie würde sich Vorwürfe machen und grübeln, was sie nur falsch gemacht hätte, während ich mich amüsieren würde und mich fortgeben würde an Michel, würde sie ... Ach, Maman, meine arme Maman, wie traurig sie wäre. Sie würde weinen, sie hätte niemanden mehr, erst baute sie mir und Solange ein Zuhause auf in Frankreich, und dann haute ich einfach so ab? Hatte sie mich nicht davor bewahrt, mich unbedacht Alain hinzugeben? Hatte sie nicht recht gehabt, mich rechtzeitig von ihm fortzuziehen, hatte ich es nicht wirklich in Betracht gezogen, das Wertvollste einfach wegzugeben, einfach an ihn zu verschenken, in einem Augenblick der Schwäche? Sie wollte doch nur das Beste für mich. Sie passte auf mich auf.

Wer war schon dieser Michel, was wusste er denn schon von mir, ein Mädchen an seiner Seite wollte er, das war alles, ein leichtes Mädchen, das er mitnehmen könnte, mit dem er angeben könnte vor seinen Freunden, und wenn er eine andere finden würde in Paris, ein anderes Mädchen, das ebenso belesen war, das vielleicht schon studierte, dann würde er mich fallen lassen, und dann stünde ich da, alleine in Paris, alleine und dreckig. Aber hier, hier würde Mamie weiter auf mich aufpassen, sie würde darauf achten, dass ich bei mir bleiben würde, dass ich mich nicht verlieren würde.

Ich knüllte den Brief zusammen und warf ihn in die Ecke. Natürlich würde ich Mamie nicht verlassen, sie meinte es nur gut mit mir, und ich brauchte sie. Ich wusste wieder, was ich zu tun hatte. »Maman?« Ich klopfte von innen an meine Tür. »Maman? Darf ich kurz raus? Ich möchte mich waschen.« Die Tür wurde geöffnet. Ich schlüpfte ins Bad, setzte mich auf das Bidet, nahm viel Seife und wusch mich zwischen den Beinen.

17.
Lisa

»Es ist gar nicht bewiesen, dass sie das mit dem Kuchen wirklich gesagt hat!« Vivienne wirft ihre Handtasche auf die Sitzbank und robbt hinterher. »Das ist unter Historikerinnen höchst umstritten. Wenn du mich fragst, dann wurde ihr das nur in den Mund gelegt, um die gesammelte Dekadenz des Adels auf den Schultern einer Frau abladen zu können. Mit einem Stück Gebäck wurde ihr die ganze Schuld für ein gescheitertes Gesellschaftssystem zugeschoben. In den Schoß gelegt!«

Lisa setzt sich neben Larissa auf die rot gepolsterte Bank, es ist der letzte freie Tisch. Im *Côté Canal* ist es voll, es riecht nach frittierten Pommes und Lisa hat Hunger. Sie hätte einen der *beignets* essen sollen, sicher waren das sehr gute *beignets*, so wie sie gerochen haben. Obwohl ihre Mutter die nicht so mochte, zu süß, hat sie immer gesagt, dafür mochte sie sehr gerne *brick*, *brick à l'œuf*, frittierter Blätterteig mit Ei und Thunfisch, Kartoffel und Petersilie, oder süße *brick*, nur mit Ei in der Mitte und dafür gezuckert, eine dünne Schicht Zucker, die an dem noch heißen Fett klebt. Lisa hat wirklich Hunger. Sie legt ihre Hände auf den Holztisch, massives, dunkles Holz, und schaut sich um. Sie sieht sich den Fisch an, der an der Wand hängt, ein Bild von einem blauen Fisch, er formt seinen roten Mund zu einem O und schaut neugierig zurück. Daneben hängen Fotos von Che Guevara, Che mit Kamera, er schraubt an seiner Kamera herum und blickt überrascht hoch.

Wie Vivienne auf Marie-Antoinette gekommen ist, weiß Lisa nicht, sie ist mit Larissa hinter ihr und Adam hergelaufen, und jetzt redet Vivienne auf Adam ein: »Wie Evas Apfel ist dieser Kuchen, das ist doch kein Zufall, Marie-Antoinette naschte zu viel davon, als hätte sie die Erbsünde wiederholt, und damit das gesamte französische Volk in den Abgrund gestoßen! *Oh làlà*, wenn Frauen sich gehen lassen, ist gleich die Menschheit in Gefahr.« »Es war kein Kuchen, es war *brioche*«, wendet Adam ein, und jetzt lacht Larissa, »na dann«, lacht sie, »dann ist es ja nicht so schlimm.« »Okay, vielleicht hat sie es ja auch gesagt.« Vivienne holt ihre Zigaretten aus der Tasche. »Hier drin darf man nicht rauchen«, sagt Adam. Sie steckt die Packung wieder ein. »Der Punkt ist: Der gesamte Adel war dekadent. Der König, die Fürsten, der ganze Hof. Sie alle haben Kuchen gegessen, sie alle waren stinkreich, während die Bauern hungerten. Aber über wen regt man sich in der Geschichtsschreibung natürlich am meisten auf? Über die Frau! Über die einzige Frau im Königshaus, die es wagte, sich hemmungslos zu amüsieren und das auch selbstbewusst zur Schau zu stellen. Die Männer haben das doch alle gemacht. Aber regt sich jemand darüber auf, wie Ludwig der XVI. gefeiert hat? Natürlich nicht. Jahrhunderte später wird immer noch über Marie-Antoinette und ihre *brioche* gesprochen, *oh làlà*!« Vivienne fächelt sich mit einer Serviette Luft zu.

»*Bonsoir*«, der Kellner kommt an den Tisch: »*Vous avez choisi?*« »Was wollen wir? Alle *steak haché*?«, fragt Adam in die Runde. Larissa hatte schon auf dem Weg von dem *steak haché* geschwärmt, *steak haché* mit Roquefortsauce soll es hier geben, göttlich, hat sie gesagt, es schmeckt göttlich. Vivienne nickt, »*Putain*, ich hab so was von meine Tage, ich brauche auf jeden Fall ein Stück blutiges Fleisch!« Der Kellner lächelt amüsiert auf Vivienne herab. »Blutig für Madame«, sagt er und notiert. Adam blickt in die Runde, »wir nehmen dann noch dreimal das *steak haché à point*, und eine Karaffe Côtes du Rhône, *s'il vous plaît*«, Adam wendet sich an Vivienne: »*Mais quand même*, Vivienne, aber wirklich! Mit dir kann man echt nicht ausgehen!« »Wieso?«, fragt sie, »weil niemand wissen darf, dass ich meine Tage habe, *hein*? Soll ich wieder rausgehen in den Wald, wenn ich den roten Fluch habe, wie die Frauen früher, wäre dir das vielleicht recht?« Lisa lächelt. *Malédiction*. Das hat sie verstanden.

»Studierst du Geschichte?«, fragt sie Vivienne, sie konzentriert sich jetzt auf die Aussprache, aber die Zunge will noch immer nicht ganz so schnell, sie räuspert sich. »Wegen Marie-Antoinette. Studierst du Geschichte?« »Nein, ich studiere Politik, wie Larissa, aber Adam und ich haben gestern den Film von Sofia Coppola angeschaut. Mit Kirsten Dunst.« Vage kann Lisa sich erinnern, sie hat den Film auch mal gesehen, irgendwie schrill und pink hat sie ihn in Erinnerung. »Der Film wurde stark kritisiert, oder?«, fragt sie. »Zu Unrecht! Er ist genial!« Vivienne strahlt. »Er könnte ganz genauso heute in New York spielen, High Society, total getroffen! Diese Dekadenz! Diese Langeweile! Und dieses Selbstbewusstsein, mit dem sich die Frauen das nehmen, was ihnen in den Sinn kommt. Der Film ist absolut ... er ist *girly in your face*!« Vivienne macht dabei einen Faustschlag durch die Luft. »Und dir hat er nicht so gefallen?«, fragt Lisa Adam. Er zuckt die Schultern, »er war mir zu laut«, sagt er »zu gewollt modern, Popmusik in Versailles, ich bitte dich. Und dann Marie hin und Marie her, sie ist mir einfach auf die Nerven gegangen, mit ihren Haaren, diesem riesigen Turm Haare auf ihrem Kopf.« »Und das Volk kommt nicht darin vor«, sagt Larissa, »es geht immer nur um die Königin und den Hof, als gäbe es kein hungerndes Volk in Frankreich.« Stimmt nicht, denkt Lisa, »stimmt nicht«, sagt Lisa, »das Volk kommt am Ende vor, als es mit Heugabeln vor Versailles steht.« »Genau!«, ruft Vivienne, »ganz genau, das ist doch so genial daran! Erst am Ende, wenn es zu spät ist! Der Film dreht sich um Langeweile und Dekadenz, um diese Leere, die

Marie-Antoinette nicht füllen kann, nichts anderes, man hält es schier nicht aus! Man leidet! Immer Sekt, Kuchen, Kleider im Überfluss, Party, Gekreische. Ich habe die ganze Zeit darauf gewartet, dass endlich mal jemand diesem Trara ein Ende bereitet und ihr den Kopf abschneidet.« »Na siehst du«, Adam lacht, »na siehst du, ist doch gut, wenn man sich auf die Revolution freut.« »Ja, aber das meinte ich doch vorhin. Es wird wieder der Frau die ganze Schuld gegeben. Als wäre Marie-Antoinette an allem Elend Frankreichs schuld, und wenn ihr Kopf ab ist, ist die Menschheit befreit. Dabei hatten die Männer das Sagen, vorher und nachher genauso, wer entschied denn, welcher Kopf rollt und welcher nicht, erst war es der König, dann war es Robespierre. Und stellt euch mal vor«, jetzt beugt sie sich über den Tisch, »stellt euch mal vor, es wäre ein Film über den König und seine Kumpels gewesen, wie sie Politik machen und dann das Essen in sich hineinstopfen, ein riesiges Gelage, wie sie saufend durch Versailles ziehen, untermalt mit krassestem Punk, vielleicht sogar ein bisschen The Clash oder noch besser, Lou Reed, der König als kleiner melancholischer Rebell, überlegt mal, wie der Film dann gefeiert worden wäre!«

»Blutig für Madame«, der Kellner bringt die Steaks, er zwinkert Vivienne dabei zu. *»Merci«*, sagt sie, sie schaut ihn nicht an, sie schaut auf den Tisch und nimmt ihr Besteck aus dem Korb. Dicke, golden frittierte Pommes liegen auf Lisas Teller, etwas Salat, Tomate, Gurke, in der Mitte das *steak haché*, dunkel angebraten, umgeben von weiß-schaumiger Sauce. Nicht schlecht. Es sieht gar nicht schlecht aus. Sie schneidet ein kleines Stück Fleisch ab, innen ist es rosa, ganz fein gehackt, sie tunkt es in die weiße Sauce. Erst schmeckt es nur salzig, aber dann kommt langsam das Aroma des Roquefort durch, ganz langsam, um sich mit dem eisernen, pfeffrigen Geschmack des gebratenen Fleischs zu verbinden, das Pfefferige und der Roquefort, sie werden zu ... *»Putain!«*, entfährt es Lisa. Vivienne lacht. »Dein erstes Mal?« Lisa nickt und nimmt ihr Glas, sie trinkt einen Schluck Côtes du Rhône. Perfekt. *»Parfait!«* Vivienne lacht. Vivienne lacht, nimmt ihr Glas und hält es Lisa hin. »Man merkt eben doch, dass du Französin bist!«, ruft sie, »chinchin!«

Es gibt nur noch Lisa und ihr Steak. Sie konzentriert sich darauf, die richtige Mischung Fleisch und Sauce zu finden, nicht zu viel Sauce, dann schmeckt man das Fleisch zu wenig und hinterher ist die Sauce noch weg, bevor das Fleisch aufgegessen ist, aber auch nicht zu wenig Sauce, sonst überdeckt der Fleischgeschmack den Roquefort und das wäre schade um den guten Käse. Larissa nimmt sich Senf, sie isst die Pommes mit Senf, also nimmt auch Lisa die Flasche und drückt Senf auf ihren Teller, sie probiert, scharf ist es, der Senf treibt ihr die Tränen in die Augen, so scharf, aber es schmeckt wunderbar, viel besser als mit Mayonnaise, die alles verklebt, die die Pommes immer so matschig macht. Lisa betrachtet Viviennes Lippen, während sie spricht, ihre roten Lippen bewegen sich schnell und sehr genau, wenn sie sich das Fleisch in den Mund schiebt, bleibt nichts daran hängen, keine Sauce und kein Fett, zwischendurch blitzen ihre weißen Zähne hervor, es ist, als würde ihr Mund gar nicht berührt von dem Essen, aber was Vivienne sagt, hört Lisa nicht, ihre Worte werden eins mit dem Gemurmel im Raum, ein weiches, warmes Gemurmel, das Lisa zufrieden einatmet. Dann ist das Fleisch weg, Lisa nimmt die letzten zwei

Pommes mit den Fingern und wischt den letzten Rest Sauce auf.

»Homosexualität steht im Islam unter Strafe! Diskutiere mit mir nicht über den Islam!«, sagt Adam, er beugt sich wütend vor, und Larissa lehnt sich zurück und lacht, »ach«, lacht Larissa, »und wo genau bitte soll das sein? Im Islam? Wo liegt dieses Land?« Adam rollt mit den Augen, »in Marokko zum Beispiel«, sagt er, »Mahamat hat mir doch erzählt, wie er sich verstecken musste, wie er in verbotene Bars gehen musste, um Männer kennenzulernen, immer in der Angst, dass es eine Razzia geben könnte, wie er sich schämen musste, nicht nur vor seinen Freunden, seinen Mitschülern, seiner Familie, auch vor sich selbst, immer in der Angst, angezeigt zu werden. Hier haben wir offen auf der Straße herumgeknutscht, wir haben sogar direkt vor Sacré-Cœur geknutscht, wenn das keine Freiheit ist!« »Ich sage ja nicht, dass die marokkanische Gesellschaft nicht sexistisch ist«, Larissa nimmt die Karaffe und will sich eingießen, es kommt kein Wein mehr, »aber im Islam war Homosexualität jahrhundertelang kein Thema, in Marokko und Tunesien zum Beispiel kam das Verbot der Homosexualität erst mit dem französischen Protektorat! Wusstest du das?« Adam reißt seine Hände hoch, »ist doch egal, wie das Verbot zustande kam, Marokko ist längst unabhängig, aber wenn ich in Rabat öffentlich meine Liebe zu einem Mann zeige, dann werde ich angezeigt und eingeknastet, und in Paris ja wohl nicht!« »Ja, weil die Franzosen ihren Schwulenhass einfach nach Marokko exportiert haben bei ihrer Kolonialisation!« Adam winkt dem Kellner und Larissa wendet sich Lisa zu. »Hast du das Video gesehen?« Lisa schüttelt den Kopf, »welches Video?«

Larissa holt ihr Telefon aus der Tasche, »es geht überall herum«, sagt sie, »die Frau am Strand von Nizza!«, sie tippt darauf herum und hält es Lisa hin. Eine Frau sitzt am Strand, sie trägt einen schwarzen Hidschab und ein türkises Shirt mit langen Ärmeln, zwei Polizisten stehen direkt vor ihr, die Waffe am Gürtel, sie reden auf die Frau hinab, die wütend scheint und sich dann mit einem Ruck das Shirt über den Kopf zieht, »noch eine Karaffe Côtes, *s'il vous plaît*«, sagt Adam, »absurd!«, sagt Larissa, »in Nizza ist das Baden im Burkini jetzt verboten, wie absurd«, dann wendet sie sich wieder Adam zu, »der Sexismus in Marokko ist das eine, aber wir diskutieren doch eigentlich darüber, wie die französische Gesellschaft mit dem Islam umgeht und mit Muslimen, wir sind hier nicht in Marokko, sondern in Frankreich«, sie wirft ihm das Telefon mit dem Video hin, »und wenn hier eine Frau am Strand gezwungen wird, sich auszuziehen, von der Polizei! Dann hat das nichts mit Säkularismus zu tun, sondern dann schreiben ihr Männer vor, bewaffnete Männer, welche Kleidung sie zu tragen hat. An einem Strand muss eine Frau Haut zeigen – was sind denn das bitte für Regeln? Ist das nicht genauso unterdrückend für Frauen wie der Zwang, sich vollständig zu bedecken?« Adam schüttelt den Kopf, »wenn wir in Marokko wären, würdest du doch niemals den Hidschab verteidigen, warst du mal in Marokko?«, fragt er, »das würde ich gerne mal sehen, wie du den Hidschab verteidigst, wenn dein Vater und dein Bruder dich zwingen, ihn zu tragen, in Marokko könnten wir nicht einfach zusammen im Café sitzen und Wein trinken, drei Frauen und ein Schwuler, was meint ihr, man würde uns nicht in Ruhe lassen, und dann noch mit Alkohol!«

Einmal hatte Lisa diese Diskussion mit ihrer Mutter. Lisa hatte sie zu ihrem Geburtstag in ein marokkanisches Restaurant eingeladen, ein tunesisches hatten sie nicht gefunden in Charlottenburg. Sie haben Couscous bestellt, Couscous Royal, mit Lammfleisch und Gemüse und Merguez, »wenn schon, dann will ich einen richtigen Couscous!«, hatte Lisas Mutter gesagt, und dazu bestellte sie sich Wein, eine Karaffe Wein, und Lisa weiß nicht mehr genau, wieso, aber sie haben sich gestritten, sie haben sich über das Kopftuch gestritten. »Ich würde mich wohler fühlen mit Kopftuch«, hat ihre Mutter gesagt, »wirklich, mich stören all diese Blicke, nicht nur von Männern, die Blicke überhaupt stören mich, ich will nicht mehr angesehen werden, ein Kopftuch würde es mir sehr erleichtern, vielleicht würde ich sogar häufiger aus dem Haus gehen, wenn ich ein Kopftuch tragen könnte, ohne dass mich alle blöd ansehen, denn ein Kopftuch in einem muslimischen Land zu tragen ist das eine, aber in Berlin, oh nein, in Berlin kann man kein Kopftuch tragen, ohne dass einen alle Deutschen anstarren«, das hat sie gesagt. Lisa war damals vielleicht zwanzig Jahre alt, und sie ist ausgerastet, total ausgerastet. »Wie kannst du dir nur wünschen, dass Frauen sich verstecken müssen!«, rief sie, »die Männer sollen frei herumlaufen, und wir sollen unsere Haare verstecken, damit sie uns nicht bespringen? Und du nennst dich Feministin, was ist los mit dir?« Doch Lisas Mutter zuckte mit den Schultern, sie blieb ganz ruhig. »Ich sage nicht, dass alle Frauen ein Kopftuch tragen sollten«, sagte sie, »ich sage nur, dass ich gerne eins tragen würde, und wenn mehr Frauen ein Kopftuch tragen würden, würden sie vielleicht auch nicht mehr so viel belästigt.« »Du gibst Frauen die Schuld daran, dass Männer sie belästigen, nur weil sie ihre Haare und ihr Gesicht zeigen?!« Lisa wurde laut, richtig laut, aber ihre Mutter sagte nur *bon*, »*bon*, okay, du verstehst das nicht, lassen wir das Thema, ich sage doch nur, dass die nackte Haut auch keine Befreiung ist und dass ein Kopftuch die Probleme vielleicht auch nicht löst, aber eine Möglichkeit ist, damit umzugehen, eine Möglichkeit von vielen, reg dich nicht auf, du darfst deine schönen Haare weiter zeigen, *ma chérie*, die schönen blonden Locken, zeig sie ruhig, schließlich bin ich es, die sie dir gemacht hat!« Und dann bestellte sie *makroud* zum Nachtisch, »essen wir den *makroud*«, sagte sie zu Lisa, »und lassen wir das Thema. Eines Tages wirst du mich vielleicht verstehen, wir reden noch mal, wenn du in meinem Alter bist.«

»Wenn man das Kopftuch verbietet«, sagt Adam, »dann unterdrückt das muslimische Frauen nicht, sondern man gibt ihnen einen Rückhalt, sich gegen Unterdrückung zu wehren.« »Aber das müssen sie selbst entscheiden!«, ruft Larissa, »wer bestimmt, was Frauen tragen dürfen und was nicht, etwa du?« Plötzlich blickt sie Lisa an. »Was sagst du?«, fragt sie, »du sagst nichts, was denkst du denn darüber?« Lisa zuckt mit den Schultern. »Ich glaube, weder das Zeigen von nackter Haut noch das Kopftuch löst das Problem«, sagt sie. »Es sind nur zwei verschiedene Weisen, damit umzugehen.« Larissa lächelt, sie lächelt ihr Weiche-Augen-Lächeln, und Lisa hat Lust auf einen Nachtisch. »Wollen wir uns eine *crème brûlée* teilen?«

Als sie schließlich aus dem Café kommen, ist es schon kühl geworden, kühl und dunkel und ruhig ist es am Kanal. Lisa verabschiedet Adam und Vivienne mit Küsschen, »weißt du«, sagt sie zu Adam und lacht, *»à Paris, on donne des bisous!«*, dann sind die beiden weg, verschwunden Richtung Stalingrad, wenn man betrunken ist, überlegt Lisa, ist alles immer so plötzlich, gerade waren sie noch da, jetzt sind sie weg.

Sie läuft mit Larissa am Bassin entlang, am liebsten würde sie auf das Wasser steigen, einfach auf das Wasser steigen und über das Bassin laufen, sicher würde es sie tragen, so glatt sieht es aus. Ruhig und glatt wie Olivenöl, würde ihre Mutter sagen, so mochte sie das Mittelmeer am liebsten. Die Luft kühlt Lisas Wangen und sie möchte langsamer laufen, sie möchte langsamer laufen und mit Larissa noch ein bisschen über das Wasser schauen, aber Larissa läuft so schnell, und schon stehen sie vor der Rue de Flandre. *»Bonne nuit«*, sagt Larissa, *»à demain.«* Sie gibt Lisa einen Kuss auf die Wange, und dann macht das Tor klack, es macht dieses volle Klack und schon ist Larissa im Gebäude verschwunden. Lisa dreht sich um und schaut in den Himmel, sie kann keine Sterne sehen, ein blauschwarzer Himmel ist es, dann blickt sie auf die Straße, ganz leer ist die Avenue, nur ab und zu fährt ein Auto vorbei. Und plötzlich ist es so still, es ist ganz still um Lisa, als wäre der Lärm aus dem Restaurant erst jetzt aus ihren Ohren geflossen. Sie merkt, dass sie alleine ist, alleine steht sie auf der Avenue de Flandre, sie hebt ein Bein nach vorne, nur schwer löst sich der Fuß vom Boden, dann läuft sie los, sie läuft los Richtung Riquet. Über ihr raschelt der Wind in den Blättern der Platanen. Sie wollte nicht gesehen werden. Sie wollte sich einfach zurückziehen können und durch die Straßen laufen. Sie wollte ihre Ruhe. Einfach nur ihre Ruhe. »Ich will nur noch in Frieden sterben«, das hat sie ihr gesagt, im Hospiz. »In Frieden. Ich hatte genug Abenteuer, weißt du, ich habe genug gelebt. Jetzt brauche ich meine Ruhe, um zu gehen.«

Lisa schaut auf. Sie schaut auf und starrt die Avenue de Flandre entlang ins Dunkel, irgendetwas ist da vorne. Sie versucht, mit ihren Ohren die Stille zu durchdringen, was war es, da, da vorne ist irgendetwas, was ist das für ein Geräusch? Wie ein Tumult, rufende Männerstimmen, wie eine Demonstration, ist das Nuit Debout? Aber so spät nachts, gibt es so spät nachts Demos in Paris? Oder ist es noch gar nicht so spät? Das Stimmengewirr kommt näher, wie ein Markt hört es sich an, aber wütend, ein wütender Markt, Männer sind es, rufende Männer, noch immer kann Lisa nichts sehen, es wird lauter, Lisa bleibt stehen, sie blickt sich um, hinter ihr läuft eine ältere Frau, eine Frau mit Kopftuch, auch sie bleibt nun stehen und starrt nach vorne, Lisa dreht sich wieder um, die Rufe kommen näher, dazu ein komisches Geräusch, so ein lautes Prasseln, da ist ein Hauseingang, rechts neben ihr, sie blickt wieder nach vorne, da kommen sie, da kommen sie auf Lisa zu, das Prasseln ist jetzt da, Lisa springt rechts in den Hauseingang, die Frau mit ihr, da sind sie auch schon von Chaos umringt.

Es dauert einige Sekunden, bis Lisa versteht, was passiert. Ein Pulk Männer rennt vor ihr die Straße entlang, einige kommen zum Stehen, wütend drehen sie sich um und schreien ins Dunkel, Lisa kann sie nicht verstehen, keine Ahnung, welche Sprache das ist, die Männer drohen mit ihren Fäusten und brüllen, es sind viele, vielleicht hundert, vielleicht zweihundert, wieso sind sie so aufgebracht? Und immer noch dieses Prasseln, Lisa versteht nicht, was da so laut prasselt, die ganze Luft ist von diesem Prasseln erfüllt. Da kommt plötzlich ein Pferd die Avenue entlang, ein riesiges Pferd, das in die Menge galoppiert, die Männer springen gerade noch zur Seite, da wird einer von oben getroffen, Lisa kann es hören, es ist ein dumpfer Schlag, er hält sich den Kopf und rennt weg. Sie schaut hinauf, es sitzt ein Polizist auf dem Pferd, er schlägt von oben mit aller Kraft auf die Männer hinunter, plötzlich wieder so ein dumpfes Geräusch, da geht ein Mann zu Boden. Ein anderer schreit auf und bückt sich zu ihm. Für einen Moment ist es ruhig, dann geht das Gebrüll wieder los und das Prasseln, die Männer rennen weiter, jetzt sieht Lisa die Polizisten, die schwarzen Reihen von Polizisten, sie schlagen mit ihren Knüppeln auf die Schilde und scheuchen die Männer vor sich her, das ist das Geräusch, dieses Prasseln, sie schlagen auf die Schilde, ab und zu holt ein Polizist aus und versucht, mit dem Knüppel einen Vorbeieilenden zu treffen.

Als die Mauer aus Polizisten bei dem Mann ankommt, der am Boden liegt, schreien sie ihn an, er solle aufstehen, doch er steht nicht auf, er bewegt nur langsam seinen Kopf hin und her, stellt ein Bein auf und senkt es wieder, der andere Mann kniet neben ihm auf der Straße, *»please help«*, versteht Lisa jetzt, er ruft um Hilfe.

»Allah!«, stöhnt die Frau neben ihr, *»Allah*, diese Monster!«, ruft sie jetzt lauter: »Faschisten sind das! Ihr Faschisten!« *»Pardon«*, Lisa wendet sich ihr zu, »ich verstehe nicht ganz, was passiert hier, was macht die Polizei da?« Die Frau ist außer sich, »na was machen sie, sie jagen sie jeden Abend fort«, ruft sie mit schriller Stimme, dabei gestikuliert sie wild mit ihrer linken Hand, sie hat

einen Akzent, sie rollt das R. »Sie wollen doch nur in Ruhe schlafen, und jeden Abend scheucht die Polizei sie durch die Straßen, ja, sagen Sie mir, wo sollen sie denn hin?« Erst jetzt beginnt Lisa zu verstehen. Es sind die Geflüchteten, die bei Stalingrad unter der Métro schlafen, das Flüchtlingslager. Sie werden weggejagt, hat Larissa erzählt, »das gibt einen riesigen Lärm«, hat sie gesagt, es wurde geräumt, das Lager muss geräumt worden sein. »Sie haben es geräumt?«, fragt sie die Frau, aber wo sind dann die Matratzen, überlegt sie, die Matratzen und die Frauen und die Kinder? »Geräumt, geräumt, natürlich, ständig räumen sie!« Die Frau fängt wieder an zu schreien, »sie räumen, ohne ihnen Unterkünfte anzubieten, nur lausige Turnhallen in der Provinz, wer will denn dahin, und die Familien wollen sie auch nicht zusammen lassen! Also lassen sie sich hier verprügeln, jede zweite Nacht, und kommen dann morgens wieder bei Stalingrad zusammen, wo sollen sie auch hin! Faschisten sind das, die *flics*, schauen Sie sie sich an, den Armen haben sie totgeschlagen, und jetzt stehen sie da, ohne zu helfen, scheiß Polizisten!« Die letzten Worte brüllt sie in Richtung der Behelmten und hebt ihre geballte Faust. Tot? Lisa folgt dem Blick der Frau, wieso tot, bestimmt ist er nur bewusstlos, in drei Reihen stehen die Polizisten jetzt da, geordnet, ihre Knüppel tragen sie mit beiden Händen erhoben vor ihrem Körper, wie Krieger mit Schwertern haben sie sich aufgestellt, und vor ihnen liegt der Mann.

Hinter ihnen hat sich inzwischen Blaulicht gesammelt, jede Menge Blaulicht, die ganze Avenue de Flandre hinunter stehen die Polizeiwannen, so weit Lisa sehen kann, zwei Reihen Blaulichter. Um den Mann auf dem Boden hat sich eine kleine Traube gebildet, einige Männer schirmen ihn vor den Blicken der Polizei ab, Lisa kann nur noch seine Beine sehen, seine Beine liegen flach auf dem Boden, bewegt er sich noch? Ein Krankenwagen ist nicht zu hören.

Eine Frau beugt sich über ihn, Lisa kann ihr Schluchzen hören, sie trägt einen Afro, der mit einem Tuch zusammengehalten wird, Lisa versucht, ihr Gesicht zu sehen, doch die Frau legt es auf die Brust des Mannes, ihre Schultern beben, er regt sich nicht, aber seine Beine sind nun wieder angewinkelt. »Kommt denn keine Ambulanz?«, fragt Lisa die Frau neben sich. Die zuckt mit den Schultern. Inzwischen haben sich einige Leute auf dem Bürgersteig gesammelt, ein Mann in Schürze kommt aus einer Bar, »wo sollen sie denn schlafen?«, ruft er in Richtung Polizei, »schlagen, das könnt ihr, aber wohin treibt ihr sie denn? Treibt ihr sie vielleicht ins Hotel, *hein*?«

Da hört Lisa die Sirene eines Krankenwagens, alle drehen ihre Köpfe in die Richtung, aus der die Sirene kommt, doch die ganze Straße ist noch immer voller Polizeiwagen, da ist kein Platz für einen Krankenwagen. »Aber lasst doch den Krankenwagen durch!«, ruft Lisa, »ja, verdammt, lasst die Ambulanz durch, ihr Faschisten!«, brüllt der Mann aus der Bar. Ein Polizist geht auf ihn los und erhebt drohend seinen Knüppel, »halt deine Klappe, sonst brauchst du gleich selbst einen Krankenwagen!«, brüllt er den Mann an, der sich kopfschüttelnd und fluchend umdreht und in seine Kneipe zurückgeht. »Macht Platz!«, bellt der Polizist nun seine eigenen Leute an, die Polizisten öffnen ihre Reihen in der Mitte und machen eine Schneise frei, die Polizeiwannen manövrieren sich umständlich nach links auf den Bürgersteig, nach rechts auf den Mittelstreifen zwischen die Platanen, um dem Krankenwagen Platz zu machen, es dauert eine Ewigkeit. Als der Wagen endlich bei dem Verletzten ankommt, springen drei Sanitäter heraus und sie rennen zu dem Mann, der noch immer auf dem Boden liegt. Zwei machen sofort kehrt und holen eine Trage, einer hat den Verletzten inzwischen mit einer Rettungsfolie zugedeckt. Lisa versucht, seinen Kopf zu sehen, aber es sind zu viele Menschen um ihn herum, sie stellt sich auf die Zehenspitzen, kurz kann sie ihn sehen, er rollt den Kopf leicht hin und her. Die Sanitäter schieben ein Brett unter seinen Rücken und hieven ihn auf die Trage. Sie rollen ihn zum Krankenwagen, die Frau bleibt über ihn gebeugt, noch immer kann Lisa ihr Gesicht nicht sehen, sie alle verschwinden im Rettungswagen. Er fährt los, die Sirene kreischt durch die Nacht, mit voller Fahrt brettert er die Avenue de Flandre entlang Richtung Osten, weg von den Polizeiwannen, weg von den Geflüchteten, weg von den Knüppeln, die Frau neben Lisa schüttelt den Kopf und geht weiter, Lisa bleibt dort stehen, sie bleibt stehen und schaut den Sirenen hinterher, das Blaulicht des Rettungswagens rast an Mamies Wohnung vorbei und verschwindet in der Dunkelheit.

18.
Lisa

Das Bett dreht sich, es dreht sich um seine eigene Achse, auf der Lisa liegt, sie liegt genau auf der Achse dieses sich drehenden Bettes, aber es ist komisch, sie fällt nicht runter, sie bleibt schwer auf der Matratze liegen, und das Bett dreht sich, immer schneller dreht es sich um sie herum im Kreis. Würde sie die Augen aufmachen, würde es aufhören, das weiß sie, aber sie kann die Augen nicht aufmachen, auf keinen Fall kann sie jetzt die Augen aufmachen. Weil sie dann da sitzt. Lisa hört ja schon ihre Füße, sie hört, wie sie durch den Raum läuft, es knackt, Lisas Spielzeug knackt unter ihrem Gewicht, das Knacken kommt näher, und jetzt senkt sich die Matratze, sie senkt sich direkt neben Lisa. Sie hat sich hingesetzt, wenn sie jetzt die Augen aufmacht, dann merkt sie, dass Lisa wach ist, einfach zulassen, ganz ruhig weiteratmen, ganz ruhig, als würde sie schlafen. Bestimmt sitzt sie da. Sie sitzt da. Lisa macht die Augen auf, einen kleinen Spalt nur. Scheiße. Da sitzt sie.

Sie sitzt da, vor ihr auf dem Bett, und atmet. Lisa kann sie atmen hören. Mit offenem Mund. Alkohol. Lisa kann ihn hören, den Alkohol, wie er wartet, in den Lungen ihrer Mutter, er wartet nur darauf, dass sie Luft holt, um sich mit ihr zu vermengen und dann langsam, ganz langsam als weintriefende, schwere Wolke wieder ausgestoßen zu werden. Die Wolke erreicht Lisa. Sie liegt in der Alkoholwolke. Sie hält die Luft an. Aber dann muss sie doch atmen. Sie muss atmen. Widerstandslos. Atmet sie den Alkohol. Ein.

Ihre Beine, sie sind plötzlich so schwer. An den Knien tut es weh, sie drücken aufeinander. Ja, sie kann sie deutlich sehen, im Dunkeln, ihre Silhouette vor dem Fenster. Ihr Rücken ist gebeugt, der Kopf hängt nach unten, ihre schwarzen Haare hängen vor ihrem Gesicht, verklebt. Spucke tropft in langen Fäden auf die Decke. Vielleicht geht sie, vielleicht geht sie ja einfach wieder. Lisa will alleine sein. Und ihre Beine tun weh. Verdammt. Nur ein bisschen. Ein kleines bisschen. Das wird sie doch nicht merken. Sie zieht ihr linkes Bein ein wenig nach hinten, das linke Knie vom rechten Knie runter. Das tut gut.

»Lisa!« Verloren. Lisa antwortet nicht, vielleicht ... »Lisa!« An dem I und dem A hört man, wie betrunken sie ist. Die Stimme schlingert. Vor allem beim A. Wie Betrunkene rechts und links vom Weg abkommen. »Lisa!« ... »Lisa!« Es wird stundenlang so weitergehen. Ohne Probleme kann sie zwanzigmal ihren Namen sagen, in derselben Tonlage. Lisa weiß es. Oder hundertmal. »Lisa!« »Ja?« Atmen. Atmen. Atmen. »Ja, Maman?« »Lisa!« Scheiße. »Lisa!« »Ja?« Atmen. »Lisa!« »Maman, verdammt, was ist denn?!« »Mamie!« Scheiße. Mamie. »Mamie! Weißt du.« Atmen. »Maman. Was ist denn jetzt schon wieder mit Mamie.« »Ich ...« Sie fängt an zu schluchzen. Das war's mit der Decke. Jetzt ist der Alkoholschleim überall. Lisa wird sie waschen müssen, morgen. Nach der Schule. »Sie liebt mich nicht.«

Sie trösten? Manchmal mag sie das. Manchmal funktioniert es. Manchmal lässt sie sich sogar so gut beruhigen, dass Lisa sie ins Bett bringen kann. Oder es funktioniert gar nicht. Kann sein. Wie letztes Mal. Kann sein, dass sie dann wütend wird. Dass sie ausrastet. Lisa schaut sie an. Hängende Lippe. Das ist nicht gut.

Sie versucht, Zeit zu gewinnen. »Wieso?« Zack. Ihr schwarzer Blick durchbohrt Lisas Kopf. Das war falsch. »Wieso?«, brüllt sie. »Wieso? WEIL SIE DER TEUFEL IST!« Sie springt auf, etwas explodiert, Lisa zieht die

Decke über den Kopf, es hagelt Splitter. Was zum ... es muss das Glas gewesen sein. Das Glas Wasser. Vom Nachttisch. »Lisa!« Nein. Lisa bewegt sich nicht. Wenn sie die Luft anhält, löst sie sich vielleicht in Luft auf. »Lisa! Komm da raus! Du feige kleine Hexe! Sieh mich an!« Vorsichtig zieht sie die Decke nach unten und sieht sie an. »Du weißt es, Lisa! Sag es! Dass Mamie der Teufel ist!« »Maman ...« »Du kleine ...!« Sie reißt die Decke von Lisa runter, die Scherben, Lisa spürt sie auf ihren Beinen, nicht bewegen, sonst. »Du kleine *saloppe*! Glaubst du mir nicht? Du steckst mit ihr unter einer Decke, *hein*? Stimmt's? Du bist selbst ein kleines Biest! *Saloppe! Saloppe!* Sag es!« »Mamie ist der Teufel.« »Lauter!« »Aber Maman, ich.« »Lauter! Was ist sie?« »Der Teufel.« *»Hein?«* »Der Teufel! Mamie ist der verdammte Teufel! Sie ist der Teufel!« Ihre Mutter lässt die Decke sinken. Sich auf das Bett fallen. Unter ihr knirscht es. Die Scherben. Sie weint. »Ja, kleine Lisa. Ja, du hast recht. Sie ist der Teufel. Der Teufel ...« Sie schluchzt.

»Der Teufel«, weint sie, »der Teuföööl, der Teufööööl!« Das Wort gewinnt eine eigene Melodie. Es trennt sich von seiner eigentlichen Bedeutung und wird zu einem Klagelied, einem Wehgesang. Teufööööl ... Der Gesang wird lauter, jetzt reißt sie ihren Kopf nach hinten, stößt das Heulen aus wie ein Wolf vor dem Mond, »Teufööööl!«, kraftvoller, gewaltiger. Es tut gut. Wie gut es tut. Vielleicht lässt Lisa sie einfach. Aber die Nachbarn, was, wenn wieder die Nachbarn kommen. Oder gleich die Polizei. Wie sie sich. Wie sie sich letztes Mal auf sie gesetzt haben. Wie sie geschrien hat. Wie sie ihr wehgetan haben. Nein. Nicht wieder die Polizei. »Der Teufööööl!« »Maman!« »Teufööööl!« Sie wird lauter.

Lisa will aufstehen.

»Bleib hier!« Ihre Stimme ist plötzlich scharf und eiskalt. »Du! Bleib hier!« Lisa bleibt stehen. Atmen. Sie kann ihre schwarzen Augen im Nacken fühlen.

»Du. Kleine. Verräterin! Dreh dich um!«

Lisa dreht sich um. Sie hält ihren Kopf gesenkt, schaut Lisa aus ihren schwarzen Augen von unten stechend an. Hass. Lisas Beine fangen an zu zittern. »Setz dich hin.« »Aber.« »Setz. Dich. Hin.«

Lisa setzt sich. Ihre Beine zittern. Sie spannt sie an. Sie zittern nicht mehr.

»Du glaubst ...« Atmen. Spuckefäden. »Du glaubst ihr also?« »Ähm, was denn?« »Du kleines Biest, du glaubst also auch, dass ich eine schlechte Mutter bin? Eh? Das glaubst du? Das hat dir Solange gesagt, stimmt's? Die Hexe! HEXE! HEXE! Solange! Der glaubst du, ja?« »Solange hat mir doch gar nichts Böses über dich ...« »LÜGNERIN! Du lügst! Lügnerin!« Beim Ü springt ihre Stimme.

Lisa sagt nichts. Sie jetzt auch nicht mehr. Sie atmet wieder. Sie atmet und sagt nichts. Sie hat vergessen, worum es ging. Sie soll raus. Raus. Lisa will alleine sein. Sie sitzt wie festgewachsen auf ihrem Bett. Panik macht sich in Lisas Magen breit. Sie soll raus. Lisa will schlafen. »Maman, ich will schlafen.«

»Lisa!« »Maman, ich will schlafen!« »Lisa!« »Lisa!« Lisa kauert sich zusammen und legt ihren Kopf auf die Knie. Vielleicht hilft es, einfach ruhig zu warten. Irgendwann wird sie gehen.
»Lisa!« Ihr Speichel tropft weiter auf das Bett. Die Brille hängt ihr am unteren Ende der Nase, schief, verschmiert. Ihr Mund steht offen. Ihre Lippe hängt herunter. Die Mundwinkel sind verklebt. Ihr Kopf sinkt tiefer. Ja. Ja, vielleicht. Vielleicht hat sie Lisa vergessen. Lisa versucht, sich nicht zu rühren. Ihr Arm juckt. Sie rutscht vorsichtig auf die rechte Seite.

Da zuckt sie wieder hoch. »Sie lügt!« Lisa versucht es noch einmal anders. »Maman, aber ich hab dich lieb!« Sie nimmt ihre Mutter in den Arm. Die lässt es geschehen. »*Ma chérie, ma petite chérie*, ich habe sie verlassen.« Sie weint. Gut. Der Hass ist weg. »Ja, hast du mich lieb?«, fragt sie mit einer plötzlich ganz kleinen Stimme, hoffnungsvoll. »Ja, ich hab dich lieb. Und ich bin doch bei dir! Wozu brauchst du Solange?« Ein Lächeln huscht über ihr betrunkenes Gesicht. »Ja. *Ma petite chérie.*« Oh nein. Das hatte Lisa nicht bedacht. Jetzt wird sie. Sie nimmt Lisa in den Arm und küsst sie. Alkoholschleim überall. Nicht anmerken lassen. Nicht wegwischen. Lisa versucht zu lächeln.
»Mama, lass uns jetzt schlafen gehen«, sagt sie. Zärtlich. Sie streichelt ihrer Mutter über den Kopf, ihrer armen Maman über den Kopf, »lass uns schlafen, meine Maman.« »Nein«, sagt sie. Mit einer neuen Stimme. Trotzig. »Nein.« Sie lässt Lisa los. Sie lässt ihren Kopf wieder sinken. Es wird still. Atmen erfüllt den Raum. Lisa gibt auf. Sie legt sich neben ihre Mutter auf das Bett. Lisa ... ihr Körper wird so schön schwer. Sie ...

»Lisa!« Sie ist noch da. »Ruf sie an! Sag ihr, dass ich sie nicht verlassen wollte! Solange, meine kleine Solange, sag es ihr, wie lieb ich sie habe.« »Maman, aber ich kann doch kein Französisch.« »Doch! Sprich es einfach. *Parles français!* Tu es für mich, *ma petite chérie*. Versuch es. Sag, dass du mich lieb hast.« *»Je t'aime.«* »Sag, dass ich Solange nicht verlassen wollte.« »Das kann ich nicht.« »Du kannst das. Sag es.« »Maman, ich weiß nicht, wie man das sagt auf Französisch!« »Na los. *Marie n'a pas voulu« »Marie n'a pas voulu« »Te quitter.« »Te quitter.«* »Na also. Und jetzt ruf sie an.« »Maman, nein, ich will nicht.« »Ruf sie an!« »Bitte, Maman.« »Ruf sie an!« »Bitte, Maman, bitte nicht, bitte, bitte lass mich.« Jetzt fängt Lisa an zu weinen, sie spürt es, die Tränen sind heiß. »Weinst du?« Scheiße. »Ah, ich wusste es!« Lisa schluchzt. »Ich wusste es! Weil du mit ihr unter einer Decke steckst! Weil du es jetzt auch allen beweisen willst, den Nachbarn, der Polizei, *hein*? Dass ich eine schlechte Mutter bin?« »Maman ...« »Ich hole dir jetzt einen Löffel Zucker. Den nimmst du, wie bei Mary Poppins. Wenn ein Löffelchen voll Zucker bittere Medizin versüßt ... Mit einem Löffel Zucker konntest du immer so süß singen, den nimmst du jetzt, und dann kannst du Französisch.« Lisa schluckt. »Ja? Lisa? Hast du verstanden?« »Ja.« »Dann sprichst du Französisch?« »Ja.« »Meine *chérie*, ich wusste, du bist meine kleine Tochter, *ma fille, mon rayon de soleil ...*«

Sie wirft sich auf die Lampe, mit einem Sprung liegt Lisa auf der Lampe und drückt auf den Schalter. Licht durchflutet das Zimmer, fällt auf den Fernseher oben in der Ecke, auf den Stuhl neben dem Bett, auf den Nachttisch und die Vorhänge. Da ist niemand. Lisa setzt sich hin und lehnt sich mit dem Rücken an die Wand, da ist niemand. Sie versucht, ihre Atmung zu beruhigen. Die Aufregung. Es muss die Aufregung sein, erst Mamies Wohnung, dann das Treffen mit Solange, und die Geflüchteten, oder hat sie das auch geträumt? Sie geht zum Fenster, zieht den Vorhang zur Seite und schaut die Passage herunter auf die Avenue de Flandre. Dunkel und leer. Aber nein. Nein, das hat sie nicht geträumt, die Polizei, der Krankenwagen, sie erinnert sich genau. An den Mann. Den Mann, der reglos auf dem Boden lag. Für einen Moment dachte sie wirklich, er sei tot. Wie Maman. Maman, tot auf dem Hotelbett in Hammamet.

In Hammamet Yasmine, ein hässliches Hotelviertel südlich der Stadt, künstlich, Disneyland für Tunesien-Touristen, ein Club neben dem anderen, billige Cocktails am Swimmingpool, Eintritt nur für Europäerinnen und Angestellte, private Strände, ein Page sagte: »Monsieur, Sie arbeiten nicht für dieses Hotel, ich muss Sie bitten, zu gehen«, Lisa erinnert sich genau. »*Pardon*, Monsieur, das ist ein guter Freund von mir«, sagte ihre Mutter, sie stellte sich neben Zahir und legte ihm die Hand auf die Schulter, »er ist mein Gast.« »Entschuldigen Sie bitte, natürlich, willkommen, Monsieur.« Der Page schaute Zahir an, ernst, dann drehte er sich um und ging. »Tut mir leid, dass du hier so behandelt wirst«, sagte Lisas Mutter, »Tunesier dürfen auf dem Hotelgelände eigentlich nicht sein.« Zahir schüttelte den Kopf. »Man sollte meinen, das wäre endlich unser Land.«

Er war ein lieber Mann. Lisa weiß noch, er schwamm mit ihr, er tauchte mit ihr im Swimmingpool des Hotels, er versuchte, Salamander zu fangen, er war lieb und dick und konnte gut tauchen, er lachte mit ihr, er rannte mit

ihr über den Strand, er kaufte ihr ein Eis zum Nachtisch, er fütterte mit ihr die Katzen, die vor dem Hotelrestaurant bereits auf die Kinder und ihre Mortadella warteten, die Katzen und die kleinen Kätzchen, wie viel Wurst sie aus diesem Restaurant geschmuggelt haben in ihren Servietten, die Kinder in dem Hotel, und das Personal ließ sie machen.
Doch nachts mochte sie ihn nicht mehr. Nachts, als er mit ihrer Mutter in das Hotelzimmer kam, Licht an, schnell die Decke über das Gesicht, bevor sie in das Schlafzimmer kommen und sehen, dass sie sich bewegt hatte, sehen, dass sie wach war. Vielleicht kommen sie ja nicht rein, dachte sie, vielleicht verabschiedet er sie ja nur an der Tür. Kamen sie aber.

Das ist doch alles längst vorbei. Lisa setzt sich auf. Paris. Nicht Hammamet. Alles gut. Wenn sie nur nicht so müde wäre. Wenn sie doch nur einschlafen könnte, richtig einschlafen, oder richtig wach werden, eins von beidem. Ihr Kopf pocht, ihre Augen brennen, aber sie darf sie nicht schließen, sie darf nicht, dann geht es weiter, immer weiter, offen halten, sie lehnt sich zurück, lehnt ihren Kopf gegen die Wand, schließt ihre Augen, nur ganz kurz zumachen, nur kurz.

Eine Alkoholwolke und Mamans betrunkenes Kichern. Sie kann hören, wie sie sich küssen, lange küssen. Schmatzen. Saugen. »*Non*«, sagt Maman, »*non*, meine Tochter, ich kann nicht.« »Aber sie schläft!«, raunt Zahir, »*elle dort*, sie hört uns nicht.« Und dann das Knarren des Bettes. Schmatzen. Stöhnen. Bloß nicht atmen, bloß nicht bewegen, aber ihre Beine tun weh, sie weiß noch, wie weh ihre Beine taten, so weh ... sie tun so weh.

Nur ein kleines Stückchen, ganz langsam, sie werden es nicht sehen, das Bein von dem anderen herunterziehen. »*Non!*«, sagt Maman. »Aber sie schläft!« »*Non, je te dis*, wir sehen uns morgen, du musst gehen.« Die Luft unter der Decke ist stickig. Lisa versucht, die Decke ein kleines Stück anzuheben, an der Seite, die Maman nicht sehen kann. Frische, kalte Luft strömt unter die Decke. »Komm schon«, sagt Zahir. »*Non*. Es reicht!«, ruft jetzt Maman laut, »es reicht, geh jetzt!« »*Oh làlà!*«, ruft Zahir, jetzt auch laut, »ist ja okay!« Er steht auf, die Zimmertür knallt.

Lisas Mutter steht auf, ächzend steht sie auf und geht ins Bad. Pinkeln. Spülung. Dann kommen ihre Schritte wieder näher, sie steht jetzt genau neben Lisas Bett, Lisa zählt, sie zählt bis neun, bis achtzehn, bis vierunddreißig, und bei vierunddreißig geht ihre Mutter zu ihrem Bett und setzt sich hin. Klacken, Zischen. Leise prasselnd frisst sich die Glut durch den Tabak. Klack. Sie hat das Feuerzeug auf den Nachttisch gelegt. Atmet den Rauch aus. »Lisa? Lisa, ich weiß, dass du wach bist.« Lisa reißt die Decke weg, mit einem wütenden Ruck reißt sie die Decke zur Seite, stützt sich auf und starrt sie an. »Klar«, zischt Lisa, »klar, wie soll ich schlafen bei diesem scheiß Licht und deinem scheiß Krach?« »Hast du uns gehört?« »Uns?« »Zahir.« »Nein, ich bin aufgewacht, als du die Zigarette angezündet hast. Mitten in der Nacht. Mach das Licht aus, ich will schlafen!« »Lisa, ich werde hierbleiben.« Lisa setzt sich hin. Wie, hierbleiben? »Was meinst du damit?« »Ich bleibe hier. Ich komme nicht mit nach scheiß Deutschland zu den scheiß Nazis. Hier ist meine Heimat. Ich bleibe hier bei Zahir.« »Aber wie soll ich dann nach Hause kommen?« »Du fliegst allein. Du lebst mit Papa.« Lisa schluckt. Sie meint das nicht ernst.

»Aber du kennst Zahir doch gar nicht!« »Egal«, sagt Maman. Lisas Hals fängt an zu schluchzen, sie kann nichts dagegen tun, er schluchzt einfach. »Hör auf zu weinen.« Die Stimme ihrer Mutter ist jetzt trocken. Ihre Augen wechseln von braun zu schwarz. Die Lippe hängt, sie hängt. Sie muss nur schlafen. Morgen ist Maman wieder nüchtern, morgen sind ihre Augen wieder ganz braun. »Lass uns bitte schlafen, Maman, wir reden morgen darüber, ja?« »Nein.« Sie steht auf, geht zur Minibar und holt sich eine Miniflasche Rotwein. Sie setzt sich wieder auf ihr Bett, sie lässt sich einfach fallen, etwas Wein landet auf der weißen Decke, *»merde!«*, zischt sie. Sie setzt sich hin, ihre Haare hängen ihr ins Gesicht. Sie trinkt ein paar Schlucke. Lässt die Flasche wieder sinken. Ihre Lippe hängt runter, ein langer Spuckefaden zieht sich aus ihrem Mund bis auf ihren Oberschenkel, für einen Moment sind Oberschenkel und Mund durch einen dünnen Faden verbunden, dann reißt er ab. Ihre schwarzen Augen sind auf Lisas Bettkante gerichtet. »Ich bin Tunesierin, *ma chérie*«, sagt sie. Wie sie *chérie* schon sagt, ihre Stimme entgleist bei dem E, Lisa wird ganz anders bei diesem *chérie.* »Ich bin Tunesierin, ich gehöre hierher.« »Nein! Du kannst mich nicht alleine lassen!« Lisa schluchzt jetzt los, sie ist müde, das Licht soll aus, ihre Mutter soll Ruhe geben und schlafen, alles egal jetzt, das soll aufhören. »Lisa, hör auf zu weinen, du siehst hässlich aus, wie du dich so gehen lässt! Würdelos, wie ein Hund wälzt du dich auf dem Boden!« Ihre schwarzen Augen durchbohren Lisas Kopf, Lisa versucht es ja, sie versucht, ihr Gesicht nicht mehr zu verziehen, doch ihr Hals schluchzt weiter, ihre Mundwinkel ziehen sich nach unten, und sie spürt, wie hässlich sie dabei aussieht, der Rotz fließt ihr aus der Nase, und aus ihrem Hals kommt ein winselndes Geräusch. Da spuckt sie sie an, sie spuckt vor Lisa auf den Boden, *»dégueulasse!«*, spuckt sie aus. Lisa wirft sich der Länge nach auf das Bett, »ich hasse das alles hier!«, schreit sie, »ich hasse das, mach das scheiß Licht aus!«

Etwas Schweres landet auf Lisa, sie hat es nicht kommen sehen und plötzlich drückt es sie in die Matratze, ihren Bauch, ihre Brust, sie kann nicht mehr atmen, es passt keine Luft mehr rein, alles wird eins mit der Matratze, sie versucht, ihren Kopf hochzureißen, den Mund aus den Laken zu bekommen, doch es geht nicht, sie ist zu schwer, die Laken, ihr Kopf liegt in den Laken, keine Luft kommt durch, nur Laken im Mund. »Schsch!«, macht ihre Mutter, direkt hinter Lisas Ohren, »die Nachbarn!« Ihre Spucke tropft auf Lisas Wange, Knoblauch und Alkohol, Lisa kann ihn spüren, den Alkohol. »Bist du ruhig!« Lisa ist ruhig. Sie bewegt sich nicht mehr, ihre Ohren rauschen, sie braucht Luft, und der einzige Weg, an Luft zu kommen, ist, sich nicht mehr zu bewegen. Sie bleibt ganz ruhig liegen und zählt, sie zählt bis acht, dann wälzt sich das Gewicht von ihr herunter. Lisas Brust öffnet sich, sie reißt ihren Kopf hoch, Luft strömt hinein. Sie keucht und setzt sich zurück, sie winkelt ihre Beine an und legt ihren Bauch auf die Matratze, den Kopf zur Seite, so atmet sie eine Weile, und das Rauschen in ihrem Ohr wird leiser, ihre Arme und Beine kribbeln ein bisschen.

»Scheiß Mamie!«, das Zimmer dröhnt, »scheiß Mamie, die Hexe, sie hat mich verschleppt!« »Maman, die Nachbarn!« Lisa setzt sich auf, »Maman, schsch, die Nachbarn!« Ihre Mutter verstummt. Sie lässt ihren Kopf auf ihre Brust fallen und atmet. Laut. Vielleicht schafft Lisa es jetzt, sie ins Bett zu kriegen. »Maman, leg dich hin, wir müssen jetzt schlafen.« Keine Reaktion. »Maman!« Keine Reaktion. Lisa legt sich wieder auf die Bettkante. Nie wieder fährt sie mit ihrer Mutter weg, nie wieder, wenn sie es nach Hause schafft, bleibt sie einfach für immer da, auf ihrem sicheren Bett.

»Lisa!«, ruft ihre Mutter, »Lisa, hörst du? Ich bleibe hier. Ich bleibe hier!« Sie steht auf und geht zu ihren Stiefeln, die vor dem Bett auf dem Boden liegen. »Maman, was machst du? Maman, es ist mitten in der Nacht, bleib hier!« »Ich gehe!«, ruft sie. »Ich gehe, ich bleibe in Tunesien!« Sie versucht, sich den linken Stiefel anzuziehen, verliert das Gleichgewicht, fällt vornüber auf den Boden. Umständlich setzt sie sich auf, winkelt das linke Bein an und steckt ihren Fuß in den Stiefel. »Maman, nicht!«, sagt Lisa leise, wieso so leise, sie will es lauter sagen. »Maman!« Es kommt nur ein Flüstern, irgendwie hat Lisa keine Kraft mehr in der Stimme. Ihre Mutter zieht den zweiten Stiefel an, steht auf und nimmt ihre Jacke. »Bleib hier. Bitte!«, flüstert Lisa. »Bitte!« Jetzt ist ihr alles egal, sie muss sie aufhalten, jetzt, sonst sieht sie sie nie wieder. Lisa lässt sich vom Bett auf den Boden fallen, sie kniet sich auf den Teppich, faltet die Hände, »bitte bleib hier!«, sie heult los, »bleib hier!« Doch ihre Mutter geht. Die Tür knallt ins Schloss.

Es ist Ruhe. Lisa starrt in das Zimmer, dort, wo ihre Mutter gerade noch saß. Stumm starrt das Zimmer zurück, stumm starrt der Stuhl, der Schreibtisch, der Vorhang. »Maman?« Nichts. Lisa setzt sich. Ihre Brust reißt auf, laut zittert der Schluchzer durch die Stille, keine

Antwort. Sie lässt den Kopf auf ihre Brust sinken und schluchzt vor sich hin. »Okay«, sagt sie dann, »okay.« Sie steht auf, macht das Licht aus, sie schluchzt, egal, scheiß Schluchzen, egal, jetzt ist sie alleine, jetzt ist es auch egal, sie legt sich ins Bett, zieht sich die Decke über den Kopf, die Decke stinkt nach Alkohol. Sie dreht sich auf die Seite, egal, ist ihr egal, wo ihre Mutter ist, scheißegal. Das Schluchzen lässt nach, es wird warm unter der Decke. Lisas Beine werden schwer ...

Lisa reißt ihre Augen auf. Sie ist wieder eingeschlafen. Sie darf nicht wieder einschlafen. Durch das Fenster fällt fahles Licht, ein Vogel zwitschert einsam. Fernseher, Stuhl, Vorhänge. Sie ist in Paris. Sie geht zum Fenster und schaut auf die Straße, graues Morgendämmern, Passage de Flandre, da ist der Kanal, da ist die Avenue de Flandre, alles gut, sie ist in Paris. Sie muss nur wach bleiben, sie darf nicht mehr einschlafen, sie will nicht mehr, es reicht mit den Albträumen. Lisa geht zum Wasserkocher und macht sich einen Tee, Pfefferminze. Ihr Kopf wummert, ihre Augen sind geschwollen und brennen. Und ihr Magen, ihr Magen ist ganz flau. Wie damals.

So flau wie damals. Als der Hahnwecker klingelte, um fünf Uhr, es war noch dunkel.

Es ist noch dunkel. Dieser blöde Hahnwecker klingelt, sie haut drauf, steht auf und putzt sich die Zähne, dann packt sie ihre Sachen, um sechs müssen wir los, das hat ihre Mutter gesagt, um sechs fährt der Bus zum Flughafen. »Und kommst du auch mit?« »Natürlich komme ich mit, *ma chérie*, ich kann doch meine Tochter nicht alleine nach Deutschland fliegen lassen«, ihre Mutter hat gelächelt und sie in den Arm genommen, »es tut mir leid, die letzte Nacht tut mir so leid, ich bin manchmal blöd, es fällt mir schwer, in Tunesien zu sein, aber wir fahren zusammen nach Hause, und alles wird wieder gut, du wirst sehen.« Lisa hat nun ein Zimmer für sich allein in dem Hotel, nur für sich. Nach der Nacht mit Zahir wollte sie nicht mehr mit ihrer Mutter in einem Zimmer sein, und Lisa bekam ein eigenes Hotelzimmer, direkt neben dem ihrer Mutter, »du bist ja bald erwachsen, du bekommst dein eigenes Zimmer.« Zwei Nächte verbringt Lisa in ihrem Zimmer, und dann kommt der Tag der Abreise. Der Hahnwecker klingelt, Lisa putzt sich die Zähne, sie zieht sich an und geht auf den Balkon. Da sitzt sie, in der Ecke, die Schildkröte, die sie auf dem Markt gekauft hatten, Caroline heißt sie. »Guten Morgen, Caroline«, sagt Lisa, »du kommst heute mit nach Deutschland!« Sie nimmt die Schildkröte hoch und steckt sie in den Schuhkarton, sie legt ihr ein Salatblatt dazu und stellt den Karton in die kleine Reisetasche, wie besprochen, zusammen mit der Zahnpasta und der Gesichtscreme und dem Duschgel, damit sie bei den Flughafenkontrollen mehrere runde Formen sehen und nicht gleich die Schildkröte erkennen, denn Schildkröten darf man nicht mitnehmen, das weiß Lisa.

Sie öffnet ihre Zimmertür und geht in den Flur, das Zimmer ihrer Mutter ist nur eine Tür weiter. Sie klopft. Nichts. Ist sie noch nicht aufgestanden? Noch einmal klopft sie, diesmal lauter. Nichts. Sie klopft noch einmal, versucht sich an die Vorwahl von Deutschland zu erinnern. Wie ist die Vorwahl noch mal? Weil sie ihren Vater anrufen muss, ich muss Papa anrufen, Maman ist weg und wie soll ich jetzt nach Hause kommen? Wieder hämmert sie gegen die Tür. Da kommt ein Page, ein Page in roter Uniform. *»Ça va?«* »Meine Mutter«, sagt Lisa, sie sagt es auf Deutsch, »meine Mutter macht nicht auf!« *»Ta maman?«*, fragt er und deutet auf das Zimmer. »Ja!«, ruft sie, »sie macht nicht auf!« Der Page tätschelt Lisas Schulter, murmelt etwas und schiebt sie zur Seite. Er klopft an die Tür. *»Madame? Madame, vous êtes là?«* Nichts. Er hämmert gegen die Tür. *»Madame!«* Nichts. Er sagt noch etwas, das Lisa nicht versteht, dann holt er eine Karte aus seiner Hose und öffnet die Tür. Er betritt das Zimmer, Lisa geht ihm hinterher. Eine dichte Alkoholwolke.

Da liegt sie. Da liegt sie quer auf dem Bett, reglos. Tot? *»Madame?«*, der Page rennt zum Bett. *»Madame, vous n'allez pas bien?«* Er schüttelt sie. Sie bewegt sich nicht. Sie lässt sich schütteln wie eine Puppe. Der Page dreht sich um, er schaut Lisa an und sagt etwas, zeigt auf den Flur, er macht eine Handbewegung. Aber Lisa kann ihren Blick nicht von ihrer Mutter lösen, quer über dem Bett, das Gesicht in der Matratze, ihr Kopf wird hochgezogen, der Page zieht sie an ihrem Kragen hoch und gibt ihr eine Ohrfeige rechts, dann links, dann rechts, *»Madame!«*, brüllt er, ihr Kopf fliegt nach links und nach rechts, da stöhnt sie. Er lässt sie los. Sie setzt sich auf, stöhnt noch einmal und erbricht sich quer über das Bett. Gelbe und braune Brocken auf dem Laken. Kotze und Alkohol. Dann hebt sie ihr Gesicht, sie hebt ihr Gesicht und schaut Lisa an. »Was guckst du so blöd.«

Und dann der Bus. Sechzig Menschen, die sie alle anstarren, sie und ihre Mutter. »Geh!«, grunzt sie hinter Lisa, »geh, such dir einen Platz!« Lisa geht nach hinten, da ist ein Platz, nur ein Platz, sie dreht sich um, doch ihre Mutter sitzt schon vorne. Lisa drückt sich an der Frau vorbei ans Fenster. Kaltes Fenster an ihrer Stirn. Sie fahren los. Sie fahren eine Weile, und Lisa schläft beinahe ein, da schreit ihre Mutter vorne los. Sie schreit den Fahrer an und gestikuliert wild herum, und dann sagt der Fahrer etwas durch den Lautsprecher, der Bus schimpft los, alle schimpfen durcheinander, die Frau neben Lisa schaut sie mitleidig an. »Was ist los?«, flüstert Lisa. »Deine Mutter hat eure Pässe im Hotelsafe vergessen«, sagt die Frau. »Wir müssen zurück, und jetzt wird es knapp, wir verpassen noch den Flug nach Berlin.« Und da schluckt Lisa, da schluckt sie, ohne dass sie etwas dagegen tun kann, ihr Rachen zieht sich einfach zusammen und schluckt. »Willst du einen Kaugummi?«, fragt die Frau. Lisa lutscht am Kaugummi, sie öffnet die Tasche auf ihrem Schoß. Vorwurfsvoll schaut Caroline sie aus ihren schwarzen Augen an.

Und dann, und dann im Flugzeug. Das Flugzeug fängt an zu rollen, bald sind wir zu Hause, nur noch der Flug, dann sind wir zu Hause. Aber ihre Mutter kann es nicht lassen. Panisch reißt sie an ihrem Gurt herum, sie bekommt ihn nicht auf, »halt!«, schreit sie, »anhalten, Tür auf! Ich muss raus, ich bleibe in Tunesien!« Die Stewardess kommt angerannt, »Madame, Sie dürfen nicht mehr aufstehen, wir rollen bereits.« Doch der Gurt springt auf, sie steht auf, die Flugbegleiterin versucht, sie wieder auf den Sitz zu drücken. »Ich will raus! Ich will raus!«, schreit sie. »Madame, Sie sind ein Sicherheitsrisiko!«, schreit die Flugbegleiterin. Lisa sagt nichts, sie schluckt. Sie schluckt und sieht aus dem Fenster und versucht, nicht mehr da zu sein. »Sie können den nächsten Flug zurück nach Tunis nehmen, sobald Sie in Berlin sind«, hört sie jetzt einen Mann, kurz sieht sie hin, es ist der Kapitän, er hat eine Kapitänsmütze auf. Er sieht Lisa an. »Jetzt bringen Sie erst mal Ihre Tochter gesund zurück«, sagt er. »Sie sind ein toller Mensch«, sagt Lisas Mutter, bei dem O entgleist ihre Stimme, »so ein toller Mensch.« Lisa schaut wieder aus dem Fenster.

Sie heben ab. Sie heben ab, und über den Wolken brüllt sie wieder los. Lisa schaut auf die Wolken, und ihre Mutter rüttelt an ihrer Schulter. »Leg deinen Kopf auf deine Knie! Lisa! Leg deinen Kopf auf deine Knie! Wir stürzen ab!«, ruft sie. Lisa schaut sie an, meint sie das jetzt ernst? »Ich weiß, was ich sage!«, ruft sie, »ich kenne mich aus, wir stürzen ab!« Die Tragflächen. Wackeln. Sie wackeln und das Flugzeug macht komische Geräusche. Ihr Hals schluckt wieder, er schluckt, die Tragflächen, die Geräusche, Lisa beschließt, dass es gut so ist. »Und ob ich schon wanderte im finsteren Tal«, sagt ihre Mutter. Lisa legt ihren Kopf auf die Knie und schließt die Augen. Sie findet es okay so. Es ist ihr recht. Danke, lieber Gott, sagt sie, danke, dass es nun aufhört, endlich. Lass mich einfach sterben, es ist okay.

Ein Moped knattert durch die Straße. Der zwitschernde Vogel hat jetzt Begleitung, sie zwitschern und kreischen, das Licht ist nicht mehr grau, es ist jetzt gelb, hellgelb. Die Nacht ist vorbei. Lisa ist in Paris, und sie muss nie, niemals wieder nach Tunesien fahren, sie wird da nie wieder hinfahren, ganz einfach. Sie weiß, dass es ihrer Mutter leidtut, das weiß sie. Aber jetzt will sie es nicht hören. Sie will sie aus ihrem Kopf haben, sie und Tunesien und die Schildkröte und die Sonne, es reicht Lisa, sie will ihre Ruhe, sie will jetzt diese Wohnung ausräumen und dann zurück nach Berlin. Es ist gut, es ist gut, dass ihre Mutter jetzt tot ist. Dass Lisa keine Angst mehr haben muss. Wenn das Telefon klingelt. Einfach weil ihre Mutter sich nie entscheiden konnte. Sie konnte sich einfach nie entscheiden, ob sie leben will oder sterben, und Lisa ist sich ziemlich sicher, dass sie sie nicht noch einmal gerettet hätte. Sie hätte sie nicht noch einmal vor dem Selbstmord gerettet, früher oder später hätte ihre Mutter es geschafft und sich wirklich umgebracht. Und dann hätte Lisa damit leben müssen. Es ist gut, dass sie Krebs bekommen hat. Es ist gut, dass der Krebs ihr diese Entscheidung abgenommen hat. Für den Krebs konnten sie nichts, Lisas Mutter nicht und Lisa auch nicht, und es war so schön, wie sie sich an den Händen genommen haben, damals im Krankenhaus, »Maman, weißt du noch? Wir haben uns an den Händen genommen, wir waren bereit für den Abschied. Du, ich und der Krebs. Und kein Alkohol. Das war eine schöne Zeit.«

19.
Lisa

Lisa reibt sich ihren Nacken, alles tut ihr weh, der Kopf, die Augen, die Knochen, auch die Haut, vor allem die Haut. Sie steht auf und geht ins Bad, sie zieht sich aus, stellt sich unter die Dusche und stellt das Wasser an, ganz heiß macht sie es und lässt es über ihren Rücken laufen, es läuft heiß über ihren Rücken. Wie gut das tut. Sie hält ihren Nacken unter den Strahl, dann dreht sie sich um und lässt das Wasser über ihre Brust fließen, über den Bauch und dann wieder auf den Rücken, zwischen ihre Schulterblätter. Drei Nächte, zählt sie. Drei Nächte ist sie noch in Paris, dann fährt sie zurück nach Berlin. Zu ihrer Doktorarbeit, ihrer Bibliothek, zu ihrem Brunnen vor dem *Südblock*, zu ihrem Ingwertee und in die WG zu Anne, zum Sturm und Drang, emotionale Männlichkeit, rasende Weiblichkeit, zu ihren Figuren, die nicht aus den Seiten springen, die ihr nicht nachts auflauern, sondern brav da drinbleiben, sobald sie das Buch wieder schließt.

Sie nimmt Shampoo, es riecht nach Zitrone, und sie schäumt sich die Haare auf, und dann seift sie ihren Körper ein. Die weiche Seife fühlt sich an wie eine schützende Haut auf ihrer Haut, nur nicht an ihren Fingern, die sind schon ganz schrumpelig. Sie hüllt sich in ein großes Handtuch, knotet es über ihren Brüsten zusammen, wickelt ihre Haare in ein zweites Tuch und setzt sich auf ihr Bett. Sieben Uhr. Sie nimmt ihren Rucksack und sucht die Flasche Wasser, sie ist nicht da, ach ja. Die *flics* in der Métro. Sie geht ins Bad zurück und trinkt direkt aus dem Wasserhahn, wenn sie sich zum Strahl beugt, pocht ihre Schläfe. Erst mal ein Kaffee. Erst mal raus hier, und ein Kaffee an der Ecke. Sie zieht sich an.

Sonnenstrahlen fallen in die Passage de Flandre, einige Menschen hasten die Straße entlang, niemand unterhält sich, nur die Vögel zwitschern. Auf der Avenue de Flandre fahren die Autos, als wäre nichts gewesen, die Straße ist sauber, in den ersten Cafés werden die Rollläden hochgezogen. Lisa geht in das Café an der Ecke Riquet, das Café, aus dem gestern Nacht der Wirt kam und die Polizisten beschimpfte. Noch ist es fast leer, nur zwei Frauen sitzen an der Theke und trinken ihren Kaffee, Lisa setzt sich dazu und bestellt sich einen *américano*. Der Kellner stellt ihn mit Schwung auf den Tresen, sodass er leicht überschwappt, Lisa nimmt den Zuckerstreuer und lässt den Löffel volllaufen, ein Löffelchen voll Zucker, wenn ein Löffelchen voll Zucker bittere Medizin versüßt, nimm noch einen Löffel, hat ihre Mutter gesagt, als Lisa noch immer nicht singen wollte, und Lisa nahm noch einen Löffel und dann versuchte sie es, *chim chiminey, chim chiminey, chim chim che-ree*, sang sie, »ja!«, ihre Mutter klatschte in die Hände, »ja, siehst du, es wirkt!«, und dann sang sie mit, die Strophen konnten sie nicht, also sangen sie immer nur *chim chiminey, chim chim che-ree*, und ein Löffelchen voll Zucker. Aber Französisch konnte sie dadurch nicht sprechen. Damals.

»Waren Sie nicht letzte Nacht auch dabei?«, fragt der Kellner. »Hmm?« »Letzte Nacht, als die *flics* den armen Kerl fast erschlagen haben.« Lisa schaut auf. Das ist der Mann von gestern Nacht. »Ja«, sagt sie, »ja, ich war da.« Der Mann nickt. »Sollen Sie sie doch da wohnen lassen, die Leute, stören doch keinen«, sagt er. Lisa nickt, und er geht zurück zu seiner Kaffeemaschine.

Auf dem Tresen liegen Zeitungen, sie sind noch ganz frisch, nicht so abgegriffen wie sonst, sie nimmt sich die *Libération* und blättert sie durch. Der grüne Abgeordnete Denis Baupin ist wegen Vorwürfen sexueller Belästigung zurückgetreten, dem Chef der Anti-Drogen-Behörde wird vorgeworfen, Cannabis nach Frankreich geschmuggelt zu haben. Die Familien der Opfer des Bataclan-Attentats vom 13. November treffen sich zum ersten Mal mit den Richtern, die den Prozess betreuen. Dann ein Artikel über das Flüchtlingscamp bei Stalingrad. Bis zu zweihundert Geflüchtete leben dort, heißt es, die meisten aus dem Sudan, Eritrea und Afghanistan, ganze Familien, »unter den widrigsten hygienischem Umständen«. Die Bürgermeisterin Anne Hidalgo plane, das Camp zu räumen, die Flüchtlinge sollen dann auf verschiedene Notunterkünfte in Paris und in Nordfrankreich verteilt werden. »Wir werden eine humane Lösung finden.« »Eine humane Lösung, steht da«, sagt der Wirt. »Die werden in Turnhallen und so gebracht, irgendwo in der Provinz. Na, wenn das keinen neuen Ärger bringt. Die werden sich freuen, auf dem Dorf, über Schwarze und Araber in ihren Turnhallen. Da braucht es nur einen gelangweilten Achtzehnjährigen *beur*, der auf dem Dorfplatz herumlungert, und einen gelangweilten weißen *steak frites*, und schon haben wir die Prügelei. Und dann lassen sie die Familien nicht zusammen, wieso lassen sie die Familien nicht zusammen?« Der Wirt macht den nächsten Kaffee, die Maschine stößt ein Zischen durch den Raum. »Gibt es hier denn genug Wohnungen?« »Genug Wohnungen? Sie kommen wohl nicht von hier?« Der Mann lacht. »In Paris leben wir wie die Ölsardinen, Madame! Aber Platz, Platz ist immer.« Lisa legt die Zeitung wieder weg und trinkt ihren Kaffee aus, er ist inzwischen kalt geworden. Sie lässt ein paar Münzen auf dem Tresen und will aufstehen, da klingelt ihr Telefon.

Es ist Larissa. »Der Nachbar hat einen Wasserfall!«, sagt sie. Ihre Stimme klingt außer Atem. »Einen was?« »Der Nachbar ist hier, von unten, Monsieur Cazeneuve«, sagt Larissa, »ihm läuft das Wasser ins Bad, ein Rohr ist undicht bei uns im Klo, ich habe so eine Klappe in der Wand aufgemacht, und da kann man es sehen, es läuft die ganze Zeit in die Wand hinein, literweise! Er will mit der Besitzerin sprechen, du musst kommen.«

Lisa hastet die Avenue de Flandre entlang, an den *Orgues de Flandre* vorbei, die riesigen Wohnorgeln beugen sich über den Platz, Zukunft aus den 1970er-Jahren, man sieht sie nur von hier, von der anderen Seite der Avenue aus, bisher sind sie Lisa gar nicht aufgefallen, sie hastet weiter auf den Mittelstreifen und unter den Platanen entlang bis zum Monoprix, drückt das Tor auf, klack, dann läuft sie die Treppe auf die Galerie hoch, zu *Hainaut*, und nimmt den Fahrstuhl in den siebten Stock. Die Tür zur Wohnung ist angelehnt, das Licht scheint durch den Spalt in den dunklen Flur. Lisa bleibt kurz stehen, holt tief Luft und geht dann rein.

Der Mann sitzt am Esstisch und trinkt einen Kaffee, Larissa kommt aus der Küche, »ah, da ist sie ja«, sagt sie, sie ist barfuß und trägt ein dünnes T-Shirt und eine hellbraune Pyjamahose, »darf ich vorstellen, Lisa Bellanger, die Besitzerin dieser Wohnung, Lisa, das hier ist Monsieur Cazeneuve.« »Sehr schön, Sie endlich kennenzulernen«, sagt der Nachbar, »guten Morgen. Verzeihen Sie die frühe Störung, aber in meinem Bad tobt ein Wasserfall, unmöglich, das so zu lassen, und es ist ja nicht das erste Mal, ich bitte Sie, meine Beschwerde endlich ernst zu nehmen und das Wasser nicht mehr anzustellen, ich werde nicht gleich zum Anwalt gehen, ist ja klar, unter Nachbarn, aber abgemacht ist abgemacht, ich verstehe nicht, wieso der Hahn wieder aufgedreht ist, das geht doch nicht.« Lisa schaut sich seine Halbglatze an, seine hängenden Wangen und runden Augen. Nicht das erste Mal. »Wieso, nicht das erste Mal?« Mit einer Handbewegung verweist er auf die Anrichte, darauf liegt ein aufgeschlagener Ordner. »Was ist das?« »Das ist von deiner Tante«, sagt Larissa, aber der Nachbar unterbricht sie, »Madame Bellanger hat mir versichert, dass der Haupthahn zu bleibt, ehe das Rohr nicht repariert ist. Sie hat es unterschrieben!« Lisa geht zum Ordner und liest sich das Schreiben durch. Tata Solange versichert darin Monsieur Cazeneuve, die Verantwortung für den Wasserschaden zu übernehmen. Der Haupthahn, steht dort, wird nicht wieder aufgedreht, bis das Problem beseitigt worden ist. Solange Bellanger, steht darunter. 19. Januar 2016. Das war vor vier Monaten. »Das war vor vier Monaten«, sagt der Nachbar und schaut Lisa an.

Lisa dreht sich zu Larissa um. »Hat sie dir ...?«, fragt sie auf Deutsch. »Nein, kein Wort. Deine Tante hat mich in die Wohnung gelassen, mir alles gezeigt, Lisa, sie hat sogar mit mir zusammen den Haupthahn aufgedreht, von dem Wasserschaden sagte sie kein Wort.« Lisa nickt. »In Ordnung, Monsieur ...«, »Cazeneuve«, sagt er, »Monsieur Cazeneuve, es gab scheinbar ein Missverständnis zwischen meiner Tante und mir, das tut mir sehr leid. Habt ihr den Haupthahn jetzt zugedreht?« Larissa nickt, »selbstverständlich, dafür bin ich ja in aller Frühe hochgerast«, sagt der Nachbar, »ich kann nicht fassen, dass das Wasser wieder durch die Decke kommt, bitte kümmern Sie sich jetzt darum, ich habe die Zusage schriftlich. Ich muss jetzt wirklich los zur Arbeit.« Er gibt Lisa die Hand, rau und warm ist sie, dann verschwindet er durch die Tür.

Lisa erinnert sich noch ziemlich genau an das Gespräch, das sie mit Tata Solange geführt hat, Anfang Februar war es. »Eine Freundin von mir würde gerne in der Rue de Flandre wohnen, geht das?«, hat sie gefragt, und Solange: »Es ist deine Wohnung, wieso fragst du mich?« »Ich will ja nur wissen, ob sie bewohnbar ist.« »Ja, was denkst du denn, denkst du, wir ließen Mamie in einem Loch hausen? Natürlich ist sie bewohnbar!«

Larissa fasst sich an die Stirn. Sie hat rote Augen und sieht blass aus. »Komm, wir machen uns erst mal einen Kaffee«, sagt Lisa.

»Sie hasst es, dass mir die Wohnung gehört«, hat Lisas Mutter gesagt. Sie hatten oft Streit wegen der Wohnung, sie und Tata Solange. Es fing immer gleich an, mit einem Brief, einem Brief von der Hausverwaltung. »Sie hat schon wieder nicht bezahlt!«, rief Lisas Mutter, »ich sage dir, sie lebt auf meine Kosten! Sie gibt Mamies kleine Rente für sich aus und wenn die Rechnung für die Nebenkosten kommt, ist kein Geld mehr da, und dann wendet sich die Hausverwaltung an mich, alle drei Monate dasselbe Drama, und am Ende zahle ich, so sieht es aus, sie will mich dafür bestrafen, dass die Wohnung mir gehört!«

Larissa nimmt die Kaffeekanne, öffnet sie und dreht den Wasserhahn auf, es gibt ein Knarren in den Rohren, nur ein paar Tropfen kommen raus. »Ach ja.« Larissa macht den Kühlschrank auf, holt eine Flasche Evian raus und füllt die Kanne mit dem Wasser, stellt sie auf den Herd und zündet das Gas an, dieses schöne kleine Geräusch, dieses Wusch, als das Gas sich entzündet, das Wusch mag Lisa gerne. Sie setzt sich an den Tisch mit der Wachstuchdecke und sammelt die Baguettekrümel mit den Fingern auf. »Nicht leicht mit deiner Familie.« Larissa lehnt sich gegen den Herd, sie setzt ein schiefes Lächeln auf. »Ich weiß es noch genau, deine Tante hat mich in die Wohnung geführt, mir alle Zimmer gezeigt, sie hat mir dabei erzählt, dass es für sie nicht einfach sei, wieder hier zu sein, das erste Mal seit dem Tod deiner Großmutter. Sie ist auch mit mir in das Bad gegangen, und dann hat sie die Klappe geöffnet, wirklich, ich schwöre dir, sie hat sie geöffnet und gesagt: Das hier ist der Haupthahn, den musst du nur aufdrehen, so, jetzt gibt es Wasser.« Der Kaffee läuft gurgelnd durch, Larissa dreht sich um, macht den Herd aus und füllt den Kaffee in zwei Bols.

Von Januar ist die Unterschrift. 19. Januar. Vier Wochen nach Mamies Tod. Und drei Tage. Drei Tage nach dem Tod von Lisas Mutter. Lisa rührt Milch und Zucker in den Kaffee, der Löffel erzeugt beim Rühren im Bol einen vollen, rauen Klang.

»Wieso lässt sie dich so ins offene Messer laufen?«, fragt Larissa. Lisa zuckt mit den Schultern. »Es war kurz nach Mamies Tod, und nach dem Tod meiner Mutter. Sie hatte vielleicht einfach nicht die Nerven, sich darum zu kümmern.« »Aber sie hätte es mir sagen können!« »Ich glaube, es ist nicht so leicht für sie, dass die Wohnung jetzt mir gehört. Und du hier wohnst. Für sie bist du ja irgendeine fremde Deutsche.« »Wieso hat deine Tante die Wohnung nicht geerbt?«

Ja, das war so eine Geschichte. Die Wohnung gehörte Mamie, früher. Sie hatte sie von dem Geld gekauft, das sie von den Eltern ihres verstorbenen Mannes bekommen hatte, von Lisas Urgroßeltern also, als Entschädigung für den Hof. Für den Hof, auf dem sie nicht mehr wohnen sollte ohne ihren Mann, die neureiche Postbotentochter. Und dann brauchte Solange Geld. »Sie hatte nie einen richtigen Job«, hatte Lisas Mutter gesagt. »Sie hat nie genug verdient, gut, sie hatte auch keinen Mann, und dann die kleine Charlotte, sie brauchte immer Geld, mit ihren kleinen Jobs bei Magazinen, *bof*, sie schrieb Lifestyle-Geschichten, über Sexualität, den Körper und das Älterwerden, das bringt nicht viel Geld ein, natürlich, und ich hatte Geld.« Lisas Mutter wollte die Wohnung gerne kaufen, die Rue de Flandre, »wenn ich einmal alt bin, dann wohne ich dort, *ma chérie*, dann ziehe ich nach Paris zurück in die Rue de Flandre und finde meinen Frieden.« Mamie vererbte ihren Töchtern also die Wohnung, und Lisas Mutter kaufte Solange ihren Teil ab. »Schon vor fünfundzwanzig Jahren«, sagt Lisa und trinkt ihren Kaffee, »schon vor fünfundzwanzig Jahren kaufte meine Mutter meiner Tante ihren Teil ab, und seitdem gehörte sie ihr. Das gab immer nur Ärger.« Die verdammte Rue de Flandre gab immer nur Ärger. Mamie sollte weiter die Nebenkosten zahlen, und je älter sie wurde, desto öfter hat sie es vergessen. Die Hausverwaltung meldete sich dann bei Lisas Mutter, die meldete sich bei Solange, denn Solange hatte sich schon lange um Mamies Finanzen gekümmert. Oder: Eigentlich hätte sie das tun sollen, sie tat es aber nicht, und es gab jedes Mal einen Streit über die Nebenkosten. »Streite doch nicht«, hatte Lisa ihrer Mutter gesagt, »meine Güte, wenn du das Geld hast, dann zahl es halt, das ist es doch nicht wert, deswegen mit Tata Solange zu streiten.« »Das ist es nicht wert, deswegen mit Tata Solange zu streiten«, sagt Lisa, »nur wegen des Wassers. Wir rufen den Klempner, und ich melde es meiner Versicherung, fertig.« »Mag deine Tante mich nicht?«, fragt Larissa. »Die blonde Deutsche«, Lisa hört es noch genau, so hat Tata Solange Larissa genannt, »und woher kennst du diese blonde Deutsche, die jetzt in der Rue de Flandre wohnt?« Lisa zuckt mit den Schultern. »Nein, sie kennt dich nicht.«

Sie googeln *»plombier pas cher 19. arrondissement«*, Larissa fängt an zu lachen, »Klempner nicht teuer« bringt 491.000 Ergebnisse, ganz oben: *»Plombiers Intervention 7J/7«*. »Ruf du an«, sagt Lisa, am Telefon versteht sie das Französisch vielleicht nicht und sie weiß auch nicht, wie man einen Wasserschaden auf Französisch erklären soll. Larissa ruft an. Noch am Nachmittag will der Klempner vorbeikommen.

Larissa fährt zur Uni, und Lisa legt sich noch einmal hin. Larissas Laken sind weich und unter der Decke noch ein bisschen warm von der Nacht. Das Kissen riecht nach Orangenblüten, der Geruch passt zu dem Licht, oranges Licht fällt durch die Fenster, und Lisas Körper fühlt sich schwer an auf den Laken, er fällt in die Laken, er fällt und fällt, ohne aufzukommen, und sie schläft fallend ein. Sie träumt von Tata Solange. Tata Solange steht neben dem Bett und schaut sie an, aber nicht wütend, sondern traurig. Traurig schaut sie Lisa an, ihre Haare sind offen, wie sie sie früher getragen hat, lange schwarze Haare mit einem Mittelscheitel, sie streicht ihre Haare hinter das rechte Ohr, schaut auf den Boden und sagt: »Sie ist nicht gekommen.«

Dann wacht Lisa auf. Sie weiß nicht, wie lange sie geschlafen hat, aber die Laken fühlen sich gut an auf der Haut, sie schmerzt nicht mehr, sie ist ganz warm, sie streckt sich, auch ihre Knochen tun nicht mehr weh. Tata Solange. Warm liegt der Traum in ihrem Bauch. Sie ist nicht gekommen. Lisa setzt sich auf die Bettkante, ihre Klamotten liegen vor ihr auf dem Boden, aber sie stinken nach schlechtem Schlaf und frühem Aufstehen, nach zeterndem Nachbarn und müder Larissa. Stattdessen zieht sie Larissas Bademantel an. Der Parkettboden fühlt sich gut an, sie läuft im Zimmer hin und her, jede Furche des warmen Parketts kitzelt ihre Fußsohlen. Dann läuft sie durch den Flur ins Wohnzimmer, niemand da, aber die Balkontür ist weit geöffnet. Sie geht hinaus, es ist längst nicht mehr Vormittag, die Sonne steht hoch am Himmel und die Avenue de Flandre ist voller hupender Autos. Lisa zieht die Frühlingsluft tief durch die Nase ein, sie beugt sich über das Geländer und schaut auf die herumirrenden Menschen. Sie ist nicht gekommen. Auf Deutsch hat sie es gesagt, obwohl sich Lisa nicht ganz sicher ist, ob man in einer bestimmten Sprache träumt. Oder hat sie gesagt: *»Elle n'est pas venue«*? Lisa weiß, warum Tata Solange das gesagt hat. Es ist wegen dieser Geschichte. Dieser Geschichte von Charlottes Geburt, wie oft hat Lisas Mutter sie ihr erzählt, und nun auch Solange.

Die Version von Lisas Mutter ging so: Solange war in Berlin, als sie schwanger wurde, sie besuchte Lisas Eltern, und dort lernte sie Gernot kennen, Lisas Mutter kannte ihn von der Filmhochschule. Sie studierte eigentlich Romanistik, Lisas Mutter, aber sie kannte viele Leute von der Filmhochschule, weil sie immer in der griechischen Kneipe waren, bei Costas am Savignyplatz, die linken Filmstudenten, die Lisas Mutter natürlich toll fanden, eine Französin, die direkt aus dem Mai 68 in Paris kam.

Gernot und Tata Solange lernten sich also kennen und verbrachten eine Nacht miteinander, »nur eine Nacht«, erzählte Lisas Mutter immer, und als Tata Solange nach Paris zurückfuhr, war sie schwanger mit Charlotte. Sie erzählte es Gernot, aber sie sagte ihm auch, dass sie nicht von ihm erwartete, Vater zu sein. Gernot flog erleichtert nach Neuseeland, das war schon lange sein Plan, er wollte nach Neuseeland, um dort einen Film mit den Maori zu drehen. Und Solange blieb in Paris und beschloss, das Kind zu bekommen, in der Rue de Flandre, bei Mamie. »Mamie hat mich gebeten, Solange bei der Geburt zu unterstützen«, hatte Lisas Mutter erzählt. In einem Brief hat Mamie Lisas Mutter gebeten, ihrer Schwester bei der Geburt beizustehen, Mamie schrieb ihr nach Berlin, »du bist für das kleine Küken der wichtigste Mensch auf der Welt, meine Marie, du musst kommen, komm, und kümmere dich um unser Küken.« »Ich war ja da!«, hat Lisas Mutter immer wieder beteuert, »Lisa, ich bin ja hingefahren, zum Geburtstermin.« Es war im August, und es war brütend heiß, das hatte auch Lisas Mutter erwähnt, und die Füße, die Füße der beiden Schwestern im Eiswasser, so hat es ihr Tata Solange gerade erst noch mal erzählt. Und die Wehen wollten einfach nicht kommen. »Zwei Wochen war ich da, und die Wehen wollten einfach nicht kommen!«, das hatte Lisas Mutter gesagt. Und dann hielt sie es nicht mehr aus bei Mamie. »Ich konnte nicht mehr, ich hielt es nicht mehr aus mit Mamie.« Und sie fuhr zurück nach Berlin. Nur einen Tag später kam Charlotte auf die Welt. Ohne Lisas Mutter. »Sie hat es mir nie verziehen.«

Lisa geht wieder rein, holt ihr Telefon aus der Tasche und ruft Tata Solange an. *»Oui, allô?«* Solange klingt außer

Atem. »Hallo, Tata Solange, hier ist Lisa, wie geht es dir?« »Gut!«, Solange schreit beinahe, »gut, was ist denn los?«, schreit sie. »Nichts, ich fahre nur bald, und ich dachte, vielleicht können wir uns heute oder morgen noch mal treffen.« »Heute?!« »Ähm, na ja, nur, wenn du Zeit hast, ich weiß, es ist spontan, oder sonst morgen?« »Du fragst mich, ob wir uns heute sehen?! Ich muss mich auf so was vorbereiten!«, schimpft sie, »ich bin eine alte Frau, alte Frauen sind nicht mehr spontan!« Dann seufzt Solange, Lisa kann sie lange seufzen hören. »Oh, *ma petite*«, sagt sie, mit einer ganz weichen Stimme, »das schaffe ich nicht. Triff dich lieber mit deiner Cousine.« Dann legt sie auf. Sie hat aufgelegt. Lisa schaut auf ihr Telefon. Aufgelegt.

Diese kleine ängstliche Stimme, außer Atem. Wie Lisas Mutter. Wie Lisas Mutter, wenn sie sie spontan anrief, oder wenn sie spontan vorbeikommen wollte, »*mais non, ma chérie*, das ist mir zu spontan, ich muss mich auf so etwas vorbereiten!« Sie bereitete sich tagelang auf Besuch vor, erzählte sie, sie überlegt sich, wann sie aufstehen würde, was sie anziehen würde, wann sie ihren Kaffee trinken und ihr Mittagessen einnehmen würde, was sie sagen würde, sie stellt sich alles ganz genau vor, wie sie die Treppe heruntergehen würde, wie sie mit Lisa zum Restaurant ginge, sie gehe alles mehrmals im Kopf durch. »Das verschafft mir Sicherheit«, sagte sie, »sonst bekomme ich zu viel Angst, du kannst mich nicht einfach so aus meinem Alltag herausreißen, ich habe meinen Alltag, weißt du, denk nicht, dass ich mich langweile, ich plane meine Tage sehr genau und ich mag sie sehr gerne, meine Routinen.« Tata Solange also auch.

Lisas Telefon klingelt, es ist Charlotte. »Weißt du, sie ist etwas kompliziert, meine Mutter, man kann sich nicht einfach so mit ihr treffen. Dass ich sie überreden konnte, bei uns zu grillen, das war schon etwas Besonderes, sie wollte dich unbedingt sehen, aber jetzt muss sie sich davon erholen, weißt du, das war sehr aufwühlend für sie, dich zu sehen, sie sagt, du siehst deiner Mutter so ähnlich, ja, das hat sie aufgewühlt. Aber wenn du willst, können wir beide uns treffen, für eine Stunde, am Pavillon des Canaux?«

Der Pavillon liegt direkt am Bassin, es ist ein altes Bootshaus und sieht innen aus wie bei Alice im Wunderland. Das Geschirr ist rot-weiß gestreift, von der Decke hängen Hunderte Schlüssel herab, ein Zimmer weiter trinkt eine Frau ihren Kaffee in einer Badewanne und schreibt dabei auf ihrem Laptop. Charlotte sitzt an einem der Tische in der verrückten Küche, der Boden ist schwarz-weiß gekachelt und die Wand mintgrün, der Herd ist größer als ein normaler Herd. Sie sieht schön aus, sie trägt ein rotes Kleid mit Blümchen und einen Pferdeschwanz und ihr fransiger Pony fällt leicht über die schmale Stirn. Als Lisa ihr zur Begrüßung zwei Küsschen gibt, riecht sie, dass ihre Cousine Parfum trägt. »Du riechst aber gut!«, sagt sie und Charlotte lacht, »es heißt Sidi Bou Saïd«, sagt sie, »es riecht nach Bougainvillea.« Sie bestellt einen grünen Tee mit Mandelaroma, den nimmt Lisa auch, sie setzen sich ans Fenster und schauen über das Bassin. Und dann erzählt Lisa ihrer Cousine von dem Wasserhahn, von dem Wasserhahn und was die deutschen Brüste mit ihr angestellt haben, und dass sie ihre Tante so gerne noch einmal sehen würde, schon wegen der Haare. »Sie riechen wie die Haare von Maman, weißt du.« Charlotte schaut aus dem Fenster. »Es ist nicht so leicht mit ihr«, sagt sie.

20.
Charlotte

Bon écoute, es ist nicht so leicht mit ihr. Ich weiß, deine Mutter hatte auch Probleme, aber man darf nicht denken, dass es Maman so viel besser geht, nur weil sie nicht so ein Drama darum macht. Sie ist krank, weißt du, ihr Herz spielt verrückt, sie hat Ängste, sie geht nicht mehr aus ihrem Haus, sie lässt auch niemanden rein, sie will niemanden mehr sehen, außer mich und Guillaume hin und wieder. Sie schafft es nur noch sehr selten nach Paris, es ist für sie eine riesige Herausforderung, hierherzukommen. Wenn sie etwas in Paris erledigen muss, bereitet sie sich tagelang darauf vor, am Tag vor der Fahrt legt sie sich alles zurecht, was sie braucht, die Klamotten, die sie anziehen will, die Schuhe, alles, was sie mitnehmen will, sie packt ihre Handtasche, zwei Packungen Zigaretten, mehrere Feuerzeuge, sie steht eine Stunde am Bahnhof, bevor der Zug fährt, sie ist Tage vorher nicht mehr zu gebrauchen, so sehr regt sie es auf, wenn sie ihr Haus verlassen muss, ihre kleine Höhle. Was denkst du, was für Ängste sie ausstehen musste, um dich zu treffen, um dich am Bahnhof abzuholen. Natürlich hat sie sich gefreut, aber sie hatte auch riesige Angst davor, beinahe wäre sie nicht mitgekommen, beinahe hätte ich dich alleine getroffen, ich musste sie lange beruhigen, damit sie sich traut, dich zu sehen, »das wühlt alles wieder auf«, hat sie immer wiederholt, »das wühlt alles wieder auf«, die alten Geschichten, *bof*, was fragst du denn, du weißt doch, eben diese ganzen Familiengeschichten, das ist alles *bouleversant*, wir werden die alten Geschichten jetzt doch nicht noch einmal aufwärmen, was ich dir sagen wollte: Sie kommt nicht zurecht, Maman, sie hat diese Angstzustände, und ihr kleines Häuschen ist der einzige Ort, an dem es ihr einigermaßen gut geht, dort hat sie ihren kleinen Alltag, sie steht auf, trinkt ihren Kaffee, dann liest sie ein wenig oder schaut fern, und dann geht sie in ihren Garten, ihren heiß geliebten Garten, schade, dass du ihn nicht gesehen hast, er ist wirklich ein kleines Paradies. Sie kümmert sich jeden Tag um ihre Pflanzen, sie hat einen Zitronenbaum, weißt du, es ist gar nicht so leicht, einen Zitronenbaum in Mitteleuropa durch den Winter zu bekommen, aber sie schafft es, sie redet ihm gut zu, wischt die Blätter feucht ab, düngt ihn, und wenn es kalt wird, packt sie ihn gut ein, sie wickelt ihn wie ein Baby, stellt ihn ganz nahe ans Haus und schaut alle paar Tage, ob ihm nicht zu kalt ist, sie liebt ihn, diesen Zitronenbaum.

Wenn sie das alles verliert, dann weiß ich nicht, wie sie es verkraftet. Die Bank droht ihr ständig damit, ihr Haus zu pfänden, weißt du, und das verschlimmert ihre Panikattacken, stundenlang sitzt sie in ihrem Wohnzimmer und starrt vor sich hin, unfähig, sich zu rühren, weil sie nicht weiß, was sie machen soll, wenn man sie rauswirft. Sie überlegt sich schon irgendwelche Konstruktionen in ihrem Garten, will das Haus vermieten und selbst in das Holzhäuschen ziehen, in dieses kleine Gartenhäuschen, so stellt sie sich das vor, »ich brauche ja nicht viel, nur ein Dach über dem Kopf und meinen Garten«, sagt sie mir dann allen Ernstes, *non mais* Lisa, hörst du mir zu? Die Situation ist ernst! Das ist nicht witzig, ich sage dir, sie muss vermutlich ihr Haus verkaufen, sie kommt aus der Panik nicht mehr heraus, ihr Herz spielt verrückt, sie nimmt alle möglichen Tabletten, und sie ist ja nicht mehr die Jüngste, zweiundsechzig ist sie gerade geworden, ihr Zustand ist schlecht, sehr schlecht, und weißt du, dass die Rue de Flandre bald weg ist, hilft nicht gerade, das macht sie fertig, die Wohnung zu verlieren. Seit Mamie gestorben ist, war sie nicht mehr da, gut, einmal, um deine Freundin da reinzulassen, aber mehr nicht, sie traut sich ja nicht einmal mehr nach Paris, wie soll sie da noch einen Fuß in die Rue de Flandre setzen, aber dass das alles bald weg sein soll, ihr altes Zimmer, Mamies ganzes Leben, damit kommt sie nicht zurecht. Gut, das Wichtigste habe ich ja schon geholt und ihr gebracht, die Lampe mit dem tunesischen Mosaik, das Silberbesteck, die guten Gläser, haben wir dir das nicht gesagt? Ich weiß nicht, ob du etwas vermisst hast, aber du kanntest dich ja ohnehin nicht so aus in der Wohnung. Ja, es fällt mir schwer, dass du sie geerbt hast, das sage ich dir geradeheraus, versteh mich nicht falsch, ich weiß, sie gehörte deiner Mutter, also gehört sie jetzt dir, es ist ja auch okay so, es ist nicht so, dass ich dir das Geld nicht gönne, das nicht, aber ich bin darin aufgewachsen, ich habe in dieser Wohnung laufen gelernt, ich habe jeden Sonntag dort verbracht, wenn Mamie Couscous kochte, oder *poulet au citron, cassoulet, bœuf au mode*, hmm, wie gut sie kochen konnte, die ganze Wohnung roch danach, ach, was sage ich, schon im Hausflur konnte man das Essen riechen, dazu gab es immer guten Wein, und Marcel klopfte Mamie am Anfang des Essens stets auf die Hand, »es schmeckt wunderbar, Lucile«, sagte er, das war alles, du weißt ja, er sprach nicht viel, aber das sagte er, und dann lächelte Mamie erleichtert und fragte: »Wirklich? Nicht zu viel Zimt?« Du erinnerst dich daran? Ja, sie hatte immer Angst, es könnte zu viel Zimt in ihrem Couscous sein.

Wie sie war, *bof,* was soll ich dir sagen, sie war eine wunderbare Frau, unsere Großmutter, sicher, sie hatte einen starken Charakter, aber das musste sie auch, schau dir nur an, was für ein hartes Leben sie führte! Was für eine Frau! Sie hat auf dem Bauernhof geholfen, sie hat die Familie nach Frankreich geholt, als unser Großvater gestorben ist, eine starke Frau. Und sie hatte ihre Meinung, oh ja, das hatte sie, was hat sie sich mit Marcel über Politik gestritten! Sie pfiff auf die herrschende Politik, im Gegensatz zu Papi, der fieberte mit, der war ja überzeugter Sozialist. Mamie nicht, es war nicht so, dass sie unpolitisch war, das nicht, sie stand vielmehr über der Politik, so könnte man es sagen. Realpolitik widerte sie an, diese Heuchelei, sie konnte keine Partei richtig ernst nehmen, Riesenstreitereien gab es deshalb, sie sagte ihm: Okay, du willst, dass ich wählen gehe? Prima, dann wähle ich eben *Front National*, wenn es das ist, was dich glücklich macht! Ein paarmal hat sie wirklich FN gewählt, das hat sie zumindest erzählt, die ganze Familie hat sich aufgeregt deshalb, außer Antoine, hast du Onkel Antoine schon kennengelernt? *Bof,* ich sage dir, freu dich nicht zu sehr auf diese Familie, das ist ein alter Rassist, ein richtiges Arschloch ist das, seine Frau ist an Krebs gestorben und mit seiner Apotheke ist er pleitegegangen, auch vorher war er schon rassistisch, aber das hat ihn richtig verbittern lassen, und jetzt hasst er die ganze Welt, insbesondere Frauen und Araber. Wir hatten einen riesigen Streit, als ich siebzehn war, *bof,* Lisa, weißt du, das sind alte Geschichten, ich will ihn jedenfalls nicht mehr sehen, ich gehe ihm aus dem Weg, das ist nur vertane Zeit, sich mit ihm zu streiten, mach dir dein eigenes Bild, wenn er kommt. Ah, Maman wollte dir Bescheid sagen, hat sie das nicht? Er hat sie nach deiner Nummer gefragt, dein Onkel Antoine, er will die Wohnung noch einmal sehen, bevor sie verkauft ist, Maman hat ihm gesagt, er könne heute Abend vorbeikommen, das stört dich doch nicht, du musst doch sowieso packen, also lass ihn einfach rein, was weiß ich, was er will. Vielleicht will er nur nachschauen, ob es noch etwas gibt, das er verkaufen kann, er kommt sicher nicht, um sich von der Wohnung zu verabschieden, nicht einmal hat er sich bei Mamie blicken lassen, um sich um sie zu kümmern. Etwas anderes ist es mit Onkel Maurice, der ist in den letzten Jahren oft von Korsika nach Paris geflogen, um nach Mamie zu sehen, dann wohnte er einige Wochen hier, nur für Mamie. *Bof*, sein Sohn ist ein bisschen schwierig, Philippe, er spinnt herum, arbeitet im Zirkus als Artist oder Clown oder was weiß ich, nein, viel Kontakt haben wir nicht. Aber mit Maurice schon, mit dem telefoniert meine Mutter regelmäßig, er hat für unsere Großmutter eingekauft, die Papiere gemacht, mit Mitte siebzig hat er sich noch um seine Mutter gekümmert, aber Antoine ließ sich kaum blicken, ich hatte nicht das Gefühl, dass Mamie das besonders traurig machte, sie war gerne alleine, weißt du, sie hatte gerne ihre Ruhe.

Jedenfalls, wie kam ich denn auf Antoine, richtig, der hat sich natürlich gefreut, dass Mamie mal FN gewählt hat, aber sie war keine Rassistin, sie tat das nicht aus Überzeugung, nein, sie wollte den anderen Parteien eins auswischen, also wählte sie mal FN und mal die Kommunisten, eine Linke war sie ja schon, aber als die Kommunisten regierten, pfiff sie auch auf die Kommunisten, *tu sais*, *Front National* oder die Kommunisten, zum Protest hätte sie jeden gewählt, das machte für sie keinen großen Unterschied. Ich glaube, sie wollte hauptsächlich Papi ärgern, Papi und die großen Papis da draußen. Seit sie aus Tunesien zurück war, konnte sie die Politik nicht mehr ernst nehmen, sie hat immer gesagt, die Menschen machen doch nur, was sie wollen, wer glaubt, die Politik könne eine bessere Welt schaffen, der lebt in den Wolken. Die Welt wird so bleiben, wie sie ist, bis wir wieder Asche sind, so steht es geschrieben. Das hat sie immer gesagt, so steht es geschrieben, *ma chérie.* Sie glaubte an das Schicksal, in der Vorstellung, dass alles, was sein wird, schon immer war, dass wir nur kurz auf dieser Erde wandeln und dann wieder Staub werden, wie wir vorher eine Ewigkeit lang Staub waren, das hat sie getröstet, dieser Gedanke.

Ich denke, diese Haltung hat Mamie auch geholfen, mit der Krankheit deiner Mutter zurechtzukommen, denn weißt du, es war nicht einfach für sie, Marie als Tochter zu haben, das kannst du mir glauben, sie konnte ja eine Furie sein, deine Mutter! Ich habe sie nicht so oft gesehen, weißt du, aber wenn, dann war es sehr intensiv, im Guten wie im Schlechten, meine Güte, was für ein Charakter. Ich habe es gespürt, sie war eine Frau voller Liebe, deine Mutter, sie hat mir ein blaues Stoffhäschen gekauft, als ich klein war, das habe ich immer geliebt, ich konnte nicht ohne es schlafen, und ich habe es immer noch. Ich habe es den ganzen Tag umarmt, als ich gehört habe, dass Marie gestorben ist, den ganzen Tag habe ich es umarmt und geweint. Mach dir keine Sorgen, ich weiß, dass sie eine tolle Frau war, aber *mondieu*, sie war manchmal auch eine Furie, sie schrie das ganze Haus zusammen, als sie einmal hier war. Was sie so aufgebracht hat, warum fragst du das, nein, keine Ahnung, was sie so aufgebracht hat, die arme Mamie musste sich alles anhören, ständig gab es Streit, keine Ahnung, worum es ging, als es so eskalierte das letzte Mal, sie haute dann ja einfach ab, deine Mutter, wie eine Verrückte rannte sie aus der Wohnung, barfuß und ohne Brille, wieso, Mamie hat es mir erzählt, was denkst du denn, das war ein riesiges Drama, wir waren alle damit beschäftigt! Sicher wird sie ihre Gründe dafür gehabt haben, aber woher soll ich die denn kennen, Mamie wusste auch gar nicht, was los ist, ach, manchmal tat sie uns ja wirklich leid, es muss schwer gewesen sein, der Alkoholismus. Die Krankheit hat alles kaputt gemacht, das sagt meine Mutter, sie hat sich immer große Sorgen gemacht um Marie, weißt du, aber was konnten wir schon tun, sie hat so viel getrunken, und das mit einem kleinen Kind ... Schlimm. Ich weiß nicht, was du von mir hören willst, es ist eben eine schlimme Krankheit. Aber ich weiß nicht so genau, was du willst, damit hatte Mamie nichts zu tun, sie war selber traurig, dass deine Mutter so krank geworden ist. Wie sie so war, nun ja, das weißt du doch, sie hat viel gelesen, sie hatte immer ein Buch in der Hand, sie war eine sehr gebildete Frau, weißt du, alles hat sie verschlungen, die Klassiker, sie kannte sie alle, aber auch moderne Literatur, historische Romane, den größten Schund, sie hat einfach alles gelesen, was sie in die Finger bekam. Auch deutsche Literatur, vielleicht hat sie sich deiner Mutter damit näher gefühlt, wer weiß. Sie las jedenfalls die Manns, Thomas Mann, Heinrich Mann, ich konnte damit ja nichts anfangen, Arthur Koestler, sagt der dir was, den las sie gerne, was wirst du eigentlich mit den ganzen Büchern machen? Du wirfst sie doch nicht weg? Wirf sie nicht weg, Lisa, man kann die Bibliotheken anrufen, oder du stellst sie auf die Straße, aber du kannst Mamies und Papis ganze Bibliothek nicht einfach wegwerfen, gehe ein bisschen verantwortungsvoll damit um, *quand même*. Weißt du, ich will selber gar nicht mehr in die Wohnung. Das Wichtigste habe ich mir geholt, meine kleinen Erinnerungen, den kleinen Spielzeugesel, den Mamie immer in dem großen schwarzen Wandschrank aufbewahrt hat, ihr kleines Kästchen mit den Hunderten Knöpfen, die schöne Lampe, mehr brauche ich nicht. Ich gehe nicht mehr in diese Wohnung, sie ist voller Geister und es macht mich nur traurig, sie noch einmal zu sehen. Weißt du was, vielleicht ist es gut, dass du sie verkaufst, noch komischer wäre es, wenn du sie vermietest, dann wohnen fremde Leute darin und man kann auch nicht rein, nein, weg damit, dieser Teil unserer Geschichte ist Vergangenheit, wir wollen ja auch nicht darin wohnen, Maman oder ich, die Wohnung ist voller Geister, lassen wir sie einfach hinter uns.

Wir sollten die alten Geschichten alle hinter uns lassen, die Vergangenheit, du wühlst zu viel darin herum, Lisa, es ist besser, sie nicht mehr anzufassen. Manchmal haben Maman und ich davon geträumt, in die Dordogne zu ziehen, kennst du die Dordogne? Wir hatten ein Spiel, abends im Bett dachten wir uns schöne Häuser aus, die wir dort bauen würden, und überlegten, welche Möbel wir in welche Ecke stellen würden, das rote Sofa vor den Kamin, einen Schaukelstuhl auf die Veranda, den alten von Marcel, du weißt schon, mit dem er sich mal den Finger abgehackt hat, konnte aber wieder angenäht werden, dann würden wir die schöne Mosaiklampe aus Tunesien neben das Sofa stellen, wir würden Lavendel pflanzen und einen Oleanderbusch, wer weiß, vielleicht landen wir noch eines Tages in der Dordogne.

Ach Lisa, das Letzte, was ich will, ist, dir ein schlechtes Gewissen zu machen, wirklich, aber vielleicht denkst du darüber nach, was ich dir erzählt habe. Deiner Tante geht es nicht gut, und wenn es so weiter geht, muss sie ihr Haus verkaufen, ich sage dir, das überlebt sie nicht, sie ist nicht mehr die Jüngste, sie raucht wie verrückt, ihr Herz ist krank, wenn sie aus ihrem Garten muss, das überlebt sie nicht. Es fehlt nicht so viel, aber andauernd blockiert die Bank ihr Konto, und von irgendetwas muss sie ja leben, eine kleine Rente bekommt sie nur, eine winzige Rente, ich sage dir, sie kommt nicht zurecht! Arbeiten? Du fragst, ob sie nicht arbeiten kann? *Mais non*, wie soll sie denn arbeiten, sie leidet unter Ängsten, schafft es kaum aus dem Haus, sie kümmert sich nur noch um ihren Garten und raucht den ganzen Tag, wie stellst du dir das vor, arbeiten, *non mais vraiment* ... Ich schwöre dir, ich mache schon, was ich kann, ich unterstütze sie jeden Monat ein bisschen, aber ein Lehrerinnengehalt ist nicht viel in Paris, und Guillaume hat nur zwei kleine Jobs, es ist nicht einfach, ich habe sogar schon meinen Vater gefragt, in Neuseeland, ich habe ihn nur zweimal in meinem Leben gesehen, aber ich habe ihn trotzdem nach etwas Geld gefragt, leicht war das nicht. Aber was erzähle ich dir, du hast ja jetzt das Geld von der Rue de Flandre, du kennst solche Geldsorgen nicht, doch, ich gönne es dir, die wenigsten Menschen haben so ein Glück, dass ihnen eine Wohnung einfach so in den Schoß fällt, ich sage ja nur, vielleicht denkst du ein bisschen an deine alte Tante, deine Mutter hat sie ja auch immer ein bisschen unterstützt. Ich weiß, sie liebte ihre Schwester und mich, wie schade, dass sie sich so zerstritten haben wegen der Trinkerei, es war nicht einfach, für Marie nicht und für meine Mutter auch nicht, aber du weißt es doch auch, sie liebten sich bis zum Schluss, die beiden, auch wenn sie kaum mehr telefonierten, liebten sie sich. Deine Mutter überwies ihr immer wieder Geld, wir sind sehr dankbar, ich sage dir ja, deine Mutter hatte immer ein großes Herz. Weißt du, eigentlich war Marie für Maman wie eine Mutter, ich glaube, sie hat es nie verwunden, dass sie nach Deutschland gegangen ist, Marie ging nach Deutschland und ließ meine Mutter alleine, brach den Kontakt einfach ab, das war nicht leicht für sie, aber ich weiß, sie liebte sie trotzdem, und sie liebt auch dich, *bon*, sie ist vielleicht nicht immer so gut darin, das zu zeigen, aber sie liebt dich, und wenn sie könnte, dann wäre sie jetzt hier und würde dir das alles selber sagen, also denk darüber nach, wir sind ja schließlich eine Familie, oder nicht? Eine komische Familie vielleicht, aber eine Familie *quoi*, eine andere wirst du nicht bekommen, so ist das, oder etwa nicht.

21.
Lisa

Während Charlotte spricht, versucht Lisa, nicht auf die mintgrüne Wand hinter ihrer Cousine zu schauen, dieses Mintgrün lässt ihren Kopf pochen, genau wie die Porträts von Bär, Wolf und Fuchs in Anzug und Krawatte neben ihnen, der Fuchs sieht aus, als würde er gleich anfangen zu grinsen, wie der Fuchs in Lars von Triers *Antichrist*, als würde er grinsen und seine Augenbrauen heben und sagen: »Chaos regiert.« Es würde Lisa auch nicht wundern, wenn ein gehetztes Kaninchen gleich um die Ecke hüpfen würde, mit einer Taschenuhr in der Hand: »Zu spät! Zu spät!«, eine andere Familie wird Lisa nicht bekommen, das hat ihre Mutter auch immer gesagt, stimmt's, Maman, das hast du auch immer gesagt, denkt Lisa, aber sie antwortet nicht, ihre Mutter antwortet nicht. »Ich hoffe, ich konnte deine Fragen ein bisschen beantworten?«, sagt Charlotte, und Lisa merkt, dass sie gleich aufstehen wird, aber sie will nicht, dass Charlotte jetzt geht, sie will noch mehr hören, wer war Mamie denn genau, und Solange, wie ist deine Mutter so, will sie wissen, Geschichten will sie hören, aus der Familie, sie will mit ihr fahren und zu Tata Solange und sie will nicht, dass sie Charlotte jetzt wieder jahrelang nicht sieht. »Ich weiß nicht«, sagt Lisa. »Wer war denn bei deiner Geburt dabei?« Charlotte zieht ihre Augenbrauen hoch. »Du sollst nicht so viel wühlen, habe ich dir gesagt!«, sagt sie und lacht. Lisa lacht auch. Und schaut sie weiter an. »War Mamie dabei?« »Bist du verrückt? Mamie? Niemals hätte Maman Mamie dabeihaben wollen! Ich kann mir nicht vorstellen, dass überhaupt jemand Mamie bei einer Geburt dabeihaben will. Sie konnte ja ganz schön hart sein, unsere Großmutter.« »Also war Tata Solange ganz allein, als sie dich auf die Welt brachte?« »Nein. Charlotte war dabei. Deshalb heiße ich ja so.« »Charlotte?« »Charlotte, die beste Freundin meiner Mutter. Sie war bei der Geburt dabei, und deshalb heiße ich Charlotte Élisa Marie.« »Marie.« »Ja. Marie.«

Bougainvillea. Als Lisa die Tür zur Rue de Flandre öffnet, erinnert sie sich an diesen Geruch in den kleinen Straßen zwischen den weißen Mauern in Sidi Bou Saïd, über die Hunderte der violetten Blüten fallen. Weiß und strahlend violett und saftgrün und dann dieser tiefblaue Himmel, dem man das Mittelmeer ansehen kann. Das Parkett ist inzwischen dunkel und sicher nicht mehr warm, von der Balkontür her weht ein kühler Wind durch die Wohnung, über die Kisten, Bücherstapel, Papiere, Tüten und Klamotten hinweg. Chaos regiert. In Larissas Zimmer ist die Blümchendecke noch zurückgeschlagen, die weichen Laken laden dazu ein, sich darunterzulegen und die Blümchen einfach über die Nase zu ziehen, aber Lisa hat nur noch zwei Tage Zeit. Zwei Tage und ein bisschen. Vor allem den Sekretär hat sie noch nicht angefasst, den Sekretär mit seinen Papieren und Briefen. Sie geht zu dem Schreibtisch und zieht eine Schublade heraus, ein Berg von Papier kommt ihr entgegen. Sie zieht die Schublade ganz aus dem Holzkästchen, hier hat ihre Mutter für das Abitur gelernt, deshalb hat sie Lisa einen ganz ähnlichen Sekretär gekauft in Berlin, »hier kannst du am besten lesen.« Lisa nimmt die Schublade und setzt sich damit auf den Boden, sie kippt alle Briefe vor sich auf das Parkett. Sie sind schon gelblich und riechen süß nach altem Papier und nach Zigarettenqualm. Lisa faltet sie auf, einen nach dem anderen, und liest rein, die Schrift ist eng und hoch, das M sieht schön aus, so geschwungen, aber schwer zu lesen, *»Ma chère Marie«*, steht da, *»mercredi 1966«*, kein Datum, nur Mittwoch. Es ist Sophie, Lisas Großtante Sophie schrieb aus Selles-sur-Cher nach Paris. *»Mes petites filles«*, steht in einem anderen, er ist von Mamie, *»mardi le 5«*, steht darüber, nur ein paar Zeilen, Lisa kann sie kaum entziffern, mit meiner ganzen Liebe,

Maman, steht darunter. Ein anderer ist mit der Maschine getippt, mehrere Seiten von Tata Sophie an Marie. »Meine kleine Nichte, da du dir so viele Gedanken um deinen Vater machst, beginne ich damit, wie alles für dich anfing. Also bei seiner Geburt. Ich war sieben und er, nun ja, er war eben ein Baby, es gibt nicht viel mehr zu sagen; aber doch, er war ein besonders niedliches Baby, ich erinnere mich, dass die Leute immer stehen geblieben sind bei seinem Kinderwagen und sich über seine dunklen braunen, fast schwarzen Augen gefreut haben. Unsere erste Reise unternahmen wir mit der Fähre nach Frankreich. Es stürmte, das Mittelmeer schüttelte uns durch und deine Großmutter verbrachte die meiste Zeit über der Reling, während dein Großvater versuchte, deinen Vater mit dem Fläschchen zu beruhigen, was ihm nicht so richtig gelingen wollte.« Dann einige Weihnachtskarten, Geburtstagskarten, auch die kindliche Schrift von Lisas Mutter ist dabei, *»je t'aime«*, steht da in runden Buchstaben neben einem krakeligen Weihnachtsbaum, *»ma chère maman, je t'aime«*. Dann ein Brief von Mamie, der auf 1978 datiert ist. *»Jeudi 1978«*, steht in der Ecke. Das ist das Geburtsjahr von Charlotte. *»Ma chère petite fille«*, steht da, »meine liebe kleine Tochter, es ist nun einmal so, dass unsere Gespräche am Telefon mich unbefriedigt zurücklassen«, obwohl, das steht da nicht, da steht: *»Je suis restée sur ma faim«*, »ich bin auf meinem Hunger sitzen geblieben«. »Es gibt so viele Dinge, die ich dir gerne sagen würde, auch in einem Brief finde ich noch nicht die richtigen Worte. Wegen der Ferien in Tunesien hatten deine Tante Sophie und ich letztes Jahr geplant, keine Kinder mitzunehmen, egal von welcher Seite: nur die zwei Alten zusammen! Wir haben uns eine kleine Wohnung gemietet und nehmen Sophies Auto. Aber jetzt gibt es doch Solange und ihren

Bauch, weißt du, ich dachte mir, mit ihrem *gosse* wird sie lange keinen Urlaub machen können, und sie wird so viel durchmachen müssen, wir nehmen sie also mit. Nun, meine Liebe, ich will, dass du verstehst, du sollst dich nicht benachteiligt fühlen, sicher hätten wir dich gerne dabei, aber versteh, dass wir uns um das kleine Küken kümmern müssen. Nächstes Jahr werde ich dann in den Bergen eine Berghütte für uns alle mieten, auch das sabbernde Balg, *inch'Allah*.«

Lisa fährt mit ihrem Finger über die Buchstaben. Vor achtunddreißig Jahren hat ihre Mutter diesen Brief bekommen. Sie wollte also mitfahren, in diesen Urlaub. Davon hat sie ihr nie erzählt, »ich bin abgehauen nach Kreta, und dann bin ich nie zurückgekehrt, ich bin nicht umsonst nach Deutschland, ich wollte mit der Familie nichts mehr zu tun haben«, so ging die Geschichte. »Ich will, dass du verstehst, du sollst dich nicht benachteiligt fühlen«, das klingt nach einer anderen. Lisa liest den Brief weiter. »Ich habe dir von der bevorstehenden Geburt von Solange erzählt, ich bitte dich, zu kommen, denn obwohl sie so tut, als wäre sie stark, wird sie sich so alleine fühlen, ohne den Vater bei der Geburt, *mon-dieu*, es wird schrecklich. Sicher, ich unterstütze sie, so viel es geht, ich habe ihr auf dem Marché St. Pierre Stoff gekauft und ich werde ihr das schönste Umstandskleid nähen. Aber ich bin mir absolut sicher, dass du es bist, die ihr am meisten guttun wird. Hilf unserem kleinen Küken, wozu sie bestrafen? Sie wird schon genug bestraft, wenn du mir erlaubst, das so zu sagen. *Chérie*, jetzt mache ich Schluss, es tut mir gut, dir zu schreiben, wenn du Zeit hast, antworte mir, denn du weißt, ich bin nicht bereit, nach Berlin zu kommen. Es ist nicht die Lust, die fehlt, sondern immer dieses verdammte Geld. Mit meiner ganzen Liebe, Maman.«

Maman. Wieder dieses geschwungene M. Lisa faltet den Brief zusammen und legt ihn zu den anderen in den Karton, sie hat gar nicht gemerkt, dass es schon dunkel geworden ist. Da klingelt es an der Tür.

Sie steht auf, schüttelt ihre Beine aus und läuft zum Eingang. *»Oui?« »C'est Antoine!«* Lisa drückt den Summer und blickt sich um. Ein *bordell*, würde ihre Mutter sagen, was für ein *bordell*. Das Frühstücksgeschirr von gestern steht noch auf dem Esstisch im Wohnzimmer, auch der Milchkarton, daneben eine leere Flasche Rotwein, »ah, eine Trinkerin, wie ihre Mutter!«, hallt es Lisa schon im Ohr, *putain*. Sie läuft zum Tisch, stapelt Teller und Besteck aufeinander, nimmt die Flasche und bringt alles in die Küche, aber auch da steht alles voll, altes Baguette, die Butter auf dem Tisch, daneben eine offene Packung Nüsse, einige sind herausgerollt, eine alte Zeitung, Bücher, eines berührt mit der Ecke die Butter, ein Fettfleck breitet sich aus. Lisa lässt das Geschirr mit einem Klirren in die Spüle fallen.

»Bonsoir?« Die Stimme klingt alt und krächzend. Lisa geht zurück in den Flur, da steht ein alter Mann mit Brille und Käppi, ganz dünn, sein Körper und sein Gesicht. Lisa lächelt, ihr Onkel schaut sie reglos an. *»Bonjour«*, sagt Lisa und will ihm fast die Hand geben, gerade noch rechtzeitig zieht sie sie zurück und hält ihm die Wange hin. *»Bonsoir, Lisa, je suis ton oncle«*, sagt ihr Onkel, er küsst nicht ihre Wange, sondern die Luft, er küsst die Luft rechts und links von ihrem Ohr. Und riecht nach Rasier-

wasser. »Haben wir uns schon einmal gesehen?« »Oh ja, natürlich haben wir uns gesehen, aber da warst du noch klein, deine Mutter hat sich ja nicht so oft hier blicken lassen, sie hatte ja ihren eigenen Kopf, *bon*, ich will auch gar nicht lange bleiben, dein Cousin Philippe kommt gleich noch, vielleicht erinnerst du dich, der Sohn von deinem Onkel Maurice, er würde dich gerne sehen, ich aber muss mich beeilen, ich stehe unten im Halteverbot«, sagt der Mann und geht los, er geht an Lisa vorbei in das Wohnzimmer, sie geht ihm hinterher, »willst du einen Kaffee?« »*Mais non*, es ist viel zu spät für einen Kaffee«, ihr Onkel verschwindet hinter der Trennwand, »dann vielleicht einen Tee?« »Tee? Tee ist nichts für Männer! Trinken deutsche Männer etwa Tee?« Jetzt steht er vor der Wand neben dem Sofa, vor dem Bild von dem Mädchen, das sich fast umdreht, aber nur fast, er schüttelt den Kopf, »wo sind denn die Bilder hin?« »Hm?« »Die Bilder, die Bilder!«, ruft er und spricht dabei sehr deutlich, mit seinen Händen zeichnet er ein Rechteck in die Luft, *»ta-bleaux!«* »Ah, ich glaube, meine Freundin hat einige in die Kammer gestellt, in die Kammer neben dem Bad.« Denn jetzt erinnert sich Lisa, »was soll ich denn mit diesen hässlichen Bauernbildern machen«, hat Larissa sie gefragt, als Lisa noch in Berlin war, »ach, keine Ahnung, stell sie weg, oder wirf sie weg«, hatte Lisa ihr gesagt, und Larissa hatte gesagt: »Ich stelle sie einfach erst mal in die Kammer.« »Sie müssten in der Kammer sein«, sagt Lisa und dreht sich um, um sie zu holen, aber ihr Onkel hält sie zurück, er hält ihr seinen ausgestreckten Arm vor den Bauch, wie ihre Mutter es an einer Straße immer tat, der Arm wie eine Schranke. »Lass, ich mache das.«

Also geht Lisa zurück in die Küche, sie dreht das Wasser in der Spüle auf, es kommt keins, ach ja. Sie verschließt den Abfluss mit dem Stöpsel und räumt das Geschirr in die Spüle, dann gießt sie Evian in den Wasserkocher und stellt ihn an. Männer trinken keinen Tee. Sie setzt sich an den Tisch, sie steht wieder auf und öffnet das Fenster, kühle Luft kommt herein, der Wasserkocher zischt leicht, sie schüttet das warme Wasser in die Spüle und gibt Seife dazu, sie plätschert mit den Händen in dem Wasser, sodass Schaum entsteht, richtig viel Schaum, prickelnder weißer Schaum. »Was ist das?« Lisa zuckt zusammen, ihr Onkel steht hinter ihr in der Küchentür, in seinen Händen hält er einen großen Rahmen mit einem geknüpften Bild, tatsächlich, es ist eines der drei bräunlichen Bauernbilder, geknüpfte Bauerngesichter. Als kleines Mädchen fand Lisa sie irgendwie schön, die Gesichter sahen so freundlich aus mit ihren dicken Pausbacken. In der Mitte des Bildes, knapp neben der Nase der freundlichen Bauernfrau mit Kopftuch, prangt jetzt ein Loch, braune Fäden hängen herunter. Lisas Onkel starrt sie an. »Was ist das?«, wiederholt er und zeigt auf das Loch. »Ich sage dir, was das ist: Das ist eine Katastrophe!«

Lisa legt ihre Stirn in Falten, sie geht zum Küchentisch, nimmt das Tuch und trocknet ihre Hände ab, »ich wusste nicht, dass du die Bilder haben willst«, sagt sie, »ich wollte sie eigentlich wegwerfen.« »Wegwerfen!«, donnert Antoine, er dreht sich um und verlässt die Küche, Lisa hört ihn mit festen Schritten ins Wohnzimmer gehen und folgt ihm. Er lehnt das Bild zu den zwei anderen an die Wand, »wegwerfen, dieses Mädchen ist unglaublich!«, flucht er, er holt sein Telefon aus der Tasche und wählt. »Ja, Maurice? Ja, ich habe die Bilder, aber es ist eine Katastrophe, sage ich dir«, jetzt zieht er die Luft geräuschvoll durch die Lippen ein, *»uh-làlà, une catastrophe!* Total kaputt! Da kann man nichts mehr machen, absolut zerstört, keine Ahnung, was das Mädchen damit gemacht hat, total zerrissen, das eine geht noch, aber zwei sind unbrauchbar, eine Katastrophe, sage ich dir! Ja, sie steht neben mir, ja, sage ich doch, ja, ja, okay, was sollen wir machen«, dann legt er auf, schnauft noch einmal, er schaut auf den Boden und klemmt zwei Bilder unter seinen Arm. »Okay, wir nehmen sie trotzdem mit!«, sagt er in Lisas Richtung, »ich gehe jetzt, das dritte holt dein Cousin dann ab, ich komme nicht extra noch mal hoch, ich stehe im Halteverbot.« Mit diesen Worten geht er zur Tür raus, er geht raus und lässt sie offen.

Lisa schaut ihm hinterher. Sie hört, wie der Fahrstuhl sich ratternd schließt. Dann ist es ruhig. Sie geht zur Tür, schaut in den Flur, er ist leer, sie schließt die Tür und geht in die Küche zurück. Dann nimmt sie einen Teller aus der Spüle und schrubbt ihn mit dem Schwamm, sie stellt den Teller auf den Trockner und greift das Brotmesser.

Ein Schlüssel wird in das Schloss gesteckt. »Hey!«, ruft Larissa, »ich bin's!« Lisa hört, wie sie ihre Tasche auf den Boden wirft, dann kommt Larissa in die Küche, lehnt sich gegen den Kühlschrank, »ist kalt geworden!«, schnauft sie, »und was für ein Verkehr, ich hasse die RER um diese Zeit! Wusstest du, dass man angefangen hat, Musik in den Zügen zu spielen, weil Studien gezeigt haben, dass Musik die Aggressionen nimmt? Wie aggressiv wären die Leute denn bitte sonst? Und bei dir so? Hast du gepackt? Ich habe vorhin Adam getroffen, er fragt, ob er hier noch ein paar Wochen wohnen kann, meinst du, das geht?« Jedes Wort zupft an Lisas Nacken, sie schaut Larissa an und Larissa lächelt über das ganze Gesicht. Übertrieben, sie lächelt übertrieben gut gelaunt. Lisa würde ihr am liebsten ins Gesicht spucken. »Nein«, sagt sie, »nein, ich habe noch längst nicht alles gepackt.« »Was hast du denn?« »Nichts, wieso. Mein Onkel war hier.« »Du hast einen Onkel? Und er war hier?« Als würde sie direkt in Lisas Nacken greifen, richtig durch die Haut durch und einzeln an die Sehnen und Nervenbahnen, als wäre sie eine Harfe. Sie schaut Larissa ins Gesicht, das jetzt wieder besorgt ist, besorgt sind ihre Augen, ihre Stirn runzelt sich ganz leicht, aber ihre Wangen sind so glatt, aalglatt. Wie die Spucke ihr die Wange herunterlaufen würde. Die zarte Haut verkleben, Pore für Pore würde Lisas Spucke dieses besorgte Lächeln aus Larissa herausziehen, wie eine reinigende Gesichtsmaske. »Die Bauernbilder wollte er haben«, sagt sie. Larissas Augen werden noch größer. »Diese hässlichen?«

Lisa schrubbt das Messer, der Schwamm bleibt an der Klinge hängen, die Klinge reißt einzelne Fäden aus der rauen Schwammseite. Wie sie das Messer langsam, ganz langsam durch den gewebten Stoff zieht, ein Bauerngesicht nach dem nächsten. Wie es ratschen würde, würde es ratschen? Wenn die Klinge einen braunen Faden nach dem nächsten aufreißt. Wie bei einer über die Haut fahrenden Nadel. Eine ganz normale Pinnadel, mit einem dieser roten oder grünen Plastikköpfe, wenn man die Nadel richtig festhält und die Spitze über die Haut auf dem Unterarm zieht, die weiche Haut, dann hört es sich an, als würde man einen Reißverschluss öffnen. Dann öffnet sich die Haut wie ein Reißverschluss.

Lisa muss an den Fuchs denken. Chaos regiert, sagt der Fuchs, bei Lars von Trier. Und an Charlotte Gainsbourg. Gainsbourg, die ihren Mann aus dem Fuchsbau zieht, die Krähe hat ihn verraten, diese verdammte Krähe. Sie zieht also Willem Dafoe aus dem Fuchsbau. Sie zieht ihn zu diesem Haus vor dem Feld mit dem Fuchs in die Scheune. Und dann nimmt sie diesen Mahlstein und. »Oh, das tut mir leid, ich dachte, du wolltest sie wegwerfen! Aber sind sie nicht mehr in der Kammer?« Lisa legt das Messer auf den Geschirrtrockner. Es klingelt wieder an der Haustür. Sie blickt Larissa an. »Ich muss mal hier raus. Kannst du aufmachen?«

22.
Lisa

»Es war ihr wie ein Schatten, ein Traum, und es wurde ihr leer, sie konnte es mit nichts mehr ausfüllen, das Licht war erloschen, die Finsternis verschlang Alles; eine unnennbare Angst erfasste sie, sie sprang auf, sie lief durchs Zimmer, die Treppe hinunter, vor's Haus; aber umsonst. Sie konnte sich nicht mehr finden, ein dunkler Instinkt trieb sie, sich zu retten, sie stieß an die Steine, sie riß sich mit den Nägeln, der Schmerz fing an, ihr das Bewusstsein wiederzugeben.« Diese Stelle von Büchners Lenz kennt Lisa auswendig, natürlich steht da eigentlich ein anderes Pronomen, »er« steht da, nicht »sie«, aber der Text kommt Lisa in den Sinn, als sie ihre Tasche greift und durch das dunkle Treppenhaus hinunter auf die Avenue de Flandre rennt. Sie hatte Büchners Erzählung über Lenz gelesen, bevor sie etwas von Lenz selbst gelesen hatte, und es war diese Stelle gewesen, die sie neugierig gemacht hatte. Die Raserei seiner Figuren, wie er eine nach der anderen zwingt, die Emotionen und Triebe herauszulassen, nur um sie dann wieder dazu zu bringen, sie irgendwie unter Kontrolle zu bekommen. Sie alle ringen mit sich, er lässt sie ringen, er lässt den Zufall und die Intrigen mit ihnen spielen, um sie herauszukitzeln, das Entsetzen, die Aggression, die fahle Panik, die Begierde, die Lust, den Hunger, und es bleiben eigentlich nur zwei Möglichkeiten. Entweder die Ohnmacht, süße, schwarze Ohnmacht, Männer wie Frauen fallen reihenweise um, ganze siebenmal in einem Drama. Dieser Ausweg bleibt, und auf der anderen Seite, auf der wachen Seite, nur eins: die Kastration. Wie Lenzens Hofmeister. Oder wie Gainsbourg und der Mahlstein. Ob Lars von Trier wohl Lenz gelesen hat?

Es riecht nach Meer, die Austern sehen abenteuerlich aus, wie verwunschene Felsen, am liebsten würde Lisa sie öffnen, um reinzuschauen, ob sich eine Perle darin befindet. Austern mit Baguette. Lisa liebt dieses kurze, spitze Austernmesser, mit dem die Muscheln geöffnet werden, wie ein Piratenmesser, sie leben noch, man beträufelt sie mit Zitrone, dann ziehen sie sich zusammen und dann schluckt man sie mit dem Salzwasser herunter. Ob sie noch leben, während man sie schluckt? Oder sterben sie im Zitronensaft? Wie die Seeigel. Als ihre Mutter für sie tauchte, im Mittelmeer am Strand von Kreta, mit einem Seeigel in der löchrigen Tüte an Land kam und das Taschenmesser nahm, um den Igel zu öffnen, da konnte Lisa sehen, dass sie noch lebten. Iiih, die leben noch, die esse ich nicht, hat sie gekreischt, und Lisas Mutter hat gelacht. Unter dem Zitronensaft zog sich das

Fleisch zusammen, und dann schmeckte es köstlich, es schmeckte nach Mittelmeer.

Eine Frau läuft an Lisa vorbei, sie hat ganz schwarze Haare, kinnlange schwarze Haare mit einem Mittelscheitel, sie zieht ihren Einkaufswagen durch die schmalen Gänge von Monoprix hinter sich her, sie zieht ihn nur an einer Ecke und er schlenkert durch den Gang, aber es interessiert sie nicht, ob er gegen die Regale prallt oder ob sie jemandem über die Füße fährt mit ihrem unkontrolliert rollenden Einkaufswagen. Es ist Lisa, als würde sie sich gleich umdrehen, diese schwarzhaarige Frau, sie anlächeln und sagen, »nein, Seeigel gibt es hier nicht, *ma chérie*, dafür müssen wir wohl nach Kreta fahren, dann zeige ich dir noch mal, wie man Seeigel fischt.« Und Lisa würde sagen: »Iih, Seeigel, die mag ich bestimmt nicht.« Sie würde lachen und antworten: »Doch, die sind lecker, hmm, sie schmecken nach Mittelmeer.« Die Frau dreht sich um, ihre Augen sind falsch, sie sind ganz schmal. Keine Seeigel.

Lisa löst sich von den Austern und geht weiter durch die Regale. Was hat ihre Mutter über Antoine gesagt? Halbbruder, hat sie zu ihm gesagt. »Mein Halbbruder hatte eine Apotheke, aber er ist pleitegegangen«, das hat sie Lisa erzählt, »seine Frau war toll! Er hatte eine tolle Frau. Sie ist jedoch früh gestorben, an Krebs, und er ist depressiv und frustriert zurückgeblieben, arbeitslos und pleite und ohne seine wunderschöne Frau, er ist unmöglich geworden, ganz unmöglich, ich will ihn nicht mehr sehen, ich glaube sowieso, dass er mich hasst.«

Vor dem Käseregal bleibt Lisa stehen. Sie nimmt eine Packung Camembert und öffnet sie, die runde Schachtel fühlt sich gut an, Pappelholz, man macht sie aus Pappelholz, und dann drückt sie den Camembert leicht und riecht daran, er federt unter ihrem Daumen, der ist noch nicht reif, ganz weich ist er und federt zurück, er muss schon etwas eingefallen sein und fester, und er muss stark riechen, dann ist er gut. Sie geht weiter zum Ziegenkäse. Die zwei kleinen runden mag sie gerne, aber am liebsten schaut sie sich den schwarzen an, den aus Selles-sur-Cher. Richtig schwarz ist seine Haut, das ist Kohle, es ist pudrige Holzkohle, die ihn so schwarz färbt. Dass Antoine sie hasst, hat Lisas Mutter ihr erzählt. »Er hasst mich, ich verstehe ihn, Mamie hat ihn in der Wüste gelassen, zurückgelassen hat sie ihn, als sie mit meinem Vater nach Tunis abgehauen ist. Sie hat ihre zwei Söhne in der Wüste gelassen und in Tunis eine neue Familie gegründet, mit mir und Solange, nur ab und zu durften sie uns besuchen und auf mich aufpassen, natürlich muss er mich hassen.« Gegenüber vom Käse ist das Nachtischregal. *Île flottante*, das war der Lieblingsnachtisch von ihrer Mutter, die schwimmende Insel aus Eierschaum und Zucker, in einem See voll *crème anglaise* schwimmt sie. Lisa mochte am liebsten die Profiteroles, die mit der richtig dunklen Schokoladensauce. Oder Flan. Flan hat Mamie meistens gekauft, aber sie hat Lisa nie einfach den Becher mit einem Löffel gegeben, nein, »ich mache dir einen Flan«, hat sie gesagt und den Becher kopfüber auf eine Untertasse gestellt, dann hat sie das kleine Stück Aluminium vom Boden des Bechers abgezogen und es hat plopp gemacht, der Flan ist auf den Teller geploppt und die dunkle Karamellsauce ist von oben an den Seiten des Flan heruntergeflossen, *»voilà, ma petite fille.«* Vielleicht bringt sie Larissa einen Flan mit.

Der Mann von der Sicherheitsfirma beobachtet sie. Er beobachtet sie schon, seit sie die Camemberts geöffnet hat. Sie ist einfach abgehauen. »Es ist für dich«, hat Larissa gesagt, »ein Philippe?« »Ich muss raus«, hat Lisa gesagt, »ich habe genug von dieser Familie, ich will ihn nicht sehen, kannst du dich um ihn kümmern?« Und ohne eine Antwort abzuwarten, hat sie ihre Tasche gepackt und ist zur Tür raus, dann ist sie durch den Flur zum Treppenhaus gerannt, gerade noch so, bevor der Fahrstuhl mit Philippe oben ankam. Einfach abgehauen. Sie nimmt eine große Packung mit acht Flans und geht zur Kasse. *»Vous avez la carte fidélité?«*, fragt die Frau. *»Non«*, sagt Lisa, *»non, j'habite pas ici«*, ich wohne hier nicht. Die Frau nickt.

Als Lisa die Wohnung aufschließt, ist es ganz dunkel, vom Bad her hört sie Geräusche, Metallgeräusche, und vom Balkon weht Larissas Stimme herüber, sie lacht, Larissa lacht, *»c'est pas vrai!«*, sagt sie, »ist nicht wahr!« Es muss der Klempner sein, den Klempner hatte Lisa schon ganz vergessen, sie geht durch den Flur zum Bad, da steht eine Frau in einer blauen Latzhose, die halbe Wand liegt in Stücken auf dem Boden, aufgerissen, die Frau schaut Lisa an. *»Bonsoir?«*, sagt sie, *»bonsoir«*, Lisa gibt ihr die Hand, die Frau sieht müde aus, sie trägt ein blaues Käppi über ihren Augenringen und hat die Haare darunter hochgesteckt. »Da hatten Sie aber einen ordentlichen Wasserfall in der Wand«, sagt sie, »und nicht erst seit gestern, *hein*?« Lisa geht zurück in die Küche, stellt die Flans in den Kühlschrank und tritt auf den Balkon. Dort sitzt Philippe, sie erkennt ihn sofort, der ungepflegte Bart, rötlich hat sie ihn in Erinnerung, sie muss ihn einmal gesehen haben, vielleicht auf Korsika, einmal war sie mit ihrer Mutter bei ihrem Onkel Maurice auf Korsika, aber die Farbe seines Bartes kann sie hier nicht erkennen, es ist zu dunkel, dickere Tränensäcke hat er bekommen, und die Haare sind weniger geworden auf dem Kopf.

»Petite Cousine!«, ruft Philippe und lacht, er lacht mit den Augen, »hast du den Besuch von Onkel Antoine überlebt?« Lisa beugt sich zu ihm herunter und küsst ihn auf die Wange, und er drückt seine Wange so fest an ihre, dass sie von dem Bart ganz zerkratzt. »Geht so«, sagt sie und lacht, »er war ja nicht so lange hier.« »Halteverbot, was?« Philippe steht auf, geht rein, das Wohnzimmer wird hell, das Licht ist an, dann kommt er mit einem dritten Stuhl wieder. »Setz dich. Ich bringe dir einen Pastis, für die Nerven.« Er geht wieder rein, und Larissa grinst sie an. »Er ist cool!«, flüstert sie, »er sagt, er kommt so spät, weil er noch Spenden zu den Geflüchteten nach Stalingrad gebracht hat! Und er hat Pastis mitgebracht.«

Es stellt sich heraus, dass Philippe tatsächlich ein Clown ist, wie Charlotte gesagt hat. Ein richtiger Clown, er arbeitete lange als Artist im Zirkus, doch mit dem Alter, sagt Philippe, »weißt du, da machen die Knochen einfach nicht mehr mit.« Also sei er Clown geworden. *Bof*, nichts Besonderes, er trete in kleinen Pariser Theatern auf und bei einem Zirkus, aber ihm gefalle es, und halbtags arbeite er als Sozialarbeiter, um die Ecke gebe es eine Zwischenunterkunft für Geflüchtete, da helfe er aus, »Sprachkurse vermitteln, Behördengänge und so«. Lisa erzählt von der vergangenen Nacht, von der Polizei und dem Mann, der bewusstlos geschlagen wurde. »Das machen sie ständig«, sagt Philippe, »sie verjagen sie, aber am nächsten Tag sind sie wieder zurück auf ihren Matratzen. Reine Schikane. Ich bin mit Antoine eben an ihnen vorbeigefahren, das Lager ist wieder voll. Zum Ärger von Onkel Antoine. Das ist doch keine Art, einfach unter der Métro zu wohnen, das sagt er jedes Mal, wenn wir an Stalingrad vorbeifahren.« »Ach ja?« »Weißt du das denn nicht? Hat Charlotte dich nicht gewarnt? Unser Onkel ist ganz schön rassistisch, Cousinchen, eben ein typischer *Pied-noir*.«

Lisas Mutter hat die Worte nur mit leuchtenden Augen ausgesprochen, »*Pieds-noirs* aus Tunesien«, sie musste es nicht sagen, aber Lisa verstand das Leuchten, sie verstand, dass sie diese Menschen erklären, die das Mittelmeer lieben, die nordeuropäische Kultur zu kalt und spießig finden, die leidenschaftlich und abenteuerlich sind, über rote Ampeln gehen, Mittelmeermenschen eben: spontan, offen, warmherzig. Aber rassistisch? »*Mais oui*, die meisten Rückkehrer in Frankreich sind rechts, das ist doch bekannt«, beteuert Philippe, »so richtig rechts.« Es gebe da eine Facebook-Gruppe, die solle sich Lisa mal anschauen, *Pieds-noirs de la Tunisie*: »Die Leute sind der Meinung, dass sie Ordnung in das Land gebracht hätten, Ordnung und die Eisenbahn, wie sie sagen, und nachdem die Araber die Franzosen aus ihrem Land hinausgeworfen hatten, hätten sie alles nur verkommen lassen, jetzt sei alles dreckig und richtige Bildung gebe es auch nicht mehr, sie seien ja so undankbar, die Araber«, Philippe macht Anführungszeichen mit seinen Fingern.

»Ich habe gehört, dass Antoine frustriert ist, weil er pleitegegangen ist mit seiner Apotheke.« »Von den Entschädigungszahlungen hatte er sie gekauft.« Lisa schaut ihn an und runzelt die Stirn. »Welche Entschädigungszahlungen?« »*Mais* die Entschädigungszahlungen! Aber Lisa, weißt du denn gar nichts über unsere Familie? D'Estaing hat den *Pieds-noirs*-Familien Entschädigungen gezahlt, in den 1980ern, für alles, was sie in Algerien und Tunesien zurücklassen mussten! Davon hat Onkel Antoine die Apotheke gekauft. Deine Mutter hat doch auch Geld bekommen!« Jetzt erinnert sich Lisa vage. Die Entschädigungszahlungen, doch, davon hat ihre Mutter mal gesprochen. »Ich habe die Bilder kaputt gemacht, die er haben wollte«, sagt sie. »Diese Bauernbilder.« Philippe steht auf. »Ja, das hat er mir gesagt«, sagt er und geht rein. »Mach dir keine Sorgen. Die waren nur alt und er wollte damit ein bisschen Geld machen.« »Geld machen?«, ruft sie ihm hinterher. »Ja, er will sie verkaufen!« Durch das Fenster kann Lisa sehen, wie Philippe in die Küche geht.

»Stell dir vor«, sagt Larissa, »stell dir vor, er hat den MayDay in Paris organisiert! Den EuroMayDay, weißt du noch? Den haben Anne und ich doch in Berlin mitorganisiert, am ersten Mai, gegen Prekarisierung! Und Philippe war sogar in Berlin, bei einem europäischen Vernetzungstreffen für die Planung. Vielleicht habe ich ihn ja sogar gesehen damals. Das musst du unbedingt Anne erzählen!« Lisa nickt. *Tiens*, sagt sie sich, ist doch witzig, Maman: Der einzig Vernünftige in deiner Familie ist ein linksradikaler Clown. Aber ihre Mutter antwortet nicht. »Los, geh zu ihm!«, sagt Larissa. »Vielleicht kann er dir noch Fragen zu deiner Familie beantworten!«

Philippe kommt aus der Küche, er hat einen Flan in der Hand, er löffelt den Flan aus dem Becher und stellt sich vor das Bücherregal, nimmt mit der anderen Hand einige Bücher heraus, liest die Titel und stellt sie wieder hinein. Lisa geht zu ihm. »Und Mamie?«, fragt sie. »War Mamie auch Rassistin?« »Aber nein!«, ruft Philippe und nimmt die Biografie von Gérard Depardieu raus. Die wollte Lisa eigentlich gerne behalten. Er legt sie auf die Kommode und stellt den leeren Flanbecher daneben, der Löffel fällt mit einem Klirren raus. »Nein, nein, unsere Großmutter war eine aufrechte Kommunistin.« Lisa wendet ihren Blick nicht von Depardieu ab. »Dann hat sie also nicht den *Front National* gewählt? Charlotte hat erzählt, dass sie einige Mal den *Front National* gewählt hat.« Depardieu wird verdeckt, Philippe legt ein weiteres Buch darauf, einen Roman von Dostojewski, *Le Joueur.* »Ich weiß nicht, ob Tata Solange nicht auch Bücher von Mamie behalten will«, sagt Lisa. »Ach doch«, sagt Philippe, »vielleicht hat sie einmal den *FN* gewählt, das kann sein, das hat doch jeder hier schon gemacht, aus Protest, aber eine Rassistin war sie deshalb noch lange nicht.« Er legt ein weiteres Buch auf den Stapel, ein blaues, Lisa kann den Titel nicht erkennen. »Sie hatte einen starken Charakter, deine Großmutter«, sagt er, »sehr klug, sehr belesen, ich mochte sie sehr.« »Was hat sie denn so gelesen?« »*Bof*, alles Mögliche, sie hat wirklich alles gelesen, den ganzen Tag hat sie gelesen. Wenn sie nicht gekocht hat.« »Warst du oft hier?« »Oh ja! Oft!« Er nimmt mehrere Bücher raus, Fontane. »Willst du nicht doch Solange fragen wegen der Bücher?« »Solange hat sich hier wirklich schon genug genommen.« »Was hat sie sich denn genommen?« »Ach, das sind alte Geschichten, wir werden uns doch jetzt nicht über diese alten Familiengeschichten unterhalten.« »Und warst du auch mal zusammen mit meiner Mutter hier?« »Ja, wir waren beide hier, als Mamie achtzig wurde, ein großes Fest hat sie gemacht, die ganze Familie war da.« »Haben sie sich viel gestritten, meine Mutter und Mamie?« Philippe holt einen Bildband aus dem Regal. »Ach weißt du, die Frauen in der Familie, die sind schon immer kompliziert gewesen, sie haben sich immer viel gestritten, niemand konnte sie beruhigen, ich habe es wie Marcel gemacht, ich habe mich da rausgehalten, etwas Besseres konnte man nicht tun, wenn es losging zwischen den Frauen, aber da sei dir mal sicher, Cousinchen, deine Großmutter hatte einen starken Charakter!« Philippe nimmt die Bücher und packt sie in seinen Rucksack. »Wusstest du, dass der beste Freund von Depardieu deiner Mutter Liebesbriefe geschrieben hat?«, fragt er. »Ja, das weiß ich.« »Michel Pilorgé. So hieß der Freund von Depardieu, Michel Pilorgé, er ist Schauspieler, kennst du ihn? Er spielt in *Les Misérables*.«

Er geht in die Küche, wo er die Schranktüren öffnet. »Hatte Mamie noch alte Tassen?«, fragt er, »ich brauche altes Porzellan, das ich werfen kann, für meine Vorstellung heute Abend.« Das hätte dir nun wirklich gut gefallen, denkt Lisa, das hätte dir gefallen, Maman, oder? Dass Philippe bei Mamie nach alten Tassen sucht, zum Werfen. Aber ihre Mutter antwortet nicht. Lisa holt die Kiste mit dem Müll und stellt sie vor Philippe, »bedien dich!« Er holt einige Gläser und Tassen heraus und findet den Weihnachtsbaum, »kann ich den auch haben?«

Als Lisas Cousin gegangen ist, mit Gérard Depardieu, dem kitschigen Weihnachtsbaum und den alten Tassen, da grinst Larissa Lisa an. »Na siehst du, das lief doch gut!«, grinst sie und klopft Lisa auf die Schulter, »und du hattest solche Angst, aber der war doch wirklich nett. Du musst Anne von ihm und dem Pariser EuroMayDay erzählen, ja?« Lisa räumt den Becher und den Löffel von der Kommode. Da ist noch Sauce. Da ist noch dunkle Karamellsauce am Boden des Bechers. »Er hat den Flan nicht richtig gegessen«, sagt sie.

23.
Lisa

Lisa weiß noch nicht genau, wo sie ihre Mutter finden kann, wenn sie nicht bei ihr ist. Wenn sie ihr nicht antwortet. Sie weiß schon, warum sie ihr nicht antwortet, sie ist wütend wegen dieser Nacht. Gut, vielleicht nicht richtig wütend, aber als Lisa ihr gesagt hat, dass sie aus ihrem Kopf abhauen soll, da hat sie ihre Lippen zusammengekniffen, wie sie es immer getan hat, wenn sie und Lisa gestritten haben, sie hat ihre Lippen zusammengekniffen und ihr den Rücken zugedreht, und jetzt findet Lisa sie nicht mehr.

Früher war das nicht so schlimm. Früher, wenn sie gestritten hatten und Lisa mit ihr über den Streit reden wollte, dann rief sie sie einfach an. Sie drückte »Maman« auf ihrer Kontaktliste und schon klingelte es bei ihrer Mutter, es dauerte nur ein paar Sekunden bis zum tiefen *Oui allô?* Aber als Lisa ihre Sachen aus dem kleinen Zimmer im Hospiz holte, ihren Mantel, ihre Brille, ihre Handtasche, da war auch ihr Handy dabei. »Maman« lag jetzt in Lisas Hand.

Zuerst hat sie sie auf dem Friedhof gesucht, dort, wo dieses tiefe Loch war, dieses beeindruckend tiefe Loch. Viel weiß Lisa nicht mehr von der Beerdigung, aber sie weiß noch, wie sie vor das Loch getreten ist und den Grund nicht sehen konnte, sie musste sich darüberbeugen, um die Urne weit unten in der Erde zu sehen, die Urne aus Olivenholz, die sie mit ihrer Mutter zusammen ausgesucht hatte. »Was hältst du von Olivenholz?«, hatte Lisa gefragt, und sie hatte genickt, »ja, Olivenholz ist schön.« Sie ging also zurück zu diesem zugeschütteten Loch, wo sie die Überreste ihrer Mutter zum letzten Mal gesehen hatte, hinter diesem Olivenholz, aber da war sie nicht mehr. Es war im Februar, grau und kalt und nass war es, und als Lisa an das Grab kam, war ihr klar, dass sie ihre Mutter hier nicht finden würde, im Berliner Winter, was sollte sie denn hier, unter dieser kahlen, triefenden deutschen Eiche, sicher war sie irgendwo im Süden, wie die Vögel, sicher wartete sie in irgendeinem Orangenbaum in Sidi Bou Saïd und würde erst im Frühling wiederkommen. Und wirklich, als es April wurde und die Sonne schien, kam Lisa wieder an das Grab, um Lavendel zu pflanzen, Lavendel und Margeriten und Thymian und Rosmarin, und da war ihre Mutter plötzlich da, »oh!«, rief sie Lisa zu, als sie mit den Pflanzentöpfen ankam, »oh, was für eine schöne Mittelmeerwiese du mir da machst!«

Aber jetzt ist sie weg, richtig weg, und spricht nicht mehr mit Lisa. Oder Lisa nicht mehr mit ihr, da ist sie sich nicht so sicher, wie soll man das auch sagen, wenn das Gespräch ohnehin nur in ihrem Kopf stattfindet. Lisa beschließt, zur Sacré-Cœur zu fahren. Bei jeder Parisreise ist ihre Mutter mit ihr dorthin gefahren, um über die Stadt zu schauen, um tief den Duft von Weihrauch einzuatmen und um eine Kerze für Papi anzuzünden. Erst, damit er noch lange lebt. Dann, damit er weiß, dass sie noch an ihn denken.

Die blaue Métro Richtung Porte Dauphine fährt oberirdisch, Lisa schaut auf die Läden entlang des Boulevard de Rochechouart herunter, billige Unterwäsche, Souvenirs und Plastikgeschirr, und sie fragt sich, wann sie eigentlich aufgehört hat zu glauben. Dass sie nicht mehr glaubt, das hat sie gemerkt, als sie mit dem Pfarrer über die Beerdigung sprach. »Sie ist jetzt bei Gott«, hat er gesagt, »und Gott wird ihr ihre Sünden verzeihen, den Alkohol, das Rauchen, seien Sie unbesorgt, Gott verzeiht.« Und da hatte Lisa schon gar keine Lust mehr, weiter mit ihm über ihre Mutter zu reden. Als er sie fragte, welche Bibelstelle er vorlesen solle, sagte sie: »Keine«, und sie gab ihm ihre Ausgabe vom *Kleinen Prinzen,* »ist es möglich, hieraus vorzulesen?« »Wie Sie wollen.« Und wenn du dich getröstet hast, sagt der kleine Prinz, man tröstet sich immer, wirst du froh sein, mich gekannt zu haben. Du wirst Lust haben, mit mir zu lachen. Und wirst manchmal dein Fenster öffnen, gerade so, zum Vergnügen ... Und deine Freunde werden sehr erstaunt sein, wenn sie sehen, dass du den Himmel anblickst und lachst. Lisa weinte, als der Pfarrer das las in der kleinen Kapelle. Sie weinte, als der kleine Prinz in den Sand fiel. Ohne das leiseste Geräusch. Da weinte sie. Aber man soll nicht traurig sein um solche alten Hüllen.

Als kleines Mädchen, das weiß Lisa noch genau, war er ihr sehr wichtig, ihr Glaube. Jeden Abend betete sie zu Gott, er möge ihre Mutter beschützen, und manchmal, wenn sie zu müde für ihr Gebet war und eingeschlafen ist, hatte sie am nächsten Tag Angst, dass er sie nun nicht beschützen würde und ihr etwas zustoßen könnte. Aber irgendwann hörte sie damit auf, sie vergaß einfach zu beten, und dann vergaß sie auch ihr schlechtes Gewissen. Und später fing sie an, Leute albern zu finden, die an Gott glauben. Und noch später fand sie sie nicht nur albern, sondern es machte Lisa wütend, wie sie in tiefem Glauben an das Übersinnliche die Hände falten und an die höhere Macht appellieren, sie möge die Dinge doch bitte richten, dann packte sie diese tiefe Wut, dann wollte sie sie schütteln und rufen: »Niemand richtet irgendwas! Ihr müsst das selbst tun!« »Du musst das schon selbst tun, Maman«, wie oft hat sie es zu ihrer Mutter gesagt.

Ihre Mutter hatte einen tiefen Glauben. Sie glaubte an Gott, und wenn sie sehr betrunken war, dann glaubte sie vor allem an den Teufel. Wenn sie mit hängender Unterlippe über dem Topf im Wohnzimmer hing und Fotos von Mamie verbrannte. Eines nach dem anderen hielt sie in die Flammen, mit schwarzen Augen, »um Mamies teuflische Macht zu brechen«, wie sie sagte. Lisa hasste das. Sie hasste es, wenn ihre Mutter anfing, die Fotos zu verbrennen, sie verbrannte Mamie und sie verbrannte auch ihren Vater, »Boten des Teufels«, sagte sie, »schau zu, wie sie verbrennen!«

Lisa hasste es auch, wenn sie, sabbernd und weinend, vor der Jungfrau Marie kniete und sie um Vergebung bat, und um ihre Hilfe, dem Teufel endlich zu entkommen. »Biiitte«, das I zog sie so lang, es war nur noch ein Wehgesang, »bitte, hilf miiir«, Tränen und Sabber liefen ihr Gesicht herunter und bildeten dunkle Flecken auf dem Teppich, »hilf mir, Jungfrau Maria, ich kann nicht mehr.«

Anvers?, fragt die Métro-Stimme: *Anvers.* Lisa steht auf. Soll sie doch umdrehen? Nach Versöhnung ist ihr jetzt nicht mehr zumute, lieber würde sie sie an den Schultern packen und richtig schütteln, sie würde sie schütteln und ihr eine Ohrfeige verpassen, wie ihre Mutter ihr so oft eine verpasst hatte, und dann würde sie rufen: »Maman, es gibt keinen Teufel! Nimm dich nicht so wichtig, Herrgott noch mal!« Doch damals, damals war sie noch klein, klein und leicht zu beeindrucken. Sie glaubte daran, dass es der Teufel war, der Mamie gegen ihre Mutter aufbrachte, sie war davon ernsthaft überzeugt, dass das Feuer in diesem Topf sie befreien könnte, wieder normal machen würde, ihr den schwarzen Blick nehmen würde, mit dem sie Lisa bedachte, wenn sie in dieser Stimmung war, in dieser rasenden, unberechenbaren Stimmung. Dann war Lisa froh, dass es Mamies Fotos waren, die sie verbrannte, und nicht die Fotos von Lisa, sie war erleichtert, dass sie zusehen durfte, hieß das doch, dass ihre Mutter sie zu ihrer Verbündeten machte. Denn das konnte auch ganz anders ablaufen. Oh ja, manches Mal hatte Lisa es gewagt, Mamie zu verteidigen, hatte protestiert und gesagt, nein, bitte, verbrenn doch nicht ihr Foto, es war doch so schön in Paris, wer weiß, was ihr passiert, wenn du dieses Foto verbrennst, ich will nicht, dass sie krank wird. Dann loderten ihre Augen schwarz auf, es war, als führe der Teufel persönlich in ihre Mutter, als entzündete er das schwarze Feuer in ihren Augen, um auch Lisa damit anzuzünden, und dann würde sie kläglich in diesem kleinen Topf verbrennen, zusammen mit Mamie. »Du wagst es«, sagte ihre Mutter dann mit erhobener Hand, »du wagst es, dich mit dem Teufel zu verbünden?«

Mit einem Rucken kommt die Métro zum Stehen. Die Türen öffnen sich ächzend. Lisa zögert. Sie hat die Geschichte in Tunesien ja nicht erfunden. »Es ist ja nicht so, dass ich die Geschichte in Tunesien erfunden hätte!« Stille. »Du kannst nicht einfach nichts dazu sagen!« Ihre Mutter sagt nichts.

Die Métro lässt diese lang gezogene Sirene ertönen und Lisa springt aus dem Wagen. *Sacré-Cœur* steht kursiv auf Wegweisern zusammen mit einem Miniaturbild der Basilika, das Schild weist nach links. Lisa geht nach links, die Station ist leer, es ist vormittags und unter der Woche, so viele Touristinnen sind jetzt nicht unterwegs. Oben ist es hell, Lisa blinzelt, dann findet sie sich inmitten eines Rummels wieder, es riecht nach gebrannten Mandeln und Zuckerwatte, inmitten von Taschen, auf denen in silbernen Glitzerbuchstaben *Paris* steht, Baskenmützen, Macarons-Schlüsselanhänger aus Plastik, und oben, hoch oben über der Straße auf dem Hügel strahlt Sacré-Cœur, weiß strahlt sie über der Stadt. »Zu was für einer Schönheit Menschen in der Lage sind«, hört Lisa ihre Mutter sagen, »was für eine Schönheit wir erschaffen können, es verschlägt mir immer wieder den Atem.«

Es gab eine Zeit, da war Lisa katholisch. Ihre Mutter hatte sie taufen lassen und zum Kommunionsunterricht gebracht, »die Priester in Tunis haben mir so geholfen«, sagte sie dann, »so geholfen, als mein Vater starb, ich will, dass auch du einen Ort hast, an dem du Hilfe suchen kannst, wenn du sie einmal brauchst.« Die Bergpredigt hatte es Lisa angetan, diese Barmherzigkeit gefiel ihr, die Idee, Menschen zu lieben, egal was sie getan haben, einfach so, sie kam ganz aufgeregt vom Unterricht nach Hause, »Maman, kennst du die Bergpredigt?«, fragte sie, und ihre Mutter nahm sie in den Arm, mit roten Augen nahm sie sie in den Arm, »es ist gut, dass Gott dich lieb hat, *ma chérie*, die Welt ist böse und du brauchst jemanden an deiner Seite.«

Aber an anderen Tagen, wenn Lisas Mutter wie ein Engel aus der Dusche stieg, nüchtern, ein weißes Handtuch um die Haare gewickelt und duftende Creme auf dem Gesicht, so mochte Lisa sie am liebsten, ihre Maman, ihre nach weißer Gesichtscreme duftende Maman, dann wollte sie von Gott eigentlich nichts mehr wissen, dann hatte sie für Lisas Schwärmerei nur ein ironisches Lächeln übrig, das sie zwar zu verstecken versuchte, aber es gelang ihr nicht ganz. »Ich freue mich, wenn du dich wohlfühlst«, sagte sie, »und wenn dich der Glaube glücklich macht, ist es doch gut.«

Und trotzdem drängte sie Lisa zur Kommunion, kaufte ihr ein schönes weißes Kleid mit weißen Lackschühchen und Strumpfhosen, die Lisa furchtbar kratzten, denn ihre Beine waren damals schon sehr behaart und in der Strumpfhose juckten ihre Beine schrecklich, und so ganz verstand sie eigentlich nicht, was das sollte, das Kleid und die Oblate und die Kerze und die ganze Aufregung, was sollte das mit der Bergpredigt zu tun haben? Aber sie stellte sich mit den anderen Mädchen in eine Reihe, hielt ihre Kerze, ein bisschen ängstlich, weil sie fürchtete, das heiße Wachs könnte ihr über die weiß behandschuhten Hände laufen und sie verbrennen. Sie aß die Oblate, die der Mann ihr auf die Zunge legte, sie schmeckte nach nichts und blieb an ihrem Gaumen kleben, dann winkte sie ihrer Mutter, die von der Kirchenbank aus lächelnd zurückwinkte, und danach gingen sie zum Griechen, zu Lisas Lieblingsrestaurant, und die deutschen Verwandten und Nachbarn, allesamt evangelisch, gaben ihr Geschenke. Es waren komische Geschenke, nicht wie an ihrem Geburtstag, Spiele oder Kuscheltiere oder Bücher gab es nicht, nur Geld in Umschlägen, die Lisa enttäuscht ihrer Mutter in die Hand drückte, denn mit Geld konnte sie nichts anfangen. Dann badete Lisa ihre Souvlaki in Zaziki, herrlich fand sie das, sie mochte schon den Namen Zaziki so gern, mit so viel Z, das trauten sich deutsche Wörter gar nicht, und im Knoblauch hätte sie schon damals baden können, ab und zu fragte sie ihre Mutter, ob sie eine Zehe essen dürfe, einfach so, und die freute sich darüber und sagte: »Mein kleines Knoblauchmädchen, man merkt, dass du die Tochter einer Mittelmeermutter bist.« Lisa löffelte also ihren Zaziki auf und fragte, ob sie in den Garten zum Spielen dürfe, und ihre Mutter sagte, klar, geh nur, und die anderen Erwachsenen schauten sie mit großen Augen an, »aber das schöne Kleid!«, und sie lachte und sagte, ein Kommunionskleid trage man doch sowieso nie wieder, »mach dir keine Sorgen um das Kleid, *ma chérie*, geh spielen.« Als Lisa wie immer auf den Baum kletterte, es war ein verwachsener Apfelbaum hinter dem griechischen Restaurant, spürte sie mit Entzücken, wie ihre Strumpfhose an ihrem Knie aufriss und den ersten Beinhaaren wieder ihren Freiraum gab. Sie setzte sich rittlings auf einen Ast und konnte von hier bis rüber zu ihrem Schulhof schauen, und der Baum roch gut nach Rinde und Moos.

Nach der Kommunion ging ihre Mutter nicht mehr mit Lisa zum Gottesdienst, also ging Lisa auch nicht, aber in Kirchen waren sie trotzdem oft. In jeder Stadt wollte sich ihre Mutter als Erstes die Kirchen anschauen, »komm, wir schauen nur kurz rein«, sagte sie, auch in Paris, »komm, wir schauen nur kurz rein, und dann kaufen wir uns einen *crêpe au chocolat* am Fuß des Montmartre.« Oh ja, wie sie ihren *crêpe au chocolat* genießen konnte! Dann leuchteten ihre Augen, während sie den *crêpe* umständlich mit der Serviette hochhielt, damit nicht alle Schokolade auf ihren Mantel tropfte, dann war ihr Mund ganz schokoladenverschmiert, aber sie ließ die Schokolade da und lachte Lisa mit ihrem Schokoladenmund an, und als der *crêpe* verspeist war, sang sie *»Ooh, Champs-Élysées!«*, ergriff Lisas Hände und tanzte mit ihr im Kreis, *»Ooh Champs-Élysées!«*

Doch als sie gestorben ist, da hat Lisa schon versucht, Trost bei Gott zu suchen. Es fing damit an, dass sie sich so sehr wünschte, es sei kein Krebs, der Knoten da an ihrem Hals, sie wünschte, das Schicksal möge sich doch umentscheiden und irgendeinen anderen Knoten daraus machen, alles hätte sie gegeben, damit der Arzt nach der Untersuchung sagt: »Sie haben Glück, es sah aus wie ein bösartiger Tumor, aber es ist nichts weiter als eine Verhärtung, wir operieren sie weg und dann sind Sie wieder gesund.« Nachts lag Lisa wach auf ihrem Bett und hatte das Gefühl, jemanden überreden zu müssen, das Schicksal ihrer Mutter zu ändern, noch war Zeit, noch hatte der Arzt sein Urteil nicht gefällt, sie musste sich beeilen. Lisa weinte und versuchte, die Welt zu überzeugen, ihnen noch eine Chance zu geben, ihr und ihrer Mutter, sie musste sich nur genug konzentrieren, ihre Liebe nur genug sammeln, damit jemand die Sache in die Hand nehmen und sie retten würde, irgendjemand, also faltete sie die Hände und betete zu Gott, sie entschuldigte sich, so lange nicht mit ihm gesprochen zu haben, sie versprach ihm, zu tun, was auch immer er wolle, wenn er nur dafür sorgen würde, dass es kein Krebs sei, aber er antwortete nicht, dann flehte Lisa das Universum an, sie flehte sämtliche Kräfte im Universum an, ihre Mutter noch einmal zu verschonen, bitte, nur dieses eine Mal, bitte, bitte, bitte, mach den Krebs weg, ein kleines Wunder nur, ich bitte auch nie wieder um etwas. Aber am nächsten Tag sagte der Arzt: »Es tut mir leid, es ist Krebs, sehr fortgeschritten, wir können nichts mehr für Sie machen, Bestrahlung oder Chemo, das bringt nichts, es ist Krebs im Endstadium.« Und Lisa spürte sofort, dass es nun zu spät war. Sie spürte es in ihrem Nacken, die Worte des Arztes waren ein Schlag in ihren Nacken, und sie wusste, wenn etwas in ihrem Nacken war, dann war es da nicht mehr wegzubekommen.

Zwei Monate später war ihre Mutter tot. Und Lisa ging in die Kirche. Sie ging in die Kirche, nahm ihre Wintermütze ab und roch den Weihrauch, sie versuchte, ganz ruhig zu werden, wie sie es als Mädchen kannte, sie versuchte, ruhig zu werden und die Anwesenheit einer höheren Macht zu spüren, sie schaute auf die Jungfrau Maria – aber da war nichts. Es war ein Steinhaus wie jedes andere auch.

Lisa kommt außer Atem, als sie die Stufen von Montmartre erklimmt, von links und rechts rennen ihr Männer hinterher und versuchen, ihr ein Band um den Finger zu legen, um es zu flechten und ein bisschen Geld zu machen, Lisa steckt ihre Hände in die Taschen und geht schneller, sie geht an den Leuten vorbei, die auf dem Treppenabsatz Fotos machen, ein Selfie, das Handy an einem langen Stick, die Haare elegant geschwungen, Sonnenbrille auf, lässiges Lächeln vor dem Karussell, lässiges Lächeln vor den vielen Stufen, lässiges Lächeln vor der Basilika. Auf der ersten großen Plattform macht Lisa halt und dreht sich um. Paris. Paris liegt ihr zu Füßen, die Dächer sind grau, sie kann die vielen Schornsteine sehen, Schornsteine und Schornsteine bis runter zu Notre-Dame, *chim chimeney*, kommt ihr in den Kopf, und kurz ist ihr, als könnte sie von hier losfliegen, sie bräuchte nur einen Schirm und dann würde sie Anlauf nehmen und losschweben über die Stadt, bis hinunter zur Seine.

Sie geht die restlichen Treppen hoch, sie geht an dem Mann vorbei, der mit seinem Fußball Kunststücke macht, er dreht sich um die Laterne und balanciert dabei den Ball auf seinem Kopf und seinen Ellbogen, Lisa stellt sich in die Schlange, nimmt ihren Rucksack ab und öffnet ihn, ein Mann in Uniform leuchtet mit seiner Taschenlampe hinein, wühlt darin herum, nickt, gibt ihr den Rucksack zurück, und sie geht durch die schwere Tür.

Ruhe. Ruhe umgibt sie, Weihrauch füllt Lisas Lunge und sie spürt Gesang, ihr Herz vibriert durch die hohen Töne, die den Raum erfüllen. Sie schwimmt. Die Luft nimmt Lisa in die Arme und wiegt sie, sie schwimmt in Weihrauch und Gesang, und sie spürt den weichen Bauch ihrer Mutter, sie lehnt ihren Kopf gegen den Bauch und schließt ihre Augen, »Maman«, sagt sie, und ihre Mutter streichelt ihr durch die Haare, »ja, *ma chérie*.« Dann nimmt sie Lisa am Kinn, »*mais oui, ma chérie*, natürlich bin ich hier, du wusstest doch, wo du mich findest. Natürlich findest du mich hier, wir waren tausendmal hier, um eine Kerze für Papi anzuzünden, du verbindest diesen Ort mit mir, das ist ganz normal, mach kein Drama draus, werde jetzt bloß nicht esoterisch.« Lisa muss lachen.

Eine Gruppe Touristinnen drängt sich an ihr vorbei, sie sprechen Niederländisch, ein Mädchen lacht laut auf, »schsch!«, macht eine Frau. Lisa geht zur Seite und steht jetzt vor den Teelichtern. Langsam gewöhnen sich ihre Augen an die Dunkelheit, die Kirche ist voll, die Menschen strömen durch den Gang rund um die Kuppel, einige sitzen auch auf den Bänken. Vorne singt ein Chor, es sind Nonnen, die die Luft vibrieren lassen. Lisa nimmt ein Teelicht. »Ich zünde dir eins an«, sagt sie, die Münze klimpert laut im Kasten, sie hält den Docht an ein brennendes Teelicht, die Flamme ist ganz gelb, Lisa stellt ihr kleines Licht oben auf die Pyramide, vor die Jungfrau Maria. Die Luft flackert über den Teelichtern. Dann setzt sie sich auf eine Bank, ganz an den Rand, neben eine Säule.

Von der Kuppel aus breitet Jesus seine Arme aus, ganz gerade nach rechts und links, als hingen sie noch am Kreuz, aber er hängt nicht, er steht aufrecht, ernst blicken seine Augen über die Bänke, sie sollen wohl Sicherheit vermitteln, diese Augen, die Sicherheit, dass sich Jesus für die Menschheit aufopferte, er breitet die Arme weit über die Welt aus, als hätte er vor nichts und niemandem Angst. Verärgert wendet Lisa den Blick ab. »Ich lege meine Seele in deine Hand, oh Herr«, geht ihr durch den Kopf, ihr Religionslehrer hat diese Stelle immer wieder begeistert vorgelesen, »dieses Vertrauen! Spürt ihr das? Unglaublich, dieses Vertrauen auf Gott, im Moment des Todes! Nicht etwa: Mein Gott, wieso hast du mich verlassen? Nein, im Gegenteil, die völlige Ruhe, das völlige Vertrauen!« Wie er sich freute, die Freude kam tief aus seinem Herzen, und Lisa konnte es nachvollziehen, im Moment des größten Leidens und der größten Angst das Vertrauen nicht zu verlieren, wie schwer muss es sein. Aber diese strengen Augen hier! Sie sind beinahe ignorant, diese Augen, fremd, unbeteiligt, das ist kein Mensch, der da die Arme öffnet, das ist einer, der das Leiden, die Angst nicht kennt. Wie gerne hätte sie ein Bild von Jesus gefunden, wie er am Kreuz hängt, den Kopf leidend nach oben gerichtet, noch durstend und doch schon fast nicht mehr, wie ihre Mutter, kurz bevor sie starb. Ihre Maman, wie sie auf dem Bett saß, das Gesicht nach oben gerichtet, um besser atmen zu können, sie röchelte dabei, als sei ihre Lunge voller Wasser, als würde sie den Mund gerade noch so über die Wasseroberfläche halten.

Als sie anrief und sagte, sie sei im Krankenhaus, sie habe einen Knoten am Hals ertastet, da wusste Lisa, dass sie sterben würde. Rechne doch nicht gleich mit dem Schlimmsten, sagten sie. Vielleicht ist es nichts. Doch. Es war etwas. Sie wusste es. Sechzig Zigaretten am Tag und ein Knoten am Hals. Es war alles.

Sie stritten sich im Garten des Krankenhauses. »Hör doch wenigstens jetzt auf zu rauchen«, schrie Lisa sie an, sie saßen auf einer Bank, und ihre Mutter würgte den Rauch herunter und hustete. »Hör auf«, flehte Lisa. »Bitte hör auf.« »Keine Chance«, sagte sie. »Ich weiß, dass ich sterbe. Willst du mir in meinen letzten Tagen auch noch meinen Spaß am Rauchen nehmen?« Nein. Das wollte Lisa nicht. »Die Zigarette gehört zu mir wie die Finger an meiner Hand, *ma chérie*.« Da weinte Lisa, weil sie wusste, sie hatte recht, sie war am Sterben, es war egal, ob sie jetzt noch rauchte oder nicht. Ihre Mutter drückte Lisas Kopf an ihren Bauch und streichelte ihre Haare, und es war so schön und sie roch so gut. Hand in Hand gingen sie in das Krankenhaus zurück. Eine Schwester sah sie und lächelte.

»Du saßt auf dem Bett wie der leidende Jesus am Kreuz«, sagt Lisa. »Das Gesicht nach oben gerichtet, auf Erlösung wartend.« »Nein«, sagt ihre Mutter. »Da ist nichts. Jetzt, wo ich tot bin, weiß ich: Da ist einfach nichts. Keine Erlösung, keine Hölle, einfach gar nichts. Und das ist gut.« Lisa schüttelt den Kopf. Wenn da nichts ist, dann ergibt doch diese Unterhaltung gar keinen Sinn. Dann ist sie jetzt einfach nicht mehr. »Du lässt mich allein«, sagt sie. »Hör auf, sag so was nicht.«

Auf ihrem Nachttisch ein Aschenbecher, ein Handy, ein Taschentuch und eine Tasse Kaffee. »Milchkaffee«, sagte sie. »Meine Tante trank Milchkaffee, als sie starb, Mamies Schwester. Ich habe meinen Kaffee nie mit Milch getrunken. Aber jetzt schmeckt er mir so besser.« Milchkaffee, niemals hätte Lisas Mutter einen Milchkaffee angerührt, immer trank sie ihn schwarz und ohne Zucker, und jetzt dieser Milchkaffee. Sie blickte auf die Tasse und runzelte die Stirn. Sie blickte auf das Handy und runzelte wieder die Stirn, sie nahm das Handy in ihre Hand, ach so, sagte sie, und legte es wieder hin. Sie nahm das Taschentuch hoch, ach so. Sie nahm den Aschenbecher, ach so. Sie wollte in die Tasse Kaffee aschen, Lisa schob die Tasse schnell weg und den Aschenbecher hin, ach so.

Lisa zeigte ihr das Foto von Claude, sie hatte es in der Wohnung ihrer Mutter gefunden, sie lag dort gerne auf dem Sofa und deckte sich mit ihrer Decke zu, und im Schrank hatte sie das Foto gefunden und es mitgenommen, vielleicht würde es sie trösten, bald bei ihrem Vater zu sein, vielleicht würde es ihr die Angst vor dem Tod nehmen. Also zeigte sie ihr das Foto, das schöne, auf dem er so glücklich lächelt, in seinem Flugzeug, »schau, wie schön dein Vater war, in seinem Flugzeug.« *»Bof«*, sagte ihre Mutter und wischte ihn mit einer Handbewegung weg. »Ich will niemanden mehr sehen. Ich will nur in Frieden gehen, das ist alles.« »Hast du Schmerzen?« »Nein.« »Nur die Atemnot?« »Ja. Ich bin schon halb vergiftet.«

Sie legte sich wieder auf den Rücken. Sie röchelte. Dann atmete sie nicht mehr. Lisa sprang auf und streichelte ihre Schulter. »Maman?« Erschrocken riss sie ihre Augen auf. »Lisa!«, rief sie. Und war wieder da, in ihren braunen Augen war sie wieder da. »Kann ich etwas für dich tun, Maman? Ich will dir die Welt zu Füßen legen.« Sie lachte über Lisas Theatralik. »Hast du noch Halluzinationen?« »Ja.« »Macht dir das Angst?« »Nein. Ich habe mich daran gewöhnt.« »Behandeln dich die Pfleger gut?« »Pass auf, Lisa. Es gibt da drei Dinge. Erstens duschen sie mich zu heiß. Sie wollen mich quälen, ich sage dir, das machen sie extra! Zweitens reißen sie das Fenster ganz weit auf, damit ich nach dem Duschen erfriere. Und drittens zwingen sie mich, riesige Tabletten zu schlucken, die tun so weh im Hals.« »Ich spreche mit den Pflegerinnen, Maman. Ich sage ihnen, dass du als Mädchen missbraucht wurdest und traumatisiert bist und sie dich so wenig anfassen sollen wie möglich, auch zum Waschen.« Ihre Mutter lachte. »Das ist gut.«

Die Schwester sagte, Lisas Mutter sähe aus wie Nana Mouskouri. Das fand Lisa früher auch, als kleines Mädchen, ihre Mutter hatte eine Schallplatte der Sängerin, »Maman, warum ist da ein Foto von dir auf der Schallplatte?«, fragte sie, und ihre Mutter lachte, »ja, findest du, ich sehe aus wie sie?« Doch jetzt freute sich Maman nicht mehr. »*Bof.* Die hat wohl noch nie eine *Pied-noir* gesehen, die deutsche Schwester«, sagte sie. Lisa saß neben dem Bett und schaute ihre Mutter an. »Maman, warum heißt das *Pieds-noirs*?«, fragte sie noch einmal. Wie früher. »Weil wir uns die Füße verbrannt haben«, Lisas Mutter lächelte, »weil wir uns im Maghreb die Füße verbrannt haben.« Lisa lächelte auch und streichelte ihre Wange, sie war noch immer so weich, die Wange ihrer Mutter.

Dann musste Lisa los. »Maman, ich muss jetzt gehen.« »Kommst du morgen?« »Willst du, dass ich komme?« »Ja.« »Ich komme. Morgen. Oder übermorgen, spätestens.« Sie gab ihr drei Küsse auf die Wange und sagte dabei: »Meine Maman, meine Maman, meine Maman. Bis bald.« »Bis bald.«

Lisa nimmt ihren Rucksack und steht auf. »Bis bald, Maman.« Am Ausgang dreht sie sich noch einmal zu diesem Jesus um. Wirklich, das ist er nicht. Sie drückt die schwere Tür auf und blinzelt, und vor ihr liegt Paris.

24.
Marie

Wie ich Paris verabscheute! Ich wollte es nicht zugeben, weder vor mir noch vor meinen Kommilitonen, es war doch die Stadt von Simone de Beauvoir und Jean-Paul Sartre, die Stadt des Intellekts, der Revolte, der Freiheit: unsere Stadt. Aber diese graue, stinkende, kalte Metropole ließ mich in ihren Abgasen ersticken und in ihren Métros erdrücken. Und dann dieses Licht! Ein dreckiges Licht, das sich dick und braun über die Straßen legt und in den Sommertagen die Dämmerung in ein ewiges Dahinschleppen des Tages verwandelt. Ich verabscheute diese Stadt vom ersten Moment an.

Ich hatte mich so gefreut, als Mamie uns offenbarte, dass wir mit Marcel nach Paris ziehen würden, dass ich mein Abitur dort machen würde, endlich, dachte ich, endlich meint das Schicksal es gut mit mir, nach Paris, mit Alain nach Paris! Ich hatte von einer freien Liebe geträumt, einer freien Liebe in einer Stadt, die so groß war, dass Mamie uns nicht kontrollieren, nicht auseinanderreißen könnte, doch dann war es die Stadt, dieses hinterhältige Biest, die uns grausam auseinanderzog. Alain wohnte bei Denfert-Rochereau, ganz im Süden, und wir in der Rue de Flandre, nahe der Métro Crimée, ganz im Nordwesten der Stadt. Nur hier hatten Mamie und Marcel eine Wohnung gefunden, die groß genug für uns vier war und die wir uns leisten konnten, die Rue de Flandre, *ma chérie*, sie war von Anfang an verhext, sie war einfach am falschen Ort, und wir passten auch nur beinahe in sie hinein. Diese Enge! Ich bin darin fast erstickt, »aber wir haben doch einen Balkon, *ma fille*«, sagte Mamie zu mir, *la pauvre*, was hat sie gekämpft, um uns aus Tunesien in diese sichere Wohnung zu bringen, aber ich bitte dich, der Balkon?! Acht Quadratmeter Beton, wo ich noch vor Kurzem die ganze Welt unter meinen Füßen hatte? Ein mickriger Rosenbaum gegen meine Olivenbäume, gegen die duftenden Orangen, den flammenden Hibiskus, eine dreckige und stinkende Seine gegen das Mittelmeer?

Kennst du *Liane*, den Film aus den 1950er-Jahren, *Liane aus dem Urwald*? Sie ist in größter Freiheit aufgewachsen, sie führt ein glückliches Leben in der Wildnis, und dann kommen die Deutschen und entführen sie nach Europa, um sie in das einzusperren, was sie »Zivilisation« nennen. Nicht einmal ihre Brüste darf sie mehr zeigen! *Oh làlà*, diese Brüste haben zu einem riesigen Skandal geführt, der Film durfte 1956 beinahe nicht gezeigt werden, dabei ist der eigentliche Skandal doch die Brutalität der europäischen Kultur, deren Männer ihre Macht darauf begründen, über ein paar Brüste verfügen zu können. Ich war eine Liane, eingesperrt in die Rue de Flandre, in dieses winzige Zimmer neben dem Bad, vor dem Fenster der Beton der Stadt, wenigstens konnte ich mit ein bisschen Anstrengung von meinem Zimmer aus Sacré-Cœur sehen, diese Basilika rettete mich ein ums andere Mal, der einzige Ort in ganz Paris, an dem man den Heiligen Geist finden kann. Wirklich, du weißt, besonders gläubig bin ich nicht, aber geh mal in diese Kirche, zwischen den Säulen und unter der Kuppel wurde Raum geschaffen für etwas, das sonst in ganz Paris keine Ruhe finden würde. Oft ging ich auf den Hügel von Montmartre, um zu mir zu finden, um meine innere Freiheit zu suchen, stundenlang saß ich auf den Bänken von Sacré-Cœur und hörte den Schwestern beim Singen zu, danach war mein Herz wieder wild und rein, keinesfalls keusch, denn diesen Unterschied lernte ich in Paris zum Glück zu würdigen: Gott hat den Menschen geschaffen, damit er frei ist, und das gilt auch für uns Frauen, frei in unseren Entscheidungen, frei in unserem Körper, frei in unserer Sexualität, im Denken, in allem. Aber die Zeit, die ich im Gefängnis der Rue de Flandre verbrachte, hätte mich beinahe erstickt.

Um Alain zu sehen und aus der Enge auszubrechen, musste ich fast eine Stunde mit der Métro und der RER fahren, eine Stunde durch die Eingeweide dieser Stadt, die uns durch ihre verstopften und verdreckten Adern pumpte, zusammengepresst von den ruhelosen Körpern der anderen. Mir blieb dabei regelmäßig die Luft weg, ich hielt sie nicht aus, diese Enge, dieses Vegetieren in den menschlichen Ausdünstungen. Manchmal wurde mir von der Hitze und dem Gestank so schwindelig, dass sich das Licht in der RER plötzlich verdunkelte, dass die Gesichter der anderen plötzlich fremd aussahen, und sie alle schauten feindselig und wurden dunkel, immer dunkler, und dann angenehm dunkel, endlich verschwanden die hässlichen Fratzen, bis der harte Boden gegen meinen Kopf knallte und ein stechender Schmerz sich durch meine Stirn bohrte. Widerwillig riss ich die Augen einen Spalt auf, kaltes Licht stach hinein und vor mir sah ich einen Wald aus Beinen. Hässliche Beine, in Strumpfhosen gestopft, in Anzughosen mit spießigen

Bügelfalten. So manches Mal wurde ich auf diese Weise ohnmächtig in der RER. Ich hasste diese Stadt.

Aber das durfte ich nicht laut sagen. Es war das Paris der Jahre 67 und 68, der Ort, an dem die ganze Welt sein wollte, die große Zusammenkunft der Rebellen. Nicht, dass ich das alles nicht zu schätzen wusste. Ich liebte es, bis weit nach Mitternacht in der Bar über die freie Liebe zu diskutieren, die für mich bis dahin nur ein Gedankenkonstrukt war, aber ich fand meinen Frieden in dem Gedanken, dass Sexualität nichts Dreckiges war, sondern ein Akt der Befreiung. Wir sprachen auch viel über die Befreiung des Menschen von den Fesseln der bourgeoisen Heuchelei, der kapitalistischen Arbeitsnorm, der unterdrückenden Moral, der Disziplinierung durch die Klassengesellschaft. Ich war davon überzeugt, dass der Mensch sich von aller Zuschreibung befreien konnte, sich die Weltkugel zu Füßen legen konnte, sie geradezu reiten, wie Danton es in Büchners Drama macht, ein revolutionärer Ritt des Wahnsinns, die wilde Mähne der Welt in den Händen, ja, ich wusste, dass ich auf den Tischen tanzen konnte, wann immer ich wollte, dass mein Geist durch meinen Intellekt in die Freiheit fliegen konnte, wenn ich es nur wagte. Ich spürte die Rebellion in der Luft, spürte, wie sich ein Vakuum auftat, direkt vor mir, ein offenes Fenster der Geschichte. Niemand wusste, wie es weitergehen würde. Wie oft hatte mir Mamie gesagt, dass ich nie Angst haben müsste, niemals, denn alles im Leben stünde geschrieben, und ich würde mein Leben leben, ein gutes Leben, *inch'Allah.* In diesen Tagen war ich davon überzeugt, dass das nicht stimmte. Nichts stand mehr geschrieben. Alles war möglich.

Wenn ich an unsere Diskussionen zurückdenke, erinnere ich mich vor allem, wie wir stritten. Damals suchte niemand nach dem Konsens, höfliche Zurückhaltung kannten wir nicht, was uns interessierte, waren die Unterschiede, der Streit, die Diskussion, nur sie brachte Energie hervor, Kreativität, nur der Streit schaffte es, die lähmende Bürgerlichkeit aufzubrechen und Raum für etwas Neues zu schaffen. Ich weiß noch, dass ich mich vor allem mit den Männern gut verstand, die Frauen ärgerten mich, sie hatten eine naive Vorstellung von Feminismus. Sie sprachen viel über Simone de Beauvoir, *bof*, ich war nicht mehr so begeistert von ihr, muss ich sagen. Natürlich, man wird nicht als Frau geboren, sondern dazu gemacht, das war revolutionär, das begeisterte mich auch, ich liebte die Freiheit, ich war überzeugt davon, dass wir einfach alles machen konnten, was wir wollten, wir konnten uns hier und jetzt von der Vergangenheit lossagen und eine völlig neue Gesellschaft aufbauen, eine neue Identität finden, neue Formen der Beziehung, und natürlich, keine Frage, wir konnten uns auch von den Erwartungen an unser Geschlecht lossagen. Eine Frau wird nicht zurückhaltend, unschuldig, keusch, brav, elegant oder was auch immer geboren, wer wusste das besser als ich?
Aber es gab da eine Sache, die mich zutiefst störte an de Beauvoir, die mich jetzt, da ich eine Tochter habe, noch viel mehr stört: Sie hat nie Kinder bekommen, das wollte sie auch nie. Also na ja, die großen Reden von der Befreiung der Frau von ihrem Geschlecht, die sind natürlich schnell gehalten, wenn man kein Kind auf die Welt bringt, wenn man nie das Erlebnis hat, ein neues Leben zu erschaffen, den eigenen Körper zu teilen mit einem zweiten Wesen, und dann das Baby auf den Bauch gelegt

zu bekommen, das ist ein Wunder. Ich sage dir, das kann Simone de Beauvoir mit ihrem großen Intellekt nicht fassen, und ich habe noch keine Feministin gelesen, die das wirklich konnte. Hast du Camus gelesen? Camus schrieb als sehr junger Mann, dass dem Kommunismus der Sinn für Religion fehlt. Er war nicht religiös, er meinte nicht den Glauben, er meinte nicht die Kirche, aber ich verstand, was er meinte, der Kommunismus war für ihn eine Erfindung des Nordens, zu rational für einen Mittelmeermenschen. So war es auch mit dem Feminismus jener Zeit, ihm fehlte der Sinn für das Spirituelle, das Übersinnliche, wenn du so willst, er war, nun ja, irgendwie zu verbissen. Ja, du musst mir ja nicht zustimmen, *ma chérie*, aber diese Frauen waren mir einfach zu hart. In ihrer Art, Frauenrechte einzuklagen, benahmen sie sich meiner Meinung nach wie Männer, sie nahmen ihre Weise zu sprechen an, ihren instrumentellen Zugang zu Politik, sie verfremdeten damit das, worum es in einer feministischen Revolution doch eigentlich geht, oder nicht, sollte es nicht gerade um die Anerkennung der Fürsorge gehen, der Liebe, des solidarischen Miteinanders in der Gesellschaft? Stattdessen wurde tatsächlich über die Bezahlung von Hausarbeit diskutiert, die Bezahlung von Hausarbeit! Da haben wir einen Raum, einen kleinen Raum, der kaum von der kalten Berechnung des Kapitalismus durchzogen ist, und wollen ihn auch noch verkaufen? *Bof*, auf die Prostitution von Liebe und Fürsorge kann ich wirklich verzichten.

Nein, ich konnte keine Befreiung der Frau akzeptieren, die sich nicht mit dem Kinderkriegen beschäftigte, mit dem Wunder des Lebens, ja, lach nicht, du findest das vielleicht kitschig, romantisierend, was weiß ich, aber wenn du selber ein Kind bekommen hast, dann sprechen wir noch mal darüber. Das ist nun mal eine Fähigkeit, die nur Frauen haben, das konnten auch meine feministischen Kommilitoninnen nicht wegdiskutieren. Okay, wenn wir so weit sind, dass Männer auch Kinder auf die Welt bringen können, oder wir die Kleinen in vorbestellten Reagenzgläsern abholen, einmal blond bitte, ohne Muttermale, Gott bewahre, aber okay, dann sieht das anders aus, dann können wir uns vielleicht völlig von unserem Geschlecht befreien – aber so? So macht es sich de Beauvoir zu einfach.

Wenn wir damals über das Kinderkriegen sprachen, dann eher darüber, wie man es schaffte, keine Kinder zu bekommen. Es ging um Verhütung und Abtreibung. Versteh mich nicht falsch, ich fand es wunderbar! Ja, glaub mir, so sehr ich von dem Wunder des Lebensschenkens beeindruckt bin, so sehr empfand ich die Möglichkeit, darüber selbst zu bestimmen, als Befreiung. Die Pille war unglaublich, sie hat uns von den Fesseln der ewig drohenden Schwangerschaft und Abhängigkeit gelöst, unsere Mütter haben jeden Monat gebangt, ob sie ihre Blutung bekommen, jeden Monat, über Generationen hinweg, und nun war das plötzlich vorbei. Die Pille hat es ermöglicht, mit so vielen Männern zu schlafen, wie wir wollten, und glaube mir, das habe ich ausgenutzt. Nachdem ich mit Alain Schluss gemacht hatte, das war eine schwierige Geschichte, die erzähle ich dir ein andermal, aber nachdem wir nicht mehr zusammen waren, entdeckte ich meine Freiheit. Ja, ich kam früh mit deinem Vater zusammen, aber das hieß nichts. Weißt du, damals musste man sich schon sehr rechtfertigen dafür, eine feste Beziehung zu haben, nein, wir waren doch keine Bourgeois, wir lebten die freie Liebe, ich hatte Affären in Paris, dann mit Freunden von uns auf Kreta, in den Höhlen am Strand von Matala schliefen wir, und ich kann dir sagen, viel Schlaf haben wir nicht bekommen. Ja, auch dein Vater hatte viele Frauen, was heißt er hatte, sie hatten ihn ja auch, *bof*, natürlich waren wir eifersüchtig, natürlich stritten wir uns, das gehörte nun mal dazu, aber es war trotzdem eine sehr freie Zeit, Aids gab es noch nicht und mit der Pille wurde Sex zum reinen Vergnügen.

Nun ja, was die Abtreibung angeht, ich fand das ein bisschen schwierig, das ist vielleicht auch meine persönliche Erfahrung ... also politisch stimme ich ja zu, mein Bauch gehört mir, und ganz ehrlich, wenn der Papst sagt, dass in dem kleinen Stück Fleisch schon eine Seele steckt, also da bin ich zu sehr von Mamie erzogen worden, Fleisch ist Fleisch, wann es ein Menschenleben wird, kann ich dir nicht sagen, aber in den ersten drei Monaten nicht, das glaube ich einfach nicht. Wenn du Mamie fragst, sie würde dir sagen, wir sind auch jetzt nicht mehr als ein bisschen Dreck, Staub auf dieser Erde, der schnell vergeht. Wenn einer gestorben ist, ein Bekannter von uns, dann hat sie gesagt, das hat sie irgendwo bei Camus gefunden, »der furzt nicht mehr«, so sieht sie die Menschen.

Aber so einfach ist das trotzdem nicht mit der Abtreibung, dahinter steht für mich diese Vorstellung, dass eine Frau nur dann eine befreite Frau ist, unabhängig und dazu fähig, ein selbstbestimmtes Leben zu führen, wenn sie keine Kinder hat, wenn sie allein ihre Wanderungen durch die Welt macht und dabei ihren Intellekt pflegt, wenn sie in einer wilden und offenen Ehe lebt, wenn sie einfach nur ihrer Nase folgt. Dazu gehörte natürlich das Recht auf Abtreibung, einverstanden, keine Frau sollte ein Kind bekommen müssen, wenn sie nicht will, *basta*, glaub mir, keine Frau weiß das besser als ich, denn Mamie wollte keine Kinder, so viel steht fest, und es wäre wohl besser für uns alle gewesen, wenn sie mich nicht bekommen hätte. Aber was ist, wenn eine Frau ein Kind bekommen und trotzdem frei sein will? An der Uni wurde viel diskutiert über antiautoritäre Erziehung, lass dein Kind einfach machen, was es will, sehr lustig, das können auch nur Menschen predigen, die niemals auch nur einen Tag mit einer Zweijährigen verbracht haben, hätte ich dich machen lassen, was du willst, hättest du dich den ganzen Tag von Nivea-Creme ernährt, ich weiß noch genau, kaum war ich kurz aus dem Bad, hast du deine Zunge da reingesteckt, ganz weiß war sie, wie du gelacht hast!

Ich weiß nicht, vielleicht bin ich da auch einfach zu konservativ, mag sein, aber ich habe in der feministischen Bewegung viele Fragen gefunden, auf die es keine Antworten gab, ich fühlte mich darin nicht wirklich zu Hause, und irgendwie war mir das auch zu weit weg von dem Frauenbild, mit dem ich in Tunesien aufgewachsen war. Klar habe ich Bikinis getragen, auch Miniröcke, und ich sage dir, wenn ein Mann so dreist war, das zu kritisieren oder als Einladung zu verstehen, mich anzufassen, dann war ich nicht schüchtern, oh nein, ich habe viele Ohrfeigen verteilt, das kannst du mir glauben. Ich hatte einen sehr schönen Körper, jawohl, nicht so wie jetzt, jetzt schaue ich mich selber nicht mehr nackt im Spiegel an, so eine Hässlichkeit, ich ekele mich, dieser ungeformte Haufen Fleisch hat nichts mehr mit mir zu tun, bald stinke ich wie Mamie, bald stinke ich wie meine Mutter, weil ich lebendig verrotte, ich bete, dass ich nicht so alt werde wie sie. Mamie hält es nur aus, weil sie den Schmutz liebt, sie liebt ihre Scheiße, es stimmt, sie klebt den Klodeckel damit voll, sie liebt es, mit ihrer Scheiße zu spielen wie ein kleines Kind, ekelhaft, ich verspreche dir, ich sterbe vorher.

Aber 68 in Paris, da hatte ich sehr schöne Brüste, eine schmale Taille und breite Hüften, ich wusste sie einzusetzen, ich konnte sehr gut bauchtanzen. Wir hatten eine Stammkneipe, Alain und ich, es war eine Kneipe in der Nähe von *Les Deux Magots*, *La Belle-Mère qui fume* hieß sie. Dort wurde gerne arabische Musik gespielt, die Hippies mochten das, und wenn ich große Sehnsucht nach Tunesien hatte, überredete ich Alain, mit mir dorthin zu gehen. »Die sind mir zu esoterisch«, meckerte er immer, »du und deine Hippies, als würde es etwas bringen, zu kiffen und zu tanzen, das Einzige, was uns befreien kann, ist die Revolution, die Übernahme der Macht, da geht es nicht um Liebe.« Was soll ich sagen, ihm fehlte eben der Sinn für die Religion.

Er setzte sich an den Tresen und suchte sich jemanden für seine politischen Diskussionen, und ich ignorierte ihn, ich suchte die Musik, und in der Musik suchte ich mich. Manchmal tanzte ich auf dem Tisch, ich schloss meine Augen und genoss meinen Körper, ich hob meine Arme weit in die Luft und begann langsam, sie zu schwingen. Meine Augen hielt ich geschlossen, um eins zu werden mit meinem Fleisch, ich tanzte nicht für die anderen im Raum, nein, ich tanzte für mich, um den Raum, die Luft, die Wärme zu spüren. Ich breitete mich frei und wild aus, ganz langsam und bedächtig fing ich an, meine Hüften kreisen zu lassen, und spürte meinem Körper von der Hüfte aufwärts nach, spürte meinen weichen Bauch, meine sich aufstellenden Brüste, meine starken Schultern, meine fordernden Arme, bis in die Fingerspitzen, die die Bewegung nachfühlten wie die im Wind tanzenden Äste einer Weide. Dann war es nicht mehr mein Kopf, der den Körper lenkte. Es war mein Bauch, der eine Affäre mit dem Takt der Musik einging, ein Takt, der langsam den ganzen Körper verführte, bis er sich vereinte mit Raum und Zeit, der den Körper ganz in seinen Besitz nahm und der Körper den Takt, bis mein Puls in Wellen durch die Luft bebte und sich als forderndes Klopfen entlang meiner Schamlippen konzentrierte, ein Klopfen, das eins wurde mit dem Rhythmus der Musik, ich sage dir, man kann beim Tanzen durchaus einen Orgasmus bekommen, dafür braucht man keinen Mann.

Aber es gab auch Tage, da hielt ich die männlichen Blicke nicht mehr aus, da bohrten sie sich auf den Straßen von Paris, in den Vorlesungssälen und in den Cafés, einfach überall, in mein Fleisch wie spitze Nägel, da fühlte ich mich ungeschützt und angreifbar. Ich fühlte, dass die Männer meinen Körper anstarrten, als würde er ihnen gehören, verborgen unter Jeans und Pulli, sie starrten auf meinen Körper, als hätten sie ein Anrecht darauf, und wenn sie mich anmachten und ich sie abwies, wurden sie sauer, wurden wütend darüber, dass ich ihnen das Zugangsrecht zu meinem Körper verwehrte. Merk dir das, Lisa, wenn ein Mann, den du zurückweist, wütend wird, bist du in größter Gefahr, du weißt nicht, wie weit er dafür gehen wird, sich das Recht zu nehmen, das ihm seiner Meinung nach zusteht. Denn das hat die Beauvoir wirklich getroffen: Die Frau ist nun einmal das andere Geschlecht, der Mann ist das Subjekt, sie aber ein Objekt, vielmehr *sein* Objekt, ihre Vagina wird als Hülle für seinen Penis gesehen, *mondieu*, wir sind nicht weit weg von der Antike, als man tatsächlich der Meinung war, die Vagina sei wie ein Penis, nur nach innen gekehrt. Ich denke, das haben die Feministinnen von 68 nie ganz begriffen, wenn sie für den Minirock kämpften: Die Entblößung unserer Körper hat uns alle nicht davon befreit, Objekte zu sein. Und ich frage mich, wieso nie darüber nachgedacht wurde, ob nicht im Gegenteil die Verhüllung das Revolutionäre gewesen wäre, der Widerstand gegen die Unterwerfung durch Objektivierung, der völlige Entzug des weiblichen Körpers aus der Öffentlichkeit, aus der Konsumwelt. Versteh mich nicht falsch, ich bin nicht eine von denen, die einer vergewaltigten Frau vorwerfen, einen zu kurzen Rock getragen zu haben, die Sache ist klar, Täter ist der Mann und die Frau ist schuldlos an der Gewalt, die ihr angetan wird, keine Diskussion, und es gibt auch genug verhüllte Frauen, die vergewaltigt werden, jeden Tag in den arabischen Ländern.

Es ist einfach so: Wenn ich mich entblößt und schutzlos fühlte, sehnte ich mich danach, mich vor den Blicken verstecken zu können, um meinen Körper mit niemandem teilen zu müssen. Ich sehnte mich nach den langen Gewändern der Araberinnen und nach einem hübschen Hidschab, der meine Haare verdeckt. Manchmal habe ich mir ein Kopftuch umgeknotet, und einmal, als ich durch Algerien gereist bin, habe ich mir bei einer befreundeten Familie eine Burka ausgeliehen, einen Tag lang bin ich mit der Burka verhüllt durch die Stadt gelaufen, und ich habe mich unheimlich wohlgefühlt, nicht nur beschützt vor den Männern, das war es vielleicht gar nicht, ich habe mich eher sehr nah bei mir gefühlt, eins mit meinem Körper, den ich mit niemandem teilen musste, ich hatte meine Ruhe vor der Welt, ich konnte mich in mich selbst zurückziehen, obwohl ich inmitten des wilden Treibens auf dem *suk* stand, und ich wurde mit Respekt behandelt, es war eine schöne Erfahrung, weißt du was, ich denke, wenn ich eine Burka gehabt hätte, dann wäre ich sogar öfter rausgegangen, dann hätte ich nicht den ganzen Tag im Wohnzimmer gesessen, um mich vor den Blicken der anderen zu schützen.

25.
Lisa

Adam zieht ein. Mit seinen drei Koffern und einem schwarzen Kleidersack für den Armani-Anzug steht er mitten im Wohnzimmer und springt aufgeregt mit Larissa auf und ab, »es ist so cool, dass wir jetzt zusammen wohnen!«, und Lisa überlegt, ob es eine gute Idee war, einen Mann in die Rue de Flandre zu holen. Ja, sicher, Papi war auch immer hier, da hinten im Schaukelstuhl, aber er brachte Ruhe in die Wohnung, eine angenehme Ruhe, und Adam hier quietscht so laut. Wenn geschrien wurde, wenn Lisas Mutter und Mamie sich anschrien, dann stand Papi einfach auf. *»Mais quand-même«*, murmelte er, stand leise auf und schlurfte an Lisa vorbei, *»mais quand-même«*, schlurfte er in sein Büro und war bis zum Abendessen nicht mehr zu sehen. *»Mais quand-même«*, sagt Lisa, und Adam hört auf zu hüpfen.

»Wow, diese Wohnung ist so bezaubernd!«, ruft er, er sagt es auf Englisch, das A zieht er dabei in die Länge, *»so amaaazing!«* Dann nimmt Adam Lisas Hände, »danke, Lisa, dass ich hier wohnen kann. Ich habe gehört, man kann von meinem Fenster aus Sacré-Cœur sehen?«, er nimmt einen der Koffer, »ich werde erst einmal meine Vorhänge zuziehen, *mondieu*!«, und dann verschwindet er auch schon im Flur.

Denn vor Sacré-Cœur wurde Adam von seinem Freund verlassen, »direkt vor Sacré-Cœur, stell dir vor!«, hat Larissa Lisa erzählt, Adam musste ausziehen und brauchte jetzt dringend ein Zimmer. Und in der Rue de Flandre war ja Platz genug. Das hat Lisa gesagt, als sie nach dem Besuch von Philippe noch einmal in Ruhe darüber gesprochen haben, sie und Larissa, »hier ist ja Platz genug, weißt du was, lass Adam ruhig einziehen«, und nun ruft Adam, *»fucking Sacré-Cœur!«* durch den Flur und kommt mit schnellen Schritten zurückgelaufen, *»fucking Sacré-Cœur, fucking* Stadt der Liebe, von wegen!« Dann sieht er das Foto von Lisas Großvater und läuft zu der Kommode, um es in die Hand zu nehmen, »was für ein gut aussehender Mann!«, ruft er aus. Es ist eine Porträtaufnahme, schwarz-weiß, Lisas Großvater sitzt in seinem Flugzeug, das auf einer Wiese steht, und lacht in die Kamera, es muss kurz vor seinem Tod aufgenommen worden sein. Ihr Großvater schaut Lisa und Adam direkt in die Augen, die schwarzen Haare sind nach hinten gekämmt, seine Wangenknochen so stark ausgeprägt, dass sie beinahe weiblich wirken, wäre da nicht dieses harte Kinn, »Lisa, er hat deine Wangenknochen!«, sagt Adam, und Lisa lächelt und zieht die Außenlinie ihrer Wangen nach.

Lisas Großvater ist vom Himmel gefallen, so erzählt man es sich wohl noch heute in der Gegend von Zaghouan, zumindest hat Lisas Mutter ihr erzählt, dass man es sich noch so erzählt. Als sie acht Jahre alt war, ist er mit seinem Flugzeug abgestürzt, nach dem Start, es soll ein Luftloch gewesen sein, er stürzte ab und die Maschine fing Feuer, und er ist darin verbrannt. »Man erzählt sich«, sagt Lisa, »man erzählt sich, dass zwischen Pont du Fahs und Depienne ein reicher Franzose gewohnt habe, der so hoch hinauswollte, dass sein Sohn vom Himmel gefallen ist.« Adam stellt das Bild wieder ab, diesmal mit etwas mehr Ehrfurcht. »Was für eine Familiengeschichte«, sagt er. »Ich weiß, dass das hier eine ganz besondere Wohnung ist, Lisa, und ich weiß es zu schätzen, dass ich hier wohnen darf.« Es kommt Lisa ein bisschen übertrieben vor, aber Adam lacht nicht, er schaut ihr ganz ernst in die Augen, und da macht sie es, da küsst sie ihn spontan auf die Wange. *»Merci«*, sagt sie, und er strahlt.

Jetzt stehen also Adams Koffer in Papis Büro. Lisa hat sich einen Kaffee gemacht, sie lehnt mit dem Bol in den Händen an der Tür, Adam und Larissa sind los zur Uni und Adams Koffer stehen jetzt vor dem Bett, dem schmalen Bett rechts an der Wand, auf dem sie immer geschlafen hat, wenn sie zu Besuch war. Überall sonst sind Bücherregale an den Wänden, sie lassen nur eine kleine Lücke für das Bett und für das Fenster, das kleine Fenster, das kaum Licht einlässt, Adam hat tatsächlich die Vorhänge zugezogen. In zwei Reihen sind die Bücher in den Regalen aufgereiht, die Bretter biegen sich durch. Lisa trinkt ihren Kaffee aus und geht erst mal zurück in Larissas Zimmer. Also Mamies.

Wieder bleibt ihr Blick an dem Fettfleck über dem Bett hängen. »Sie macht das extra«, sagte Lisas Mutter, als sie von Paris nach Hause kam, damals dachte sie gerade darüber nach, zu Mamie zu ziehen, um sie zu pflegen. »Das ist widerlich! Sie macht das extra, sie wäscht sich nicht mehr, jeden Tag zieht sie dasselbe muffige Hauskleid an, ihre Haare sind fettig, und das Klo schmiert sie voll, dabei ist sie fit, sie geht noch immer auf den Markt und holt sich ihr Hühnchen, jeden Sonntag lutscht sie ihr Zitronenhühnchen. Es liegt nicht daran, dass sie sich nicht mehr ordentlich auf die Toilette setzen und abwischen kann, wirklich, das ist bekannt, alte Menschen machen auch wieder diese Phasen durch, von denen Freud gesprochen hat, Mamie ist jetzt wieder wie ein Baby. Sie macht das extra, weil sie mich nicht hier haben will, sie markiert ihr Revier mit ihrem Dreck, sage ich dir.« Und trotzdem packte sie ihre Sachen, um hierherzuziehen, in Papis altes Büro, aber dann ist Mamie auf sie losgegangen und hat sie geschlagen, sie versucht es sich vorzustellen, Mamie mit ihren neunundachtzig Jahren, Mamie mit ihren zitternden Fingern und ihren schlurfenden kleinen Schritten, wie sie ihre Mutter so schlagen konnte, dass sie auf den Boden fiel. Tata Solange ist davon überzeugt, dass es nicht passiert ist. Dass es anders war. »*Je te jure*, sie hat ständig gelogen, deine Mutter, ich schwöre es dir«, das hat sie gesagt, »es war deine Mutter, die Mamie geschlagen hat, und dann wurde sie rausgeworfen, das kannst du deiner Großmutter ja wohl nicht verdenken.« Was ist wirklich passiert?

Lisa kann sich gut vorstellen, wie ihre Mutter betrunken ins Zimmer kommt, Mamie liegt hier, lesend, und ihre Mutter kommt in das Zimmer gerannt, »du wolltest mich nie hier haben«, sagt sie, vielleicht schon weinend, »du wolltest sowieso keine Kinder, und du hast mich immer spüren lassen, dass ich dich störe, du Faschistin!«, so hat Lisas Mutter immer Lisas Vater beschimpft, bestimmt auch Mamie, »sie sind sich so ähnlich«, hat sie immer gesagt, »beide Faschisten, sie lieben es beide, mich zu verprügeln.« Sie schreit also Mamie an und rennt wieder zurück ins Wohnzimmer, um dort ihre Wut erneut zu sammeln und zu Mamie zu rennen, wütend auch darüber, dass Mamie ihr nicht hinterhergekommen ist, ein paarmal wiederholt sie das, Mamie anschreien und ins Wohnzimmer rennen, dort eine Zigarette rauchen und zurückrennen, um den Streit fortzuführen, oder um darauf zu warten, dass Mamie sich genug provozieren lässt und ihr ins Wohnzimmer folgt. Bis Mamie schließlich der Kragen platzt, bis sie es aufgibt, sich in ihrem Buch zu verkriechen, bis sie tatsächlich aufsteht und Maman ins Wohnzimmer folgt, »du undankbares Gör«, wird sie dann geschrien haben, »du freches Biest, das sich meine Tochter nennt, ohne Dank dafür, dass ich sie großgezogen habe, großgezogen in der größten Geborgenheit, hat es dir denn jemals an etwas gefehlt?« So stellt Lisa sich Mamie vor, mit erhobener Hand, »und jetzt kommst du her und störst mich an meinem Lebensabend, ich will nichts von dieser Welt außer in Ruhe lesen, und nicht einmal das gönnst du mir, du kommst zu mir und weckst mich und schreist mich an, ich habe das Solange erzählt«, richtig, das hat ihre Mutter gesagt, dass Mamie Tata Solange angerufen hat, damit sie sie abholt und in die Psychiatrie fährt, »sie wollten mich einsperren, sage ich dir, meine Schwester und meine Mutter haben einen Plan gegen mich geschmiedet und wollten mich einsperren!« »Deine Schwester wird kommen und dich hier rausholen«, wird Mamie also gesagt haben, »ich bin zu alt für so was, lebe endlich dein eigenes Leben, du hast mich genug angestrengt, sieh zu, dass du wegkommst, weit, weit weg, und lass mich in Frieden.« Und dann? Was mag Lisas Mutter dazu gesagt haben? Hat sie gesagt, dass Mamie sie nie geliebt hat? »Du hast mich nie geliebt, du bist eine Narzisstin, du bist unfähig zur Liebe, du hast nie jemand anderen geliebt als dich selbst, das hat auch Solange gespürt, deshalb hat sie versucht, sich umzubringen, deshalb sind wir beide unser Leben lang unglücklich, weil wir nie eine Mutter hatten«, so etwas sagt sie vielleicht, und dann schlägt Mamie ihr ins Gesicht, dass ihr die Brille wegfliegt, blind und ohne Schuhe ist sie rausgerannt, hat sie erzählt, nur ihre Handtasche hat sie sich gekrallt, und dann ist sie abgehauen, nur auf Socken, hat ein Taxi genommen nach Nizza, und was in Nizza passierte, das weiß Lisa nur zu genau.

Wieso sollte sie denn sonst so verzweifelt aus der Wohnung rennen, ohne Brille und Schuhe, wieso sollte sie sonst kopflos nach Nizza flüchten? Wieso, wenn nicht, weil ihre Mutter sie wieder vertrieben hätte, ihr wieder gezeigt hätte, dass sie nie erwünscht war in ihrem Leben, dass sie sie am liebsten abgetrieben hätte, dass sie sie auch jetzt nicht in ihrer Nähe haben wollte? Glaubt Solange wirklich, dass es andersherum war, dass Lisas Mutter Mamie geschlagen hat und darüber selbst so erschrocken war, dass sie dann geflohen ist? Lisa kann es sich nicht vorstellen. Sie findet kein Bild dafür, sie schüttelt den Kopf, nein, das kann sie sich nicht vorstellen, viel zu sehr hat ihre Mutter immer Mamies Nähe gesucht, dass sie sie geschlagen hat, das kann Lisa sich einfach nicht vorstellen.

Vielleicht will Tata Solange es nur nicht wahrhaben, vielleicht will sie diese hasserfüllte Seite an Mamie einfach nicht sehen. Oder andersherum, vielleicht will sie die große Verletzung ihrer Schwester nicht sehen, weil es sie an ihre eigene Verletzung erinnert. Oder sie kann es nicht ertragen, dass ihre Schwester so unter Mamie litt, »weißt du, sie war wie eine Mutter für sie«, das hat Charlotte doch gesagt, dass Lisas Mutter für Solange wie eine Mutter war, vielleicht konnte sie es nicht ertragen, ihre Schwester nicht mehr als die zu sehen, die auf sie aufpasst, die alles im Griff hat, die sie aus der Wohnung rettet und mit nach Kreta nimmt, vielleicht würde zu viel kaputtgehen, wenn sie einsieht, dass auch sie zusammengebrochen ist, dass auch sie sie nicht ausgehalten hat, diese Ablehnung von Mamie.

Lisa trinkt den letzten Schluck Milchkaffee, er ist längst kalt geworden. Ob es Mamie wohl stören würde, dass jetzt Larissa in ihrem Bett schläft? Sie antwortet nicht. Lisa stellt sich vor, wie Mamie den Kopf schüttelt, nein, ist mir doch völlig egal, oder was würde sie sagen? Ich bin jetzt Staub, ich bin weg, würde sie vermutlich sagen, macht doch mit dem Zeug hier, was ihr wollt, »das ist alles nichts weiter als Staub«, das sagte sie immer. Der Sekretär ist jetzt leer geräumt, also macht sie mit dem Bücherregal weiter. Unten einige große Bücher, Fotoalben und gerollte Papiere, Lisa setzt sich vor das Regal und zieht wahllos die ersten Bücher heraus. Es sind Bildbände über Monet und Van Gogh, Sammlungen traditioneller französischer Lieder. Lisa kennt diese Bücher, ihre Mutter hat sie ihr gezeigt, als sie hier war, sie hat mit ihr einige Lieder gesungen, *Au Clair de la Lune* natürlich, auch die *Marseillaise* wollte sie ihr beibringen, doch nie konnte Lisa sich den Text ganz merken, *»allons enfants de la patrie«*, das mochte sie, bei *»enfants«* dachte sie an Elefanten, sie stellte sich vor, wie ein langer Zug von Elefanten nach Paris marschiert. Kinder, denkt Lisa jetzt. Kinder des Vaterlands, aber das Vaterland ist weiblich, ohne dabei Mutterland zu werden. Das wäre ja *matrie*.

Dann fällt ihr das Buch mit den Fabeln von Lafontaine in die Hand, der Umschlag ist aus weißem Stoff, dick und rau fühlt es sich an, und als Lisa das Buch aufschlägt, kommt ihr der süßliche Geruch von altem, vergilbtem Papier entgegen. Sie hält sich das Buch vor die Nase und atmet tief ein. Dann blättert sie die erste Fabel auf, es ist gleich die Fabel von der Grille und der Ameise, die Lieblingsgeschichte ihrer Mutter, »*tiens*, lies, das ist mein Leben«, hat sie gesagt, »ich habe viel getanzt und gesungen, als gäbe es kein Morgen, ich habe das Leben genossen, wie man es nur genießen kann, aber dann kam der Winter, es wurde kalt und ich brauchte Hilfe, doch sie schauten mich nur kalt an, dein Vater und Mamie, mit ihren kalten blauen Augen schauten sie mich an und jagten mich fort, die beiden Ameisen sagten mir: Wenn du den Sommer so schön singen konntest, weißt du was? Dann tanze jetzt!« Lisa legt das Buch zur Seite, das wird sie auf jeden Fall einpacken, auch die französischen Lieder nimmt sie mit und Monet und Van Gogh.

Dann zieht sie das erste Fotoalbum heraus, es riecht nach Fotos, ein leicht metallener Geruch, und wieder muss Lisa an ihre Mutter denken, wie sie vor dem Topf auf dem Boden saß und eine Flamme emporstach, ihr Gesicht wurde von dem Feuer angeleuchtet, Lisa kam gerade aus dem Kindergarten nach Hause. »Setz dich zu mir«, sagte ihre Mutter und sah sie verschwörerisch an aus ihrem Flammengesicht, »du bist Zeugin«, sagte sie, »du bist Zeugin, wie wir Mamies Macht über mich brechen, ich werde mich jetzt von ihrem Fluch befreien!«, und sie legte noch ein Foto von Mamie in den Topf, das sich erst in der Hitze verzog, erst verzog sich Mamies Gesicht zu einer Fratze und dann schmorte es durch und ging in Flammen auf. Lisa betrachtete das Gesicht ihrer Mutter, ihre Augen, die immer schwärzer wurden, sie suchte das Gesicht danach ab, ob es sich irgendwie veränderte, konnte man sehen, wie der Fluch sie verließ? Aber Lisa konnte nichts entdecken, ihre Mutter starrte nur mit ihren schwarzen Augen in die Flammen, »Mamie ist der Teufel«, zischte sie, »sie ist der Teufel, nur die Flammen können ihre böse Macht brechen, merk dir das, meine Tochter.«

Lisa öffnet das Album und ein Foto fällt in ihren Schoß. Es zeigt zwei Mädchen mit kurzem schwarzem Bubikopf, das eine muss ihre Mutter sein, sie hat mandelförmige Augen, volle Lippen und hohe, ausgeprägte Wangenknochen, und die andere ist jünger, sie sitzt auf dem Boden, sie trägt ein langes weißes Kleid, das sich fließend um sie herum ausbreitet, und hält einen Blumenstrauß in der Hand. Es muss Solanges Kommunion gewesen sein, es sieht fast aus wie ein Brautkleid, und Lisas Mutter steht hinter ihr, auch sie trägt ein helles Kleid, aber einfacher, sie hält einen dünnen Strauß in der einen Hand, die andere ruht auf der Schulter ihrer Schwester. Beide lächeln in die Kamera, mit ihren Lippen lächeln sie, aber etwas stimmt mit den Augen nicht, Lisa geht näher heran. Ihre Augen lächeln nicht.

Die ersten Fotos im Album sind schwarz-weiß, ganz kleine, dicke Fotos mit weißen, gezackten Rändern, darauf sind Autos zu sehen, Autos aus den 1950er-Jahren, Lisa blättert um, hier steht ihr Großvater an ein Auto gelehnt, lässig, die Hände in den Hosentaschen. Dann kommen Aufnahmen von einem Bauernhaus, es ist von Bäumen umgeben, ein kleines Haus mit Veranda, es steht nichts dazu geschrieben und Menschen sind darauf auch nicht zu sehen, Lisa schaut es sich genauer an, aber sie kann nicht erkennen, wo es aufgenommen ist. Daneben kleben Aufnahmen von Olivenbäumen, vom Meer hinter einem leeren Strand, von einer Strandpromenade. Es folgen ältere Bilder, die um die Jahrhundertwende aufgenommen sein mussten, eine Familie, die Frau sitzt kerzengerade auf einem Stuhl, die Haare streng zum Dutt zurückgebunden, ein kleines Mädchen auf dem Schoß, hinter ihr ein Mann im Anzug, die Hand auf ihrer Schulter, alle schauen streng in die Kamera, niemand lächelt. Auch hier wurde nichts dazugeschrieben, wer auch immer dieses Album gemacht hat, dachte wohl, es sei doch klar, wer da auf den Fotos ist, völlig klar, aber Lisa hat keine Ahnung, ist es ihre Urgroßmutter, oder vielleicht die Familie von ihrem Großvater? Sie schaut sich die Gesichter an, aber erkennt keinen Gesichtszug wieder, nicht die mandelförmigen Augen von ihrer Mutter, nicht die schwarzen Haare der Bellangers. Lisa blättert weiter. Und findet Mamie.

Mamie, wie sie sie noch nie gesehen hat. Sie lacht. Sie lacht und das Lachen lässt ihre Wangen noch höher werden und ihre Augen ganz klein, sie steht auf einer Wiese und die Haare wehen ihr ins Gesicht, sie schaut nach links und hält mit der Hand die Haare aus ihrem

Gesicht. Unten, vor Mamies langem Rock, steht ein kleines Mädchen, sie bückt sich, um Blumen zu pflücken, ihre kleinen Finger greifen um ein Büschel Gras und Blumen und ihre Augen schauen ganz konzentriert nach unten. Daneben noch ein Foto von dem kleinen Mädchen, das Mädchen mit dem schwarzen Bubikopf, sie wirft den Kopf nach hinten und lacht, dabei hebt sie ihr Kleid am Saum hoch und zeigt ihre Unterhose, mit großem Mund lacht sie in die Kamera. Lisa streicht über das Bild. Kleine Marie.

Auf der nächsten Seite kommt ein Bild von Lisas Großvater. Monsieur Bellanger. Monsieur Bellanger steht vor einem großen Spiegel, man sieht ihn von hinten, und der Spiegel zeigt sein Gesicht von vorne, er trägt ein weißes Hemd und bindet sich eine Fliege um. Es ist der Spiegel, der hier im Wohnzimmer hängt, der mit der feinen Bordüre, der große, goldene Spiegel. Lisa muss an die Baliers denken. »Zu den Baliers waren wir häufiger eingeladen«, hat ihre Mutter erzählt, »zu den Baliers nach Tunis, Mamie war darauf sehr stolz, denn die Baliers waren wichtige Leute, sie arbeiteten für die französische Verwaltung, ganz direkt.« Lisa betrachtet die Augen ihres Großvaters, er trägt eine runde Brille und schaut konzentriert auf seine Fliege. Und dann, neben ihm, der Acker, das Foto zeigt strenge, parallel angelegte Furchen, das gesamte Feld ist damit durchzogen, auf der nächsten Seite gibt es einige Großaufnahmen, ein Pflug, der die Erde umgräbt, man kann ihn von allen Seiten sehen, »orgastisch«, erinnert sich Lisa, »dein Großvater fand es orgastisch, wie sich der Pflug durch den Acker wühlt.« Und wieder Mamie. Mamie in einem Matrosenkleid, sie lehnt sich mit dem Rücken gegen ein Geländer, die Lippen sind dunkel angemalt, sie lächelt frech und herausfordernd von unten in die Kamera, als würde sie mit dem Apparat flirten. Mamie beherrscht das Bild, und sie beherrscht in diesem Moment auch Lisa, Herrscherin der Gegenwart, denkt Lisa, Mamie war Herrscherin einer Gegenwart, die jetzt in der Vergangenheit liegt, aber bis ins Heute reicht, wo Mamie ihrer Enkelin herausfordernd in die Augen schaut.

Und mit einem Mal wird Lisa klar, dass Mamie keine Großmutter war. Sie war keine Großmutter, sie war eine Frau, jung und hübsch, Liebhaberin eines hübschen Mannes aus der Nähe von Tunis, dann wurde sie seine Frau, sie schaute sich Filme im Kino an und lachte über den Wind, der vom Meer kam, und sie schminkte sich gerne die Lippen rot und flirtete mit dem Concierge, wenn es sich ergab. Diese Frau hat Lisa nie kennengelernt. Sie kannte nur die Mamie mit weißen Haaren, Mamie mit gebeugtem Rücken und kleinen Schritten, Mamie, wie sie am Herd stand, die Zigarette im Mundwinkel, als Lisa mit nackten Füßen in die Küche kam, Mamie stand am Herd und machte sich Kaffee, und als sie Lisa hörte, drehte sie sich um, das Auge zugekniffen gegen den Rauch, *»bonjour!«*, rief sie, *»bonjour, ma petite fille, t'as bien dormi? Tu veux un cacao?«*, fragte sie, und alles, was Lisa verstand, war Kakao, sie nickte und lächelte, die kleine Lisa, *»oui*, ein Kakao.« Dann lächelte Mamie zufrieden und streichelte ihr über den Kopf, sie setzte einen kleinen Topf mit Milch auf den Herd und nahm das Streichholz, wusch, machte die Flamme, wusch, dann füllte sie die heiße Milch in einen Bol und nahm den Kakao aus dem Schrank, sie tippte auf den Hasen und lachte, ja, den Hasen kannte Lisa auch, Mamie lachte und rührte das Pulver in die Milch und stellte den Bol vor Lisa auf den kleinen Küchentisch, *»tiens«*, sagte sie, *»tiens, ma petite fille«*, und Lisa trank den heißen Kakao, er schmeckte herrlich, ein bisschen süßer als in Deutschland. Mamie setzte sich gegenüber von Lisa an den Tisch, trank ihren Kaffee aus dem Bol, schwarz trank sie ihn, ab und zu schaute sie auf und lächelte Lisa an. Da war sie schon achtzig, überlegt Lisa, achtzig Jahre hat sie da schon erlebt, und von denen weiß Lisa so gut wie nichts. Außer, dass sie einen starken Charakter hatte, »einen starken Charakter hatte Mamie, das kann man sagen«, und dass sie viel gelesen hat, »den ganzen Tag hat sie gelesen, alles Mögliche.« Und manchmal hat sie den *Front National* gewählt, aber eigentlich die Kommunisten.

Sie klappt das Album zusammen, legt es in die Kiste und zieht die anderen aus dem Schrank, sie wird sie alle mitnehmen, dann kann sie sie in Berlin in Ruhe anschauen. Aus einem der Alben segelt noch ein loses Foto heraus, es segelt auf den Boden und bleibt mit der Rückseite nach oben liegen. 1968 steht darauf. Lisa dreht es um, und es zeigt eine junge Frau um die zwanzig, sie sitzt auf dem Bett, dem kleinen, schmalen Bett hier in der Rue de Flandre, im Zimmer nebenan, sie stützt sich seitlich mit der Hand auf der Matratze ab, sie trägt ein sehr kurzes blaues Kleid, die langen Beine seitlich angewinkelt, vor sich ein Buch, ihre langen schwarzen Haare fallen rechts und links über das Kleid, mit der linken Hand hält sie sich die Haare aus dem Gesicht. Lisas Mutter schaut von unten in die Kamera, wie Mamie auf dem Foto mit dem Matrosenkleid, frech und wunderschön, herausfordernd, ihr leichtes Lächeln lässt ihre vollen Wangen erstrahlen. Lisa stellt sich vor, wie ihr Freund Alain das Foto macht, wie ihre Mutter ihn verliebt anlächelt, sie haben den Nachmittag in ihrem Zimmer verbracht, lesend, studierend, und er nimmt dieses Foto auf, um den Moment festzuhalten. Vielleicht sind sie gerade von der Universität nach Hause gekommen, Lisa schaut auf das Buch, sie kann nicht erkennen, was es ist, vielleicht Camus, vielleicht diskutieren sie über den *Menschen in der Revolte*, um abends in die Bar zu gehen und mit Kommilitonen weiter zu diskutieren. 1968? Lisa schaut auf den Bauch ihrer Mutter, ihren dünnen Bauch, der hinter dem Kleid kaum zu erkennen ist. War sie da schon schwanger? Lisa schaut ihr in die Augen, sie sieht glücklich aus, glücklich und entspannt. Lisa streicht über das Foto, faltet es und steckt es sich in die Hosentasche.

26.
Marie

In Paris lernte ich die Sehnsucht kennen, die mit der Fremde einhergeht. Über vier Jahre war ich nun aus Tunesien weg, wir sind nie zurückgefahren, »das ist Geschichte«, sagte Mamie Solange und mir, wenn wir beim Abendessen über den Bauernhof sprachen und uns fragten, wer jetzt wohl den Weizen erntete und ob noch immer Chili angebaut würde, »das haben wir hinter uns gelassen, blickt nicht zurück, ihr seid jung, schaut nach vorne.« Aber ich spürte, dass ich hier nicht hingehörte. Ich konnte mit Nordfrankreich nichts anfangen, alles hier war kalt, dunkel und viel zu schnell, die Blicke, die Berührungen, die Métro, das Tageslicht, alles war so schnell wieder vorbei, dass es den schmerzhaften Eindruck hinterließ, es von vornherein nicht ernst gemeint zu haben.

An der Universität folgte eine Vollversammlung auf die nächste, bis in die Nacht hinein rauchten wir wie verrückt und diskutierten über immer neue Resolutionen, wir gründeten ein Komitee nach dem nächsten, das Komitee des Zusammenschlusses von Arbeitern und Studenten, das Komitee für die sozialistische Bildung, das Komitee für die revolutionäre Poesie, es wurden Barrikaden gebaut und Seminare geplant, über den Marxismus, den Maoismus, den Situationismus, sagt dir das was, Situationismus? Der wird dir gefallen, *ma chérie*, Widerstand gegen die Gesellschaft als Spektakel, das war eine schöne Form des Widerstands, ein kompromissloser Widerstand gegen eine verselbstständigte Wirtschaft und gegen verkrustete Ideologien, auch linke Ideologien, die den Menschen und seine Bedürfnisse nicht mehr sahen, Situationisten lebten die Kunst, die Liebe, aber nicht kitschig, das nicht, nicht diese kitschige Vorstellung von natürlicher Liebe, sondern, ich weiß nicht, wie ich es dir erklären soll ... sie liebten die Möglichkeiten! Die Freiheit der Kunst und der Fantasie, auch der Technik, sie liebten es, auszuprobieren, sie liebten es, alle Möglichkeiten zu ergründen und selbst die noch zu sprengen. *Voilà*.

Aber Alain und die anderen hielten es mit den linken Ideologen, sie hätten zwar widersprochen, klar, sie fühlten sich frei, aber so war es, sie rannten mit der Mao-Bibel herum, sie hauten sich die Köpfe ein mit Zitaten von Marx und Hegel, die Fortgeschritteneren mit Sartre, und in diesen Diskussionen fühlte ich mich fremd. Sie kamen mir so gejagt vor, die meisten, völlig hysterisch, und auch zu aggressiv, diese Diskussionen setzten in vielen Männern eine unheimliche Aggression frei, die einen griffen Professoren an, andere wollten plündern gehen, und ich hatte das Gefühl, dass wir einmal innehalten sollten, einmal zur Ruhe kommen, um nachzudenken, was wir als Nächstes tun wollen, um zu spüren, wo wir stehen, um der Fantasie auch mal Raum zu lassen, *quoi*. Doch die Ereignisse überschlugen sich und für Ruhe war keine Zeit.

Ich glaube, ich spürte, dass die Erfahrungen aus dem Algerienkrieg fehlten, das Wissen aus den Diskussionen über die nationale Befreiung, es fehlte die Erkenntnis, wie unkontrollierbar ein Aufstand war, wie vorsichtig man mit dieser Macht umgehen musste, wie gefährlich sie werden konnte, wie schmerzhaft das Blutvergießen, schmerzhaft und jede Freiheit erstickend. Darüber stritt ich viel mit Alain. »Die Arbeiter streiken und sind bereit zu kämpfen, nun müssen wir auf die Straße, es ist Zeit für die Revolution, spürst du es, wir werden die Kapitalisten an den Laternen aufhängen!« Solche Sprüche ließ er los, nach zwei Gläsern Wein, und in seinen Augen loderte die Revolte. Mir jagte diese Mordlust eine riesige Angst ein, waren wir etwa die unterdrückten Arbeiter, der Ärztesohn Alain und die Siedlerstochter Marie? Woher nahm er denn seine Wut auf die Kapitalistenklasse? Woher das Recht, über ihren Tod zu sprechen? Es kam mir falsch vor, was für ein Recht hatten wir Studenten schon, so einen Aufstand zu machen, von unserem kleinen Quartier Latin aus. Mir ging es nicht um die Kapitalistenklasse, mir ging es um unser Leben, unsere Freiheit, darum, mich nicht einsperren zu lassen, in meinen Gedanken nicht und in meinem Handeln nicht, darum liebte ich diesen Geruch der Veränderung, natürlich, auch ich spürte die Luft erzittern, wenn auf den Vollversammlungen alle Hände hochgingen, um für den Streik zu stimmen, Tausende Fäuste, um für die Solidarität mit den Arbeitern zu stimmen, dann bekam ich Gänsehaut, diese Masse, die sich von den Zwängen der Lehrpläne befreite, die bereit war, für die Freiheit zu kämpfen, ohne zu wissen, in welchen Kampf sie da aufbrach. So sehr mir das Angst machte, so sehr liebte ich es, ich liebte die Revolte, den wilden Widerstand gegen das bürgerliche Korsett, den ungeheuren Durst nach Freiheit, aber nicht die Sehnsucht nach Gewalt, die viele um mich herum mit dieser Revolte zu verbinden schienen. Die Revolte war für mich Befreiung, es war eine Revolte gegen diese Art zu leben, eingezwängt zwischen Métro und Job, zwischen Lohnarbeit und Familie, *métro, boulot, dodo*, dagegen richtete sich unsere Revolte, gegen den Beton und Asphalt auf der Straße und in den Köpfen, und als solche war sie friedlich, ja, war sie der eigentliche Frieden. Es waren die Zustände in der Gesellschaft, die ich als gewaltsam empfand.

Doch hatte keiner dieser jungen Männer, die den Straßenkampf predigten, die Angst erlebt, die Mamie in Tunesien, die so viele in Algerien gespürt hatten. Sie wussten nicht, was es heißt, das eigene Leben für den politischen Kampf in Gefahr zu bringen. Ich hatte in Tunesien die Gespräche zwischen Mamie und Marcel gehört, auch wenn ich sie nicht verstanden hatte, hatte sich mir die Angst eingebrannt, die in ihren Stimmen vibrierte, ich hatte gehört, wie sie über den Krieg in Algerien sprachen, über Franzosen, deren Körper in einer Bombenexplosion zerfetzt worden waren. »Die Araber sind wütend«, hatte Mamie geflüstert, »sie sind wütend und zu allem fähig, ich kann meine Töchter nicht hier großziehen, die Angst bringt mich noch um!« »Koffer oder Sarg«, das hatte Marcel schulterzuckend geantwortet, »wollen wir das Land mit Koffer oder im Sarg verlassen, diese Frage kennen die Franzosen in Algerien schon lange, vielleicht müssen auch wir uns bald entscheiden.«

Und obwohl diese Entscheidung längst zigtausendfach gefällt worden war, obwohl wir längst unsere Koffer ausgepackt hatten, stach die Ungerechtigkeit mir noch immer wie eine spitze Nadel in den Bauch, die Ungerechtigkeit, mein Land, das Land, in dem ich geboren war, meinen Jasmin, meine Orangenbäume, das alles nie wieder sehen zu dürfen, nie wieder als mein Land sehen zu dürfen. »Du bist eine bourgeoise kleine Kolonialistin, nichts weiter«, schrie mich Alain abends in der Kneipe an, als ich ihm meine Sehnsucht beichtete. »Und du?«, zischte ich zurück, »deine Familie ist doch nur deshalb nicht nach Algerien abgehauen, weil sie reich war! Eine Familie voller Ärzte, *mondieu*, was seid ihr doch für tolle Menschen, dass ihr unter diesen Bedingungen nicht ausgewandert seid!« Obwohl der Algerienkrieg auch für uns längst Geschichte war, führten Alain und ich diese Diskussionen im Mai 1968 beinahe täglich. Die Fronten waren klar: Ich hielt es mit Camus, der zwar für die Befreiung gewesen war, vor allem für die Befreiung der Arbeiterklasse, der arabischen wie der französischen, der sich aber gegen die Unabhängigkeit und den Krieg gewandt hatte. Und Alain hielt es mit Sartre, der die FLN in ihrem Befreiungskampf öffentlich unterstützt hatte, im *Manifest der 121*. Oh, wie mir diese feinen Intellektuellen zuwider sind! Sitzen in ihren warmen Pariser Wohnungen und sind sich einig: »Die Sache des algerischen Volkes, die entscheidend zum Zusammenbruch des Kolonialsystems beiträgt, ist die Sache aller freier Menschen.« Versteh mich nicht falsch, *ma chérie*. Ich habe die Ungerechtigkeit gesehen. Ich habe gesehen, wie viele tunesische Kinder in Armut aufwuchsen, wie neidisch Aisha auf meine Schule war, was für ein Leben in einem kleinen Betonhäuschen auf sie wartete, ein Leben ohne Besitz, weil uns die Höfe gehörten, die Unternehmen, die Bergwerke, die verdammte Eisenbahn, einfach alles von Wert gehörte uns. Auch Aisha wusste das, als wir älter wurden, sie wusste, was ich nie wahrhaben wollte, unsere kleine Mädchenfreundschaft gehörte in unsere Kindheit, und dort würde sie bleiben. Als Kolonialistin schimpfte sie mich früh, doch was ich mit zehn Jahren noch schulterzuckend abtat, weil ich die Bedeutung nicht verstand, fühlte sich schon bald wie ein Tritt in die Magenkuhle an. Ich schubste sie. Nach jedem *petit colon* schubste ich Aisha auf den Boden, von wo aus sie mich nur anspuckte. Und als wir älter wurden, ersetzten wir die Schubserei durch Streit. »In den Dreck drücken könnt ihr uns, Dreck, das sind wir für euch, um nichts besser als der Staub, der sich über eure Äcker legt, eure Äcker! Auch die habt ihr uns geklaut, frag meine Mutter«, brüllte Aisha. Ich musste Ulima nicht fragen, ich wusste es längst selbst, doch sah meine Perspektive auf die Geschichte etwas anders aus. »Geklaut, von wegen!«, schrie ich zurück, »ihr Araber hattet ja keine Ahnung, wie man das Land richtig fruchtbar macht, wie man Schienen baut, nicht einmal eine Eisenbahn hattet ihr, nicht einmal das Kino kanntet ihr, nichts als kleine Bauern wart ihr, bevor wir kamen, alles hier war dreckig, und wir, wir haben euch die Zivilisation gebracht, den Acker ordentlich bestellt, durch uns kehrte überhaupt Wohlstand ein in Tunesien, ihr könnt uns dankbar sein, dass wir euch ernähren, dass ihr auf unserem Grundstück wohnen dürft, frag meine Mutter!« Ich weiß nicht genau, wie oft wir diese Unterhaltung führten, in denen sich eigentlich mehr unsere Mütter miteinander stritten als wir uns selbst. Ich weiß allerdings noch ganz genau, was Aisha sagte, als ich sie das letzte Mal sah. Es war kurz vor jenem Sommer, in dem wir zum Urlaub zu unserer Tante nach Selles-sur-Cher fuhren, der Urlaub, der niemals enden sollte.

Wir hatten schon Sommerferien, und ich konnte Mamie überreden, dass Aisha mit uns nach Tunis fahren durfte, in unsere kleine Wohnung. An einem Samstag fuhren wir zum ersten Mal alleine zum Strand nach La Marsa, nur Aisha und ich, das war eine große Sache, ganz ohne Begleitung von Erwachsenen. Wir liefen am Strand entlang, das Wetter war herrlich, kein Wind regte sich, und das Meer war ruhig und glatt wie Olivenöl, so nannte Mamie es, wenn unser Mittelmeer so dalag. Wir kauften uns eine Tüte frisch frittierter Pommes, das Fett machte das Papier ganz durchsichtig und unsere Finger wellten sich unter dem leckeren Salz, immer wieder leckten wir sie ab. Wir setzten uns in den Sand und beobachteten ein paar Jungs, die brüllend ins Wasser rannten, der Sand unter uns war ganz heiß von der Sonne und mein seit Kurzem von monatlichen Blutungen erschütterter Bauch entspannte sich wohlig, als die Wärme zu ihm durchdrang.

Wir sprachen darüber, wie wir unsere Sommer verbringen würden, Aisha sollte mit ihrer Mutter zu ihrer Großmutter fahren, in die Nähe von Sousse, sie war krank und brauchte Pflege. Ihr Vater würde zu Hause bleiben und sich um den Hof kümmern. »Damit ihr in Ruhe wegfahren könnt«, sagte sie wie beiläufig. Mein Magen zog sich zusammen. Machte sie mir Vorwürfe? »Es tut mir leid, dass du nicht mitkommen darfst«, murmelte ich. Schon vor Jahren hatten wir unsere Eltern gefragt, ob Aisha mich im Sommer nicht einmal nach Frankreich begleiten durfte, aber sie waren alle der Meinung gewesen, dass das ganz unmöglich sei, unmöglich. »Darum geht es nicht«, sagte sie, jetzt mit schärferer Stimme. Ich schaute hoch, doch Aisha sah mich nicht an, sie richtete ihren Blick in die Ferne auf den Horizont. »Worum geht es dann?«, fragte ich. Doch sie blieb still, lange blieb sie still.

»Mein Vater sagt, ihr Franzosen seid nichts als Diebe, auch wenn deine Familie nett ist, im Prinzip habt ihr uns das Land gestohlen«, sagte sie dann, nahm eine Handvoll Sand und ließ ihn durch ihre Finger rieseln. *»Hein?«* Ich verstand nicht, was sie meinte, mein Magen fühlte sich an, als würde sie den Sand dort hineinrieseln lassen, als würden die heißen Körner mich von innen aufkratzen. Jetzt schaute sie hoch, ihre fast schwarzen Augen durchbohrten meinen Kopf. »Marie, ich mag dich, aber ich kann nicht mit einer Person befreundet sein, deren Volk unser Volk in Algerien umbringt.« Ich schüttelte den Kopf. Hatte eine fremde Stimme sie ergriffen? Was waren das für Worte? »Aber Aisha, wer sagt denn so was?«, fragte ich. Jetzt schüttelte sie den Kopf und schaute wieder auf das Meer hinaus. Gut, ich hatte natürlich von den Kämpfen in Algerien gehört, »nur Gott weiß, ob die Araber auch hier anfangen, auf uns loszugehen«, hatte Mamie kopfschüttelnd zu Marcel gesagt, gar nicht lange war das her.

»Aber das hat doch mit uns nichts zu tun!«, sagte ich flehend, in meinem Bauch machte sich jetzt die wilde Verzweiflung breit, Aisha, meine Aisha, warum wandte sie sich ab, was wäre ich denn ohne sie? Nichts als Staub! Ich nahm ihre Hand. Traurig schaute sie mich an. »In Bizerte ist mein Cousin gestorben, es waren eure Landsleute, die ihn umgebracht haben, weil sie uns die Stadt nicht zurückgeben wollten«, sagte sie stumpf, noch immer mit fremder Stimme. »Wenn wir uns nicht endgültig von euch Franzosen befreien, dann bringen wir uns noch gegenseitig um, sagt mein Vater. Wie in Algerien.« »Was geht uns Bizerte an!«, rief ich, jetzt laut, und stand auf. Um ehrlich zu sein, hatte ich absolut keine Ahnung, was in Bizerte passiert sein sollte. Ich erfuhr es erst in den Geschichtsbüchern, als ich längst in Paris lebte: 1961, der Kampf um die weiterhin von Franzosen besetzte Militärbasis im Norden Tunesiens, trotz der Unabhängigkeit, dann Bourguibas Umstellung von Bizerte, damit die Franzosen die Militärbasis nicht mehr für Angriffe in Algerien nutzen konnten, sein Ultimatum an de Gaulle und schließlich de Gaulles blutige Antwort darauf mit achthundert Fallschirmjägern. Über sechshundert Tunesier starben in Bizerte. Siebenundzwanzig Franzosen.

»Alles, sagt mein Vater, Bizerte sagt alles, wir müssen uns von den Franzosen befreien, und das werden wir, *inch'Allah*.« Aisha stand jetzt auch auf, ich suchte ihren Blick, aber sie sah nur wütend auf den Boden neben meinen Füßen. Auf den tunesischen Boden. Mein Körper füllte sich mit einem irrsinnigen Gefühl des Verrückens, als würde sich die Welt darin auf den Kopf stellen, weil sich die Welt um mich herum auf den Kopf stellte. Aisha und ich, wir waren doch Schwestern, warum trieb sie jetzt einen Keil zwischen uns? Was hatte ich mit den Franzosen zu schaffen? Ich setzte mich zurück in den Sand und hoffte, sie würde sich auch wieder setzen, würde sagen »ach, du hast recht, was geht uns das an, komm, wir machen uns die Füße nass!« Aber sie setzte sich nicht. Sie blieb stehen. »Aber«, stotterte ich, »aber wir sehen uns doch im Herbst wieder, bei unserem *oued*, auf unserem Floß?« Und dann sagte mir Aisha etwas, das ich erst später, viel später verstehen sollte, erst hier in Paris im Streit mit Alain. »Werd erwachsen«, sagte Aisha, »das hier ist nicht dein Land, du gehörst hier nicht her, und je früher du das lernst, desto eher werden wir hier unseren Frieden finden.«

»Du bist keine Tunesierin!«, brüllte mich jetzt Alain an, »du bist eine Französin, du gehörst hierher wie ich, und du hast kein Recht auf das Land deines Vaters, wie er auch kein Recht darauf hatte!« Zack! Da war mir die Hand ausgerutscht, ich hatte Alain eine Ohrfeige verpasst. Ich baute mich vor ihm auf, nur mit viel Mühe hielt ich mich davon ab, ihm noch einen Tritt in die Eier zu verpassen, am liebsten hätte ich ihn verprügelt, ich raste vor Wut. »Du hast keine Ahnung«, zischte ich, »keine Ahnung, wie es ist, wenn einem ein Land, eine ganze Heimat weggenommen wird! Es geht hier nicht um Geld, nicht um Politik! Es geht um die staubige Erde, über die meine kleinen Füße gerannt sind. Um die trockenen Gräser, die meine Beine gestreift haben. Um die Sträucher, Blumen und Bäume, die mich großgezogen haben. Ich bin eine Tunesierin, mehr, als ich die Tochter meiner Mutter bin! Ich bin ein Kind dieses Landes, und das kann mir keiner nehmen, meine Mutter nicht, die französische Regierung nicht, und du, *mon cher*, du ganz sicher nicht!« Ich riss meine Tasche von der Stuhllehne, drehte ihm den Rücken zu und verließ die Kneipe.

In meinem Magen rumorte es. Ich wusste es, ich wusste, Alain hatte recht, wie auch Aisha recht gehabt hatte. Ich war heimatlos, ich war ein Nichts. Ich hatte kein Anrecht mehr auf unsere Ländereien, noch schlimmer, ich hatte es nie gehabt. Es gehörte den Arabern, ebenso wie Algerien, die Franzosen hatten es ihnen weggenommen und sie hatten es sich zurückerkämpft, zu Recht, natürlich, es gehörte ihnen. Und doch. Ein tiefer Riss ging durch meine Eingeweide, das verzweifelte, nagende Gefühl von Ungerechtigkeit. Und doch: Was konnte ich denn dafür, in Tunesien geboren worden zu sein? Hatte ich als Baby etwa irgendjemandem das Land weggenommen? Hatte ich als kleines Mädchen, als ich über die Felder streifte, etwa eine Ahnung von Kolonialismus? Und machte meine geliebte tunesische Erde etwa einen Unterschied zwischen arabischen und französischen Füßen?

Während sich Alain und meine Kommilitonen in den ersten, kalten Tagen des Mai 1968 auf die Revolte vorbereiteten, las ich wie besessen Camus. Wie sehr ich mich von ihm verstanden fühlte! Ich diskutierte meine Fremdheitsgefühle in der Studentenbewegung, die für mich noch immer tief in der bourgeoisen Gesellschaft verweilte, nicht mehr mit Alain aus. Er führte seit einigen Wochen ohnehin mehr eine Beziehung mit seinen Vollversammlungen, mit Mao und Che, mit Daniel Cohn-

Bendit und den anderen ach so intellektuellen Studenten, als dass er sie mit mir führte. Mir war das recht. Ich hatte meine neue Liebe gefunden: Ich war Camus' *Mensch in der Revolte*.

Dabei ging es mir gar nicht so sehr um die Frage der Unabhängigkeit Algeriens – oder Tunesiens, wie ich bei der Lektüre in meinem Kopf ergänzte. Es ging mir um existenzielle Fragen des politischen Kampfes. Camus war unter den Studenten so umstritten, weil er sich gegen den Kampf der FLN gestellt hatte. Weil es ihm das Herz zerrissen hatte, sich vorzustellen, nach Algerien »einreisen« zu müssen, mit einem französischen Pass. Ein Fremder zu sein in seiner eigenen Heimat. Aber vor allem konnte er keine Gewalt akzeptieren, die seine Mutter in Gefahr brachte. Was Alain und meine Freunde an der Sorbonne als bürgerlich verurteilten, die Sorge um die eigene Familie im Befreiungskrieg, war für mich der einzige Maßstab, an dem sich Befreiungskämpfe messen lassen mussten: Kämpfen sie für das eigene Leben – oder für den Tod der anderen? Und: Mit welchem Recht entscheiden Revolutionäre, wer in der befreiten Gesellschaft leben darf und wer auf dem Weg dorthin geopfert wird? Sartre schrieb, mit einem toten Europäer würden zwei Fliegen mit einer Klappe geschlagen, mit ihm würde der Unterdrücker und der Unterdrückte gleichzeitig vernichtet, übrig blieben ein toter und ein freier Mensch. Ich fand das zum Kotzen. So was von zynisch! Ich war davon überzeugt, dass ein Mensch, der einen anderen getötet hat, und wenn es auch sein Unterdrücker war, niemals frei sein kann. Niemals! Ein Mord zerstört die schöpferische Freiheit eines Menschen. Wer einen Menschen tötet, schafft zwei Tote, so sah ich das.

»In diesem Augenblick werden Bomben in die Straßenbahnen von Algier geworfen«, schrieb Camus inmitten des Algerienkriegs. »Meine Mutter kann sich in einem Abteil befinden. Wenn das die Gerechtigkeit sein soll, ziehe ich meine Mutter vor.« Diese Sätze schnitt ich aus meiner Zeitung aus und klebte sie über mein Bett. Sie trieben mir die Tränen in die Augen, erinnerten sie mich doch an einen Brief von meiner Mutter, den ich aus unserer Zeit in Selles-sur-Cher aufbewahrt hatte. Sie hatte mir und Solange geschrieben, während sie unseren Hof in Tunesien auflöste. Wir hatten ihn damals nicht verstanden, nicht verstehen können. Jetzt aber las ich ihren Schmerz daraus, und ich verstand, dass sie uns schützen wollte. »Euch geht es besser bei eurer Tante als hier in Tunis, und für mich ist es noch schwieriger, von euch getrennt zu sein, als für euch«, hatte Mamie geschrieben. »Meine große Marie, achte gut auf mein kleines Küken Solange, ich zähle auf dich. Ich habe einige Sorgen, und es ist besser, dass ich sie alleine ertrage, ihr seid zu klein, um sie mit mir zu teilen, und irgendwann werden wir wohlbehalten aus all diesen Wirrungen hervortreten, und wir werden glücklich zusammen leben.« Erst durch Camus verstand ich, was meine Mutter dazu bewogen hatte, uns so plötzlich aus Tunesien wegzuzerren: Sie hatte Angst um unser Leben, und es muss einen riesigen Kraftakt für sie bedeutet haben, die Familie aus dem Land ihrer Träume wegzubringen und ein neues Leben in Frankreich aufzubauen. Bewegt von diesen Gedanken wankte ich eines Abends mit feuchten Augen aus meinem Zimmer und ging zu Mamie, die rauchend vor dem Fernseher saß. »Meine Maman«, sagte ich und setzte mich neben sie, »meine kleine, starke Maman, ich habe dich so lieb«, und gab ihr einen dicken Kuss auf die

Wange. Sie drückte mich weg. »*Mondieu*, was ist mit dir los, so rührselig, bist du nicht langsam aus der Pubertät raus?«, schimpfte sie, rieb sich die Wange und meckerte weiter: »Pass doch auf, du zerstörst noch mein ganzes Make-up!« Ich ließ sie in Ruhe und schaute eine Weile mit ihr fern, doch als ich sie kurze Zeit später von der Seite anschielte, hätte ich schwören können, dass sie gegen ein Lächeln ankämpfte. Ja, dass die Barrikaden draußen brannten, brachte Frieden in unsere Wohnung. Oder, sagen wir, zumindest eine Art Waffenstillstand.

27.
Lisa

»Und kannst du nicht einfach deine Tante fragen, wie deine Oma so war?« »Mamie.« »Deine Mamie. Entschuldige, es hört sich an, als würde ich über deine Mutter sprechen, wenn ich Mami sage, und als wärst du nicht älter als drei, deine Mami, kleine Lisa.« Lisa lacht. Das hat sie vermisst. Es tut gut, Annes Stimme zu hören, wenn auch nur durch das Telefon. Ihre Mitbewohnerin hat angerufen, »du fehlst mir«, »du mir auch.«

»Und was willst du genau wissen über deine Mami?« Lisa kratzt sich an der Stirn. »Ich weiß nicht so genau. Ich habe das Gefühl, je länger ich hier bin, desto weniger weiß ich. Ich habe ja gefragt, aber man erfährt nichts! Außer, dass sie viel gelesen hat.« »Ah, was hat sie denn gelesen?« »Das kann mir keiner sagen! Alles, sagen sie, sie hat alles gelesen, die Klassiker, Thomas Mann, magischer Realismus, historische Romane, einfach alles.«

Anne lächelt. »Lächelst du?« »Ja, ich habe gelächelt.« »Das hört man am Telefon nicht.« »Du willst ja nie skypen!« »Das mag ich nicht. Man sieht sich, aber man kann sich nicht in die Augen sehen.« »Ja, ich weiß. Du kannst doch wieder hinfahren«, sagt Anne, »du musst ja nicht alles jetzt klären, du kannst doch deine Tante wieder besuchen.« Lisa nickt. »Aber das ist nicht so einfach«, sagt sie, »ich wollte sie spontan treffen, gestern, und sie hat Angst bekommen und abgesagt.« »Angst?« »Sie hat wohl Panikattacken.« »Soso.« »Ja. Ich weiß.«

Lisa hat nie Tabletten genommen. Sie weiß, dass es Tabletten gibt gegen Panikattacken, Tranquilizer, aber ihre Mutter hat sie davor immer gewarnt, »von Tabletten runterzukommen ist viel schwieriger als von Alkohol, fass sie lieber gar nicht erst an.« Also hat sie sie lieber gar nicht erst angefasst. Sie hat auch nie Drogen genommen. Wer Angstprobleme hat, kann auf Drogen Panikattacken bekommen und sogar darauf hängen bleiben, haben ihre Freundinnen gesagt, und darauf kann sie wirklich verzichten. Aber sie braucht auch keine Drogen für einen richtigen Rausch, dafür braucht sie nur etwas Alkohol und gute Musik, eine DJane, die weiß, wenn man es richtig anstellt mit dem Bass, dann packt er sie in der Mitte ihres Bauchs, der ihn weiterleitet durch den Körper, bis in ihre Fingerspitzen pumpt, und dann tanzt Lisa nur noch, sie tanzt und genießt jeden Schlag, der ihre Haut vibrieren lässt. So hat sie auch Anne kennengelernt. Es war eine Technoparty, Lisa hatte sich direkt vor die Boxen gestellt, sodass der Bass die Härchen auf ihren Armen zum Zittern brachte, und Anne hatte direkt neben ihr getanzt. Sie mochte es, wie Anne sich bewegte. Selbstbewusst. Selbstbewusst und hart waren ihre Bewegungen, und das sah gut aus an ihrem runden Körper. Anne bemerkte, dass Lisa sie anschaute, und sie schaute zurück, sie schaute Lisa an, und als Lisa ihren Blick erwiderte, kam Anne zu ihr herüber, der Bass brachte sie näher zueinander, und als ihre Brüste sich berührten, da fing Anne an, Lisa zu küssen. Sie küssten sich im Takt und Lisa weiß noch, wie schön sie es fand, Annes Brüste an ihren zu spüren, diese weichen Brüste. Aber irgendwie schmeckte Anne nicht, sie schmeckte nicht richtig, und Lisas Zunge hatte keine Lust mehr, und dann hörten sie auf, sich zu küssen. Aber sie holten sich ein Bier und setzten sich in den Garten, es war Sommer und im Garten zwitscherten schon die ersten Vögel, sie setzten sich auf ein Holzgerüst unter einen Baum und unterhielten sich, sie sprachen über Georg Büchner und über die Welt, sie diskutierten über *Dantons Tod*, ob die Welt wohl sie durch das Leben zog oder ob sie die Weltkugel ritten, und Lisa liebte es, wie Anne darauf pochte, dass man ja wohl selbst entschied, wer man sein wolle, dass man ja wohl nicht einfach nur Opfer war, »und wenn einer kommt und mich als Kampflesbe beschimpft und ich ihm eine runterhaue, dann spüre ich es, dann spüre ich, wie die Welt mir gehört«, darüber musste Lisa lachen, und dann verabredeten sie sich im *Südblock* am Kotti, und dann tranken sie ab und zu einen Ingwertee zusammen, und als Anne ein Zimmer suchte und bei Lisa eines frei war, zog Anne bei ihr ein. Aber über den Kuss haben sie nie wieder geredet.

»Also, der Keller«, sagt Anne, und Lisa seufzt. Der Keller. »Ja, der Keller«, sagt sie, »du musst herausfinden, welcher Keller zu der Wohnung gehört. Es müsste in dem Ordner stehen, im Wohnzimmer.« Lisa hört, wie Anne durch die

Wohnung läuft. »Geht es dem Zitronenbäumchen gut?«, fragt Lisa. »Ja, dem geht es gut«, sagt Anne, »ich habe es einmal gegossen, nur einmal, mit ein bisschen Dünger, wie du es mir gesagt hast.« »Hat es schon viele Blüten?« »Soll ich nun nach dem Keller gucken oder nach den Blüten?« Lisa lacht. »Also, in welchem Ordner?« »In dem grünen.« »Warte ...«, murmelt Anne. Lisa steht auf und geht auf den Balkon. Ein Flugzeug fliegt über Paris, es ist gerade gestartet und fliegt schräg nach oben. »Ja, hier ist der Vertrag.« Lisa hört, wie Anne blättert. »Irgendwo da drin muss etwas über den Keller stehen, *cave*, heißt es auf französisch, *cave*.« *»Hainaut«*, sagt Anne, »ja, das ist der Aufgang«, sagt Lisa und hört, wie Anne weiterblättert, »ah, hier steht etwas von *cave*«, sagt sie, *»troisième* ku-lo-ir steht hier, heißt ku-lo-ir Etage oder wie?« *»Couloir«*, sagt Lisa, »das müsste so was wie die Etage sein.« »Okay«, sagt Anne, »hier steht: dritter *couloir*, Nummer sechs und dritter *couloir*, Nummer acht. Das klingt doch sehr nach den Kellern.« »Okay.« »Hast du es dir notiert?« »Kannst du es mir noch mal per WhatsApp schicken?« »Okay. Und wie läuft es mit Larissa?« Lisa lacht. »Gut«, sagt sie. »Gut?« »Ich mag sie.« »Sie nervt dich.« »Nein! Ich mag sie. Sie ist nur, es stimmt, sie ist immer gut gelaunt und plappert ziemlich viel, und manchmal schaut sie so besorgt.« »Sie nervt dich.« »Nein. Ich mag sie. Sehr.« »Dann gib ihr einen Kuss von mir. *Au revoir*.« Anne sagt *au revoir* mit so einem Akzent, dass sich Lisa alle Haare aufstellen, sie muss lachen.

Der Keller ist dran. Die Wohnung hat Lisa schon im Griff, das meiste ist in Kisten verpackt, sie hat Emmaus angerufen, damit sie die Möbel abholen, für Obdachlose, außer der Kommode, die holt Charlotte noch ab, und den großen Spiegel will Lisa nach Berlin bringen lassen, genau wie den Sekretär und Papis Esstisch und die Stühle dazu.

Aber nun hat sie keine Ausreden mehr, nun sind die Keller dran. Sie zieht sich ein altes T-Shirt von Larissa an, dazu ihre Trainingshose, dann sucht sie die Masken raus, die von Castorama, sie zieht sich die Atemmaske auf und stellt sich vor den großen Spiegel. Der große Spiegel, in dem sich schon ihr Großvater betrachtet hat, beim Binden seiner Fliege, als sie zu den Baliers gegangen sind. Und Mamie, beim Schönmachen, »eine Frau, die etwas auf sich hält, schminkt sich immer dezent«, hat sie Lisas Mutter gesagt, und die hat es Lisa gesagt. Allerdings schminkt sich Lisa überhaupt nicht. Es sei denn, sie geht tanzen, dann nimmt sie ein bisschen Wimperntusche und Kajal. Aber mehr nicht.

Lisa betrachtet sich, sie schaut sich in die Augen, aber sie kann gar nicht hineinschauen. Sie sieht nur ihre Augen, von außen. Irgendwie wundert sie das. Dass sie gar nicht in sich hineinschauen kann. Dann reckt sie ihr Kinn, sie reckt ihr Kinn, schaut sich von oben herab an und betrachtet die Möbel durch den Spiegel, die Möbel, die dieser Spiegel schon so lange spiegelt, wie lange, siebzig Jahre? Oder noch länger? Wieso hat sie noch immer das Gefühl, hier nichts zu suchen zu haben? Wieso? Der Spiegel hat eine Generation übersprungen. Mamies Zeit ist vorbei. Sie reckt erneut das Kinn.

So steht Lisa noch immer da, als Adam zur Tür reinkommt. »Gehst du auf eine Expedition?«, fragt er, und als er von dem Keller hört, will er mitkommen, er klatscht in die Hände, »vielleicht finden wir alte Schätze aus Tunesien! Na los, gib mir auch eine Maske, ohne Maske gehe ich da sicher nicht runter, bestimmt ist alles giftig, bestimmt ist alles voller Asbest oder so!« Lisa gibt ihm eine Maske von Castorama und Adam stellt sich vor den Spiegel, er setzt sie sich vor den Mund und dreht sich dabei mit kritischem Blick nach rechts und nach links. Seine Pupille und Iris kann man kaum auseinanderhalten, sie fließen ineinander, und seine Haut hat die Farbe von, nein, Holz ist es nicht, es ist irgendwie süßer, Karamell vielleicht, oder nein, Waldhonig. »Du siehst gut aus«, sagt Lisa. Er lebt von Bestätigung, das weiß sie, und wirklich strahlt Adam, als sie das sagt. Sie kennt es, sie kennt es von sich, sie mag es, wenn die Dozentinnen an der Uni beeindruckt sind von ihren Beiträgen, sie liebt das Leuchten in ihren Augen, wenn sie eine Erkenntnis haben durch das, was Lisa sagt, es kommt ihr manchmal so vor, als habe sie nur für dieses Leuchten so viel gelesen und gelernt, und sie kann es immer neu hervorzaubern, sie ist süchtig nach diesem Leuchten. Anne weiß das. »Du wirst mal Professorin und dann darfst du nicht vergessen, wo du herkommst!« Das bringt Lisa immer zum Lachen. »Wir sind ganz normale Leute«, sagt sie dann und Anne nickt zufrieden, »stimmt, ganz normale Leute.« Sie sollte ihrer Tante schreiben. Sie wird Tata Solange schreiben, warum Sturm und Drang ihr Thema ist und was ihr daran so gefällt. Es muss doch möglich sein. Es muss doch möglich sein, mit ganz viel Geduld, so eine E-Mail auf Französisch hinzubekommen. Wenn sie einfach alle Worte nachschlägt, die sie nicht kennt. Jedes einzelne.

Adam platziert seine Haare unter den Gummibändern neu, holt einige Locken hervor, er seufzt unzufrieden, verdreht die Augen und schiebt die Maske auf seine Stirn. »Es muss so gehen.«

Zuerst müssen sie zum Concierge, es geht nicht anders, er wacht über die Kellerschlüssel. Und reibt sich die Hände, »ah wie schön!«, ruft er aus, »Mademoiselle! Lassen Sie sich auch wieder blicken!« Adam streift er nur mit einem Blick, dann faltet er die Hände vor dem Bauch. »Wie kann ich Ihnen diesmal behilflich sein?« »Ich bin wegen des Kellerschlüssels hier«, sagt Lisa, »ich weiß jetzt, welche Nummern zu der Wohnung gehören, es ist der dritte Flur, Nummer sechs und acht auf der dritten Unteretage.« Der Concierge zieht die Augenbrauen hoch, »gleich zwei Nummern?« »Ja, wir haben zwei Keller.« »Werden wir sehen«, sagt er und steht auf, langsam schlurft er zum Schlüsselkasten, er kommt mit einem Schlüssel zurück, 6/1-38 steht darauf. *»Mais non«*, sagt Lisa, »es sind zwei Keller, Nummer sechs und Nummer acht, aber beide auf demselben *couloir*, der dritten Unteretage, der Schlüssel 6/1-38 ist wohl nicht der richtige, da die erste Ziffer doch sicher den *couloir* angibt und die zweite die Kellernummer. Ich brauche einen Schlüssel, der mit drei anfängt«, sagt sie, »für den *couloir*, oder nicht, für den *troisième couloir*?« Wieder hebt der Concierge die Augenbrauen: »*Couloir*, wieso *couloir*?« »Das weiß ich doch auch nicht, das steht so in den Unterlagen zur Wohnung. Ich dachte, das heißt einfach Etage?« *»Étage, c'est étage«*, stellt der Mann fest. Lisa überlegt, dass sie ihn mit ihrem Finger ins Auge stechen könnte. Es würde sicher nicht kaputtgehen, es würde glibberig nachgeben, nur einmal reindrücken. Sie nickt. »Okay, können Sie mir bitte einfach die Schlüssel geben, die mit drei anfangen?« »Aber ich darf Ihnen nicht einfach alle Schlüssel herausgeben, nur die Schlüssel für die Etage, in der Ihr Keller liegt!«

Der Concierge blickt rüber zu Adam und mustert ihn. »Und wer sind Sie eigentlich? Wohnen Sie auch hier?« »*Pardon*, Monsieur, ich habe mich noch gar nicht vorgestellt«, sagt Adam, er drückt Lisa zur Seite und gibt dem Concierge die Hand, »mein Name ist Adam O'Driscoll, ich wohne nun in der Wohnung von Madame Bellanger.« »Aha, Monsieur O'Driscoll? Sie haben sich aber nicht bei mir angemeldet?« Der Concierge dreht sich wieder zu Lisa. »Mademoiselle, Sie wissen doch, dass wir immer Bescheid wissen müssen über Ihre Untermieter, nicht wahr? Darüber sprachen wir doch? Die Untermieter müssen an der Klingel stehen, sonst finden wir ihn nicht, und wenn die Polizei kommt, müssen wir auch wissen, wer hier wohnt.« Und, an Adam gewandt, fährt er fort: »Wissen Sie, hier wohnen ja so viele Chinesen, nichts gegen Asiaten, also Inder haben wir bislang nicht, aber Chinesen, und einmal kam die Polizei, und ...« »Ich habe ihm die Geschichte schon erzählt«, unterbricht Lisa ihn, es stimmt nicht und sie hofft, dass Adam ihr jetzt nicht widerspricht, »wissen Sie, es tut mir leid, Adam wohnt ja auch nur ganz kurz hier, wir können Ihnen gerne seinen Namen aufschreiben und an der Klingel anbringen. Wir sind etwas in Eile und wollen in den Keller. Können wir bitte einfach den Schlüssel haben.« Der Concierge hebt jetzt beide Augenbrauen und schaut Lisa an. Er schaut sie an und bewegt sich keinen Millimeter. Lisa ballt die Hand, sie ballt unter dem Tresen ihre Hand. Und presst ihre Kiefer aufeinander.

»Monsieur, bitte entschuldigen Sie die Ungeduld meiner Freundin, es ist nicht leicht für sie, ihre Mutter und ihre Großmutter sind ja vor Kurzem verstorben, und die Wohnungsauflösung überfordert sie ein wenig«, schaltet sich Adam ein. »Hätten Sie die Güte, mir ein Stück Papier zu geben?«, fragt er, »dann erledigen wir auf der Stelle alle Formalitäten, die ich bei meinem Einzug leider versäumt habe, ich muss mich dafür aufrichtig bei Ihnen entschuldigen.« Der Concierge sagt noch immer kein Wort, er mustert Adams Gesicht. Dann stößt er sich ein kleines Stück vom Tisch weg, bückt sich ächzend, greift in ein Schubfach, nimmt einen kleinen quadratischen Zettel heraus und legt ihn Adam zusammen mit einem Kugelschreiber auf den Tresen. »Voller Name, Geburtsort, Geburtstag, bitte.« Adam schreibt alles auf. »So, hier, bitte, entschuldigen Sie die Unannehmlichkeiten«, Adam schiebt den Zettel über den Tresen. »Derry? Wo ist das?« »Das liegt in Nordirland, Monsieur. Da komme ich her.« »Aus Irland?« Wieder die Augenbrauen. Lisa seufzt. »Mein Vater kommt aus Indien«, sagt Adam. »Indien!«, der Concierge lacht, »wie schön, daher kommt also Ihr dunkler Teint! Wirklich schön, dann willkommen in Frankreich!« Der Concierge steht wieder auf, geht zum Schlüsselkasten und kommt mit einem Schlüssel wieder, den er auf den Tresen legt, er ist mit 3/1-38 gekennzeichnet, »na dann viel Spaß beim Ausräumen. Und geben Sie der da«, er nickt in Lisas Richtung, »geben Sie der da mal einen Klaps auf den Hintern, das wird ihr guttun, sie sieht ein bisschen müde aus, die Kleine.« »Ahaha«, lacht Adam, »vielen Dank, wir wünschen Ihnen einen schönen Tag«, dann nimmt er Lisas Arm mit der einen, den Kellerschlüssel mit der anderen Hand, »komm!«, murmelt er, *»vite!«*, und zieht sie aus dem Aufseherhäuschen hinaus. Lisa lässt sich ziehen, sie dreht sich noch mal zu dem Concierge um, der etwas in den Computer tippt. »Nicht umdrehen! Weitergehen!«, zischt Adam, er zieht sie weiter in den Fahrstuhl und drückt auf die minus drei, dort fängt er an zu lachen, »und ich dachte, er schaut mir immer auf den Po, wenn ich nach Hause komme, von wegen, er steht also doch auf deinen Po, nicht auf meinen«, lacht er, »wenigstens findet er deine Brüste nicht zu deutsch, was?«

Die Fahrstuhltür öffnet sich, der Raum davor ist nur schwach beleuchtet. Ein muffiger Geruch nach feuchten Betonwänden, die nie das Tageslicht sehen, erfüllt die Luft. Drei Türen führen aus dem Raum, an Schildern steht 3/39-77, 3/78-115 und, an der Tür rechts: 3/1-38. Adam gibt Lisa den Schlüssel und sie steckt ihn in die Tür. Er steckt fest, also ruckelt sie an der Türklinke, plötzlich dreht sich der Schlüssel und Lisa zieht die schwere Tür auf. Sie blickt in die Dunkelheit, ein modriger Kellergeruch schlägt ihr entgegen, Staub, Beton, altes Holz. Das Licht geht an und ein langer Flur mit sehr hohen Decken öffnet sich vor Lisa, rechts und links Holzverschläge, dazwischen ein schmaler Gang. »Wie hoch die Decken sind«, flüstert Adam. »Höher als in den Wohnungen, das ist ja verrückt.« Sie gehen die Lattenwände entlang, um die Ecke geht es weiter, tiefer in das Kellergewölbe hinein, bis sie schließlich vor dem Keller mit der Nummer Acht stehen. Die Tür ist verschlossen. Lisa zieht daran, aber sie bewegt sich nicht. »Hast du den Schlüssel?«, fragt Adam, und Lisa schüttelt den Kopf, »nein, ich habe keinen Schlüssel gefunden.« Sie lugt durch die Holzlatten. Einen Stapel Kisten kann sie sehen. »Sind es die Sachen von Madame Bellanger?« Lisa rüttelt an den Holzlatten, sie sind locker. Sie schlägt mit dem Ellbogen gegen eine Latte, die aus der Tür springt und mit einem Rumpeln im Keller verschwindet. Mit der Hand greift sie durch das Loch und tastet von innen nach dem Schloss. Sie spürt, wie sich Spinnweben an ihre Finger kleben, dichte Spinnweben, sie fühlen sich an wie Zuckerwatte. Lisa muss an Indiana Jones denken. Sie schaut Adam an, der sein Gesicht verzieht. Da ertasten ihre Finger etwas Festes, eine kleine Klinke, an der sie zieht, und - klack - geht die Tür nach außen auf.

Die Kisten stapeln sich bis unter die Decke. Direkt vor dem Eingang steht eine große Truhe, darauf liegt die Holzlatte aus der Tür, sie hat ein längliches Loch in eine dicke Schicht Staub geschlagen.

Adam zieht sich seine Handschuhe an, dann zieht er die Reisetruhe ein Stück aus dem Keller. Eine Staubwolke erhebt sich. An der Seite der Truhe klebt ein Schild: »Tunis«. Adam strahlt Lisa über seine Atemmaske an und klappt den Deckel hoch. Staub und kleine Steinchen rieseln herab. In der Truhe kommen Töpfe zum Vorschein, darunter sind Bücher gestapelt. Lisa zieht ein Buch heraus, es scheppert. *Martine fait de la bicyclette.* »Martine!«, ruft sie. Martine hat sie früher auch gelesen, »Martine lernt Fahrradfahren, kennst du das?!« Adam schüttelt lachend den Kopf, »nein, wer ist Martine?« Lisa strahlt. *Martine auf dem Bauernhof, Martine ist krank, Martine zieht um*, wie oft hat ihre Mutter ihr diese Bücher gezeigt, sie hat ihr die Bilder auf Deutsch erklärt und den Text übersetzt, und bald konnte Lisa die Handlung auswendig und sah sie sich alleine an. Sie blättert das Buch auf, Martine ist zu sehen, Martine, wie sie das Fahrrad geschenkt bekommt, ein weißes Fahrrad, das ihr viel zu groß ist.

Sie wühlen weiter in der Truhe, sie räumen die Töpfe heraus, viele Bücher, die meisten sind Kinderbücher, in dem einen geht es um einen Hund, ein Hund mit schwarzen Schlappohren hält eine Zeitung im Maul, auf dem anderen ist ein Mädchen mit einem Koffer abgebildet, vor einem Zug, *Nanette fährt Zug* steht darauf, und im Umschlag steht *Charlotte* in Kinderschrift, Lisa legt die Bücher in einen zweiten Karton, aber Martine behält sie, Martine legt sie in ihren Karton.

Ein Luftzug kitzelt Lisa im Nacken, sie dreht sich um, der Gang ist leer. Sie mag es nicht, dieses komische Gefühl, dass es zu ruhig ist. So ein riesiger Keller, so viele Gänge, und völlig ruhig. »Hey!«, ruft Adam und Lisa wirbelt herum, »schau mal!« Er trägt eine alte Schirmmütze von Papi und lacht, sie steht ihm gut, »kann ich die behalten?« »Warum nicht.« Was sollte Papi schon dagegen haben, dass Adam mit seiner schicken Mütze auf Partys von Pariser Studenten angibt. Adam wirft die Mütze in den Karton zu den Martine-Büchern.

Als Nächstes zieht Lisa nun Klamotten aus der Truhe, einen blauen Mädchenrock, ein weißes Kleidchen mit gelben Punkten, einen kleinen roten Regenhut, ein Paar weiße Lackschuhe mit jeweils einer kleinen weißen Rose darauf, vielleicht waren das einmal Kommunionsschuhe, vielleicht waren das die Schuhe von Charlottes Kommunion, vielleicht ist ihr Kleid auch noch in dieser Truhe. Lisa greift tiefer in die Truhe und bekommt eine Rolle Stoff zu fassen, etwas Größeres scheint darin eingewickelt zu sein, die Rolle ist schwer, schwarzer schwerer Stoff. Lisa wickelt ihn auf, es ist etwas Längliches, sie greift noch einmal nach und wickelt weiter, da fällt ein Baby aus dem Stoff in ihre Hand, eine Babypuppe aus Plastik, sie starrt Lisa mit aufgerissenen Augen an, aufgerissene Augen hat sie, ihr kleiner roter Mund ist zu einem O geformt. Die Arme sind nach hinten verdreht, die Beine nach vorne abgespreizt. Das Baby starrt Lisa an und Lisa muss daran denken, wie die Engelmacherin in die Rue de Flandre kam, ihre Mutter hat es ihr genau erzählt, wie sie auf das Bett gelegt wurde, die Engelmacherin die Stricknadel desinfizierte, und dann, Lisa schaut die Babypuppe an, und dann spülte Mamie den Embryo einfach herunter, Lisas Mutter hat so geweint, als sie das erzählte, »sie ist der Teufel, ich sage dir, Mamie ist der Teufel!« Lisas dreht die Arme der Puppe nach vorne, sie legt sie hin, damit die Augen zugehen, damit es nicht mehr so starrt, das Baby, und die Augen klappen zu. Dann wird alles dunkel. Nur noch dunkel.

Schwarze Leere. Das Licht ist weg, die Puppe ist weg, alles ist weg, nur noch Dunkel, und Lisa versteht nicht, was passiert ist. Sie kneift die Augen zusammen, um etwas zu erkennen, aber da ist nichts außer Schwarz, reines Schwarz, keine Orientierung, als würde sie von dem Schwarz nach vorne gesogen werden, sie stemmt sich zurück, wenn sie nach vorne kippen würde, oder zur Seite, woran würde sie das merken? Schwarz, alles gleich schwarz, als würde sie im Schwarz schwimmen, als würde sie sich darin auflösen, wenn sie den Mund aufmacht, dann fließt das Schwarz in sie hinein, schwarze Zunge, schwarze Brust, sie macht den Mund zu und schließt die Augen: schwarz. Sie öffnet die Augen: schwarz. Wie bei Lenz, sie muss an Lenz denken. Lenz im Gebirge. Es war düster geworden, Himmel und Erde verschmolzen in eins. Es war, als ginge ihm etwas nach, und als müsse er etwas Entsetzliches erreichen, etwas, das Menschen nicht ertragen können, als jage der Wahnsinn hinter ihm. Hinter ihr der Lufthauch, wieder dieser Lufthauch, Mamie, die ihr in den Nacken atmet, mit ihren weißen Haaren, die Augen weit aufgerissen. Nein. Das tut sie nicht.

»Adam!«
»Ich bin hier!«

Lisa versucht, gerade zu stehen, sie versucht, ihre Beine in den Boden zu stemmen, wenigstens der Boden ist noch da.

Die Stimme kam von rechts, sie blickt nach rechts, zumindest hat sie das Gefühl, dass sie ihren Kopf bewegt, mit Sicherheit kann sie es nicht sagen, das Schwarz bleibt Schwarz, links, rechts, geradeaus, Schwarz. »Lisa?«, fragt Adam wieder, ganz nah hört er sich an, *»take my hand!«*

Lisa greift nach vorne ins Schwarz, Leere, sie versucht sich umzublicken, bewegt sich in die Richtung der Stimme, *»donne-moi ta main!«*, sagt Adam jetzt, sie wühlt im Schwarz herum, sie reißt die Augen auf, sie geht einen Schritt vor und knallt gegen die Truhe, sie fällt nach vorne und rudert mit den Armen, da packt Adam ihre rechte Hand, fest hält er sie umklammert und zieht sie hoch. »*Putain*, ist das dunkel!«, ruft er, »hast du dein Handy dabei?« Nein, hat Lisa nicht. »Wir müssen den Lichtschalter finden.« Adam geht vor, er hält ihre Hand weiterhin umklammert, mit der linken Hand tastet sie sich an den splittrigen Holzbrettern lang, mit der rechten lässt sie sich ziehen, aber es ist gut, es ist nicht mehr nichts, es sind Adams Hand und Holzbretter, er zieht sie um die Ecke, wieder dieser leichte Lufthauch, es ist nicht Mamie in ihrem Nacken, es ist nur der Luftzug, sicher sind sie richtig abgebogen, sicher kommt gleich die Kellertür, und sicher wird sie einfach aufgehen, denn wo der Schlüssel ist, wo der Schlüssel zur Kellertür ist, das weiß Lisa gerade auch nicht, jetzt müssten sie eigentlich langsam da sein, was, wenn das ein Albtraum ist, was, wenn sie einfach ewig so weiterlaufen und nie zu einer Tür kommen, Schwarz auf Schwarz, und nichts anderes mehr als Schwarz? Da zuckt Adams Hand in ihrer. *»Fuck!«*, ruft er, und alles wird wieder Keller: die hohen Holzverschläge, die Betonwände, die eiserne Tür, der Kegel mit gelbem Licht aus dem Flur, und in dem Licht steht Adam, der Lisa ungläubig angrinst, *»fuck*, du hattest diese Babypuppe in der Hand, und dann ging das Licht aus!«

28.
Marie

Ich lief den Boulevard Saint-Michel entlang, in meinem Bauch knisterte es. Ich drückte Alains Hand fester. Eigentlich hatte ich die Wohnung nicht verlassen wollen, doch er hatte mich überredet, er war hin und weg von der vergangenen Nacht. »Diese Atmosphäre! Die Luft brennt, alle sind auf der Straße! Hast du Paris jemals so gesehen? Nichts geht mehr. Wir erleben eine Revolution, Marie!« Es war ein Samstag, sehr kalt für Mitte Mai, der

Himmel war grau und trist, ich zog meinen Schal enger um meine Schultern. Das Quartier Latin war komplett auseinandergenommen. Es wirkte absurd, wie Männer sich mit Aktentaschen in der Hand zwischen den Trümmern entlangtasteten, darauf bedacht, die Lederschuhe nicht an einem Stein oder Stück Holz aufzukratzen, und wie einige Frauen in ihren High Heels um Steinhaufen und angekohlte Holzlatten herumstaksten. Sie versuchten verzweifelt, einen Alltag aufrechtzuerhalten, den es ganz offensichtlich nicht mehr gab.

Ich stieg mit Alain über die Reste der Barrikaden, die die Studenten in der Nacht errichtet hatten. Überall lagen Pflastersteine, zerbrochene Bretter, zerrissene Transparente, große Löcher waren in die Straße geschlagen. Ich umrundete ausgebrannte Autos, trat auf blutige Taschentücher, kaputte Flaschen, Scherben, Brandflecken, zerdrückte Zigarettenschachteln. Pure Gewalt, dachte ich, das hier waren die Überreste von purer Gewalt. »Aber Alain«, sagte ich, »das hier ist ein Kriegsschauplatz, siehst du das nicht?« Alain sah mich belustigt an, grinsend kletterte er über die nächste Barrikade wie ein Fünfjähriger auf einem Spielplatz. »Aber Marie, es wird eben gekämpft! Hast du dir das nicht immer gewünscht? Dass die Menschen endlich anfangen, gegen diese Zustände hier zu kämpfen? Wie stellst du dir eine Revolution denn vor? Glaubst du, de Gaulle lässt sich von ein paar guten Argumenten überzeugen?« Ich sah ihn wütend an. »Ein paar Katz und Maus spielende Studenten machen noch lange keine Revolution«, sagte ich. »De Gaulle lässt sich ganz sicher nicht von diesen Steinen hier vertreiben. Was ihm gefährlich wird, sind die Streiks bei Renault, sind die Gewerkschaften, die sich solidarisieren, sind die Intellektuellen, die nicht mehr mitspielen. Was ihm gefährlich wird, ist die Bereitschaft der Gesellschaft, aus dem Spektakel auszubrechen. Nicht eine Horde verwöhnter Studenten, die mit ihrem revolutionären Eierschaukeln jeden Meter feiern, den sie die Polizei zurückdrängen.« Alain machte seine beleidigte Miene. »Was ist eigentlich dein Problem?«, fragte er, »die Studenten haben endlich begonnen zu handeln, sie quatschen nicht mehr nur herum, sondern jagen die Polizei aus ihren Vierteln. Und die Arbeiter streiken nur deshalb, weil sie sich solidarisch mit uns zeigen, weil im Kampf mit uns die Gewalt dieser Regierung aufgebrochen ist. Was ist denn daran jetzt schon wieder falsch?« Er blieb stehen, und inmitten der ganzen Trümmer sah er mit seinen herabhängenden Schultern und seinem beleidigten Blick irgendwie ganz klein aus. Ich wurde weich. »Aber Alain, das hier ist kein Spiel, weißt du?«, sagte ich und umarmte ihn. »Es mag sich toll anfühlen, wenn eine Horde *flics* sich vor euch zurückziehen muss. Aber wenn du morgen einen Stein gegen den Kopf bekommst, mitten im Mob, durch einen dummen Studenten, der nicht richtig werfen kann, dann hast du ein Loch im Kopf und die Welt ist trotzdem kein Stück besser.« Ich küsste ihn auf die Schläfe. »Ich mag doch deinen Kopf! Hier! Und hier! Und hier!«, ich küsste einmal um seinen Scheitel herum. Das brachte ihn doch zum Lachen. Er streichelte mir über die Wange. »Du musst dir keine Sorgen machen, *chérie*. Mir wird nichts passieren.« Ich nickte, obwohl ich wusste, dass er das nicht wissen konnte. Dass es sicher einen Studenten geben würde, der heute genau das zu seinem Freund sagte und morgen schon im Krankenhaus landete. Aber ich würde ihn ohnehin nicht davon abbringen können, wieder mitzumischen.

Und ich konnte es auch irgendwie verstehen. Ich war zwar noch immer davon überzeugt, dass die Gewalt der falsche Weg war. Dass die Militanz der Studierenden selbst nichts weiter war als Spektakel, ein Ritual unter vielen, ein sehr männliches Ritual noch dazu, aber vielleicht brauchten sie ja dieses Ritual, um in Bewegung zu bleiben, und ich musste schon zugeben, dass es irgendetwas bewirkte, die Bewegung war riesig, und je härter die Polizei zuschlug, desto mehr Menschen solidarisierten sich. Außerdem hatte dieser Ausnahmezustand auch einen Charme, die Normalität war durchbrochen, sichtbar durchbrochen, wie diese Straße hier aufgebrochen war. Das gefiel mir, ich konnte es nicht leugnen, es gefiel mir sehr, wie mir auch Alain gefiel, Alain mit geröteten Wangen, der locker über die Barrikaden kletterte. »Es ist ja nicht so, dass wir uns bewaffnen«, setzte er hinterher. »Wir kämpfen mit der Masse, mit nichts als unserer Verweigerung. Das hier ist echt, Marie. Wir machen Geschichte.« Ich lächelte, und er sah schön aus. Wir gingen weiter. An einer Häuserwand las ich: *»Le rêve est réalité«* – »Der Traum ist Wirklichkeit«.

Es sah wirklich danach aus, als läge die Revolution auf der Straße. Am Sonntag gab es überall im Land Versammlungen von Arbeiterinnen. Montag begann ein Generalstreik, überall im Land wurde demonstriert, bis in die kleinsten Städte hinein ging der Protest der Arbeiter, und sogar die Bäuerinnen schlossen sich an. Eine Fabrik nach der anderen wurde besetzt, wir marschierten gesammelt aus unserem Quartier Latin zu den Besetzungen und diskutierten mit den Arbeitern. Am Freitag weiteten alle Regisseure, die wir bewunderten – Jean-Luc Godard, Francois Truffaut, Louis Malle

– die Debatte über den Streik und die Kämpfe auf das Filmfestival in Cannes aus. Von den Universitäten über die Fabriken und Felder bis in die Kinos hinein fanden gigantische Vollversammlungen statt, sie alle beschlossen, die Republik zu bestreiken: Die Banken streikten, die Bahn, die Versicherungen, die Métro fuhr nicht mehr, bald gab es kein Benzin mehr, um in der Stadt vorwärtszukommen, mussten wir laufen. Du kannst es dir nicht vorstellen! An jeder Straßenecke wurde diskutiert, überall kam man ins Gespräch, jedes Auto wurde zum Taxi, damit man überhaupt noch irgendwo hinkam. Mamie meckerte natürlich in einer Tour: »Ich habe meine Mädchen nicht nach Paris gebracht, damit hier Zustände herrschen wie bei den Arabern!«, schimpfte sie, »es ist ja gut, wenn ihr diesen de Gaulle ein für alle Mal aus dem Land jagt, diesen Dieb, hängt die Regierung auf, meinetwegen auch die Kapitalisten, alles Gauner, aber müsst ihr dafür die ganze Stadt lahmlegen?«

Ich verbrachte die meiste Zeit an der Universität, genoss die Stimmung auf den Vollversammlungen, diskutierte mit meinen Freunden auf den Gängen und sah mir einige Komitees an und Seminare, die nun von linken Studentinnen angeboten wurden. Alain gab gemeinsam mit unserem Freund Pierre ein Seminar zur Frage von Rebellion und Revolution, und ich beschloss, dorthinzugehen. Der kleine Hörsaal war gut gefüllt, es waren über zweihundert Leute da, und die beiden saßen vorne breitbeinig auf dem Tisch, die Beine betont leger herunterbaumelnd. Vorne saßen einige sehr junge Studenten, die bei jedem Witz von Alain auflachten, vielleicht waren es auch Abiturienten, die Schüler hatten sich unserem Streik angeschlossen und nicht wenige strömten seither in die Sorbonne, um sich an der Revolte zu beteiligen. Es saßen jedoch kaum Frauen im Hörsaal, nur ganz hinten erkannte ich einige aus dem Komitee für die sexuelle Befreiung, ich setzte mich neben sie.

Alain argumentierte, dass jede Revolution mit einer Rebellion beginnen müsse: Um die verkrusteten Strukturen der Republik aufzubrechen, bedürfe es nun einmal einer großen gesellschaftlichen Kraft, der Unmut müsse sich explosiv entladen, »das Spektakel muss mit unserer revolutionären Energie unterbrochen werden«, so etwas sagte er, und die Barrikaden gehörten ebenso dazu wie die Straßenkämpfe. Denn auf der Straße würden nicht etwa einige Studenten auf Polizisten treffen, sondern die Rebellion auf den Staat, der Wille zur Freiheit auf den Willen zur Verteidigung der Macht, also zur Unterdrückung. Ich hätte schwören können, dass Alain an dieser Stelle zu mir schaute, nur für einen kurzen Moment bohrte er seinen Blick in meine Augen. Erst als die Staatsmacht ihre Brutalität zur Schau gestellt habe, fuhr er fort, hätten sich die Arbeiter solidarisiert, nicht vorher, manchmal müsse man eben aufbegehren, damit die Unterdrückung für alle sichtbar werde: »Wer sich nicht bewegt, spürt seine Ketten nicht«, sagte er, fuhr sich in der anschließenden Kunstpause nachdenklich durch die wuscheligen Haare und ergänzte dann: »Das sagte schon Rosa Luxemburg.« Ich rollte mit den Augen, hier wurden die ganz großen Geschütze aufgefahren. Aber seine Jünger vorne nickten eifrig und machten sich sogar Notizen.

Alain fuhr fort, dass im Kampf natürlich die Frage der Ziele und die Frage der Mittel aufgeworfen würden. Schon Camus und Sartre hätten diesen Streit über den

Menschen in der Revolte geführt, ich horchte auf, was hatte Alain zu Camus zu sagen? »Und es ist unter Pariser Intellektuellen unumstritten, dass Sartre diese Diskussion gewonnen hat«, sagte Alain, diesmal schaute er nicht in meine Richtung, er schaute demonstrativ seine Fans in der ersten Reihe an, die zustimmend nickten. »Bei Camus' Haltung im Algerienkrieg hat sich ja schon gezeigt«, fährt er fort, »wer gegen Gewalt ist, ist gegen die Befreiung. Während Sartre sich im gesamten Algerienkrieg unmissverständlich auf die Seite der FLN stellte und ihren Befreiungskampf zur Sache aller Verteidiger der Freiheit machte, zeigte Camus nicht den Mut, seinen Pass und seine Geschichte als Kolonialist infrage zu stellen. Der bürgerliche Wunsch nach der Sicherheit seiner Mutter war stärker als die revolutionäre Disziplin, die ihn unweigerlich hätte einsehen lassen müssen, dass das Leben seiner Mutter nichts ist vor der Befreiung eines ganzen Volkes.« Ich spürte, wie das Blut in meinen Schläfen pochte. Was machte er da? Nutzte er unsere Diskussionen, um seine Position zu schärfen und sich dann als großen Prediger aufzubauen? Während ich unsere Versöhnung gesucht und ihn geküsst hatte, fiel er mir hier vor Hunderten in den Rücken? Alain stand jetzt vom Pult auf. »Wurden nicht vor wenigen Jahren noch Hunderte Algerier mitten in Paris umgebracht auf Geheiß der französischen Regierung, als sie 1962 für die algerische Unabhängigkeit demonstrierten? Noch Wochen später hat man die Leichen der Demonstranten aus der Seine gefischt. Wer die Gewalt der FLN verurteilt, hat keine Skrupel, wenn es um die Niederschlagung der Revolte geht. Da könnt ihr sehen, wie dünn der Lack der Zivilisation ist!« Applaus im Hörsaal. Sechs Jahre sei das gerade mal her, jetzt würde er richtig laut, was für eine

Heuchelei, jetzt die Studenten dafür zu verurteilen, ein paar Steine zu werfen, ein paar Barrikaden zu bauen! Und überhaupt, was bedeute die Verletzung von Einzelnen schon gegenüber der Befreiung der Masse! Es gehe hier um eine internationale Revolte, vielleicht um eine Revolution, mit bürgerlichem Pazifismus komme man nicht weit. Wieder tosender Applaus. Ich hielt es nicht mehr aus. Dieses Ringen darum, was wichtiger war, die Befreiung des Individuums oder die Befreiung der Gesellschaft – ich bekam vor Aufregung kaum noch Luft, mir brannte das Zitat von Camus über die Revolte auf der Zunge, doch sollte ich mich wirklich trauen, vor dieser Masse hier, vor all den Männern, die Alain ganz offensichtlich anhimmelten, zu sprechen? »Auch wir müssen unsere Leben für die Revolution zurückstellen«, sagte Alain nun, er sah noch immer an mir vorbei, »denn die befreite Gesellschaft ist wichtiger als jeder Einzelne von uns.« Da platzte mir der Kragen. »Das ist doch Quatsch!«, hörte ich mich rufen, und ehe ich mich versah, war ich aufgesprungen, plötzlich drehten sich alle zu mir um, die Jungs in der ersten Reihe hoben genervt die Augenbrauen. Mein Herz raste. »Es muss uns doch gerade um die Befreiung der Einzelnen gehen«, sagte ich, meine Knie zitterten, aber meine Stimme bekam ich in den Griff, ich schaute Alain geradewegs in die Augen, die anderen blendete ich aus. »Gegen die Unterdrückung zu kämpfen, das ist richtig, das ist unsere Pflicht. Aber der Kampf gegen Unterdrückung heißt heute doch, gegen die Unterdrückung *als Masse* zu kämpfen, die Unterdrückung in der Massenkultur, der Gleichschaltung, gegen die Unterdrückung als Ausgebeutete, oder nicht? Aus dem Spektakel auszubrechen! Und wenn wir als Masse unterdrückt werden, dann liegt die Befreiung doch gerade im Individuum! Dann liegt die Befreiung darin, jeden Menschen als einzelne Person zu sehen, mit all ihren Fähigkeiten und Wünschen, die Befreiung liegt darin, sie vom Fließband wegzuholen, um sie ihr Können vervollkommnen zu lassen. Und dann können wir es nicht zulassen, auch nur einen dieser einzigartigen Menschen aufzuopfern – für wessen Wohl? Das Wohl der Masse? Wer soll das sein? Die Masse ist nichts weiter als eine große Anzahl einzelner Personen! Wenn eine von ihnen stirbt, damit die andere leben kann, dann lebt diese andere auf dem Boden der Ungleichheit weiter, und dann stirbt die Idee der Revolution. Aber wenn eine von ihnen revoltiert, revoltiert die Freiheit! Wie Camus sagte: Ich revoltiere, also sind wir. Die Revolte ist, was zählt, durch sie werden wir unsere Fesseln los, erst durch sie werden wir wieder zum Kollektiv. Der von euch so gefeierte Sartre ist Anhänger der Kommunisten, und was machen die jetzt? Sie distanzieren sich von unseren Protesten! Sie können mit der Revolte, mit der wilden Freiheit nichts anfangen. Sie sind Polizisten geworden, so ist es, wenn man bereit ist, Menschen auf dem Weg in die Freiheit unterzuordnen, wird man zum Polizisten, den Knüppel schon in der Hand.«

Nun ja, *ma chérie*, jetzt lachst du, aber wir liebten damals eben die großen Worte, mit Bescheidenheit brauchte man nicht ankommen, dann hörte einem sowieso niemand zu. Und ich sage dir, mir wurde zugehört! Die Leute applaudierten, die Frauen jubelten, die Studentinnen neben mir klopften mir auf die Schulter, als ich mich wieder hinsetzte, und Alain warf mir quer durch den Saal einen bitterbösen Blick zu. Keine Frage, ich hatte ihm seinen Platz streitig gemacht. Oh nein, ich kam ihm nicht mehr entgegen, ich küsste ihn nicht mehr auf die Schläfe. Er wollte die Debatte? Er konnte sie haben! Ach, *ma petite*, es fühlte sich wunderbar an, ich fühlte mich lebendig und frei.

Doch die Dinge nahmen ihren Lauf, und wenn ich im Mai 1968 eins gelernt habe: Wenn ein Kampf erst einmal eine Gewaltspirale in Gang gesetzt hat, kann keine Vernunft sie aufhalten. Selbst ich warf meine Überzeugungen über Bord, als ich die Befreiung vor uns sah. Eines Abends stand ich in der Küche der Wohnung von Pierre, gemeinsam mit Sandra, seiner Freundin, und befüllte nach Anleitung der Jungs Molotowcocktails. Benzingeruch hing in der Luft. »Es geht um Verteidigung, nicht darum, Polizisten anzugreifen«, hatte mir Sandra versichert. »Willst du die Jungs da einfach so reinschicken, ohne etwas, mit dem sie sich wehren können? Was glaubst du, die *flics* gehen nicht gerade zimperlich mit denen um, wenn sie sie kriegen! Und ich mache die *cocktails* sowieso, ob du mir hilfst oder nicht.« Also half ich. Mechanisch goss ich eine Flasche nach der anderen voll und steckte den Fetzen eines Lakens hinein, das wir zuvor zerrissen hatten. Pierre und Alain packten sich zwei Rucksäcke damit voll und verschwanden in die Dunkelheit, Sandra und ich blieben zurück in der Wohnung und machten eine Flasche Wein auf.

Zwischen uns entwickelte sich eine Freundschaft. Wir diskutierten in ihrer Wohnung oder in unserer Kneipe bis spät in die Nacht und tranken Wein, rauchten eine Zigarette nach der nächsten, wir sprachen über die Kämpfe auf der Straße, »ist es nicht typisch, dass wir den Jungs die Mollis in der Küche zubereiten, und wenn sie hinausziehen, bleiben wir zu Hause?«, wir sprachen über die Befreiung der Frau, »ich bin zwar mit Pierre zusammen, aber ich gehöre ihm nicht, wenn mir ein anderer gefällt, sieht er nur noch meinen Rücken, so schnell bin ich weg.« Eines Abends sprachen wir schließlich über Sex und Verhütung, es war schon spät in der Nacht, wir saßen am Tresen und tranken Pastis. Sandra schlief bereits mit Pierre. »Ich nehme die Pille«, erzählte sie, »aber manchmal vergesse ich sie oder ich habe sie nicht dabei und nehme sie erst am nächsten Morgen. Jetzt habe ich gehört, dass sie dann nicht richtig wirkt und es sein kann, dass man dann schwanger wird.« Schwanger. Das Wort schien mir so groß, so weltverändernd. Ich konnte mir Sandra nicht mit Kind vorstellen, geschweige denn mit einer kleinen Familie. »Würdest du es wegmachen lassen?«, fragte ich und zündete mir noch eine Zigarette an. »Klar!«, rief Sandra und goss sich etwas Wasser in ihren Pastis, »ich habe doch gerade erst angefangen zu studieren! Klar würde ich es wegmachen lassen. Du etwa nicht?« »Ich schlafe noch nicht mit Alain«, sagte ich. Sie riss die Augen auf. »Ich wusste gar nicht, dass du so prüde bist!«, rief sie, »kleine unschuldige Marie!« Sie sagte es so laut, dass einige Leute sich zu uns umdrehten, und ich wurde wütend. »Und wenn schon, heißt Freiheit nicht auch, dass wir frei sind, uns gegen Sex zu entscheiden?«, rief ich, »dass wir frei sind, Sex zu haben, wann wir wollen? Ich warte, bis ich Lust dazu habe, ich lasse mich von keinem Mann dazu treiben.« »Ich habe mich auch nicht dazu treiben lassen!«, sagte Sandra und verschränkte die Arme. »Das habe ich auch nicht gesagt.« »Es klang aber so.« Wir waren eine Weile still.

Etwas hat sich geändert, dachte ich, zwischen Alain und mir. Wenn er sonst meine Brüste streichelte, wenn er mir fordernd zwischen die Beine fasste, dann wurde ich wütend, dann riss ich seine Hand weg, er hatte nicht das Recht, so in meinen Körper einzudringen. Aber jetzt war es anders. Was war es? Was hatte sich geändert? Ich fühlte mich irgendwie unabhängig, ich hatte nicht mehr das Gefühl, ihn reinlassen zu müssen, sondern ich hatte Hunger bekommen. Auf ihn. Nicht ich würde seinen Hunger stillen, oh nein. Er würde meinen stillen.

»Du würdest es bestimmt nicht wegmachen lassen«, sagte Sandra jetzt. Ich schaute sie fragend an, wie kam sie denn darauf? »Wieso?«, fragte ich, »wie kommst du darauf?« »Du bist so eine Mutter«, sagte sie und nahm noch einen Schluck. Ich lachte, »was heißt denn so eine Mutter?« Ein kleines Baby, ich versuchte, es mir vorzustellen. Schön stellte ich es mir vor, neugierige kleine Augen, die Welt noch einmal neu entdecken. »Es stimmt«, sagte ich, »ein kleines Baby, ein Kleinkind, das ist doch schön, das zeigt einem doch die Welt ganz frisch und neu!« »Und dein Studium? Und alles, was du sonst noch machen willst?« »Wieso? Natürlich will ich weiter studieren. Aber wenn das Leben kommt, dann kommt es, ich bin mir sicher, ich kann auch mit Baby frei sein. Studieren. Reisen. Ich würde mein Kind einfach mitnehmen.« Sie schüttelte den Kopf. »Wie naiv du bist. Die Schwangerschaft legt uns in Fesseln. Ist es erst auf der Welt, kommst du zu nichts mehr.« Sie erzählte mir von ihrer Schwester, die nach Indien gereist war, mit dem Auto. Auf der Fahrt lernte sie einen hübschen Holländer kennen, sie reisten durch das Land, dann merkte sie, dass sie schwanger war. »Der Holländer war weg, bevor sie mit ihm überhaupt darüber sprechen konnte, ob sie es behalten will«, sagte sie. »Jetzt wohnt sie wieder bei meiner Mutter in Lyon. Hat einen Job im Supermarkt. Hier geht die Revolution los, und sie rennt in der Pause nach Hause, um dem Kleinen die Brust zu geben. Zählt jeden Centime. Von wegen Reisen. Hier schwingen sie große Reden, die Männer, von Gleichberechtigung und dass wir doch auch sprechen können auf den Versammlungen, dass wir doch mitkommen können auf die Straße, dass wir doch auch schlafen können, mit wem wir wollen. Ja, das schon, aber geht etwas schief, dann sitzen wir da, und dann ist es vorbei mit der großen Freiheit. Pass einfach auf, wenn du doch mit Alain schläfst.« Ich lachte. »Keine Sorge, Maman«, zog ich sie auf. »Ich nehme seit ein paar Wochen die Pille.« Da lachte auch Sandra. »So naiv bist du also doch nicht!«

Nach einer solchen Kneipennacht mit Sandra ging ich mit zu ihr nach Hause, die Jungs waren nachts unterwegs und wir legten uns beide in ihr Bett, zu müde, um noch auf sie zu warten, und am nächsten Morgen vergewisserten wir uns als Erstes, dass sie nicht mit den anderen Hunderten Studierenden im Knast gelandet waren. Als wir eines Nachmittags Ende Mai mit dicken Köpfen und kratzigen Hälsen aufwachten, klingelte das Telefon. Sandra hob ab, wurde erst ganz blass, sagte nur »Nein«, und »wirklich?!« Mir rutschte das Herz in den Magen, ich war mir sicher, jetzt war es passiert, Alain war im Gefängnis gelandet oder, noch schlimmer, im Krankenhaus. Dann legte Sandra auf, riss die Hände in die Höhe und rief: »De Gaulle ist abgehauen! Er ist irgendwo in Deutschland! Wir haben keinen Präsidenten mehr! Das ist die Revolution!« Ich sah sie mit aufgerissenen Augen an. *»Pas vrai!«*, stammelte ich. Wir riefen erst Alain an, dann Pierre. Es dauerte eine Weile, sie ans Telefon zu kriegen, denn auch sie waren erst morgens ins Bett gekommen. Doch die Nachricht weckte sie sofort auf. Wir verabredeten uns in unserem Café neben der Sorbonne.

Auf dem Weg zum Quartier Latin trafen wir immer wieder auf Menschenmengen, die sich versammelt hatten, um zu singen. *»Adieu, de Gaulle, adieu!«*, sangen sie und winkten mit einem Taschentuch. Wie im Traum wandelten wir durch die Stadt. Es war endlich Frühling geworden, die Kälte war der Revolte gewichen und wir waren trunken von dem Duft der blühenden Bäume. In der Kneipe trafen wir unsere Freundinnen, wir jubelten und tranken, und es wurde heiß debattiert, wie es jetzt weitergehen sollte. Der Streik hielt an, und Mitterrand hatte bereits vor zwei Tagen angekündigt, dass er bereit für die Regierungsübernahme sei. Es wurde über eine Volksregierung diskutiert. Eine Volksregierung! Was konnte das sein? Wir diskutierten, wie eine neue Gesellschaft aussehen müsse, wir hatten Angst, dass sich die Gewerkschaften mit etwas besseren Arbeitsbedingungen zufriedengeben und ihren Kampf niederlegen würden. Gleichzeitig war uns klar, dass der Ausnahmezustand nicht ewig anhalten konnte, aber wir sahen unsere Chance kommen, die Chance, alles anders zu machen. »Und wenn wir diese Revolution geschafft haben, kommt die sexuelle Revolution dran!«, lachte mir Sandra ins Ohr und stieß mit mir an. Ich sah mich in der Menge nach Alain um, er stand am anderen Ende der Bar, lässig an eine Wand gelehnt, mit einem Glas Wein in der Hand, und auch er sah mich über die lachenden und singenden Menschen hinweg an. Ich quetschte mich zu ihm durch und bemerkte, dass mir die Enge keine Angst mehr machte. Das hier waren nicht die Leute aus der Métro, die Büro-Zombies, die von der Métro zur Arbeit wankten und von der Arbeit ins Bett, *métro, boulot, dodo*. Nein, das hier waren freie Menschen, wache Menschen. Mit einem Mal spürte ich tiefes Vertrauen in die Menge um mich herum.

Schließlich stieß ich zu Alain durch, er zog mich an sich. Wir küssten uns lange und leidenschaftlich. Ich spürte bei jeder Bewegung, wie sich meine unteren Lippen heiß und geschwollen aneinanderrieben, wie damals auf dem Ball in Châteauroux. Aber jetzt würde uns niemand auseinanderreißen. Wir waren erwachsen, wir waren frei, um uns herum waren junge Menschen, die sich ebenfalls küssten, die tanzten, die das Leben genossen, es würde mir überhaupt nie wieder jemand etwas verbieten, *»il est interdit d'interdire«*, ging es mir durch den Kopf, das hatte ich mit Sandra an die Mauer der Sorbonne geschrieben, es ist verboten zu verbieten, und mit einem Mal wurde mir klar, dass wir nun nicht mehr in diese enge Welt unserer Eltern in der Provinz Châteauroux eingezwängt waren, sondern wir die Regeln selbst machten. Die Welt gehörte uns. »Siehst du, *ma chérie*, niemand ist verletzt«, raunte Alain mir ins Ohr. »Wir sind frei.«

An diesem Abend ging ich mit in seine Wohnung. Doch als er mich zu sich ins Bett ziehen wollte, blieb ich stehen. Ich wollte nicht von ihm gestreichelt werden. Ich wollte Sex haben. Aber nicht für ihn. Sondern für mich. Ich packte mein T-Shirt mit beiden Händen und zog es mir über den Kopf. Nie zuvor hatte ich meinen Körper so gespürt, jede Pore meiner Haut zog sich zusammen, meine Brüste stellten sich auf und pulsierten. Ich öffnete meinen BH, ganz langsam, ich genoss es, wie er beim Ausziehen über meine Brustwarzen strich, ein leichter Schauer streichelte über meine Arme. Alain wollte aufstehen, doch ich drückte ihn zurück aufs Bett und stellte mich in die Mitte seines Zimmers.

Dann öffnete ich den Knopf meiner Jeans und zog sie herunter. Alain sah mir mit roten Wangen zu. Seine Augen loderten. Ich schloss meine Lider. Langsam zog ich auch meine Unterhose über meine Schenkel. Ich war nun völlig nackt, mitten in Alains Zimmer. Nie habe ich mich so mächtig gefühlt wie in diesem Moment. Hier waren nur Alain und ich, und ich gab den Takt an, das Klopfen meiner Vagina erfüllte den Raum. Ich ging auf Alain zu, als er sich aufsetzen wollte, drückte ich ihn auf das Laken. Mein Körper. Mein Takt. Ich beugte mich über ihn und öffnete seine Jeans. »Es stimmt. Wir sind jetzt frei«, flüsterte ich ihm ins Ohr, nur meine Lippen berührten dabei seinen Hals. Ich spürte, wie mir meine Feuchtigkeit heiß das Bein hinunterlief.

29.
Lisa

Die Place d'Italie ist voll, *»il y a du monde!«*, geht Lisa durch den Kopf, eine schöne Formulierung, im Deutschen gibt es das nicht, *»du monde«*, ein Teil der Welt steht hier auf diesem Platz. Sie stellt sich auf die Zehenspitzen, so weit sie sehen kann, versammeln sich Leute, füllen den Platz um den Springbrunnen in der Mitte und stehen noch bis weit in die Seitenstraßen hinein. Wie viele das sein mögen? Sie schließt die Augen und lässt die Stimmen in ihr Ohr dringen, sie stellt sich vor, wie sie sich über die Menge erheben, Zehntausende, vielleicht Hunderttausende Stimmen, wie ein Schwarm Vögel erheben sie sich aus der Menge und kreisen über dem Platz, in der Luft mischen sie sich mit Musik, Trommeln, Bass, Lisa atmet die vibrierende Luft ein und spürt, wie die Klänge ihren Bauch kitzeln. Dann öffnet sie ihre Augen wieder. Körper, so viele Körper, sie drückt sich leicht nach hinten gegen einen anderen, sie spürt einen Arm an ihrem Rücken, hier sie, dort der andere.

Larissa nimmt ihre Hand und zieht sie hinter sich her durch die Menge, sie telefoniert mit Adam und versucht ihn zu finden. Lisa lässt sich ziehen, an den vielen Schultern entlang, an den vielen Bäuchen vorbei, und die Geräusche ändern sich, die Trommeln werden lauter, ein Horn mischt sich darunter, *»du mouvement social«*, wird gesungen, *»du mouvement, du mouvement, du mouvement social«*, dann setzt wieder das Horn ein. Lisa wippt im Takt und schaut sich um, *»Hollande arrête tes Khomri«*, steht auf einem Schild, hör mit deinen *conneries* auf, mit deinen Dummheiten, wird dem Präsidenten gesagt, und Khomri ist die Arbeitsministerin, das muss sie Solange sagen, dass sie schon die Wortwitze versteht. Ein bisschen. Ist sie doch Französin. *»Tout le monde déteste la PS«* steht auf einem anderen Schild, die Parti Socialiste ist für das Arbeitsgesetz verantwortlich, die ganze Welt hasst die PS, steht da, Lisa überlegt noch, ob PS auch als Abkürzung für Polizei gelesen werden kann, *police*, da hält ihr jemand von hinten die Augen zu. Sie reißt die Hand herunter und wirbelt herum, es ist Adam. »Habe ich dich erschreckt?«, lacht er, »gib's zu, du dachtest, jetzt kommt Chucky die Mörderpuppe, auferstanden aus dem schwarzen Keller!«

Nie. Wieder. Setze ich einen Fuß in diesen Keller, hat sie sich gesagt, als beide auf dem Boden saßen, vor der Kellertür, im Licht, im alles Schwarze auflösenden Licht, das Formen schafft, Kanten, Grenzen, Farben, und sei es nur dieses raue Grau des feuchten Betons, nie wieder wollte Lisa dieses Licht verlassen. Adam hatte gelacht, er hatte sich kaputtgelacht, als er die Tür gefunden und sie aufgerissen hatte, »Chucky!«, hatte er geprustet, »*putain*, du findest diese Mörderpuppe und alles wird schwarz!« Lisa lachte nicht, »ich gehe da nicht mehr rein«, sagte sie. Adam hat sie ausgelacht, aber dann hat er es gemacht, er ist wieder reingegangen, für sie. Lisa ist wieder hoch in die Wohnung und hat sich lange geduscht, heiß geduscht, und Adam hat die Truhen und die Kisten im Keller durchgeschaut, für Lisa. »Und für Madame Bellanger«, wie er sagte. Er schaute in jede Kiste, die meisten waren voll von alten Ausgaben des *Canard enchaîné*, fünfzig Jahre dieser Zeitschrift fand Adam im Keller, hat er erzählt, als er voller Staub und Spinnweben wieder hochkam, abends, mit einer Kiste, in der Lisa Martine wiederfand, *Martine fait de la bicyclette* und Papis Mütze, eine Videokassette, auf der »Guy Bedos« stand, »von dem hattest du mir doch erzählt, oder? Dass Madame Bellanger ihn so mochte?«, ein paar Töpfe, Kerzenhalter und die Erdbeerpuppen, die Lisa im Wandschrank gesucht hatte, diese Erdbeerpuppen, die sich in Muffins verwandelten, aber nicht die alten Aufnahmen von dem Pflug, dem Pflug und dem Feld, von dem ihre Mutter erzählt hat, die Filmaufnahmen, die Lisas Großvater in

Tunesien gemacht hat, »nein, Filmrollen habe ich keine gefunden, nur alte Videokassetten.«

Adam organisierte Pizza und Pastis, er gab Lisa seinen Pyjama, sie setzten sich auf das Sofa, wie eine Überlebende fühlte sich Lisa, eine Überlebende aus dem schwarzen Keller. Dann schauten sie sich Sketche von Guy Bedos an. Endlich sah Lisa Guy Bedos und konnte ihn verstehen, und sie lachten sich kaputt. »Überall Araber in Marokko!«, schimpfte Bedos, *»mais que ça!«*, pflichtete ihm Sophie Daumier bei, »nur Araber!« »Die Kofferträger: Araber. Gut. Das ist ja normal. Die Grenzbeamten: Araber! Die Polizisten: Araber! Alle!« »Sogar der König: Araber!« »Die benehmen sich, als wären sie unter sich! Das ist das letzte Mal, dass wir die Füße in unsere Kolonien setzen!« Lisa prustete los, und Adam lachte so sehr, dass er sich den Bauch hielt. »Der Concierge!«, rief er, »da ist er ja, der Concierge!«, sie lachten und Lisa genoss es, auf ihrer kleinen hellgelben Wolke zu liegen, auf ihrer kleinen gelben Pastiswolke.

Und dann kam Adam mit der *soirée.* »Keine Party, nur eine *soirée*«, sagte er, »mit Stil! Nur ein paar Freunde, zum Abschied von Madame Bellanger, komm schon. Ein bisschen gutes Essen, ein bisschen guter Wein, fünf oder sechs Freundinnen von mir, vielleicht lädt Larissa auch ein paar Freunde ein. Nichts Großes!«, sagte Adam, »eine *soirée* zu Ehren von Madame Bellanger, du hast doch selber gesagt, sie feierte gerne, sie gab ihre Diners, sicher würde sie sich freuen, und wir müssen uns doch verabschieden von der Avenue de Flandre.« Und Lisa dachte an das Parkett, an die vielen Kisten, an Papis Holztisch, »sei nicht so spießig«, hörte sie Adam schon sagen, »sei nicht so deutsch«, und er hatte schließlich den Keller ausgeräumt, »also gut«, hat Lisa gesagt, »also gut, eine *soirée* zu Mamies Ehren. Warum nicht.«

Und jetzt strahlt Adam sie an, inmitten der vielen Arme und Bäuche und Stimmen auf der Place d'Italie, er strahlt Lisa an und schiebt Vivienne nach vorne, »Vivienne freut sich auch schon auf die *soirée*!«, sagt er und Vivienne begrüßt Lisa mit Küsschen, »ich bringe eine gute Flasche Wein mit«, aber ihre Stimme geht nahezu unter in den vielen Stimmen, die jetzt gegen Lisas Trommelfell drücken. Es wird immer enger auf dem Platz, enger und lauter, wieder schließt Lisa ihre Augen, sie schließt ihre Augen und lässt die Stimmen hinein, und dann fängt sie an zu schwimmen, sie schwimmt mit der Menge, wie sie gestern auf der Wolke aus Pastis flog. Gelber Flausch. *»Tout le monde!«*, rufen die Leute, und aus Gelb wird Schwarz, *»déteste la PS!«* Die Leute ziehen sich schwarze Kapuzen auf und Tücher vor den Mund, und es geht vorwärts, die Menge wälzt sich durch die Straße, aber nach wenigen Metern kommt sie wieder zum Stehen. Von hinten wird gedrückt, vorne geht nichts mehr, und Lisa muss ihren Körper quer stellen, um genug Platz für ihre Lunge zu bekommen. Sie stellt sich auf die Zehenspitzen, ein Meer schwarzer Kapuzen liegt vor ihr, und davor ein Meer schwarzer Kugeln, es sind Helme, Hunderte schwarze Helme, die sich von vorne gegen die Kapuzen drücken, und das Meer wiegt hin und her, bis ein Knall die Luft zerreißt, eine Welle erfasst die Luft, als hätte sie auf dieses Signal gewartet, brüllt die Menge los: *»Tout le monde déteste la police!«* Sie brüllt es gegen Lisas Ohren, die beißt ihre Zähne aufeinander und versucht die Ohren zu verschließen, da ruft Larissa: »Mund auf!«

Lisa schaut sie an, Larissa zeigt auf ihren Unterkiefer, der nach unten hängt, »Schockgranaten! Mund auf, sonst kann dein Trommelfell reißen!« Lisa öffnet ihren Mund und jetzt fließt der Lärm durch ihre Ohren rein und durch ihren Mund wieder raus, da knallt und blitzt es gleichzeitig und vor ihr spaltet sich die Menge und Lisa kann sie sehen, die Mauer, eine Mauer aus Plastikschilden tut sich vor ihr auf, dahinter das Meer an Helmen, und dann sticht etwas in Lisas Brust. Ein winziger Stich nur, in ihrer Lunge, sie muss husten und atmet tief ein, dann sind es viele winzige Stiche, sie hustet und spürt, wie ihre Augen brennen, da sieht sie ihn, den Nebel, sie steht mitten im Nebel, jemand zieht an ihrem Ärmel, zieht fest an ihrem Ärmel nach hinten, Lisa lässt sich ziehen, hustend fällt sie nach hinten und gegen eine Wand, und als sie ihre Augen wieder ein bisschen öffnen kann, sieht sie Larissas Augen vor sich, zu Schlitzen zusammengezogen, lachende Schlitze. »Na, geht's?«, lacht Larissa hustend, »Tränengas kennt man nicht in Berlin, stimmt's?«, und wieder knallt es vor ihnen, Lisa spürt den Knall in ihrem ganzen Körper, alles in ihr vibriert, und plötzlich bekommt Lisa Lust loszurennen, durch diesen blitzenden und knallenden Nebel zu rennen, aber sie kann kaum etwas sehen und muss husten, also bleibt sie im Hauseingang stehen.

Einige schwarze Kapuzen laufen an ihnen vorbei, auf der anderen Straßenseite rennen schwarze Helme in dieselbe Richtung, Männerstimmen rufen durcheinander, und Lisa wünscht sich, dass es wieder knallt, das Gewitter soll weitergehen, es soll brennen, die Luft soll richtig brennen, ihre Haut spannt, sie spannt und kitzelt, na los. Doch es knallt nicht mehr, es beruhigt sich, der Nebel lichtet sich etwas und die Stiche in der Brust lassen nach. Larissa knufft Lisa in die Schulter, »guck, da vorne ist Oreste Scalzone!« Und wirklich, umringt von einer Gruppe junger Leute läuft vor ihnen der italienische Redner von der Place de la République die Straße entlang, er hält sich noch ein Taschentuch vor den Mund und redet angeregt mit einer Frau neben sich, wie auf dem Platz hat er diesen schwarzen Filzhut auf, er gestikuliert mit der freien Hand durch die Luft, Scalzone, Larissa hat erzählt, dass er mit Ballestrini und Negri zusammengearbeitet hat, in dieser Gruppe, in dieser, »was hat er noch mal gegründet?«, fragt Lisa, »Potere Operaio«, erklärt Larissa, »die Gruppe Arbeitermacht. Sie waren Studenten damals, sie sind in die Fabriken gegangen, um zu agitieren, sie träumten von der proletarischen Revolution.« Das hätte auch Lisas Mutter sagen können, mit diesem Schmunzeln, mit dem sie Lisa vom Mai 68 erzählte, »Alain sah sich schon als revolutionären Arbeiter, mit seinen kleinen Barrikaden im Quartier Latin, mit seinen kleinen Molotowcocktails, *bon*, ich habe ihn träumen lassen.« Die Situationisten, das hatte sie ihr gesagt, dass Lisa sich mal die Situationisten anschauen solle.

Die Menge vor ihnen verdichtet sich langsam und zieht nach links vorbei, ohne Kapuzen jetzt, die Demonstration hat sich wiedergefunden und bewegt sich langsam nach vorne. Die Transparente, die Fahnen werden bunter, Frauen mit Kinderwagen laufen an ihnen vorbei, viele tragen die roten Fahnen der Gewerkschaft CGT, es gibt einen riesigen roten Luftballon. *»Tous ensemble!«*, rufen sie jetzt, alle zusammen, ein kleiner Junge sitzt auf den Schultern seines Vaters und reckt seine Faust in die Luft.

Larissa zieht sie nun aus dem Hauseingang, ihre Hand ist warm, Lisa drückt einmal fester, Larissa drückt zurück.

Die Bushaltestelle am Straßenrand ist zerschlagen, das Glas besteht aus Tausenden kleinen Teilen, nur einmal dagegentreten, denkt Lisa, dann müsste doch alles runterkommen, nur einmal kurz, und schon würde es rieseln, es würde viele kleine Kristalle rieseln. *»Je pense, donc je casse«* hat jemand an eine Hauswand gesprüht, ich denke, also zerschlage ich. Mülltonnen liegen umgestoßen auf der Straße, die Menge zieht einfach daran vorbei, ein Hund schnuppert an den alten Kartons herum, die aus der Tonne auf die Straße gefallen sind, und in einer Seitenstraße sieht Lisa ein Auto mit kaputten Scheiben. Wieder muss Lisa an ihre Mutter denken. Denn einmal, einmal hat ihre Mutter auch ein Auto kaputt gemacht.

Nicht im Mai 1968, oh nein, »niemals hätte ich Gewalt angewendet«, hat sie Lisa immer wieder gesagt. »Gewalt ist immer falsch, ob gegen Dinge oder gegen Menschen, ich bin Pazifistin, ich gehe mit Gandhi.« Die Molotowcocktails hätte sie ja nur gegossen, weil sie sowieso gegossen worden wären, »für die Jungs, *bon*, okay, ich habe sie auch gegossen, aber geworfen hätte ich sie nie, das war ja ihre Entscheidung.« Aber ein Auto hat sie trotzdem zerstört. Komplett. Das Auto von Lisas Vater, das dachte sie zumindest.

Wie sie Lisas Vater angeschrien hat, »du hattest es mir versprochen!«, hat sie geschrien, »nach der Grundschule! Wenn Lisa die Grundschule hinter sich hat, ziehen wir nach Frankreich, das hast du gesagt! Lügner!«, irgendetwas zerschellte an der Küchenwand, ein Glas oder ein Bol, und Lisa hörte, wie ihr Vater ins Wohnzimmer ging, Lisas Mutter mit schweren Schritten hinterher, die Gläser auf Lisas Schreibtisch klirrten, wenn ihre Mutter wütend durch die Wohnung lief, dabei wog sie doch eigentlich nichts, ein Meter sechsundfünfzig, wie viel kann das schon gewesen sein, vielleicht fünfzig, sechzig Kilo, aber die Gläser klirrten, »wegen dir hänge ich in diesem scheiß Nazi-Deutschland fest!«, »wegen dir muss ich den ganzen Tag arbeiten, du arbeitest ja nicht, ich verdiene das Geld, und wie soll ich Geld in Frankreich verdienen, wenn ich kein Französisch spreche?«, bellte Lisas Vater zurück, und dann knallte die Tür zu, die Wohnungstür knallte ins Schloss, und das Geschrei hörte auf. Das Geschrei verstummte, aber die Schritte wummerten weiter durch die Wohnung, Lisa horchte in den Flur, aber sie kamen nicht zu ihrer Tür, sie bewegten sich irgendwo hinten in der Wohnung, wo es klackerte, und dann knallte die Tür wieder, und es war ganz ruhig. Beunruhigend ruhig. Lisa schaute aus dem Fenster, und sie sah ihre Mutter mit ihren 1,56-Meter-Schritten aus dem Haus laufen, aus dem Haus und über die Straße, zu einem der Autos, zu dem dunkelblauen Opel, in ihrer Hand schwang sie einen Hammer, sie schwang ihn elegant gegen den Seitenspiegel, der die Straße entlangflog, dann kletterte sie auf das Auto, kniete sich auf das Dach, hob den Hammer mit beiden Händen über ihren Kopf und ließ ihn niedersausen.

Sie hämmerte einfach los, und sie sah so glücklich dabei aus, erinnert sich Lisa, sie strahlte, zwei Grübchen in den Wangen, sie bearbeitete das Auto von oben, der Lack platzte nur so weg nach rechts und links, feine dunkelblaue Flocken schneiten herab, das Blech wellte sich, herrlich, sie hämmerte und hämmerte, »scheiß Deutschland«, jubelte sie dabei, »dieser verdammte scheiß-feige Nazi-Mann«, Lisas Mutter hämmerte ihre ganze Wut in dieses Auto rein und sah strahlend schön aus dabei, eine gleißend weiße Wut. Bis die Szene sich blau färbte. Der Streifenwagen hielt neben ihr, und ein Polizist stieg aus. »Guten Tag«, sagte sie und ließ den Hammer sinken, »kommen Sie sofort da runter!«, rief der Polizist, »nein«, stellte sie fest, »mit meinem Auto kann ich machen, was ich will!« »Aber das ist nicht Ihr Auto«, sagte er, »ach nein?« »Nein. Das ist das Auto Ihrer Nachbarn!« Er zeigte mit seinem Finger auf zwei ältere Menschen, deren Köpfe aus dem Fenster hingen, und Lisas Mutter winkte ihnen zu, »alles in Ordnung, das hier ist unser Auto«, rief sie. Aber die Polizisten schüttelten den Kopf, und hinter ihnen schüttelten die Nachbarn den Kopf. »Das ist das Auto Ihrer Nachbarn«, sagten sie, »Frau Bellanger, das ist nicht Ihr Auto!« Da wurden die Augen von Lisas Mutter ganz rund und ihre Grübchen verschwanden. *»Putain.«* Sie kletterte von dem Auto, den Hammer noch in der Hand, lief zu dem Fenster und sagte zu den Nachbarn: »*Mondieu*, das tut mir leid! Entschuldigen Sie! Es sieht genau aus wie unser Auto!« Die Nachbarn nickten, wirklich, was sollten sie sonst tun, sie nickten, und Lisas Mutter stieg in den Streifenwagen.

Als sie später nach Hause kam und Lisa die Tür aufmachte, da stand ihre Mutter grinsend vor ihr, den Hammer noch immer in der Hand. »Es war nicht unser Auto«, sagte sie und lachte, »aber hast du gesehen, wie schön es blauen Lack schneite?« Und sie fing an zu lachen und konnte nicht mehr aufhören, und Lisa lachte auch, sie lachte sich kaputt mit ihrer Mutter, noch im Hausflur, »die Deutschen haben so etwas in ihrem ganzen Leben noch nicht gesehen«, lachte Lisas Mutter, »es passt einfach nicht in ihren Kopf, wie man auf die Idee kommen kann, ein Auto kaputt zu machen, ihre heilige Kuh! Ich habe Glück, dass sie mich nicht des Landes verweisen, wegen Blasphemie!«

Die Demonstration bleibt stehen. Lisa blickt sich um, sie erkennt die Ecke nicht, aber am Ende der Straße scheint sich die Avenue auf einen Platz zu öffnen, sie sind schon eine Weile gelaufen, »wir müssten kurz vor dem Invalidendom sein«, sagt Larissa. Wieder liegt der leichte Geruch nach Pfeffer in der Luft, es fühlt sich an, als würde die Luft stachelig, als würde sie mit feinen Stacheln in der Nase hängen bleiben, dann geht eine Welle durch Lisas Körper, ein gewaltiger Donner, der ihre Brust zusammendrückt, wie beim Start eines Flugzeugs. Als sie auf dem Platz ankommen, sieht er verwüstet aus, Steine und Scherben liegen herum, es duftet nach warmem Sommerregen auf dem Asphalt, zwei Wasserwerfer stehen blinkend auf der glitzernden Straße. Vom anderen Ende des Platzes her werfen ein paar Vermummte Steine auf die blauen Riesen, sie prallen mit einem hohlen Geräusch ab, und dann dröhnt der Wasserwerfer kurz los, eine Fontäne ergießt sich über den Platz, mal nach rechts, mal nach links, ein wenig orientierungslos, wie ein riesiger Käfer, der betrunken durch die Gegend spuckt.

I'm all lost, wird Joe Strummer herübergeweht, Lisa sieht den Lautsprecherwagen rechts in der Seitenstraße stehen, *lost in the supermarket*. Lisa denkt an Seife, an Regale voller Seife und an ihre Mutter als kleines Mädchen, die kleine Marie zwischen all den Seifen. »Wollen wir los?« Larissa nimmt Lisas Hand. Wieder zittert die Luft, vor Lisa landet eine Tränengasgranate, sie kann gerade noch sehen, wie sie loszischt, sie dreht sich dabei, dann muss sie husten, aber stärker als vorhin, sie muss husten, bis sie beinahe würgen muss, sie kommt gar nicht mehr zum Luftholen, doch als sie es kurz schafft, die Augen einen Schlitz zu öffnen, steht vor ihr eine Vermummte, sie hat dicke Handschuhe und einen Tennisschläger in der Hand, greift sich die Granate schnell, wirft sie in die Luft und schlägt sie in hohem Bogen Richtung Polizei zurück, dann dreht sie sich zu Lisa und Larissa um, über dem Tuch strahlen zwei Augen, *»avec plaisir, les filles«*, sagt sie, verbeugt sich und rennt weiter.

Holzpaletten werden auf einen Haufen zusammengezogen, ein Autoreifen wird daraufgeworfen, die Flammen kriechen die Paletten empor und lecken an dem Reifen, der Feuer fängt, eine schwarze Rauchsäule zieht in den Himmel, wieder dieser Wumm, die dicke Luft erzittert, als wäre sie aus Wasser.

Larissa stellt sich hinter Lisa und legt ihre Arme um ihren Bauch, und Lisa lehnt sich zurück, sie legt ihren Kopf nach hinten auf Larissas Schulter und die legt ihr Kinn neben Lisas Ohr, sie schauen zu, sie schauen der Explosion vor dem Hôtel des Invalides zu, dem Feuer, den Gasgranaten, den Tennisspielerinnen, Joe Strummer singt weiter über London, das Tränengas prickelt Lisa in den Augen und auf den Wangen und irgendwie auch zwischen den Beinen, als würde die Pariser Luft an ihrer Vulva zupfen. Larissa muss es auch spüren, sanft drückt sie von außen auf ihren Bauch, Lisa dreht sich langsam zu ihr um und wünscht sich, dass Larissa ihre Umarmung jetzt nicht lockert, und das tut sie auch nicht, sie hält ihre Arme eng um Lisa geschlungen, die sich darin dreht, das Klopfen wandert hoch in Lisas Brust und von dort wird es durch alle Adern gepumpt, sie kann es bis in ihre Fingerspitzen spüren, Larissas Brüste drücken sich gegen Lisas, hart und fordernd. *The ice age is coming*, singt Joe, aber Larissas Lippen sind heiß, richtig heiß, es brennt in Lisas Mund, sie spürt Larissas Zunge brennen, es muss das Tränengas sein, rot und heiß und süß ist sie, Lisa möchte am liebsten reinbeißen. Larissa schmeckt nach Erdbeere mit Chili.

30.
Marie

Es war an einem Montagmorgen im Juli, als ich merkte, dass etwas nicht stimmte. Ich schlief lange, denn ich hatte keine Uni, und auch die Proteste hatten sich längst in die Semesterferien verabschiedet. Der Zauber war aus den Straßen verschwunden. Nach de Gaulles Flucht hatte es eine riesige Demonstration der Rechten gegeben, »Konterrevolutionäre«, beschimpften wir sie, die sich gegen die Unruhen stellten und die Ordnung zurückhaben wollten. Wo waren sie nur all die Wochen gewesen? Wo kamen sie nur alle her? Es war uns schleierhaft. Aber kein Zweifel, da waren sie, zu Hunderttausenden fluteten sie die Straße, beschimpften die Studenten, die Streikenden als Taugenichtse. Wir ließen uns davon nicht entmutigen, wir machten weiter, die Uni wurde bestreikt und wir richteten uns in den studentischen Seminaren ein. Doch es gab viele Festnahmen und es hieß, die Arbeiter wollten nicht ewig weiterstreiken. De Gaulle hatte für Ende Juni Neuwahlen angekündigt, und irgendwie warteten wir alle darauf, was die Wahlen bringen würden. Nun, sie brachten: de Gaulle.

Wir sahen ein, dass es doch nicht so schnell gehen würde, die Revolution brauchte Zeit, und es waren sowieso erst mal Semesterferien. Ich verkroch mich in meine Bücher, nach Camus stürzte ich mich in die Lektüre Herbert Marcuses, seine Kritik an der Konsumgesellschaft interessierte mich, ich identifizierte mich mit seiner Ablehnung entfremdeter Arbeit, er bot für mich das, was die trockenen Marxisten um mich herum nicht verstanden: die Forderung nach einer Gesellschaftsordnung, die sich an menschlichen Bedürfnissen orientierte. Eigentlich war Marcuse gar nicht so weit von Camus entfernt, weißt du, beide stellten den Menschen in den Mittelpunkt. Seine Bedürfnisse, und nicht die Grundsätze einer abstrakten Gesellschaftsordnung.

Doch auch wenn ich mich weiter für meine Bücher begeisterte, fühlte ich mich nicht mehr so offen, so euphorisch wie noch vor ein paar Wochen. Die Normalität des Sommers kehrte ein und am nächsten Morgen sollte ich mit Mamie, Marcel und Solange an die Loire fahren, wie all die Jahre zuvor. Ich fühlte mich müde, müde und frustriert.

Nach einer Nacht schlechten Schlafs wälzte ich mich aus dem Bett, um Alain zu treffen. Wir wollten noch einmal durch den Parc des Buttes-Chaumont spazieren, bevor wir mit unseren Familien wegfahren sollten. Ich war immer wieder aufgewacht, weil ich Bauchkrämpfe hatte, und auch jetzt zog es unangenehm im Unterleib. Ich würde wohl langsam meine Tage bekommen. Vor sechs Tagen hatte ich die Pille zum letzten Mal vor der Pause genommen, eigentlich hätte die Blutung längst einsetzen müssen, jetzt kam sie anscheinend endlich. Auch in der letzten Pause hatte ich kaum eine Blutung gehabt, diese Hormone machten komische Dinge mit dem Zyklus, dann bleibt die Regelblutung mal aus, ich konnte gut darauf verzichten.

Als ich auf der Toilette saß, war noch immer kein Blut auf dem Papier. Kommt noch, dachte ich, zog mich an und schlurfte in die Küche, wo mir der Geruch von Kaffee entgegenschlug. Solange hatte welchen gekocht, und sie hielt mir einen Bol entgegen. »Danke«, sagte ich, setzte mich an den Tisch und führte den Bol zum Mund. Plötzlich wurde mir schlecht. Ich starrte in die schwarzbraune Brühe, und mit einem Mal kam sie mir dreckig vor. Dreckig und stinkend. Der Gestank kroch in meine Nase, durch meinen Hals in meinen Magen, ich konnte nichts dagegen tun, brauner Gestank in meinem Magen, er zog sich zusammen und bäumte sich auf, *putain*, ich rannte los und würgte noch im Flur, gerade so schaffte ich es zur Toilette, wo ich meinen kleinen Schluck Kaffee hineinwürgte, ich würgte so lange, bis ich sicher sein konnte, dass nichts mehr von diesem ekelhaften Gebräu in meinem Magen war, doch als ich mich beruhigte und daran dachte, dass in der Küche noch immer der Bol voller Kaffee auf mich wartete, musste ich mich noch ein zweites Mal übergeben. Solange klopfte zaghaft an die Tür. »Marie? Ist alles in Ordnung?« Ich drückte die Spülung und stand vorsichtig auf. Schien alles wieder okay zu sein. Zittrig verließ ich die Toilette. »Ich habe Bauchweh«, sagte ich, »geht bestimmt gleich wieder weg.« Solange verzog das Gesicht zu einem frechen Grinsen. »Oder du bist schwanger!«, nölte sie, »schwanger von deinem Liebsten! Ihr treibt es doch, oder?« Solange kam gerade in die Pubertät, die blöde Kuh, und wollte einen dummen Witz machen. Schon zuckte sie zurück, in Erwartung meiner Ohrfeige. Doch ich stand dort wie angewurzelt. Für mich blieb die Welt stehen. Ich starrte sie an. Solanges Gesicht erstarrte ebenfalls. Ich weiß noch genau, wie es aussah. Ihr Grinsen verschwand und war dem Schock gewichen. Sie wusste es. Und in dem Moment wusste ich es auch.

Hinter uns ging die Tür auf. »Was ist hier los?« Mamie stand im Flur. »Marcel ist gestern spätabends wiedergekommen, er braucht seinen Schlaf, seid gefälligst leiser! Was treibt ihr hier?« Sie sah, wie blass Solange da stand, blass und mit großen Augen. »Solange, was hast du angestellt?« »Nichts! Frag doch Marie, vielleicht hat die ja was angestellt!« Solange lief beleidigt in ihr Zimmer und knallte die Tür hinter sich zu. Mamie schaute mich abwartend an und zog die Brauen hoch.

Auf keinen Fall wollte ich mit ihr sprechen. Ich brauchte Zeit, ich musste aus diesen Wänden raus und in Ruhe nachrechnen, ob es wirklich möglich war. »*Putain*, sie geht mir einfach auf die Nerven«, sagte ich und versuchte, meine Stimme unter Kontrolle zu halten. Es gelang mir. »Sie ist in der Pubertät, du weißt doch, wie sie nerven kann. Ich muss los.« Schnell ging ich in mein Zimmer und zog mich an, ich nahm irgendwelche Klamotten, die auf dem Boden lagen, griff meine Tasche und versuchte, mich an Mamie vorbeizudrücken. Die aber versperrte mir den Weg. »Was? Maman, ich muss los, ich bin mit Alain verabredet.« »Du siehst blass aus.« Verdammt. »Ich habe nicht gut geschlafen. Ich muss los!« »Hast du schon gefrühstückt?« Wieder bäumte sich mein Magen auf. Ich schluckte ihn hinunter. »Keine Zeit. Ich komme zu spät.« Mamie musterte mich. Genervt schaute ich ihr in die Augen. »Na gut. Aber denk ans Packen. Wir fahren morgen früh los.« Endlich machte sie mir den Weg frei.

Als ich aus der Wohnung war, rannte ich die sieben Treppen hinunter, auf keinen Fall konnte ich mich jetzt in den engen Fahrstuhl quetschen, ich riss das Tor auf und rannte auf die Straße, Mamie stand auf dem Balkon und schaute herunter, in ihrem Morgenmantel, in ihren Pantoffeln, die Zigarette in der Hand. Ich schaute nicht hoch, das brauchte ich nicht – ich spürte ihren Blick genau. Ich zwang mich, ganz langsam zu gehen. Ich stieg die Treppen in die Métro hinunter und atmete erleichtert auf, als die Tunnel von Paris mich vor ihren Blicken schützten. Eine Frau rempelte mich von hinten an, *»pardon, Madame«*, sagte sie, »Sie sind so plötzlich stehen geblieben«, und drückte sich an mir vorbei, um in der Métro zu verschwinden. Am liebsten wäre ich ihr hinterhergerannt, »nehmen Sie mich mit, Madame!«, hätte ich gerufen, »nehmen Sie mich mit in Ihr Leben, ich will meines nicht mehr!« Doch sie war längst nur noch eine Erinnerung, eine der flüchtigen Begegnungen, die im nächsten Moment schon gar nicht mehr wahr sind.

Ich nahm all meine Kraft zusammen und setzte einen Schritt vor, dann noch einen, ich kam wieder in Bewegung, ging einmal unter der Rue de Flandre durch und stieg auf der anderen Seite die Treppen wieder hinauf. Hier fing ich wieder an zu laufen. Ich rannte durch die Rue de Joinville am Marktplatz vorbei, er war ganz verlassen, bis zum Kanal, ich bog rechts ab und lief weiter am Wasser entlang. Mir kamen die Tränen. Ich konnte nicht denken. Mein Herz raste. Hilfesuchend blickte ich mich um. Es durfte nicht wahr sein. Es konnte nicht sein. Die Welt war aus den Fugen. Ich schaute in die Gesichter um mich herum, verständnislose, fragende Augen schauten zurück.

Als ich am Bassin de Villette ankam, beruhigte mich die Weite des Wassers. Die Sonne spiegelte sich darin, am Ufer plätscherte es leise. Ich verlangsamte meinen Gang und kam wieder zu Atem. Ich schaute auf das Wasser, ein Boot fuhr den Kanal entlang, eine Taube flog mir über den Kopf. Es war ein heißer Sommertag, am Ufer saßen junge Leute und bräunten sich, ein Kind lief ein paar Tauben hinterher, es lachte, seine Mutter lachte auch. Ein ganz normaler Tag ist es für sie, dachte ich, ein schöner Sommertag, nur für mich bricht die Welt auseinander.

Bei Jaurès ging ich über die Kreuzung, ich bereute es sofort, das Wasser verlassen zu haben. Überall der Gestank von Autos, Gehupe, Mofas, ich musste ein Würgen unterdrücken. Hektisch lief ich zwischen zwei Autos hindurch, sie hupten mich an, ich sprang auf den Bürgersteig und hastete weiter. Am Canal Saint-Martin wurde es endlich ruhig. Der Straßenlärm ließ nach, die Bäume spendeten Schatten, ich konnte die Vögel zwitschern hören. Fremde Fröhlichkeit, als lebten die Vögel in einer anderen Zeit als ich. Ich ging weiter und fand eine leere Bank, auf die ich mich setzte. Die harten Holzlatten an meinem Rücken taten mir gut, sie gaben mir Halt, mein Rücken hielt sich an ihnen fest und ich schaute hoch in die Bäume, die mit der Sonne spielten. Ich schaute sie mir eine Weile an, Sonnenstrahlen zwischen den grünen Blättern, die leise raschelten, und mein Atem beruhigte sich, die Übelkeit verging. Was auch immer geschah, die Vögel würden hier weiter zwitschern, jeden Tag. Es hatte vermutlich schon viele Frauen gegeben, die hier gesessen hatten, verzweifelt, unsicher, überfordert. Die Welt hatte sich weitergedreht. Überhaupt werden viele Frauen schwanger, dachte ich. Die allermeisten Frauen. So war ich geboren worden, so wurde jeder auf dieser Welt geboren. So war der Lauf des Lebens.

Ich schaute einer Taube zu, die um einen Mülleimer herum pickte. Eine zweite gesellte sich dazu. Nehmen wir an, überlegte ich, nehmen wir an, die kleine Schmierblutung während der letzten Pillenpause war gar keine richtige Periode. Nehmen wir an, das Ei hatte sich da schon eingenistet. Das war jetzt schon über vier Wochen her. Dann war ich jetzt schon im zweiten Monat, weit im zweiten, vielleicht waren es schon sechs Wochen, oder sieben? Ich spürte, dass etwas anders war, dass schon die ganzen letzten Wochen etwas anders gewesen sein musste. Die Müdigkeit. Die Art, wie sich mein Bauch anfühlte. Jetzt spürte ich es ganz genau. Mein Herz schlug wieder schneller. Schwanger. In mir gab es ein kleines Stückchen Fleisch, das größer wurde, das schon bald die Form eines winzigen Babys annehmen würde. Ich überlegte, wann es wohl passiert war. Dachte an die Abende mit Alain, an die Nächte voller Lust und Freiheit. Ich hatte das gewollt. Ich wollte mit ihm schlafen, ich hatte es gewollt, unabhängig von ihm, ich war absolut frei gewesen, frei in meiner Entscheidung. Im Moment der größten Freiheit hatten wir neues Leben gezeugt. Das konnte doch nicht so falsch sein. Vielleicht sollte es so sein. Vielleicht stand es so geschrieben.

Wann würde das Baby denn kommen? Im Februar? Aber dann waren doch Prüfungen! Meine Abschlussprüfungen! Was würde mit meinem Studium? Was würde mit Alains Studium? Wo würden wir – mir stockte das Herz. Wohnen, dachte ich zu Ende. Wo würden wir denn wohnen. Oh nein. Unmöglich. Unmöglich, es Mamie zu sagen. Sie würde ausrasten. Sie würde mich dreckig finden. Sie würde meinen Körper ekelig finden. Sie wäre darin bestätigt, dass ich nichts weiter war als eine nutzlose Hure. Ich fing an zu weinen. Eine Taube sah mich an und flog davon. Die andere folgte ihr. Obwohl, dachte ich und putzte mir die Nase. Obwohl. Ich war schließlich zwanzig. Mit zwanzig hatte ich das Recht auf Sex, das Recht auf eine Schwangerschaft. Ich könnte ja ausziehen. Ich musste es Mamie gar nicht sagen. Einfach ausziehen, mit Alain, ein neues Leben gründen, eine neue Familie. Ich müsste Mamie nie wieder sehen, ich wäre unabhängig, Alain, ich und das kleine Wesen. Ohne Mamie ... Nein. Nein, nein, nein. Ich schüttelte den Kopf. Nein, ich konnte Mamie nicht verlassen. Ich konnte auch Solange nicht verlassen. Sie waren doch alles, was ich noch hatte. Ich musste es Mamie sagen. Sie würde wissen, was jetzt zu tun war, sie hätte eine gute Lösung, sie würde alles in die Hand nehmen. Sie würde es verstehen. Sie war ja selber schwanger gewesen.

Es war Nachmittag geworden, als ich die Rue de Flandre entlang nach Hause schlurfte. Ich ging so langsam ich konnte. So lange ich noch hier draußen war, so lange Mamie nichts wusste, so lange war es noch meine Entscheidung. Ich konnte es Alain sagen. Oder auch nicht. Ich konnte wegfahren, weit weg, und das Baby alleine bekommen. Vielleicht in Tunesien. Am Mittelmeer. Das Baby würde mit Jasmin aufwachsen. Ich konnte mit Alain Schluss machen und es mit Mamie und Solange zusammen aufziehen. Dann hätte Solange eine kleine Schwester. Und Marcel hätte sicher auch nichts dagegen, eine kleine Enkeltochter im Haus zu haben. Alle Versionen gefielen mir. Ich begann, für das kleine Etwas in meinem Bauch Wärme zu fühlen. Wir beide, dachte ich. Wir beide. Wir machen das schon.

Als ich in die Wohnung kam, saß Mamie wie immer lesend auf dem Sofa. »Maman.« Ich stellte mich vor sie. Mamie schaute hoch. Sie sah sofort, dass etwas nicht stimmte, und sprang auf. »Was ist los? Was ist passiert?« »Setz dich.« »Sag schon!« Ihre Stimme klang hysterisch, ich hasste es, wenn sie so klang. Ich setzte mich auf das Sofa, damit Mamie sich auch setzte. Langsam ließ sie sich neben mich sinken. Ich nahm ihre Hand. »Du machst mir Angst«, sagte Mamie, leicht gereizt. Ich holte tief Luft, ich schaute in ihre riesigen Augen, die mich aufzusaugen drohten, und holte Luft, so tief ich konnte, als wäre ich dann zu groß, um von ihr aufgesogen zu werden, ich holte Luft, bis meine Brust fast platzte. »Maman, ich glaube, ich bin schwanger.«

Ich weiß noch, wie ihre Augen mich ansahen, ihre kalten blauen Augen. Sie zuckte mit keiner Wimper. Sie schaute mich einfach weiter an. »Was heißt, du glaubst, du bist schwanger?«, sagte sie mit einer Stimme, die plötzlich gar nicht mehr hysterisch klang. Ganz ruhig. »Na ja, ich bin ziemlich sicher.« »Wie sicher?« »Ich habe meine Tage seit zwei Monaten nicht bekommen. Ich hatte letzten Monat Krämpfe und auch ganz leichte Blutungen, aber nicht so richtig. Und jetzt kommen meine Tage gar nicht mehr.« »Obwohl du die Pille nimmst?« »Ja.« »Kann das sein?« »Ich weiß nicht. Ich musste mich heute Morgen übergeben. Als ich den Kaffee gerochen habe.« Mamie ließ meine Hand los und schaute zum Fenster. Sie stand auf. Ich zuckte zusammen. Doch sie blieb ganz ruhig, ging zum Fenster, schaute hinaus. Eine ganze Weile schaute sie hinaus. »Maman?« Sie kam zurück und setzte sich wieder neben mich. Sie nahm meine Hand und schaute mir in die Augen. »Höchstens sieben oder acht Wochen, das weißt du ganz sicher, ja?« »Ja.« »Okay. Mach dir keine Sorgen, *ma chérie*. Wir kriegen das hin.« Erleichtert seufzte ich auf. Wir würden es hinkriegen.

Ich war ja so erleichtert. Mein Magen, der zuvor kaum größer gewesen sein konnte als eine Erbse, weitete sich in meinem Bauch aus. Alles würde gut werden, sie würde mich unterstützen, Marcel auch, gemeinsam würden wir das schon machen. Ich lächelte. »Ja?« »Aber natürlich, *ma chérie*, ich kenne mich da aus. Du bist nicht alleine.« Ich fiel ihr um den Hals. Sofort drückte mich Mamie wieder von sich weg. »Hast du es Alain schon gesagt?« »Nein, noch nicht.« »Gut. Wir behalten es für uns.« »Wie, für uns?« Fragend schaute ich sie an. »Ich meine, ich muss es ihm ja nicht gleich sagen ... Aber ... Na ja, er wird es doch merken.« »Nein, das wird er nicht. Er denkt doch, wir fahren morgen in den Urlaub, nicht? Ihr seht euch doch ohnehin erst im September wieder. Das wird reichen, dann bist du wieder auf dem Damm. Dann haben wir dich wieder auf den Beinen, meine Kleine, und dieser ganze Fluch hier ist vorbei.« Jetzt starrte ich sie an. Ich begann zu verstehen. »Vorbei?« Mamies Gesicht fror ein. »Aber natürlich! Du hast doch nicht gedacht, du willst das Ding behalten?« Ich sagte nichts. *»Ah non!«* Jetzt stand Mamie auf. Sie schnalzte mit der Zunge, wie sehr ich das hasste, wenn sie das tat. Sie schnalzte. *»Ah non!* Kommt nicht infrage.« Ihre Stimme war ganz fest. Ich kannte diese Stimme gut. Sie sagte unverrückbare Dinge. »Ich dachte nicht, dass du so dumm bist, wirklich. Ein kleiner Bastard, das hätte uns noch gefehlt! Das kommt nicht infrage.«

Ich zupfte am Saum meiner Bluse. »Aber ... es ist doch meine Entscheidung, oder nicht?« Meine Stimme war ganz klein. Mamie stellte sich vor mich. »Jetzt hör mir gut zu.« Ihre Stimme durchschnitt die Luft wie ein Messer. »Marie, du bist wild, dich konnte noch niemand zähmen. Dass dabei mal eine Katastrophe passiert, das war vorprogrammiert. Du hast dich schwängern lassen, und wenn du das Balg behalten willst, bitte, ich halte dich nicht davon ab. Lass dir dein Leben ruinieren, geh zu deinem Alain, brich dein Studium ab, ich halte dich nicht davon ab, *amuse-toi bien*«, sagte sie, »ich wünsche dir viel Spaß!« Mir wurde schlecht. »Aber«, jetzt beugte sich Mamie zu mir herunter, ihr Gesicht war ganz knapp vor meinem, deutlich konnte ich die kleinen, stahlharten Pupillen sehen, »aber glaub bloß nicht, dass ich dich und deinen Bastard hier durchfüttere. Du bist jetzt erwachsen? Du triffst deine eigenen Entscheidungen? Gut!« Sie richtete sich wieder auf und streifte ihre Hände aneinander ab, wie sie es tat, wenn sie eine Sache für beendet betrachtete. Sie sagte: »Dann gehe weit, weit weg, *ma chérie*, damit ich dich nicht mehr sehen muss.«

31.
Lisa

Lisa steigt die steilen Treppen im Bahnhof Saint-Michel hoch, tief unter der Seine hält die Métro hier, aber der Aufstieg lohnt sich. Das Tageslicht vertreibt die gelbe Métroluft, der Boulevard Saint-Michel öffnet sich laut und Lisa muss kurz über ihre Schulter schauen, um sich zu vergewissern, dass Notre-Dame noch immer über die Seine wacht. Oft hat ihre Mutter sie in das Viertel mitgenommen, eine Reise in die Vergangenheit, erst Notre-Dame und Pont Neuf mit dieser Spitze der Île de la Cité, dieser Bug eines steinernen Schiffes, das seit Jahrhunderten der Strömung trotzt, und dann das Quartier Latin, Luft der Revolte, das Viertel riecht nach den langen schwarzen Haaren ihrer Mutter, gemischt mit dem Leder ihrer Büchertasche und dem süßlichen Geruch nach vergilbtem Papier, »in diesem Bistro habe ich mittags immer mein Sandwich gekauft, lecker, mit Thunfisch und Oliven«, erzählte Lisas Mutter, »und dort drüben meine *makroud*, die sind wirklich gut, wie in Tunesien. Das hier ist mein Stammcafé gewesen, da hinten, da habe ich mich mit Alain und den anderen getroffen, wir haben die Nächte durchdiskutiert, in diesem Café, über Marcuse, hast du Marcuse gelesen? Nein, vielleicht bist du zu jung, das kommt noch, *ma chérie*, und dann schau, hier, hier in der Kirche habe ich gebetet, immer mal zwischendurch, Saint-Julien-le-Pauvre, von außen sieht sie so klein aus, aber wenn man sie betritt, dann öffnet sich der Raum, deshalb liebe ich Kirchen, weil sie einem mitten in Paris so viel Raum verschaffen. Aber eigentlich kam ich eher wegen des Baums hierher, weißt du, dass das hier der älteste Baum von Paris ist? Eine Robinia, sie ist über vierhundert Jahre alt, wenn man sich unter diesen Baum stellt, dann weiß man, dass einem nichts passieren kann, jedenfalls nichts, das diesen Baum hier aus der Ruhe bringen könnte. Das beruhigt doch, findest du nicht? Die Frauen liefen auf Versailles, Marie-Antoinettes Kopf rollte, viele Köpfe folgten, die Kommune gründete sich und wurde besiegt, Napoleon zog in den Krieg, zwei Weltkriege tobten, Kolonien wurden gegründet und zurückerobert, ich war glücklich und verzweifelt und glücklich und wieder verzweifelt und die ganze Zeit stand diese Robinia hier, ohne zu wanken, und ließ ihre schmalen, zartgrünen Blätter herabhängen und manchmal vom Wind kitzeln. Ich bin gerne hier. Hier in ihrem Schatten las ich meine Bücher und versteckte mich vor der Welt. Und die tobte, das kann ich dir sagen! Hier tobte sie, hier auf dem Boulevard Saint-Michel lagen 1968 die Autos auf der Straße, umgedreht und ausgebrannt, kannst du dir das vorstellen? Die Geschichte war aufgerissen wie das Straßenpflaster hier, die Pflastersteine zu Barrikaden verbaut, wie ein Kriegsschauplatz sah der Boulevard aus. Als hätte hier Krieg geherrscht.«

Nein, das kann sich Lisa nicht mehr vorstellen. Die Autos rauschen über die nasse Straße mit diesem Zischen, das beruhigend wirken kann, im Herbst, wenn es plötzlich so früh dunkel wird, aber an so einem Tag im Mai wirkt es bedrohlich, als würde der Frühling zischend mit der Rückkehr des Winters drohen. Von der Straße steigt nicht einmal der Geruch nach Regen auf, es stinkt nach Diesel, nein, hier auf dem Boulevard Saint-Michel ist heute kein Leben spürbar, hier herrscht ... Lisa schaut sich die beiden Frauen an, die an dem winzigen runden Tisch vor dem Starbucks sitzen, die Pappbecher in der einen Hand, die Smartphones balancieren sie in der anderen, sie wischen ihre Daumen von oben nach unten, von oben nach unten, ruhig sehen sie aus dafür, dass vermutlich gerade die Ereignisse der Welt in 240-Zeichen-Päckchen durch ihre Köpfe rauschen. Zu ruhig. Vielleicht ist es Gleichgültigkeit. Vielleicht riechen die Mauern des Boulevards deshalb nicht mehr nach Abenteuer, weil sie diesen Leuten hier gleichgültig geworden sind. Oder andersherum, Lisa ist ihnen gleichgültig geworden. Ohne ihre Mutter.

Ein paar Blusen wollte sie anprobieren, für heute Abend, eine *soirée* mit Stil, hat Adam gesagt, und Lisa musste an Mamie denken, an Mamie mit ihren weißen Handschuhen. In T-Shirt und Jeans kann Lisa da nicht hingehen. Nur für den Fall, nur für den Fall, dass Mamie sie doch irgendwie sehen kann, durch den Spiegel im Wohnzimmer, oder von ihrem Platz an Papis Tisch aus. Lisa ist sich nicht sicher, ob Mamie es verdient, dass sie sich für ihren Abschied schön macht, aber eine Schande will sie ihr auch nicht machen, an ihrem letzten Abend in der Rue de Flandre. So eine Schande wie hier zum Beispiel, im Etam vor dem Spiegel, in dieser Wurst hier. »Wie eine Wurst«, murmelt sie. Lisa hat dieses trägerlose, enge Shirt an, es presst ihre Brüste zusammen und zieht sie dabei nach unten, sodass sie fast über ihren Bauch hängen, »eine deutsche Leberwurst«, würde Tata Solange sie wohl nennen, dazu sieht es in dem Shirt aus, als hätte sie einen Buckel, »ein Leberwurst-Glöckner-von-Notre-Dame«, das würde ihre Mutter sagen, »meine kleine Glöcknerin.« Lisa zieht das Teil wieder aus und nimmt das andere vom Bügel, ein weißes Shirt mit dünnen schwarzen Streifen, langärmelig, Feinripp, nicht wirklich fein, aber auch nicht Berlin, schon ein bisschen eleganter, am Rücken hat es einen tiefen Ausschnitt. Lisa schaut ihn sich an, ihren Rücken, sie hat die Form ihrer Mutter geerbt, ein schmaler Hals und feiner Rücken, und dann kommen diese breiten Hüften und der dicke Po, »ich kam im Sport nie über diese Stange«, hat ihre Mutter Lisa gesagt, wenn Lisa traurig vom Sportunterricht nach Hause kam und sie sie trösten wollte, »beim Springen, wie heißt das, Hochsprung? Ich bin immer gegen die Stange gesprungen. Das lag an meinem Po! Ich hatte immer einen riesigen Po, und der ist ja auch schwer, so ein großer Po. Den konnte ich gar nicht über die Stange bekommen. Du hast ihn geerbt, diesen Po, du hast den Bellanger-Po.« Lisa dreht sich vor dem Spiegel hin und her, das Shirt betont ihre schmale Taille und macht ihre Brüste nicht zu groß, die wieder an der richtigen Stelle sitzen, aufrecht und stolz, zart ragen die Schulterblätter hervor und der freie Rücken gibt dem Ganzen wenigstens ein kleines bisschen Eleganz. Das muss reichen. Das muss reichen, Mamie, hörst du? Lisa horcht. Nein, sie kann sich nicht vorstellen, was Mamie zu dem Shirt sagen würde. *Bof*, würde sie vielleicht sagen, *bof*, es ist nur ein Shirt. Oder? Einmal hat sie Lisas Mutter ja dieses Kleid gestrickt, von dem Solange erzählt hat, von dem auch Lisas Vater noch immer spricht, dieses knöchellange, enge Kleid aus weißer Wolle, ein Strickkleid mit langen Ärmeln, das hat sie Lisas Mutter gestrickt und nach Berlin geschickt, als sie ihr schrieb, dass sie nun in Berlin leben werde, zusammen mit Gerd. »Dann schicke ich dir dieses Kleid, damit die Ehe hält«, hat sie ihr dazu geschrieben. Es muss ewig gedauert haben, das Kleid zu stricken. Einmal hat Lisa ihre Mutter gefragt, ob sie es noch hat, bei ihrem Auszug. Lisas Mutter hat ihre Tochter mit großen Augen angeschaut, *»tiens«*, hat sie gesagt, »*tiens*, da fragst du was! Ich habe keine Ahnung, wo das Kleid gelandet ist, ich habe es schon ewig nicht mehr gesehen, das letzte Mal vor deiner Geburt. *Bof*, die Ehe ist ja nun vorbei. Und es ist nur ein Kleid. Mach kein Drama draus.«

Vor der Kasse steht ein Ständer mit knallroten Lippenstiften. Wie Vivienne ihn trägt. Und wie Mamie ihn getragen hat. Lisa legt einen zu ihrem Shirt. »Ist das alles?«, fragt die Frau. »Ja, danke.« »Haben Sie eine Kundenkarte?« »Nein, brauche ich nicht, ich bin nur zu Besuch in Frankreich« »Ah, verstehe, woher kommen Sie?« »Berlin« »Oh, Madame, Sie sprechen aber gut Französisch!« »Danke.«

Der Himmel ist grau, aber heute ist es nicht dieses Paris-Grau, das immer auch etwas gelblich ist, sondern nur Grau-Grau, grau wie die Dächer, und jetzt fängt es an zu nieseln. Die Platanen rascheln leicht zwischen den Tropfen, die Autos zischen noch immer. Lisa läuft an den Buchhändlern der Seine vorbei, die haben ihr immer gute Laune gemacht, wegen der schönen Postkarten und der alten vergilbten Bücher, dann überquert sie die Brücke direkt vor Notre-Dame, einmal war sie dort oben, sie weiß auch nicht mehr, wie sie ihre Mutter die Stufen auf den Turm hoch bekommen hat, aber sie waren da oben und haben auf die Seine heruntergeschaut, Lisa schaut auf die Seine, romantisch sieht sie aus, wie sie zwischen den alten Steinen hindurchfließt, aber sie ist nicht romantisch. Lisa erinnert sich, wie ihre Mutter ihr widersprochen hat, jedes Mal, wenn sie verträumt auf das Wasser schaute, »aber vergiss nicht, dass fast zweihundert Algerier in diesen Fluss geworfen wurden«, hat ihre Mutter gesagt, »sie wurden von der französischen Polizei ermordet und man fand ihre Leichen noch Wochen später, dieses Wasser hier war einmal rot, und nicht vor Liebe, das kann ich dir sagen.« Notre-Dame hat es sich angeschaut, dieses Massaker, und nicht gerührt, achthundert Jahre hat sie sich nicht gerührt, was sie sich wohl noch alles anschauen muss.

Als im November ein paar durchgeknallte Männer im 11. Arrondissement so viele Leute wie möglich erschossen, war es Lisa egal. Sie hatte es in den Nachrichten gelesen, irgendwo online, es war ein Tweet oder eine Eilmeldung, »Schießerei in Paris«, stand da, so etwas, sie klickte drauf und verfolgte das Geschehen, im Stade de France war eine Bombe explodiert, aber niemand war verletzt worden, und nun meldeten Leute von verschiedenen Orten im 11., dass geschossen würde, auch bei einem Konzert, bei einem Konzert im Bataclan. Lisa las das alles, sie hörte sich die aufgekratzten Augenzeugenberichte an, die per Telefon dazugeschaltet wurden, leere Stimmen, die aus den Menschen kamen, diese Menschen glaubten selbst nicht, was sie sagten, jede Beobachtung war eine Frage. »Und dann schossen sie einfach herum, auf der Terrasse«, »Ich konnte mich nur auf den Boden werfen«, »Ich habe nur gesehen, wie der Wagen hier hielt und der

Mann ausstieg, mit Maschinengewehr, und dann gingen die Schüsse los ...?« Diese leeren Stimmen trauten sich selbst nicht mehr, Lisa registrierte es, das Grauen in der Stimme, das durch die Augen in den Kopf hinein- und dann durch den Mund direkt wieder hinauswanderte, ohne das Gehirn zu passieren, sie wusste, dass das Gesehene unaushaltbar war, wenn man so sprach, sie hatte es selbst schon erlebt, dieses Gefühl, diese Stimme, sie erinnerte sich, dass auch sie schon einmal mit dieser leeren Stimme gesprochen hatte. Aber es berührte sie nicht. Gar nicht. Ihre Mutter lag im Krankenhaus, ein schreckliches Krankenhaus in Berlin-Zehlendorf, Lisa brauchte eineinhalb Stunden, um zu ihr zu kommen, erst mit der hellblauen U-Bahn zur Yorckstraße, dann in die pinke S-Bahn bis Zehlendorf, dann in den Bus, der sie inmitten der Berliner Provinz ausspuckte, zwischen alten Frauen mit weißen Haaren und schwarzen Einkaufstaschen, alles lag voller Blätter, Lisa schlurfte durch das Rascheln hindurch, ohne es zu spüren, sie fand ihren Weg durch das Neonröhren-Labyrinth in das Zimmer ihrer Mutter, das eine große Fensterfront hatte mit Sicht auf die bunten Blätterwelt, sie saß auf ihrem Bett, die Ärzte waren gerade da gewesen. »Die Ärzte waren gerade da«, sagte sie, Lisa setzte sich hin. »Und?« »Sie haben gesagt, dass ich keine Therapie mehr brauche.« »Keine Therapie mehr.« »Ja.« »Weil.« »Ja.« »Man nichts mehr machen kann.« »Ja.«

Es war nicht der Schlag in die Magenkuhle gewesen, den Lisa erwartet hatte. Es war, als würde der Schlag in ihr Genick, den ihr der Arzt vor ein paar Wochen verpasst hat, als er sagte, es handele sich um Krebs, bei dem Knoten am Hals, auch in der Lunge, auch in den Knochen,

Krebs, als würde dieser Schlag in ihren Nacken nun in vielen kleinen Nadeln herunterrieseln, ein Nadelregen durch die Brust in den Magen, als wäre dort ein Magnet, der nun all die kleinen Nadeln durch ihren Körper zu sich zog.

Sie stand auf und setzte sich neben ihre Mutter auf das Bett. »Maman«, sagte sie, durch ihren zugeknoteten Hals, und fühlte, wie die letzten Nadeln ankamen. Wie ihr Magen jetzt prall gefüllt war mit einem eisernen Igel. Igel, so hatte ihre Mutter sie immer genannt, wenn sie genervt war, wenn sie ihr genervte spitze Antworten gab, »du bist wieder ein kleiner Igel heute.« »Maman.«

»Lisa. Mach kein Drama draus.« Lisa schaute auf, ihre Mutter lächelte sie an. »Ist gut, *ma chérie*, mach kein Drama draus. So stand es geschrieben. Oder nicht?« »Wenn das kein Drama ist, dann gibt es ja wohl keine Dramen auf dieser Welt!« »Ja. Vielleicht gibt es keine Dramen.«

Es stimmte. Als Lisa auf die Kamerabilder aus Paris schaute, rot-weiße Absperrbänder, Blaulicht, der schwarze Pariser Nachthimmel, Menschen mit weit aufgerissenen Augen, da war es kein Drama für sie. Da gab es keine Dramen mehr. Sie schaltete den Fernseher aus.

»Même pas peur« steht auf der Marianne. Und Lisa hatte keine Angst. Aber mutig, überlegt Lisa, während sie in die Seine schaut, die grün-braun unter ihr durchfließt, mutig war sie auch nicht. Sie hat einfach die Hand ihrer Mutter genommen, sie gestreichelt, sie mochte die feinen Finger so gerne, die feinen Finger und die kleine Hand ihrer Mutter, die hat sie gestreichelt und gewartet. Auf

das, was passiert. Und was passierte, war, dass sie starb. Wenn sie dabei Angst hatte, ihre Mutter, dann hat sie es Lisa nie gezeigt. Immer lächelte sie sie an und zuckte mit den Schultern. »*Bof*«, egal, so fingen ihre Sätze an. »*Bof*, ich sterbe, ich habe mein Leben gelebt und jetzt sterbe ich. Ganz normal.« Vielleicht war sie erleichtert. Dass der Tod nun endlich kam. Dass niemand sie mehr zwingen konnte, zu leben. Auch Lisa nicht.

Lisa reißt sich los vom Wasser und läuft weiter, sie verabschiedet sich von den ruhigen Blicken der Notre-Dame und läuft zum Centre Pompidou, mit diesen großen Rohren, als könnte man hineinkriechen, hinein in die Kunst, und es hört auf zu regnen, hier zischt es nicht mehr, hier plätschert der Brunnen weich zwischen den Nanas, und die Nanas, die Nanas haben so große Popos wie ihre Mutter und wie sie, Lisa läuft weiter den großen Boulevard entlang, es hupt und rauscht um sie herum, und nun riecht sie wieder etwas, zwischen Diesel und nassem Asphalt riecht sie Butter und Schokolade. Sie beschließt, zurück durchs Marais zu laufen, ein Umweg zwar, aber die kleinen Straßen dort mag sie, mit ihren *chocolateries*, ein bisschen wie der Prenzlauer Berg, oder vermutlich ist es andersherum, der Prenzlauer Berg ist wie Marais, ein bisschen, sie geht durch die kleine Passage Saint-Pierre Amelot Richtung Boulevard Voltaire, ganz schmal ist die kleine Passage, da meint sie plötzlich, diese Frau aus dem Fenster hängen zu sehen. Ist das das Bataclan? Lisa geht unter dem Fenster durch und ja, an der Ecke liegen noch immer Rosen und hier stehen auch einige rote Kerzen, längst niedergebrannt, sie blickt sich wieder um, sie erinnert sich, wie die Frau hier aus dem Fenster hing, diese Frau, die sich kaum mehr halten konnte und sich doch nicht traute, sich fallen zu lassen, hoch ist das kleine Fenster, Lisa sieht das Bild noch genau vor sich, das Video der kleinen wackeligen Handykamera, am Ende muss sie sich doch fallen lassen haben, oder wurde sie wieder hochgezogen? Aber davon gibt es kein Bild, in Lisas Kopf hängt sie da noch immer. Nur ihre Mutter, ihre Mutter sitzt nicht mehr auf diesem Bett unter der Neonröhre. Das hat Lisa ja gesehen. Dass sie nicht mehr in ihrem Körper war, so flach, wie der auf der Matratze lag. Wie eine alte verlassene Hülle. Man soll nicht traurig sein um solche alten Hüllen, sagte der kleine Prinz. Um die Hülle war Lisa auch nicht traurig. Aber um die Finger. Die schmalen Finger ihrer kleinen Hände, die auf der Decke lagen. Noch immer.

32.
Marie

Bon, wenn ich sage, Mamie hat mich zu der Abtreibung gezwungen, dann ist mir schon bewusst, dass sie mich nicht gefesselt hat. Ja, ich weiß, ich hätte weggehen können, ich hätte das Baby mit Alain bekommen können, oder alleine, auch ohne Mamie. Aber dieser Satz, »gehe weit, weit weg, *ma chérie*«, der löschte die Welt um mich herum mit einem Atemzug aus. Es blieb nur noch Verzweiflung übrig, eine Leere, die mir vollkommen erschien. Etwas in mir war kaputtgegangen. Eben noch war es da gewesen, das Gefühl von etwas Großartigem, warme, helle, weiche Aufregung, und jetzt war es unwiderruflich weg, stattdessen war da: nichts.

Ich saß regungslos auf dem Sofa, ich starrte auf das Bild an der Wand, das Mädchen in einer schmalen Gasse, das gerade dabei war, sich umzudrehen, es fehlte nicht viel, und man hätte ihre Augen sehen können, hätte Kontakt aufnehmen können, hätte sehen können, was sie denkt. Das Bild hatte schon in Tunesien im Salon gehangen. Ich hatte es immer geliebt, doch jetzt war es leer. Das Mädchen war weit, weit weg, es hatte nichts mehr mit mir zu tun. Ein Gefühl des Elends breitete sich in meiner Brust aus. Ich schluchzte. Doch es half nicht. Verzweiflung zerriss meinen Körper. Meine Klagelaute durchzogen das Wohnzimmer, sie flossen durch das Fenster hinaus in den Pariser Himmel. Mein Körper schluchzte und bebte, doch er hatte nichts mehr mit mir zu tun, Spuckefäden zogen sich aus meinem Mund und bildeten dunkle Flecken auf meiner Jeans. Es war mir egal, ich spürte nichts, absolut nichts, es war nicht auszuhalten, dieses Nichts. Ich versuchte, die Luft anzuhalten, nichts. Ich kniff mir in die Arme, nichts, ich kratzte mir die Haut, nichts, ich schlug meine Nägel hinein wie Klauen und zog sie tief durch meine weiche Haut, bis ich endlich einen Schmerz spüren konnte, einen klaren Schmerz, der meine Brust befreite und mich aufatmen ließ, der mir dann ein Kribbeln durch meine Arme in meinen Magen schickte und der mich ganz ruhig werden ließ. Das Schluchzen verebbte, mein Atmen war ruhig, mein Kopf leer. So saß ich da, eine ganze Weile, mit nichts im Kopf, und wurde müde. Sehr müde. Ich ließ mich seitlich auf das Sofa fallen, meinen Arm hielt ich eng an meinem Körper, er brannte ein wenig, ein beruhigendes leises Brennen, eine kleine Flamme Leben in einem tauben Körper.

Als ich aufwachte, standen vor mir zwei Füße in blauen Hausschuhen. Ich bewegte mich leicht, mein Arm schmerzte. »Hast du dich beruhigt?« Noch immer war Mamies Stimme ganz hart. Ich schaute nicht auf, sondern starrte weiter ihre Füße an. »Wie siehst du aus! Habe ich dich so erzogen? Setz dich hin!« Langsam setzte ich mich hin, den Blick hielt ich weiter gesenkt. Jetzt nichts Falsches sagen. Ich war so froh, dass sie zurückgekommen war! Jetzt bloß nichts Falsches sagen. »Schau dich nur an, du kleines Häufchen Elend. Du hast echt kein bisschen Anstand. Erbärmlich.« »Ja, Maman«, flüsterte ich. »Ich weiß nicht, was ich tun soll. Ich bin in der Misere.« »Oh ja, in der Misere.« Jetzt traute ich mich, zu Mamie hochzuschauen. »Ich habe einen Fehler gemacht. Ich ... ich brauche dich.« »Wasch dir das Gesicht.« Ich stand auf, ich wollte an ihr vorbei ins Bad. Doch Mamie hielt mich an meinen Arm fest. Mit einem Ruck zog sie ihn an sich. Ich schleuderte herum. »Was ist das?« Ich schaute auf den Unterarm. Die Striemen leuchteten rot auf meiner weißen Haut. Ich versuchte ihn wegzuziehen, doch sie hielt mein Handgelenk fest umklammert. »Hast du das gemacht? Schau mich an.« Ich schaute meiner Mutter in die Augen. »Marie, mach das nie wieder. Hörst du? Eine Frau zeigt ihre Verwundbarkeit nicht. Niemals! Das ist gefährlich. Hast du verstanden?« »Ja, Maman.« »Hoffen wir, dass keine Narbe bleibt, *inch'Allah.*«

Ich ging ins Bad und wusch mir das Gesicht mit kaltem Wasser. Ich schaute in den Spiegel – und erschrak. Meine Lider waren so geschwollen, dass gerade einmal zwei kleine Schlitze übrig blieben, aus denen ich herausschaute. Kläglich. So konnte ich Mamie auf keinen Fall noch mal unter die Augen treten. »Maman, ich lege mich hin.« »Ist gut. *Ma chérie, ma pauvre petite chérie.* Morgen suche ich nach einer Engelmacherin, und dann machen wir diesem Fluch ein Ende, ja?« Die Stimme war wieder weich geworden. Endlich war sie wieder weich. Ich blickte auf. »Aber *ma chérie,* wie siehst du denn aus? Tss.« Mamie stand auf und streichelte mir die Wange. »Na, schlaf etwas, damit du deine Schönheit wiedergewinnst. Und in ein paar Tagen ist das alles hier vorbei, meine Kleine.« Ich nickte dankbar. Oh ja, ich war ihr so dankbar.

33.
Lisa

17:11, sagt das Display. Um 20 Uhr sollen die Gäste kommen, dann muss Lisa die Gastgeberin spielen. Obwohl, ist sie eigentlich die Gastgeberin? Ist es Adam? Larissa? Oder Mamie? Eine *soirée,* eine kleine *soirée.* Sie steht im Wohnzimmer, packt das Handy zurück in ihre Tasche und räumt die kleine Kommode aus, die sie nach Berlin bringen lassen will. Eine einfache kleine Kommode mit drei Schubladen aus dunklem Holz und Messinggriffen, gefüllt mit Nähzeug, Stoffen und Servietten, die sie in Mülltüten wirft, die guten Servietten, so etwas benutzt sie sowieso nicht in Berlin. Sie könnte die Möbel auch morgen zusammenräumen, aber irgendwie will sie nicht, dass diese Leute nachher zwischen Mamies Sachen stehen, und Papis Tisch, noch immer ist er ungewachst, das Holz ist nun allem ausgeliefert, allem, was Adam und die anderen mit ihm anstellen, aber nun ja, das muss er wohl aushalten. Nur eine kleine *soirée*, ein kleiner Abschied von Mamie, Madame Bellanger, einmal noch den Herd benutzen, einmal noch die guten Teller rausholen, einmal noch Leben in die Avenue de Flandre holen, haben sie gesagt, Larissa und Adam. *Eh bien.*

Die Kommode ist gar nicht so schwer, Lisa trägt sie durch das Esszimmer, vorbei an dem großen, dunklen Schrank am Eingang, durch den Flur hindurch in Larissas Zimmer, wo sie sie neben dem Sekretär abstellt. Dem kleinen Sekretär, an dem Lisas Mutter für ihr Abitur gelernt hat. Und in dem die Briefe waren. Der kommt auch mit nach Berlin. Lisa nimmt zwei der kleinen gelben Klebezettel, »Berlin« schreibt sie darauf, »Berlin«, und klebt sie auf die Kommode und den Sekretär. Morgen fliegt sie zurück. Noch zwei Wochen gehört die Wohnung ihr, dann wird der Kaufvertrag unterzeichnet. Und dann muss Larissa hier raus. Sie wird bei Vivienne unterkommen, die zwei Monate bis zum Sommer, im Sommer kommt sie nach Berlin zurück. Dann wird die Wohnung leer sein, ganz leer, bis das chinesische Pärchen hier einzieht und Lisa kein Recht mehr haben wird, hier zu sein. Keinen Schlüssel mehr. Nur in den Hof wird sie noch kommen, mit dem Code, und hoch auf die Galerie, aber nicht mehr in den Wohnturm. Aber wozu sollte sie auch in die Wohnung. Wozu sollte sie überhaupt nach Paris. Dann.

Lisa zieht sich um, sie zieht sich das neue Oberteil an, die kühle Luft prickelt auf ihrem Rücken, sie nimmt den Lippenstift und geht ins Bad. Sie malt sich ihre Lippen rot an, knallrot. Die Farbe fühlt sich kühl an auf den Lippen, kühl und klebrig. Sie lächelt. Es ist ungewohnt, ihre Lippen stechen jetzt hervor, Augen und Lippen, sie wirken so groß jetzt. »Eine Frau, die etwas auf sich hält, schminkt sich immer dezent«, sagt ihre Mutter. Lisa zuckt mit den Schultern und schaut sich in die Augen. Na und. Herrscherin der Gegenwart.

Als sie aus dem Bad geht, fällt ihr Blick auf das Bidet. Gelber Kalk, noch immer klebt gelber Kalk an den Armaturen und am Abfluss. Vielleicht sollte sie es noch putzen, bevor die Gäste kommen.
Ein Schlüssel wird ins Schloss gesteckt. »Ich finde es einfach zu teuer!«, tönt Larissas Stimme aus dem Flur, verärgert, »die Salate hätten völlig gereicht! Was denkst du, wer du bist? Der Botschafter von Irland?« »Aber schau dir nur die Häppchen an! Lachs im Blätterteig, Trüffel-Parmesan-Pralinen!« »Du hättest mich fragen müssen! Du kannst doch nicht einfach diese teuren Häppchen nehmen, die ich nicht wollte, und dann an der Kasse sagen, dass ich die Hälfte bezahle!« »Sei nicht so spießig!« »Sei nicht so aufgeblasen!«

Dass er Diplomat werden will, hat Adam Lisa erzählt, nach dem Studium will er versuchen, ein Praktikum in der irischen Botschaft zu bekommen, jetzt macht er eins bei der OECD. Sie saßen noch lange zusammen im Wohnzimmer, nachdem der Keller schwarz wurde, bei Pastis und YouTube-Clips, erst Guy Bedos, dann Videos von Flügen. Zuerst suchte Adam die Lufthansa-Werbeclips heraus, sein größter Traum sei es, erster Klasse zu fliegen, sagte er, »nur einmal ein Upgrade bekommen, oder wer weiß, wenn ich einmal Diplomat bin, kann ich auch einfach Businessclass fliegen, das geht auch.« Sie schauten sich das Menü an, Champagner gab es natürlich, auch *crevettes* und Kaviar, dann diese Betten in den kleinen Kabinen, richtige Betten, »und das alles beim Sonnenuntergang über den Wolken!«, schwärmte

Adam, »und schau mal, es gibt fünf verschiedene Sorten von stillem Wasser! Fünf!« Noch habe er keine richtige Wohnung, sagte er, »aber jetzt wohne ich schon hier bei Madame Bellanger, und wenn ich erst mal einen Job habe, ziehe ich in das 8. Arrondissement, in den fünften Stock, und wenn ich die fünf Treppen hochgelaufen bin, wird mich der Eiffelturm empfangen, direkt vor meinem Fenster, schwer atmend werde ich in mein Wohnzimmer gehen und von diesem riesigen Phallus belohnt werden, es wird orgastisch!«

Lisa räumt Lippenstift und Klamotten zurück in Larissas Zimmer, auf dem Weg in die Küche kommt Adam ihr entgegen. »Sie bekommt ihre Tage!« Er rollt mit den Augen. »Vielleicht hast du ja mehr Glück und kannst ihre Laune bessern!« In der Küche steht Larissa an der Spüle und lässt das Wasser einlaufen. Sie planscht mit beiden Händen darin herum, sodass Schaum entsteht. Als sie Lisa hört, schaut sie nicht auf. »Er hat einfach überteuerte Häppchen von Picard gekauft und lässt mich bezahlen!«, sagt sie und legt den ersten Teller ins Wasser. »Hmm, von Picard«, hat Lisas Mutter immer gesagt, wenn sie Picard in Mamies Tiefkühlfach entdeckte, eine Kartoffelpfanne mit grünen Bohnen oder *aubergines à la parmesane.* »Hmm, Picard, kannst du mir sagen, wieso es in Frankreich möglich ist, leckeres Tiefkühlessen zu machen, aber in Deutschland alles nur so matschig schmeckt?«

Auf dem Tisch liegt der große Karton, gegrillter Lachs mit einem Hauch von Pesto im Blätterteig, Entenpastete mit Trüffelflöckchen, Wachtelei mit Honigsenf. »Hmm, Picard!«, sagt Lisa. »So viel Geld für Schnickschnack!

Nur damit Adam angeben kann!« »Mamie hätte es gefallen.« »So, der Kolonialherrin hätte es also gefallen.« Lisa zuckt mit den Schultern. »Sie ist als Tochter eines Postboten geboren worden, nennst du das Kolonialherrin?« »Verteidigst du neuerdings deine Großmutter?«

Verteidigt Lisa neuerdings Mamie? Sie packt die Tüten aus, sie haben Radieschen gekauft, diese schönen Radieschen, hier sehen sie anders aus als in Berlin, nicht so rund und rot, sondern länglich und weiß-rosa, und sie sind auch schärfer, Lisa streift den Sand von einem Radieschen ab und beißt rein, ja, viel schärfer, wie Meerrettich, die Schärfe brennt auf ihrer Zunge wie Tränengas. Ihr gefällt es nicht, wenn Larissa Mamie eine Kolonialherrin nennt. Warum nicht? Weil sie, wie Albert Camus, in Armut aufgewachsen ist? Ist sie ja vielleicht, aber Lisa weiß es nicht genau. Und wenn sie in Armut aufgewachsen ist: War sie dann nicht trotzdem eine Kolonialistin? Die Tunesierinnen hatten das Recht, sich ihr Land zurückzunehmen, das hat Lisas Mutter immer ganz klar gesagt. Aber was konnte Mamie denn dafür, in Tunesien geboren worden zu sein? Wurde sie eigentlich in Tunesien geboren? Wann ist ihre Mutter nach Tunesien gegangen? Oder ihre Großmutter?

»Dein Urgroßvater kam mit der Armutsmigration nach Tunesien?« Larissa lässt das Wasser aus der Spüle ablaufen, es macht ein gluckerndes Geräusch. Sie geht zum Tisch, trocknet sich ihre Hände am Küchentuch ab und schaut Lisa an. »Ich weiß es nicht. Er war Postbote, das hat meine Tante zumindest erzählt.« »Deine Tante? Und was hat deine Mutter erzählt über ihre Großeltern, mütterlicherseits?« »Ich habe sie nie danach gefragt.« »Und dein Großvater?« »Der stammte aus einer französischen Familie mit Ländereien.« »Und Landarbeitern?« »Ja. Um die zehn Arbeiter, hat meine Mutter erzählt. Sie haben Weizen angebaut, auf einem Hof in der Nähe von Tunis. Weizen und Chili. Für Harissa. Meine Mutter liebte es, barfuß auf den Feldwegen entlang der Felder zu rennen, hat sie erzählt, und einmal hat sie eine Chili gepflückt und reingebissen, weil sie ihre Freundin beeindrucken wollte. Aisha.« Die Strenge ist aus Larissas Gesicht gewichen, sie lächelt. »Hast du den Hof mal gesehen?« »Nein.« Nein, Lisas Mutter ist mit ihr nie zu ihrem Haus gefahren. Immer nur in diese Hotels, in diese touristischen Hotels in Hammamet. Komisch. Dass sie mit ihr nur in den Hotels war. Außer einmal, einmal haben sie diesen Ausflug gemacht.

Lisa schneidet die Radieschen klein, dann die Tomaten, dann den Koriander, der Koriander ist ganz nass von dem Tomatenwasser und fängt an, herrlich zu duften. »Willst du Musik hören?« Larissa sitzt vor ihrem Laptop an der Ecke vom Küchentisch. »Brel?« Brel wollte Lisas Mutter nicht mehr hören, »ich will Brel nicht mehr hören«, hat sie gesagt. »Warum nicht?« »Weil er so eine große Sehnsucht in mir auslöst.« »Wonach?« »Nach Heimat.« »Nach Frankreich?« »Nach Heimat.« »Aber ist Sehnsucht nicht ein schönes Gefühl?« »Die Sehnsucht ist so groß, dass ich sie nicht aushalte.« »Nicht Brel. Mach irgendwas anderes an.«

»Yemma nekdeb 'alik, lazem nekdeb 'alik«, der arabische Gesang einer Frau füllt den kleinen Raum, eine, ja, eine süße Stimme, süß und sehnsüchtig, sie klingt nach Sonne, nach sehr heller Sonne, und ihre Sehnsucht ist irgendwie grün, hellgrün klingt sie, wie eine unreife Mandel. »Magst du Souad Massi?« »Ich höre sie zum ersten Mal.« »Sie singt über ihre Mutter.« Larissa setzt Wasser für den Couscous auf, sie zündet das Gas an, wusch, ein Hauch von Mamie. Lisa versucht, sich das Geräusch zu merken. Sie füllt die Spüle mit kaltem Wasser, zupft die Salatblätter hinein und taucht sie unter. Sie gleitet mit ihren Fingern durch die schwimmenden Blätter, es macht ein glucksendes Geräusch. »Was singt sie denn über ihre Mutter?« »Oh Maman, ich log dich an, ich habe dich angelogen, singt sie.« Larissa schneidet die Zwiebeln, Lisa zündet noch eine Flamme an, wusch, stellt die Pfanne darauf und brät die Zwiebeln. »Und wieso hat sie sie angelogen?« »Sie ruft ihre Mutter an, die in Algerien geblieben ist. Sie spricht darüber, wie es ihr im Norden geht. In Europa. Dass es ihr doch nicht so gut geht, dass es nichts gibt außer Kälte. Dass sie ihr fehlen. Ihre Mutter, und die Sonne.« *Yemma nekdeb 'alik, lazem nekdeb 'alik*, oh Maman, ich habe dich angelogen. Die Zwiebeln brennen Lisa in den Augen. Sie stellt das Feuer aus.

Larissa lockert den Couscous mit der Gabel, Lisa zupft die Minzblätter über den Grieß, sie riechen nach wilden Wiesen auf Waldlichtungen am Fluss, Larissa bröselt den Schafskäse zwischen ihren Fingern und leckt sie danach ab, »mmh!« Lisa nimmt eine Handvoll gewürfelter Tomaten und lässt sie auf den Couscous fallen, dann macht sie eine kleine Vinaigrette mit Olivenöl, Weinessig, Salz und Pfeffer, gießt sie darüber und mischt alles durch, mit den Händen mischt sie es, der Couscous fühlt sich locker und ölig an zwischen ihren Fingern, und als sie hochschaut, lächelt Larissa, sie schaut auf Lisas Hände und lächelt.

Es klingelt. *»Bonsoir!«*, zwitschert Adam in die Sprechanlage, »komm hoch! Siebter Stock!« Adam drückt die Küchentür auf. »Die Platte, schnell!«, ruft er und reißt den Karton mit den Häppchen auf. »Gleich ist Nina oben, ich habe ganz vergessen, die Platte fertig zu machen!« Er reißt den Schrank auf, holt einen großen Teller heraus und platziert einige Häppchen darauf, dann rennt er wieder in den Flur, mit bis an die Ohren hochgezogenen Schultern hüpft er aus der Küche. *»Coucou!«*, ruft er in den Hausflur, *»coucouuuu!«*, quietscht eine Frauenstimme zurück, *»uuuh*, Häppchen!«

Larissa schließt die Küchentür. »Wollen wir den Champagner trinken, bevor Adam ihn für seine Diplomatenfreunde holt?« Lisa hat noch nie Champagner getrunken. »Was ist der Unterschied zwischen Sekt und Champagner?«, hat sie ihre Mutter gefragt, und die hat ihre Augenbrauen hochgezogen, ganz hoch, »oh, das wirst du schmecken!«, hat sie gesagt, »glaub mir, ma *chérie*, das wirst du sofort schmecken!«

Nach der Diagnose haben die Ärzte sie gefragt, ob sie im Krankenhaus bleiben will, um einen Hospizplatz zu suchen, oder ob sie noch einmal nach Hause will. Dort war sie nicht mehr gewesen, seit sie diesen Knoten gespürt hat. Lisa konnte es sehen, sie war bei ihrer Mutter gewesen, um ihr ein paar Dinge ins Krankenhaus zu bringen, Klamotten, Duschgel, ein Buch, sie hat es gesehen, alles stand herum, als wäre sie gerade erst zur Tür raus, als würde sie jeden Moment zurückkommen, das Geschirr, die Fernsehzeitung auf dem Sofa, noch aufgeschlagen auf den 19. Oktober, das war der Tag. Sie hatte einem Straßenzeitungsverkäufer auf der Kaiser-Friedrich-Straße einen Zehn-Euro-Schein gegeben, »er hat geweint«, sagte sie, »er hat so verzweifelt geweint, dass ich ihm diesen Schein gegeben habe, und dann schaute er mich an, direkt in die Augen, Gott schütze Sie, sagte er«, und dann ist sie mit ihren Einkäufen nach Hause gegangen, hat sich auf das Sofa gesetzt und an den Hals gefasst, »ich weiß nicht, warum, scheinbar habe ich mir lange nicht mehr an den Hals gefasst, vielleicht war es dieser Mann, irgendetwas war anders, ich fasste mir an den Hals, und da war er, dieser Knoten, wie eine Walnuss, so hart wie eine Walnuss.« Sie ging direkt ins Krankenhaus, und dort war sie bis zur Diagnose. Und sie entschied, noch einmal nach Hause zu gehen, zwei Wochen nur, zwei Wochen ein schönes Leben vor dem Hospiz führen, ihr Leben, Lesen, Fernsehen, noch einmal das Leben genießen vor dem Sterben, mit gutem Essen und gutem Wein und Champagner. Lisa fand die Flasche, als sie die Wohnung ausräumte. Nach dem Sterben. Moët & Chandon. Sie war noch verpackt in diesem cremefarbenen Karton, sie stand verpackt in diesem Karton neben der Tür. Einen Tag hatte ihre Mutter es zu Hause ausgehalten, nur einen Tag. Dann ging sie zurück ins Krankenhaus. »Es ist vorbei. Es gibt keine Normalität mehr. Und keinen Genuss.« Obwohl das nicht ganz stimmte. Lisa konnte es sehen, im Hospiz, als der Pfleger nach Wünschen für das Abendessen fragte. »Haben Sie Wiener Würstchen?«, hat Lisas Mutter gefragt, sie saß auf dem Bett im Schneidersitz, »ja, haben wir«, »okay, dann Würstchen. Würstchen mit Senf!«, sie klatschte die Hände zusammen, »mit viel Senf!«, und in ihren leuchtenden Augen konnte Lisa noch immer den Genuss sehen. Das war einen Tag vor ihrem Tod.

Den Champagner hatte sie in die WG mitgenommen, mit all den anderen Sachen, die sie behalten wollte. Die Flasche stand jetzt in der Küche, in Annes und ihrer Küche, ganz oben auf dem Regal, im Karton, sie hat sie nicht angefasst seither.

Larissa holt den Champagner aus dem Kühlschrank und reißt die Folie um den Korken weg, sie öffnet das Fenster und lässt den Korken mit einem Knall hinaus in die Nacht fliegen, er fliegt durch die Wohntürme hindurch Richtung Sacré-Cœur. Der Champagner schäumt über und Larissa hält ihren Mund darunter, dann schenkt sie in zwei von Mamies milchigen Gläsern ein. *»Chin-chin«*, sagt sie, »auf deine starke, kluge, neureiche, äußerst boshafte Großmutter, möge Madame Bellanger in Frieden ruhen!« Lisa lacht, »auf Mamie.« Und wirklich, sie schmeckt es sofort. Als würde man lauter winzige Kügelchen trinken, keine Nadeln wie im Sekt oder in Cola, sondern winzig kleine weiche Champagner-Kügelchen.

Das Wohnzimmer ist erfüllt von Stimmengewirr. Es sind schon viele Leute da, sie stehen neben dem Eingang und um Papis Tisch herum und auf dem Balkon, im Halbdunkel, Adam hat alle Lichter ausgemacht, nur in der Ecke leuchtet eine kleine Lampe, dort, wo früher der Fernseher stand, und auf die Tische sind Kerzen verteilt. Lisa will die Schüssel mit dem Salat auf den Tisch stellen, *»pardon«*, sagt sie und drückt sich an einer Frau vorbei, einer Frau mit langen, glatten Haaren, sie trägt sie offen über einem roten Kleid mit einem tiefen Ausschnitt, ein Samtkleid, dazu schwarze Pumps, die Frau schaut Lisa auf die Füße, und Lisa folgt ihrem Blick, sie schaut ihr auf die weißen Turnschuhe.

Wieder klingelt es, Adam geht an die Tür, er lacht dabei, er lacht die ganze Zeit. Eine junge Frau mit hochgesteckten Haaren kommt herein, genauso fein wie die anderen hier, sie trägt ein schwarzes, kurzes Kleid und schwarze Pumps, ihre Lippen sind rot angemalt. »Was für eine Wohnung!«, ruft sie aus, *»très bourgeois!«*, und sie läuft auf den Balkon, »und was für eine Sicht über Paris!« Lisa folgt ihr mit Adam, auch hier draußen sind die Leute im Sakko oder im Kleid, Adam hat inzwischen ein weißes Hemd und eine schwarze Anzughose angezogen, seine dunklen Locken sind mit einem schwarzen, dünnen Haarreifen zurückgehalten. *»Right?«*, sagt er, *»the apartment is just amazing!«* Die Frau lässt ihren Blick vom Tour Montparnasse auf Adam schweifen und lächelt ihn breit an, »ja, unglaublich, dass du hier gelandet bist, Adam! Nur schade, dass du jetzt rausmusst, kann man da echt nichts machen, kannst du nicht noch mal mit der Vermieterin sprechen, mit dieser reichen Erbin, von der du erzählt hast?« Adams Blick kommt beinahe schneller bei Lisa an als der Satz dieser Frau, er lächelt wie ein kleiner Schuljunge und zieht dabei seinen Kopf entschuldigend zwischen die Schultern. »Darf ich vorstellen?«, sagt er und zieht Lisa an sich, »das hier ist Lisa, ihrer Großmutter gehörte die Wohnung.« »Oh«, sagt die Frau, »das ist wirklich eine sehr schöne Wohnung, die du, deine Familie, die ihr da besitzt.«

Lisa geht zurück ins Wohnzimmer und sucht Larissa, aber sie ist nicht da, sie findet nur Frauen in Cocktailkleidern, Männer in Sakko und Hemd, sie lehnen gegen den Tisch, gegen den Wandschrank, gegen die Wand und die Mitgifttruhe und gegen die Anrichte. Die Anrichte neben der Tür. Lisas Blick wandert auf die Anrichte, denn auf der Anrichte sitzt die Babypuppe. Die aus dem Keller. Chucky die Mörderpuppe, da sitzt sie, sie hat Papis Hut auf, schräg sitzt er ihr auf dem Kopf, ansonsten ist sie nackt, die Arme nach vorne ausgestreckt, den Mund noch immer geöffnet, die Augen starren in den Raum. Adam muss sie hochgeholt haben. Er muss sie aus dem Keller geholt und da hingesetzt haben.

Wieder klingelt es, eine Frau neben Lisa geht zur Tür und hebt den Hörer ab. *»Oui, allô? Oui, entre, septième étage!«* Sie öffnet die Wohnungstür, davor steht bereits jemand, er betritt den Raum. Es ist Ronald M. Schernikau. So sieht er jedenfalls aus, findet Lisa, ganz genau wie Schernikau. Wie der Schriftsteller, Lisas Vater liest ihn so gerne, »erst flieht seine Mutter mit ihm aus der DDR, dann geht er freiwillig zurück, als Letzter vor dem Fall der Mauer, das muss man erst mal bringen, so ein Eigensinn«, der letzte Wessi, der in der DDR eingebürgert wurde, kurz vor der Wende, der letzte Kommunist. Lisa starrt ihn an. Dieses halb offene Hemd. Diese riesige Brille aus den 1980er-Jahren. Dieses schmale Gesicht. Dieses Oberlippenbärtchen. Und diese schulterlangen, dünnen Haare.

Schernikau lässt sich von der Frau, die die Tür geöffnet hat, einen Rotwein eingießen und stößt mit ihr an. Lisa dreht sich um, »findest du nicht, dass er genau aussieht wie Schernikau?«, will sie Larissa fragen, aber noch immer kann sie sie nicht finden, überall unterhalten sich Leute, nur sie steht noch immer alleine vor Papis Tisch. Sie nimmt sich ein Glas vom Tisch, ein milchiges altes Glas, Weingläser gibt es keine mehr, und schenkt sich von dem Touraine ein, den sie im Monoprix gekauft hat. Dann geht sie zu Schernikau.

Schernikau stellt sich als Vincent vor, »Vincent, ein Freund von Adam.« Küsschen. »Adam und ich kennen uns von der OECD, weißt du? Der Organisation für wirtschaftliche Zusammenarbeit und ...« »Ja, ich weiß, was die OECD ist. Machst du da auch Praktikum?« »Ja, ein halbes Jahr.« »Und wie ist es?« »Spannend! Man lernt viele Leute kennen. Für später.« »Was willst du machen, später?« »Diplomatie. Ich will Diplomat werden. Du weißt schon, für den Weltfrieden und so!« Schernikau lacht. Lisa lächelt. »Jaja, der Weltfrieden, und den willst du in Paris finden?« »Egal wo. Aber man braucht schon einen richtig guten Job, um die Mieten hier zu bezahlen, also, wenn man nicht irgendwo im Banlieue wohnen will. Und die Praktika sind ja unbezahlt!« »Wie finanzierst du dir dein Praktikum?« »Mein Vater bezahlt mir die Miete.« Lisa dreht sich um, noch immer keine Larissa. Sie schaut wieder Schernikau an. Der lächelt und nippt an seinem Wein. »Ah, und wo wohnst du?« »Im 18. Auf zehn Quadratmetern, die Dusche ist im Zimmer, das Klo auf dem Flur. Dagegen ist diese Wohnung hier ja wirklich ein Palast! Was für ein Glück Adam hat, hier zu wohnen. Weil ja die alte Frau gerade gestorben ist, die hier vorher wohnte. Sie soll wohl verkauft werden, hast du das gehört? Wer verkauft denn so eine Wohnung mitten in Paris? Das Parkett, der Balkon! Und dann die Geschichte von der Familie! Hat Adam sie dir auch erzählt? Die sind wohl rausgeworfen worden aus Algerien. Voll krass. Das hat man gar nicht so auf dem Schirm, hier in Paris. Dass hier Leute wohnen, die im Krieg waren, in Algerien.« »Tunesien. Da gab es keinen Krieg wie in Algerien, es war anders, weil ja ...« »Studierst du Geschichte?« »Ich studiere nicht mehr. Ich schreibe meine Diss in Literatur. Über Lenz, den kennt man ja hauptsächlich von Büchner, aber ...« »Ja, Literatur, das ist cool, hier stehen auch so viele Bücher rum. Madame Bellanger hieß die Dame hier. Die gerade gestorben ist. Die hat scheinbar voll viel gelesen, Adam hat gesagt, dass sie nur noch gelesen hat, sie ist wohl kaum mehr aufgestanden. Sie soll jeden Tag ein Buch fallen gelassen haben, damit der Nachbar weiß, dass sie noch lebt. Voll einsam. Obwohl sie zwei Töchter hatte.« »Wann hat Adam dir das alles erzählt?« »Er erzählt von nichts anderem mehr! Er liebt Madame Bellanger. Er hat Fotos gesehen, Madame Bellanger in jung, mit weißen langen Handschuhen und im Matrosenkleid, er schwärmt viel von ihr und von ihrem Mann, einem gut aussehenden Jüngling mit Fliegermütze, der abgestürzt sein soll, einfach vom Himmel gefallen, hat Adam gesagt, kannst du dir das vorstellen?« »Nein.« »Doch, einfach vom Himmel gefallen, über Algerien!« »Tunesien.« »Jaja, Tunesien, und dann diese Geschichte von dem Bidet hier, kennst du die Geschichte vom Bidet?« »Die Geschichte vom Bidet?« »Ja, die Geschichte vom toten Baby!« Er muss Chucky meinen, Lisa dreht sich um und zeigt auf Chucky, »ach, du meinst die Babypuppe, die da ...« »Nein, ich meine die Geschichte von dem toten Baby im Bidet! Hier soll es eine illegale Abtreibung gegeben haben, bei der Tochter von Madame Bellanger, die ist wohl schwanger geworden, und Madame Bellanger hat die Engelmacherin geholt, das war noch in den 1960ern, so richtig mit Engelmacherin. Und das Baby, oder halt der Embryo, soll im Blut dort gelegen haben, Madame Bellanger hat es dann im Klo runtergespült. Hat Adam dir das nicht erzählt? Es steht noch da, das Bidet! Du musst es dir unbedingt anschauen, ein ganz normales Bidet, noch dasselbe wie damals, hier im Bad! Krass, oder?«

34.
Marie

Mamie hat mich umgebracht, hörst du? Sie ist der Teufel! Der TEUFEL! ... Sie kommt direkt aus der Hölle, und sie labt sich an denen, die Gutes in sich tragen, sie saugt sie aus wie ein Vampir, und sie hat mich umgebracht. Verstehst du! Ich lebe nicht mehr. Glaubst du mir nicht? Du wirst sehen ... Ich bin dir eine Last, es tut mir leid, ich weiß, ich bin dir eine Last ... Aber eine Sache muss ich dir noch sagen ... ich muss es dir erzählen, damit du verstehst. Es war schrecklich ... schrecklich, Lisa ... ich habe es dir nie erzählt, so sehr habe ich mich geschämt, aber es ist Zeit, dass du es hörst. Du sollst hören, dass deine Großmutter der Teufel ist. Sie ist gefährlich. Sie hat sie geholt, sie hat mir keine Wahl gelassen und diese Hexe geholt, die mich aufspießte, die mit einer langen Nadel in mir herumstach, und die mir ... Wie hilflos es da lag, im Bidet! Dieses Bild werde ich nie vergessen, es hat sich in meine Augen eingebrannt. Wie ein rohes Stück Fleisch lag es da, vor mir ... es lag gekrümmt da, wie ein winziges Baby, ein gekrümmtes Stück Fleisch ... *mondieu* ... Vergib mir, Vater, denn ich habe gesündigt. Ich habe gesündigt, Vater! ...

Nein! Lass mich! Ich will beten, ich will jetzt beten, denn Gott ist der Einzige, der mich nie verlassen hat, der Einzige! Gott hat mich nicht verlassen, denn er wusste, er musste mir beistehen, ich hatte es mit dem Teufel zu tun!

Weißt du, ich habe es oft gebeichtet. Jedes Mal, wenn ich beichten war, habe ich gesagt, dass ich dieses entstehende Leben abgetrieben habe. Die Priester waren nett zu mir, aber ich weiß, es gibt vor Gott keine Vergebung für Abtreibung. Mir wird nicht vergeben. Ich bin verdammt ... verdammt ... Sie wäre jetzt erwachsen. Sie hätte vermutlich selbst Kinder. Jedes Jahr denke ich daran, wie alt sie jetzt wäre. Sei nicht traurig, du weißt, wie sehr ich dich liebe. Du bist mein Sonnenschein, *mon rayon de soleil*, ohne dich hätte ich es nie so lange geschafft zu überleben. Ja, hätte mich Mamie damals nicht zur Abtreibung gezwungen, würde es dich jetzt nicht geben, und das ist das Einzige, was mich tröstet ... und weißt du, ich bin nicht dumm! Ich bin vielleicht betrunken, aber ich weiß sehr genau, wovon ich rede. Ich bin nicht gegen Abtreibung. Ich glaube nicht daran, dass in diesem Stück Fleisch eine Seele wohnte, es war kein Baby, das weiß ich, und wenn du jemals hättest abtreiben wollen, ich hätte dich immer darin unterstützt. Aber wenn eine Mutter ein entstehendes Leben will, dann ist es etwas anderes, es bringt sie um, es ihr zu nehmen, es tötet etwas in ihr. Die Engelmacherin war nur kurz da, weißt du? Es ging ganz schnell. Ich lag auf Mamies Bett – ha! Da hatte sie mich gerne, auf ihrem Bett! Diese Hexe! Eis haben sie mir auf den Bauch gelegt, meine Haut war ganz taub. Alles roch nach Alkohol, in einer Ecke des Zimmers klapperte die Engelmacherin herum. Dann kam sie zu mir, in der Hand hatte sie eine lange Stricknadel. Bestialisch, mit einer einfachen Stricknadel! Ich schloss die Augen, ich versuchte mich aufzulösen ... Weit weg wollte ich sein. Ich stellte mir vor, wie ich über eine Wiese renne, barfuß, die Luft riecht nach Jasmin, ich renne über die Felder, wie gut sich die Erde unter meinen Füßen anfühlt, dann stehe ich auf dem Hügel vor unserem Haus, neben meinem Vater, der seine große raue Hand auf meinen Kopf legt. Warum hat er mich verlassen, Lisa? Warum hat er mich verlassen? Ich sage es dir! Er hat es nicht mehr ausgehalten mit Mamie, deshalb musste er uns verlassen, er hat den Teufel in ihr gesehen. Aber bald werde ich bei meinem Vater sein, bald sind wir zusammen, und dann werden wir in seinem Flugzeug fliegen ... Sie stach in mir herum, diese Sadistin, und Mamie brachte es fertig, danebenzustehen! Sie freute sich, ich weiß es genau, sie hatte Spaß daran, wie die Nadel durch meine Vagina gestochen wurde, in meine Gebärmutter, die kleine Sadistin, sie rieb sich ihre Hände. Ich schrie und setzte mich hin, hört auf!, rief ich, hört auf!, rausziehen! Nehmt das Ding weg! ... Aber Mamie drückte mich auf die Matratze, sie war kräftiger als ich. Alles fing an zu krampfen, und ich spürte, wie ich sie verlor ... Ich habe sie umgebracht, Lisa. Ich habe deine Schwester umgebracht, bevor sie sich wehren konnte. Sie setzten mich auf das Bidet. Mach das Wasser an, haben sie gesagt, das kalte Wasser wird dir guttun, und ich machte es an, lasst mich alleine, wimmerte ich, lasst mich alleine. Ich wollte die Hexen nicht bei mir haben. Aber nicht abschließen!, ermahnte mich Mamie, ich schickte sie weg. Weg ... Ich spürte es. Ich spürte, wie sie mir durch die Lippen rutschte. Und dann schwamm es unter mir. Lisa! Im Bidet! Ich ließ es einfach alleine, ein weiches, müdes, rotes Häufchen Fleisch, das sich im gurgelnden Wasser im Kreis drehte.

Ich hätte nie in die Rue de Flandre zurückkehren sollen, Lisa, das war mein Fehler, mein Leben lang bin ich Mamie hinterhergelaufen, die einzige gute Idee, die ich jemals hatte, war, nach dieser verdammten Abtreibung diese Hölle zu verlassen. Das war eine gesunde Entscheidung, damals war ich noch stark genug. Ich hätte nie zurückkehren sollen, Lisa ... Sie hat mich erneut umgebracht. Hat mich geschlagen, als wäre ich noch immer ein kleines Mädchen, ich hätte nie gedacht, dass sie noch so viel Kraft hat, die Hexe, nur eine Hexe kann in ihrem Alter noch so zuschlagen! Ich will nicht mehr, es ist mir zu viel, einfach alles zu viel. Soll sie mich überleben, wie sie es mir immer prophezeit hat, soll sie sich alles krallen, was übrig ist. Ich bin müde, weißt du, viel zu müde ... Sie hat mich umgebracht, Mamie holt mich zu sich in die Hölle, und ich habe keine Kraft mehr, dagegen anzukämpfen. Ich bringe mich um, ich entferne meine Existenz aus ihrem Leben, dann bekommt sie, was sie immer wollte.

35.
Lisa

Schernikau trägt ein feines Oberlippenbärtchen, ganz fein, Lisa kann jedes einzelne Härchen sehen, sie sind parallel zueinander angeordnet. Beim Sprechen formt das Bärtchen die einzelnen Vokale, es formt Bögen, runde und flache, und kringelt sich leicht, beim B etwa, um dann beim I kurz aufzuploppen und sich beim E der zweiten Silbe zu entspannen, in der das Bärtchen gar keine Rolle zu spielen scheint. Bidet. Schernikaus Augen strahlen, als er das sagt, »die Geschichte von dem toten Baby«, dann setzt er sein Glas an die Unterlippe, die obere kommt gar nicht in Berührung mit dem Rotwein, er gießt nur ein winziges Schlückchen unter dem Bartbogen hindurch in den Mund, setzt das Glas wieder ab und schluckt, und jetzt schaut er Lisa an und hebt die

Augenbrauen, »hat er dir das nicht erzählt?« Im Hintergrund hört Lisa Klaviermusik, Klassik, Adam muss sie angestellt haben, und es klingelt wieder, jemand drückt auf den Summer, »wow, was für eine Aussicht!«, ruft eine Frau, *»amazing!«*, »nein«, sagt Lisa, »nein, diese Geschichte hat Adam mir nicht erzählt.« Dann dreht sie sich um und sucht Larissa.

Larissa steht auf dem Balkon. Sie steht da mit einem Glas Rotwein in der Hand und ihren roten Wangen und unterhält sich mit einer dieser Dutt-Frauen mit rot bemaltem Mund. »Larissa?« Lisa zieht sie von hinten am T-Shirt, lachend dreht sich Larissa um, dann erstarrt ihr Mund. »Der Typ da hinten, Vincent, er hat mich eben nach der Abtreibung gefragt.« »Nach der Abtreibung?« »Ja, nach der Abtreibung. Nach der Abtreibung von meiner Mutter.« »Was?« »Woher weiß er davon?« »Wer denn?« »Na, dieser Schernikau-Typ! Vincent!« »Vincent hat dich nach der Abtreibung gefragt? Von deiner Mutter?« »Ja, nach der Abtreibung, der Abtreibung!« »Oh.« Groß, braun und besorgt. »Larissa, hast du Adam davon erzählt?« »Ja, aber ...« Lisa dreht sich um und geht wieder rein. Cocktailkleider, rote Lippen, lange Haare. *Amazing.* Papis Tisch. Papis Holztisch, auf dem die Kerzen herunterbrennen, Wachs läuft über das Holz. Daneben die Glasschüssel mit dem Couscous. Daneben der Touraine, der Touraine, den Lisa im Monoprix gekauft hat, kein Bordeaux, man muss auch mal etwas wagen. Hat sie gedacht.

Lisa nimmt sich die Flasche und die Salatschüssel, sie öffnet die Tür und geht raus, sie geht durch den dunklen Flur in den Fahrstuhl, der sich ratternd hinter ihr schließt und sich dann nach unten in Bewegung setzt. Sie geht. Ohne ein Wort.

Oh, Lisa weiß ganz genau, was sie hätte sagen müssen. Sie weiß es. Was ihre Mutter gesagt hätte. Die hätte nicht wortlos die Wohnung verlassen, oh nein. Sie hätte. Sie hätte ein Drama gemacht, ein riesiges. Vor diesen Cocktailkleidern und Sakkos über rasierten Männerbrüsten. Sie hätte dafür gesorgt, dass sie sich wünschten, diese Wohnung nie betreten zu haben. Dafür, dass sie sich immer an sie erinnern würden. Dafür hätte sie gesorgt. Dass ihnen das Lachen vergeht, diesen Dutts und roten Mündern. Und dass sie nicht mehr dieses Gesicht macht. Larissa. Groß, braun und besorgt. Scheiß besorgt. Hör. Auf. *Arrête*, hätte sie gesagt, *arrête de faire ta gueule!* Hör auf, dieses scheiß besorgte Gesicht zu machen. Du denkst wohl. Du denkst wohl, das kannst du mit mir machen? *Hein?* Dass du das mit meiner Muschi machen kannst, sie hier auszustellen, vor diesen *petit bourgeois?* Diesen Dutts mit ihren roten Mündern, diesem Schernikau mit seinem Schnurrbart, seinem armseligen Strich Schamhaar unter der Nase? Oh, ich kenne Mädchen wie dich, Larissa, hätte sie gesagt. Denn sie hasste Mädchen wie Larissa. Kleine deutsche Blondinen, die gelangweilt durchs Leben gehen, hübsch und gelangweilt, manchmal hungern sie ein bisschen, um sich interessanter zu machen, aber das füllt sie auch nicht aus, das füllt nicht ihre Leere, denn sie sind leer, diese Mädchen, leer bist du, Larissa, gähnend leer. Paris, *hein*? Suchst du ein kleines Abenteuer in Paris, um das Loch in dir ein bisschen zuzustopfen? *Bah voilà*, los geht's! Mamie lädt dich ein! Etwas Spannenderes hast du in deinem ganzen Leben noch nicht erlebt, *hein*, etwas Spannenderes als diese geile Abtreibungs-Story! Zwischen diesen Dutts und roten Lippen hier, so *amazing*, stimmt's, Larissa, findest du das nicht auch *amazing*, das Parkett und diese Aussicht und dann die vielen Kontakte zur OECD für deine kleine Karriere? *Mais non*, aber nein, ich bin ungerecht, da bin ich ungerecht zu dir. Die Karriere, das ist ja Adam, denn du bist ganz anders. Klar, du bist ja politisch. Hängst auf der Place de la République ab und kämpfst für Gerechtigkeit. Du spürst das heiße Pflaster unter deinem kleinen Po und es kribbelt dir schon in der Hand, du machst Geschichte, was? Wie im Mai 68? An der ENS, der Elite-Universität machst du Revolution, eine kleine Revolution, abends in der Sonne? Und danach gehst du noch schnell bei Stalingrad vorbei und gibst den Flüchtlingen, oh *pardon*, den Geflüchteten, ein paar Decken, und dann fühlst du dich gleich besser, wenn du in die Wohnung von dieser FN-wählenden Kolonialistin fährst, stimmt's? Und ihren hysterischen Töchtern? So sieht sie dich, Lisa, als arme kleine Deutsche mit ihrer Alkoholikerinnenmutter, so wälzt du dich vor ihr über den Boden, du wälzt dich vor dieser Frau hier wie eine läufige Hündin! Und dann lässt du dir von ihr die Zunge in den Mund stecken, damit sie dir auch die letzte Energie aus dem Hals lecken kann, *dégueulasse*! Larissa, da fühlst du dich wohl schon wie eine kleine Französin, *hein*, mit deinen kleinen Macarons und deinen kleinen Brüsten und deinen kleinen *njenjenje* tanzt du durch Paris? Und dann guckst du meine Tochter mit deinem scheiß besorgten Blick an, reißt deine Augenbrauen hoch, um noch ein paar Geschichten aus ihr herauszusaugen, du kleine Zecke, du saugst meine Geschichten aus ihr heraus. Oh, ich weiß, wie Lisa funktioniert, man muss nur mal lieb gucken und schon fällt sie drauf rein, sie hat kein Rückgrat, meine Tochter, sie ist nach ihrem Vater gekommen, eine kleine Deutsche, sie fällt auf jeden rein, der nur einmal lieb guckt. Aber sie braucht deine Sorge nicht, Larissa, sie kommt schon alleine klar, lass deine klebrigen Fingerchen von ihr, na los, hau ab, *dégage*, geh zu Adam und Vincent und all deinen anderen Erasmus-Püppchen hier, genießt die *soirée, ého!* Das ist für alle hier! Genießt die *soirée, bienvenue* in der Rue de Flandre, Mamie lädt euch ein, postet doch ein Foto von dem Bidet auf Instagram, schade, dass kein Blut mehr drin rumschwimmt! Ja, na los, feiert ordentlich mit Madame Bellanger, sie macht bestimmt gerne ein Selfie mit euch und euren kleinen Muschis.

Und dann hätte sie Larissa mit den großen Augen das Glas aus der Hand genommen und ihr den Wein über den Kopf gegossen, ganz langsam hätte sie ihr das Glas über dem Kopf ausgegossen, das hat Lisa einmal bei ihr gesehen, in der Kneipe, als eine blonde Frau ihr sagte, sie solle lieber nach Hause gehen, sie habe zu viel getrunken und störe die anderen Gäste, da nahm sie ihr Glas Bier, es war ein großes Glas, ein halber Liter, und sie kippte es ihr ganz langsam über den blonden Haaren aus, stellte das leere Glas auf den Tisch, setzte sich zurück auf ihren Stuhl und bestellte ein neues. Kein Wort. Von der Frau.

Der Fahrstuhl öffnet sich und Lisa geht mit der Flasche Wein und dem Couscous über die Galerie zur Treppe. Ohne Jacke. Und ohne Gabel, für den Couscous. Die Tomaten glänzen saftig, sie kann den frischen Koriander riechen, sie kann jedes einzelne Grießkörnchen sehen, sie sind sehr locker, die Körnchen, gar nicht verklebt, es dürfen sich keine Klumpen bilden, das ist wichtig. Nichts davon hat sie gesagt, gar nichts. Sie hat nichts gesagt, sie ist einfach gegangen. Gegangen aus Mamies Wohnung. Aus ihrer Wohnung. Die jetzt den Rotmündern gehört, den Dutts, und Larissa mit ihrer besorgten *gueule* und dem kreischenden Adam mit seinen Häppchen. Von Picard. Hmm, Picard. Sagt ihre Mutter. Gut, dass du da raus bist. Weg von der kleinen blonden Deutschen. *Dégueulasse*. Ich wollte ja nichts sagen, es ist ja deine Sache, was du mit deiner Zunge machst, aber ich bin froh, dass – Lisa bleibt stehen. Verdammt.

Sie dreht sich um, sie geht die Galerie zurück zu *Hainaut*, öffnet die Zwischentür, tritt wieder in den Fahrstuhl, dessen Tür sich ratternd hinter ihr schließt und sich dann in Bewegung setzt, nach oben, sie eilt mit energischen Schritten durch den dunklen Flur, »Madame Bellanger« steht an der Tür, und klingelt. Larissa öffnet. »Komm gefälligst mit. Und hol eine Gabel. Für den Couscous.«

36.
Lisa

Ach, Larissa, es ist eine lange Geschichte. Wir waren glücklich miteinander, weißt du? Oh ja, auch wenn es manchmal die Hölle war mit ihr, wir waren richtig glücklich, wir konnten uns kaputtlachen, minutenlange Lachkrämpfe, bis das letzte bisschen Luft aus dem Bauch gedrückt war und uns die Tränen liefen, wir mussten nur einmal in das quietschende Gesicht der anderen schauen, in diese strahlenden, durstigen Augen, die die Welt mit einem Happs verschlingen konnten, sie sprühten vor Lust auf das Leben, ihre Augen, und wenn sie mich so ansprühte, dann konnte ich nicht aufhören zu lachen, bei *Louis und seine außerirdischen Kohlköpfe* lagen wir auf dem Boden, bülülülülülü, hat sie immer gemacht, vor dem Fernseher, und dann den Kopf nach rechts und nach links gewackelt, klack klack, wie der Außerirdische mit seinen Plastikschultern. Klack, magst du das Klack von diesem Tor auch so gerne? Es wird mir fehlen, dieses Klack der Avenue de Flandre. Weißt du, dass die Straße früher Rue de Flandre hieß? Die verdammte Rue de Flandre, so hieß sie bei uns, »die verdammte Rue de Flandre, sie ist verflucht«, hat meine Mutter immer gesagt, »Mamie wird sie mir nicht geben, plane nicht mit dieser Wohnung, *ma chérie*, denn wenn ich sterbe, dann nehme ich dich mit mir ins Grab.« Ja, das hat Mamie gesagt.

Es ist eine lange Geschichte. Und es geht gar nicht um das Bidet, es geht nicht um diese Abtreibung, ja, sicher, es muss grausam gewesen sein, mit der Engelmacherin, aber ich glaube, sie hätte die Abtreibung verkraftet, es ging mehr darum, dass Mamie sie nicht bei sich haben wollte. Sie haute ab, sobald sie konnte, sie floh vor Mamie, mit meinem Vater floh sie erst nach Kreta und dann nach Deutschland, und eigentlich hörte sie nie richtig auf zu fliehen. Sie hielt es nicht in Berlin aus, weißt du? Bei den scheiß Nazis in scheiß Nazideutschland, die nie über Rot gehen und immer bellen, wenn man etwas falsch macht, sie bellen dann wie die Schäferhunde, hat sie gesagt. Also haute sie ab und streunte durch Europa, nach Griechenland und nach Frankreich, ich habe sie noch, ich habe all ihre Postkarten behalten, aus Matala, vom Eiffelturm, vom Mittelmeer, so viele Karten vom Mittelmeer.

Ich hätte nie gedacht, dass sie einmal so friedlich sterben wird, ganz brav, beinahe deutsch, könnte man sagen, einfach so im Hospiz, das genau dafür gemacht ist, ich glaube, meine Mutter war noch nie so normal wie kurz vor ihrem Tod. Wenn du mich fragst, ich hätte gedacht, dass sie sich noch umbringt. Wirklich, davon war ich überzeugt, ich habe mich schon damit beschäftigt, wie ich damit umgehen soll, dass ich sie nicht retten konnte, dieses eine, dieses letzte Mal nicht retten konnte. Denn eigentlich war es schon so weit, eigentlich hatte sie sich schon einmal umgebracht. »Einmal bist du schon gestorben«, habe ich ihr oft gesagt, oder »weißt du noch, damals, als du gestorben bist«, ja, so habe ich mit ihr geredet. Denn nachdem sie das erste Mal gestorben war, lebte sie nicht mehr. Nicht mehr richtig. Sie hörte auf mit ihren Reisen, sie landete auch nicht mehr in der Psychiatrie, irgendwie hat sie es geschafft, nur noch abends zu trinken, ohne dann gleich die Flucht anzutreten. Sie blieb in ihrem Wohnzimmer, tagein, tagaus, dort saß sie auf ihrem Sofa und schaute fern, keinen Quatsch, nein, sie schaute sich niemals Serien an, immer nur Reportagen und Dokumentationen und manchmal auch Talkshows, aber nur französische Talkshows auf TV5. Und dann hatte sie raus, wie sie sich über das Internet durch Frankreich bewegen konnte, und sie war total baff, »was für ein Fortschritt!«, staunte sie, »schade, dass ich von dieser Zukunft nicht mehr so viel mitbekommen werde.« Sie liebte die Zukunft, oh nein, Zukunftsangst kannte sie nicht, sie war der festen Überzeugung, dass Fortschritt nur Gutes bringen könne. So blieb sie auf ihrem

Sofa. Und rauchte. Sie rauchte so viel, dass die Nachbarn sich beschwerten, weil es im Treppenhaus vor ihrer Wohnung so nach Zigarettenrauch stank, sie hatte Angst, dass man sie rauswerfen will, stimmt, das war ihre einzige Angst vor der Zukunft, »die Deutschen bringen es fertig und setzen eine alte Frau auf die Straße, nur weil sie raucht.«

Sie sagte selbst, dass sie so ihre Balance gefunden hätte. Ihre Balance. Ich weiß nicht. Immerhin hat sie nicht mehr versucht, sich umzubringen. Denn umgebracht hatte sie sich ja schon. Oder Mamie. »Mamie hat mich umgebracht«, das hat Maman danach gesagt.

An dem Tag, an dem Mamie meine Mutter umbrachte, schrieb ich gerade mein Abitur, Französisch, schriftliche Prüfung, ich weiß noch, es ging um Belästigung. Uns wurde eine Kurzgeschichte vorgesetzt, in der eine junge Frau von einem Typen angefasst wurde, im Auto, wir sollten den Text analysieren, die Erzählstimme, die Erzählperspektive, so was eben, ich weiß noch, dass die Hauptperson Odile hieß, das war ein komischer Name, fand ich, Odile. Sechs Stunden hatten wir Zeit. Ich war schnell, schneller als die anderen, ich schrieb gute dreißig Seiten voll und gab nach vier Stunden ab, mir rauchten die Finger und der Kopf, ich massierte meine schmerzende Hand, aber ich war stolz, ich konnte gut auf Französisch schreiben, elegant, ich hatte einen großen Wortschatz, und ich wusste, der Aufsatz war mir gelungen. Ich setzte mich in die Sonne auf den Schulhof und machte mein Handy an, um meiner Mutter zu schreiben, wie es gelaufen war, es war ein paar Monate nach meinem neunzehnten Geburtstag, sie war bei Mamie in Paris, sie hatte die fixe Idee, dass sie sich um Mamie kümmern könnte, fast neunzig war sie da schon, sie wollte sich um Mamie kümmern. Ich machte also mein Handy an: sechzehn Anrufe in Abwesenheit. Mir wurde schlecht. Larissa, du kennst das vielleicht nicht, aber ich wusste sofort, was das bedeutete, es konnte nur eins bedeuten, dass sie nämlich zusammengebrochen war, dass sie sich betrunken hatte, und dass sie mich gebraucht hatte, und ich hatte mein Handy aus gehabt, ich war nicht für sie da gewesen.

Und dann wurde ich wütend, da auf meinem Stein in der Sonne. Ich hatte mein Abitur geschrieben, verdammt, wie sollte ich denn gleichzeitig mein Abitur schreiben und mir ihr Rumgeheule am Telefon anhören, über Mamie und den Teufel, wie sollte das bitte gehen? Ich rief zurück, meine Hände zitterten dabei, es klingelte lange, zu lange, doch schließlich hob sie ab, ohne etwas zu sagen, ich hörte nur ihr schweres Atmen, wie so oft, ihr schweres betrunkenes Atmen, am liebsten hätte ich direkt aufgelegt. Ich hasste das, das machte sie gerne, abheben und dann nur atmen, da sagt man doch etwas, man hebt ab und sagt Hallo, das kann doch nicht so schwer sein, wer hebt denn ab und atmet dann nur, das macht man nicht, andauernd machte sie das, wenn sie betrunken war. »Hallo Maman?«, sagte ich. Sie sagte nichts. »Hallo! Maman! Du! Hast! Angerufen!« Atmen. »Ich lege auf, wenn du nichts sagst.« *»Euh«*, hörte ich, *»euh«*, ich unterdrückte den Impuls, aufzulegen. »Lisa? Lisa? Es geht mir nicht gut, Lisa.« Mehr nicht, mehr sagte sie nicht, nur wieder Atmen. Ich holte tief Luft.

»Was ist denn los?«

»Mamie ... Mamie ... Mamie! Mamie hat mich umgebracht.«

Einfach auflegen, dachte ich, Scheiße, soll sie ihren Kram alleine hinbekommen. »Was soll das heißen?«, frage ich mit ruhiger Stimme. »Wo warst du?« »Was heißt denn bitte umgebracht?« »Wo warst du? Du hast mich verlassen!« »Wieso verlassen, du bist doch nach Paris gefahren.« »Verlassen! Steckt dein Vater dahinter?« »Lass Papa da raus.« »Er hat dich gegen mich aufgestachelt. Er steckt mit Mamie unter einer Decke! Der Teufel hat sie geschickt!« »Lass den Teufel da raus. Was ist denn überhaupt los?« »Wo warst du?« »Ich habe Abitur geschrieben, verdammt!« Atmen. »Hallo?« »Abitur?« »Ja, Französisch-Klausur.« Atmen. »Ich habe dich gebraucht. Mamie hat mich umgebracht.«

Ich legte auf. Es hatte keinen Sinn. Das würde jetzt so weitergehen, stundenlang, tagelang, ich würde Ewigkeiten mit ihr telefonieren, Tag und Nacht würde sie anrufen, bis sie irgendwann in die Psychiatrie gehen würde, entweder freiwillig oder nachdem ich den Notruf gerufen hätte, tausendmal war es schon so gelaufen, ich konnte es nicht mehr hören, ich wollte es nicht mehr hören, ich wollte meine Ruhe. Ich machte das Handy aus, schloss mein Fahrrad auf und fuhr durch Charlottenburg, wir wohnten damals in der Sophienstraße, was war wohl passiert, dass es ihr so schlecht ging? Was machte sie jetzt? Mein Magen krampfte. Ich fuhr auf den Bürgersteig, hielt an, stieg ab und machte mein Handy wieder an. Es klingelte sofort. Eine Festnetznummer aus Frankreich. »Hallo?« »Ja?« »Maman?« »Lisa.« »Ja?« Atmen. Schon bereute ich, es wieder angemacht zu haben.

»Wo bist du überhaupt, Maman?« Atmen. »Maman!« »Ja?« »Wo bist du?« »In Nizza.« Jetzt war ich sprachlos. Von Nizza wusste ich nichts. »Hallo?«, fragte sie wieder, und ich: »In Nizza?« »Ja.« »Was ist passiert?« »Sie hat mich umgebracht, *ma chérie*. Das ist alles. Sie hat mich umgebracht.« »Ja, okay, das sagtest du schon, Mamie hat dich also umgebracht. Aber wie? Hat sie wieder den Teufel geholt?« Meine Mutter lachte. Sie mochte es, wenn ich ihren Humor nachahmte. Ich lachte auch. »Ich habe dich lieb«, sagte sie. »Ja, ich dich auch, Maman. Aber was ist denn nur passiert? Habt ihr euch gestritten?« »Ich kann nicht mehr, meine Lisa, ich kann nicht mehr. Ich rufe dich an, um mich zu verabschieden.«

Es war nicht das erste Mal, dass sie mir das am Telefon sagte, sie sagte eigentlich ständig, dass sie sich umbringen werde, wenn sie betrunken war, für mich war das nichts Neues. Doch diesmal war es anders, wie sie sprach, ihre Stimme, ich weiß nicht, es war anders, mein Magen krampfte sich panisch zusammen, doch ich ermahnte mich, ruhig zu bleiben, ruhig, ich überlegte, was ich jetzt am besten sagen konnte. »Maman, erzähl doch erst mal in Ruhe, was passiert ist.«

Und sie erzählte. Dass sie jetzt dazu bereit gewesen war, die Beziehung zu Mamie wieder aufzunehmen, nach all den Jahren. Dass sie gemerkt hatte, dass sie nicht ohne ihre Geschichte leben konnte, dass es nicht ging, in Deutschland zu leben, getrennt von ihrer Familie, dass Mamie ihr gefehlt hatte, dass es so viele ungelöste Konflikte gab, dass sie Angst gehabt hatte, keine Zeit mehr dafür zu haben, sie zu lösen, bevor Mamie starb, dass sie also beschlossen hatte, sich um sie zu kümmern, um ihre kleine Mutter. Ganz klein und schwach sei sie gewesen, mit fast neunzig, jetzt konnte man doch über die Probleme hinwegsehen, jetzt konnte sie doch für sie da sein und sie pflegen, nur sie und Mamie, gemütlich in der Rue de Flandre, das hatte sie für eine schöne Idee gehalten. »Pustekuchen!«, rief sie aus, »Pustekuchen, klein und schwach, von wegen, sie ist dieselbe Hexe wie früher, sie ist bösartig, und sie hat mich gestochen mit ihrem giftigen Stachel, immer wieder!« Sie hätten sich jeden Tag gestritten, meine Mutter hätte über ihre Kindheit in Tunesien reden wollen, über ihren Vater, über die Zeit nach seinem Tod, und Mamie habe losgeschrien, »lass mich mit dem Scheiß in Ruhe!«, hätte sie geschrien, »ich bin alt und habe mir meine Ruhe verdient, du mit deinen alten Geschichten, das ist Vergangenheit, kannst du die Vergangenheit nicht mal ruhen lassen, was musst du mich quälen? Lass mich in Ruhe, ich bin eine alte Frau, lass mich in Frieden!«, ihre eigene Mutter wollte sie nicht bei sich haben, nach all den Jahren habe sie sie wieder fortgejagt, wie damals, »gehe weit, weit weg, *ma chérie*«, »aber ich bin keine zwanzig mehr«, sagte sie, »ich halte das nicht mehr aus.«

Sie habe zurückgeschrien, dass sie das Recht habe, mit ihr über all das zu sprechen, was sie ihr angetan habe, dass sie eine erbärmliche Mutter sei, weil sie sich selbst mehr liebe als ihre Kinder. Und dann habe Mamie sie geschlagen, jawohl, mit neunundachtzig habe Mamie sie, Marie, mit der Kraft einer Fünfundzwanzigjährigen geschlagen, mit der Faust auf das Auge, ihre Brille sei durch das Wohnzimmer geflogen, noch immer könne sie durch das Auge nicht richtig sehen, »ich war blind, ich konnte nichts mehr sehen«, dann habe sie ihre Tasche gefunden und sei aus der Wohnung geflohen, ohne Schuhe, ohne Brille, ohne Jacke, nur mit der Tasche, sie habe sich auf der Avenue de Flandre ein Taxi genommen und sei nach Nizza geflohen, »ich wusste nicht, wohin, also bin ich nach Hause gefahren, zu der einzigen Heimat, die ich kenne: an mein Mittelmeer.« »Du bist mit dem Taxi den ganzen Weg nach Nizza gefahren?«, fragte ich. »Was hat das denn gekostet?« »*Bof*, Lisa, sei nicht so deutsch wie dein Vater«, sagte sie, »ist doch scheißegal, was es gekostet hat, ich bringe mich um, was zählt es da, wie viel Geld von mir übrig bleibt!« Ich riss mich zusammen. Mit sanfter Stimme sagte ich: »Aber Maman, du weißt doch, wie Mamie ist, sie rastet aus, was hast du da überhaupt gesucht, du wusstest doch, was du tust, als du nach Deutschland gegangen bist, als du den Kontakt zu der Familie abgebrochen hast, wieso wolltest du ihn denn jetzt wiederaufnehmen, was sollte das denn, komm doch jetzt zurück nach Berlin und wir machen uns eine schöne Zeit.« Ich hörte, wie sie am anderen Ende an der Zigarette zog. Dann legte sie auf.

Sie hatte aufgelegt. Das war noch nie passiert. Immer hatte sie Angst, dass ich auflegen würde, immer rief sie direkt wieder an, wenn ich wirklich einmal auflegte. Sie ruft gleich wieder an, sagte ich mir, sie ruft wieder an, mach dir keine Sorgen, fall nicht darauf rein.

Doch sie rief nicht wieder an, Larissa, sie rief nicht mehr an. Ich schob das Fahrrad bis nach Hause, ich ging in die Wohnung, in der ich mit meinem Vater wohnte, meine Mutter war bereits vor zwei Jahren ausgezogen, jetzt hatte sie eine kleine Wohnung in Berlin, auch in Charlottenburg, in der Kaiser-Friedrich-Straße, nur zehn

Minuten von uns mit dem Rad entfernt. Ich ging also ins Wohnzimmer, Che Guevara hing über unserem Sofa, mein Vater hatte ihn dort aufgehängt, »als Vorbild für dich«, hatte er gegrinst. Ich setzte mich auf das Sofa, an Essen war nicht zu denken, mein Magen war dicht, wieso rief sie denn nicht wieder an?, fragte ich mich, und dann: Macht sie etwa ernst? Will sie sich diesmal wirklich umbringen? Bilder gingen mir durch den Kopf und ich beschloss, sie wieder anzurufen. Es klingelte, es klingelte weiter, sie ging nicht ran. Was sollte ich tun? Am liebsten wäre ich losgefahren, direkt zu ihr, hätte ihr einen Kaffee gemacht und ihr Wasser gegeben und etwas zu essen, damit sie sich beruhigt, von mir nahm sie immer etwas zu essen an, ein bisschen Baguette mit Camembert oder eine Tiefkühlpizza, ich wusste, was sie aß, wenn es ihr schlecht ging, aber Nizza war weit weg, unmöglich, ich könnte frühestens am nächsten Tag dort sein und außerdem war ich mitten in den Prüfungen, ich wurde panisch, mitten in den Prüfungen, was sollte ich denn jetzt tun? Ich kannte niemanden in Nizza. Wieder rief ich an, sie ging nicht ans Telefon. Sollte ich den Notruf wählen? Sollte ich in Nizza bei der Feuerwehr anrufen und sagen, meine Mutter wolle sich umbringen? Ich holte meinen Laptop und suchte *»appel d'urgence Nice«*. »Meine Mutter hat angekündigt, dass sie sich umbringt, ich glaube, sie meint es ernst«, sagte ich, es fiel mir gar nicht schwer, die Worte auf Französisch zu finden, sie flossen einfach so aus mir heraus, »von wo rufen Sie an?«, fragte mich eine Frau, »Deutschland, ich bin ihre Tochter, ich lebe in Berlin, ich kann deshalb nicht selbst vorbeigehen«, ich wollte ihnen die Adresse geben, aber in welchem Hotel war sie denn? In welchem Hotel? »Ich weiß nicht, in welchem Hotel sie ist!« Ob ich die Telefonnummer von dem Hotel hätte, fragte die Frau. Ja, natürlich, die hatte ich, sie war ja auf meinem Handy angezeigt worden, ich gab ihr die Nummer, »machen Sie sich keine Sorgen«, sagte die Frau, »wir kümmern uns darum.« Ich stand auf, ich lief durch die Wohnung, ich schaute auf mein Handy, ich lief weiter durch die Wohnung, ich sah sie genau vor mir, wie sie auf dem Teppich lag, ich lief hin und her und schaute auf mein Handy, eine Minute verging, zwei, drei, sie dauerten ewig an, diese Minuten, wie lange man wohl von der Feuerwehr oder vom Krankenhaus bis zu diesem Hotel brauchte, eine Minute, bis man losfuhr, dann sicher fünf Minuten mit Blaulicht durch die Stadt, ich entsperrte das Handy und machte es wieder aus und entsperrte es wieder, die Minuten vergingen nicht. Dann klingelte es, das Klingeln zerriss die Stille und erschreckte mich, es war wieder eine Nummer aus Nizza. »Lisa? Was machst du denn? Die Sanitäter sind hier!«, sagte meine Mutter mit ganz lieber Stimme, oh ja, das konnte sie, ihre Stimme ganz lieb klingen lassen, wie ein kleines Mädchen, das etwas angestellt hat. »Maman, du hast gesagt, du bringst dich um!«, rief ich, ich war wütend. »Sei doch nicht so hysterisch, Lisa, ich hatte eben ein kleines Tief, *mondieu*, dass du aber auch so ausrasten musst! Warte, ich gebe dir einen Sanitäter, es ist ein sehr netter junger Mann«, ich hörte, wie sie kicherte, »nein, Maman, lass!«, rief ich noch, aber zu spät. »Hallo? Mademoiselle Bellanger?«, sagte eine Männerstimme, »ja?«, sagte ich zerknirscht, »wir sind hier bei Ihrer Mutter, es geht ihr blendend, aber vielleicht kümmern Sie sich ein bisschen mehr um sie, sie hat gesagt, sie fühlt sich sehr einsam.« »Aha«, brachte ich zwischen meinen Zähnen hervor, dann legte er auf. Fünf Minuten später klingelte es wieder, meine Mutter. »Lisa!«, rief sie, »Lisa, siehst du, sogar die Sanitäter sagen, du musst dich um mich kümmern!« »Ich! Schreibe! Abitur!«, schrie ich ins Telefon. Dann war Ruhe. »Maman?«, fragte ich. Sie schluchzte. »Maman? Wein doch nicht. Ich komme zu dir, ganz bald, ich komme nach meiner letzten Prüfung nächste Woche.« »Nein«, schluchzte sie, »nein, ich bin dir eine Last, komm nicht, ich rufe auch nicht mehr an.« Wieder legte sie auf. Das war nicht gut. Sie verhielt sich nicht wie sonst. Ich rief sie an, sie ging nicht ans Telefon. Ich wartete eine halbe Stunde, dann rief ich sie wieder an. Sie ging nicht ran.

Ich weiß nicht, ob du dir vorstellen kannst, was für eine Verzweiflung sich in meiner Brust breitmachte. Ich konnte sie richtig fühlen, die Verzweiflung, sie riss an meiner Lunge. Die Möbel standen stumpf herum, stumme Wände, Stille. Ich fing an zu weinen, ich schluchzte laut, sie würde sich umbringen, dachte ich, jetzt gerade brachte sie sich um.

Ich rief wieder die 112 in Frankreich an. »Haben Sie nicht eben schon mal angerufen?«, fragte mich die Stimme, jetzt streng, »ja!«, rief ich, »ja, aber jetzt ist es ernst, ich erreiche sie nicht mehr, bitte glauben Sie mir, es ist ernst«, ich heulte ins Telefon, egal jetzt, sie mussten verstehen, dass es ernst war. »Wenn es wieder kein Notfall sein sollte, müssen Sie diesmal die Kosten für den Krankenwagen übernehmen«, sagte die Stimme, als ginge es um die Buchung eines Taxis, am liebsten wäre ich durch die Leitung nach Nizza gesprungen, »ja doch!«, rief ich, »ja, fahren Sie schon!« »Ist gut, Ihre Adresse ist notiert, auf Ihre Verantwortung, ich schicke einen Wagen los.« Ich legte auf. Die Stille wurde lauter, sie rauschte in meinen Ohren. Meine Beine trugen mich nicht mehr, sie gaben nach, ich ließ mich auf den Teppich sinken, auf den weichen weißen Teppich. Ich legte mich hin, grub meine Augen in den Flausch. Bestimmt ist es zu spät, dachte ich, sie ist tot, sie ist tot, jetzt hast du keine Mutter mehr, gewöhn dich dran, und mit einem Mal erschien es mir nicht mehr so schmerzhaft. Dann hatte ich eben keine Mutter mehr. Ich würde klarkommen. Eine Leere breitete sich in mir aus, ich fühlte nur noch Gleichgültigkeit, gut, sie stirbt eben, dann wäre das zumindest erledigt. Ich weiß nicht, wie lange ich so lag, irgendwann fing ich an mich zu fragen, warum sich denn niemand meldete, ich schaute auf mein Handy, nichts. Wieder rief ich meine Mutter an, wieder nur ein endloses Klingeln. Da wurde mir kalt, die Gleichgültigkeit wich dem Entsetzen, ich fing an zu zittern, ich schrie und schluchzte, ich hatte das Gefühl, mich selbst aufzulösen, ich würde einfach mit ihr gehen, wenn sie starb, wäre auch ich nicht mehr.

Nach einer Ewigkeit klingelte das Handy. Ich starrte auf den Bildschirm: Maman. »Maman?«, schrie ich ins Telefon. »Mademoiselle Bellanger?«, sagte eine Männerstimme am anderen Ende. *»Oui«*, sagte ich, »was ist passiert?« Die Stimme sagte mir, meine Mutter habe versucht, sich umzubringen, aber sie sei jetzt stabil, sie hätten ihr den Magen ausgepumpt und sie ins Krankenhaus gebracht, sie seien zum Glück rechtzeitig gekommen, aber es sei knapp gewesen, sehr knapp, sie habe eine ganze Packung Antidepressiva geschluckt, ein paar Minuten später, und es wäre zu spät gewesen. »Es ist gut, dass Sie uns angerufen haben«, sagte die Stimme. »Welches Krankenhaus?«, fragte ich.

Sie war wütend. Sie war wütend, dass ich sie gerettet hatte. Irgendwann rief ich sie an, und sie sagte mir, dass sie mich nicht sehen wolle, dass sie sterben wollte, und dass ich sie in dieser Welt gegen ihren Willen gefangen halten würde. Ich glaubte ihr. Weißt du, warum? Weil sie nicht auszuhalten ist, diese Demütigung. Es ist nicht auszuhalten, zu der eigenen Mutter zu rennen wie ein Hündchen, auf allen vieren, den Schwanz eingezogen, und um ein bisschen Liebe zu betteln, sich auf dem Boden zu wälzen und die eigene Mutter anzubetteln. Das ist würdelos. Meine Mutter hat ihre Würde an Mamie verloren. Vielleicht hätte ich sie sterben lassen sollen. Aber für mich war es besser so, denn so ist sie in Würde gegangen, Larissa, als sie jetzt gestorben ist, Jahre später, tat sie es mit dem größten Mut, den ich je an einem Menschen gesehen habe. Ich liebe sie dafür, wie sie dem Tod in die Augen gesehen hat. Sie war stark. Das war sie, meine Mutter war eine starke Frau. Sie vor dem Selbstmord zu bewahren war eine egoistische Entscheidung. Aber ich bereue sie nicht. Denn es war der Krebs, der uns wieder zusammengebracht hat, der mir den Respekt für sie zurückgegeben hat. Verstehst du das? Es war der Krebs, der ihr die Entscheidung über Leben und Tod abnahm. Der sie wieder zu einem Menschen machte.

37.
Marie

Es war in Kreta, als ich mein Mittelmeer wiederfand. Ich lag auf den heißen Kieselsteinen am Strand von Matala, einer kleinen Bucht, eingerahmt von Felsen voller kleiner Höhlen. Es roch wunderbar nach Salz und Thymian. Mein Arm war ebenso heiß wie die Steine unter mir, zum Schutz vor der Sonne hatte ich ihn über meine Augen gelegt, und mit jeder Pore meines Körpers genoss ich die Wärme auf meiner Haut. In den Bäumen hinter mir hörte ich die Spatzen aufgeregt durcheinanderzetern und vor mir flogen die Schwalben von Höhle zu Höhle, um den nahenden Sonnenuntergang zu verkünden. Es waren jene Gesänge, die ich von der anderen Seite des Mittelmeeres kannte, aus den grünen Oasen inmitten der trockenen Wüste meiner Kindheit. Vor mir plätscherte das Wasser leise auf dem Sand. Es war ruhig und glatt wie Olivenöl.

Ich war zufällig auf Kreta gelandet. Ein paar Wochen zuvor war ich aus Paris geflohen, weg von Mamie, weg aus dieser Wohnung, raus aus der Enge und Dunkelheit dieser schrecklichen Stadt. Ich hatte deinen Vater in Paris kennengelernt, in meinem Stammcafé, ich am Tresen mit einem Whisky, Gerd an einem der Tische mit einem Bier, allein. Er saß in einer Nische, zwischen uns war eine kleine Trennwand, die genau über seinen Augen endete, und ich konnte sehen, wie er seinen Kopf ein bisschen streckte, um gerade so über die Wand schauen zu können, er streckte sich, um einen Blick von mir zu erhaschen, das brachte mich zum Lachen. Also schaute ich zurück, und als sich unsere Augen trafen, fand ich seine wunderschön, sie waren blau, von einem klaren, kühlen Blau. Ich stand also auf, nahm meinen Whisky und setzte mich neben ihn auf die Bank. Wir grüßten uns nicht, stellten uns nicht vor, schauten uns nur weiter an, tranken und lächelten. Dann fragte er: »Lebst du in Paris?«, er hatte einen starken deutschen Akzent, der zu seinen hellblonden Locken und seinen Augen passte, und ich sagte Ja, noch, aber ich will weg, und er sagte, jetzt auf Englisch: »Das passt ja gut. Ich fahre morgen weiter nach Indien.« Da beschloss ich, mit ihm zu gehen. Einfach weg, nach Indien, warum nicht.

Er fuhr mich zurück in die Rue de Flandre, es war spät und sie schliefen schon, Mamie, Marcel und Solange. Ich holte meinen Pass, meine Sandalen, ich wollte schnell weg, bevor noch jemand aufwachte. Für Solange schrieb ich einige Worte des Abschieds auf einen Zettel und schob ihn unter ihrer Tür durch, dann verließ ich die Wohnung. Es tat so gut, die Tür hinter mir zuzuziehen! Keine Minute hatte ich länger dortbleiben können. Sie war Gift für mich, die Rue de Flandre, alles war vergiftet, die Stühle, die Bilder, die Luft, sie sogen mir das Leben aus dem Körper, mit jedem Atemzug. Unten vor dem Tor wartete Gerd bereits mit seiner klapprigen roten Ente, ich stieg ein, »fahr los!«, sagte ich, und wir ratterten los. Schon auf dem Périphérique hatte ich das Gefühl, besser atmen zu können, und als die Sonne aufging, waren wir bereits südlich von Lyon, das Licht wurde freundlicher, und ich begann mich zu entspannen.

Jetzt lag ich hier am Meer, Gerd lag neben mir und schlief. Ich musste lächeln: Er war schön. Seine starke Stirn zeigten einige Falten, die davon zeugten, dass er gerne lachte; er wieherte wie ein Pferd, wenn er richtig loslachte, niemand konnte das hören, ohne selbst in Lachen auszubrechen. Die Wangen waren von zwei langen Grübchen durchzogen, die ihm einen verwegenen Ausdruck gaben, wenn er ernst war. Und das Kinn war groß und stark, wie ein Fels, der das Gesicht schützte, daran musste man erst einmal vorbeikommen. Die Nächte mit Gerd waren weich und zärtlich, er war von Anfang an ein aufmerksamer Liebhaber, dein Vater, und ich mochte seine starken Arme mit den rotblonden Härchen darauf.

Wir hatten in den Tag hinein geschlafen, nicht mehr als ein bisschen Kaffee und Brot mit Butter und Honig und griechischen Joghurt gefrühstückt, dann waren wir mit der Ente in die Berge hochgefahren. Sie hatte Mühe, die Steigung zu nehmen, und wenn sie schnatternd stehen blieb, lachten wir, stiegen aus und schoben. Am Ende half auch das nichts, also ließen wir sie einfach am Straßenrand stehen und wanderten los. Wie gut es tat, sich wieder durch die Kräuter und Pflanzen zu schlagen! Ich genoss es, wie Rosmarin, die Gräser und der Thymian sanft auf meiner Haut an den Beinen kratzten, wie mit jedem Schritt den Berg hinunter neue Gerüche befreit wurden, wie die Schmetterlinge, Käfer und Fliegen vor uns tanzten. Hinter einem Felsvorsprung machte unser kleiner Trampelpfad eine Biegung nach links, und vor uns breitete sich das Mittelmeer aus, hier tiefblau, dort türkis. Ich sog die Luft ein, sie roch nach Thymian und Minze, setzte mich auf den heißen Stein und ließ ihn meine geschundene Gebärmutter wärmen. »Hier bin ich zu Hause«, sagte ich zu Gerd, »so bin ich aufgewachsen, sieh nur, was für ein Paradies.«

Nach der Mittagshitze kehrten wir zu unserer Ente zurück und fuhren in die Bucht hinunter. Wir rannten quietschend in das Wasser, das wir den ganzen Tag nur von Weitem beobachtet hatten und das unsere Sehnsucht in der Hitze Stunde für Stunde hatte wachsen lassen. Wie gut es jetzt war, sich hineinzuwerfen! Am liebsten hätte ich es getrunken, das Mittelmeer. Müde und zufrieden mit unseren matten Körpern legten wir uns in die Sonne zum Trocknen. Jetzt schlief Gerd neben mir, ich stützte mich auf und sah mich satt vor Sonne um. Ich mochte die Stimmung am späten Nachmittag, es gab so eine ganz bestimmte Zeit, in der sich die Natur von der glühenden Mittagshitze erholte, die Sonne stand nicht mehr so hoch, sie nahm eine tiefgelbe, bald orange Farbe an, die Cafés öffneten wieder, die Spatzen freuten sich lautstark auf den Sonnenuntergang, die ersten alten Frauen trauten sich wieder auf die Straße. Die salzige Meeresluft machte mir Hunger. Ich beschloss, einige Seeigel aus der Bucht zu holen, Gerd wollte mir nicht glauben, dass ich sie sammeln und lebendig aufschneiden konnte, es war Zeit, es ihm zu zeigen. Ich schnappte mir die löchrige Tüte aus meiner Hosentasche, stand auf und lief in aller Ruhe zum Meer hinunter. Das kühle Wasser brachte meine Füße zum Lachen. Ganz langsam ging ich tiefer hinein, ein Schritt nach dem anderen. Ich genoss das Kribbeln an der Stelle, die gerade mit dem kalten Nass in Berührung kam, blieb stehen und ließ mich von den seichten Wellen ein wenig kitzeln, dann ging ich weiter. Als das Wasser mir bis kurz unter die Brüste reichte, ließ ich einfach los. Wie ein Korken ließ mich das Wasser auf und ab hüpfen. Ich versuchte, mich so wenig wie möglich zu bewegen, und schaute vorsichtig nach unten. Nach einiger Zeit näherten sich die Fische, ganz langsam und vorsichtig erkundeten sie erneut das Gebiet, von dem ich sie zuvor vertrieben hatte. Noch eine Weile beobachtete ich das Treiben unter mir, dabei zog mich das Meer ganz langsam ein Stück in die Bucht hinaus. Dann holte ich tief Luft und tauchte unter. Ich brachte meinen Kopf nach unten und zog die Füße hoch, um steil in die

Tiefe zu tauchen. Mit kräftigen Schwimmzügen tauchte ich Richtung Felsen. Als ich dort angekommen war, kam ich wieder hoch, um Luft zu holen. Hier plätscherte das Wasser schon lauter gegen die Steine, die stetig ausgehöhlt wurden, mit schmatzenden Geräuschen, als würde das Meer sich daran sättigen.

Ich holte erneut tief Luft und tauchte wieder steil nach unten. Ganz vorsichtig schwamm ich an die Felsen heran, damit ich nicht von einer Welle gegen die spitzen Kanten gedrückt würde. Ich suchte den Stein mit zusammengekniffenen Augen ab. Da waren sie: In einer kleinen Nische versteckten sich zwei, drei, nein, sogar noch viel mehr Seeigel. Einen nach dem anderen holte ich aus ihren Löchern, zog die Tüte aus meinem Bikini und tat sie vorsichtig hinein. Mit vier Seeigeln kehrte ich zurück zum Strand. Gerd schlief noch immer. Ich beugte mich über ihn, das kalte Wasser tropfte auf seine heiße Haut. Er machte die Augen auf. »Iiieh, kalt!«, rief er, lachte und zog mich auf sich hinunter. »Ein kalter Fisch! Wo kommt denn dieser kalte Fisch bloß her?« Er drückte mich an sich und küsste mir den Hals. »Uuuh, ganz salzig!« Ich quietschte und lachte und küsste ihn zurück.

»Und die kann man essen?« Gerd guckte skeptisch auf die stachelige Jagdbeute. »Klar, sie schmecken köstlich!« »Einfach so, roh?« »Ja, einfach so.« Spöttisch schaute ich Gerd an. »Vertraust du mir nicht?« Er lächelte etwas gequält. »Okay. Ich probiere sie.« Ich nahm mein Taschenmesser, stach es mitten in einen der Seeigel und schnitt ihn auf. »Aber die bewegen sich ja noch!« »Jetzt nicht mehr«, stellte ich fest und kratzte das Fleisch mit dem Messer aus der Schale. Vorsichtig nahm ich es auf die Klinge und schlürfte es in den Mund. Herrlich, es schmeckte nach Mittelmeer. »Hier, wie eine Auster«, sagte ich, nahm den zweiten Seeigel und schnitt ihn auf. »Voilà. Jetzt du.« Mit etwas angewiderter Miene griff sich Gerd das Messer und probierte einen kleinen Bissen. »Buah, salzig!« Er schluckte. »Es schmeckt wirklich ganz gut. Ein bisschen wie Muscheln.« Er aß den Rest auf. Ich wartete und schaute ihn an. »Was?«, fragte er. »Noch einen?« »Nee, iss du mal.« Ich lachte. Ich war froh, hier gelandet zu sein, mit Gerd und den Seeigeln und meinem Mittelmeer. Ich konnte mich schon gar nicht mehr daran erinnern, wie das Leben anders ausgesehen hatte.

Doch die zweisame Idylle auf Kreta hielt nicht lange. Gerd und ich waren längst nicht die einzigen Westeuropäer, die in der Bucht von Matala gestrandet waren. Jede Woche kamen neue Hippies an, aus Frankreich, den USA, Deutschland, Holland, sie schliefen in den Höhlen oder am Strand, blieben ein paar Tage oder Wochen oder Jahre, andere zogen weiter über die Türkei nach Indien. Man ließ sich eben treiben, so war es, man genoss die Begegnungen und schaute, wohin der Wind einen bringen würde. Ich habe es ja selbst nicht anders gemacht. Es war eine Gesellschaft von Nomaden, ausgespuckt aus dem Alltag, auf der Suche nach dem Besonderen. Die meisten gingen mir auf die Nerven.

Mit drei Hippies aus Deutschland freundeten wir uns trotzdem an, das waren Uli, Lula und Veronika, mit ihnen verbrachten wir viele Abende bei Yannis in der Dorfkneipe. Auch die drei waren noch nicht so lange zusammen unterwegs, das heißt Uli und Lula waren schon länger ein Paar und von Deutschland aus hierhergereist, um im Herbst nach Indien weiterzuziehen. Gerd schlug vor, dann mit ihnen zu fahren, *»on verra«*, sagte ich, das werden wir sehen, wer weiß schon, was im Herbst ist. Veronika war alleine nach Griechenland gereist, sie war die Jüngste hier, hatte die Schule kurz vor dem Abitur abgebrochen, als ihr Stiefvater nachts in ihr Zimmer gestiefelt kam, und hatte wie ich keine Ambitionen, nach Hause zurückzukehren. Als Veronika nach Matala kam, nahm sich Lula ihrer an. »Sie kam mir so zerbrechlich vor«, sagte sie, »zerbrechlich und ein bisschen orientierungslos«, also bot sie ihr an, mit ihr und Uli am Strand zu übernachten. Veronika fand die braun gebrannte Lula wunderschön, die nach Meer und Oliven roch und selbstsichere, kluge Augen hatte, eine reife, schöne Frau, deren Rundungen sie schon bald im Dunkel der Nacht erkunden sollte, während Uli so tat, als würde er schlafen. Ich mochte die drei, ich bewunderte sie für ihre Freiheit, die Dinge einfach auszuprobieren und zu sehen, wie es sich anfühlen würde.

»Und du bist wirklich nicht eifersüchtig?« Wir saßen auf Yannis' Terrasse und Gerd versuchte immer noch, die Dreierbeziehung zu verstehen, was alle am Tisch amüsierte. »Versteh es doch, Gerd«, Ulis Stimme klang ganz vernünftig, wie die eines geduldigen Lehrers. »Eine Beziehung, die andere Beziehungen ausschließt, basiert auf Angst und Besitzansprüchen. Warum sollte ich das ausschließliche Recht haben, mit Lula zu schlafen? Kaufe ich mir damit etwa die Sicherheit ein, dass sie für immer mit mir zusammenbleibt und mich ewig liebt und niemals von mir genervt sein wird? Ganz sicher nicht. Im Gegenteil. Ich werde ihr mit der Zeit langweilig, und dann siegt die Neugier und schon ist sie weg. Nein, da ist es mir lieber,

wenn sie sich ausprobieren kann, wann immer sie will.«
»Also warte mal«, Lula schaltete sich ein. »Es ist ja nicht so, dass ich mich ausprobieren will. Veronika ist ja wohl kein Hobby von mir. Ich mag sie einfach sehr gerne und liebe es, mit ihr zu schlafen«, sagte sie, und, jetzt an Gerd gewandt: »Meine Beziehung mit Uli ist ganz anders als die mit Veronika. Wir kennen uns seit Jahren, wir vertrauen uns und ich würde ihm überallhin folgen, so wie er mir. Aber Veronika liebe ich auch, ich liebe ihren Durst, ihr Suchen in der Welt, und auch ihre weiche Haut. Außerdem riecht sie viel süßer als Uli.« Wir lachten.

Ich fühlte mich eigentlich mit der Gruppe wohl, zu Hause irgendwie, es waren dieselben Gespräche, die ich aus der Pariser Kneipe kannte, nur dass ich ihnen jetzt hier am Mittelmeer lauschte. Doch an diesem Abend stimmte etwas nicht. Etwas nagte an mir, es packte mich leise im Nacken, das Gefühl, etwas vergessen zu haben, nicht ganz hier zu sein, nicht in mir selbst zu ruhen. Das Gefühl, dass das Glück und die Freiheit der letzten Tage unwiderruflich vorbei waren, ja vielleicht von Anfang an nur eine Pause von – ja, von was eigentlich? Der Wirt schenkte uns noch etwas nach. Nach einigen Gläsern Wein waren wir beim Ouzo gelandet, ich schaute in die Runde, die Wangen der anderen glühten rot, die Augen leuchteten lebendig.

»Okay, aber Uli, hast du denn gar keine Lust, auch mal mit Veronika zu schlafen?«, bohrte Gerd weiter. Ich gab ihm einen Kuss auf die Wange, er sah so süß aus, wie er immer weiter fragte, wie ein kleiner Junge, der die Welt verstehen will. Veronika verdrehte die Augen. »Was denn, wenn alles hier so offen ist, wird man doch mal fragen dürfen!«, verteidigte sich Gerd. Alle sahen Uli an. »Ich habe noch nie mit Veronika geschlafen, wenn es das ist, was du wissen willst.« »Du weichst aus.« »Also ... na ja. Natürlich würde ich gerne mit ihr schlafen, sie ist eine sehr schöne Frau, natürlich, und es wäre schon auch mal aufregend, zu dritt Sex zu haben.« Jetzt schauten sich Lula und Veronika an. Veronika runzelte die Stirn. Lula schüttelte den Kopf. »Nein«, sagte sie, und Veronika sagte auch »nein«, und Lula sagte, »nein, das wäre komisch irgendwie.« »Ach, das wäre jetzt also komisch?« Gerd schaute, als hätte er sie erwischt. »Seht ihr, es gibt doch Grenzen!« Wieder wurde gelacht, ich lachte nicht mehr mit, langsam ging mir das Gespräch auf die Nerven, wer hier mit wem schlafen will und wer nicht, meine Güte, wenn sie so frei waren, warum quatschten sie dann so viel darüber. »Gut, hätten wir das geklärt«, sagte Uli, haute mit der flachen Hand auf den Tisch und trank den Rest Ouzo aus seinem Glas. Ich leerte meines ebenfalls. »Was ist mit dir?«, fragte mich Lula, und plötzlich schauten mich alle gespannt an. »Mit mir?«, fragte ich, ich wusste nicht, was sie meinte, wollte sie mich jetzt auch einladen? »Ja, mit dir, gibt es noch einen anderen Menschen neben Gerd?« Mein Magen zog sich zusammen. »Nein«, sagte ich, »nein, es gibt nur Gerd, mich und das Meer.« »Oooh«, die anderen taten enttäuscht, »komm schon, so eine schöne Frau wie du hat doch eine Geschichte! Vor wem bist du abgehauen in Paris, wen lässt du zurück?« Jetzt war mein Magen eine Erbse. Ich wurde wütend. Was zum Teufel ging sie das bitte an? Ich schaute runter auf den Tisch. »Niemanden«, murmelte ich. »Ach komm schon!« Lula war betrunken, sie merkte nicht, dass ich keine Lust auf ihre blöden Fragen hatte. »Ach komm schon, erzähl doch auch mal was, nie erzählst du aus Paris! Der Stadt von de Beauvoir und Sartre, vom Mai 68, komm schon, was hast du auf dem Kerbholz? Wer vergeht vor Liebeskummer wegen dir?« Ich sprang auf. »Niemand, *putain*, das habe ich doch schon gesagt, kümmert euch gefälligst um euren eigenen Scheiß!« Ich drehte mich um und ging rein. Plötzlich nervten sie mich alle, Uli, Lula und Veronika, die drei Hippies, was verstanden sie schon von der Welt. Nichts. Für sie war die Welt ein Spielplatz, nicht mehr, ein großes Abenteuer, vom Leben hatten sie keine Ahnung.

Ich spritzte mir auf der Toilette kaltes Wasser ins Gesicht. Im Spiegel sah ich mir in die Augen. Ich dachte an Solange. Natürlich, sie war es, sie hatte ich zurückgelassen, sie war die Einzige, die ich vermisste aus diesem scheiß Paris, meine kleine Solange. Ich stellte mir vor, wie sie alleine in ihrem Zimmer saß, wie niemand mehr da war, um auf ihr Klopfen zu antworten. Wie sie sich alleine herumschlagen musste mit Mamie. Sie wusste ja nicht einmal, wo ich war. Sie fragte sich bestimmt, warum ich sie nicht mitgenommen hatte. Warum ich mich nicht meldete. Mein Herz wurde schwer. Wie konnte ich sie nur so alleine lassen?

Ich ging zum Telefon im Gang und wählte die Nummer der Rue de Flandre. Meine Knie zitterten leicht und mein Herz krampfte sich zusammen, als es zu klingeln begann. Mist, wie spät war es eigentlich? Rasch schaute ich auf die Uhr. Fast Mitternacht. Also 23 Uhr in Paris. Das ist gut, dachte ich, dann schläft Mamie vielleicht schon. »Ja?« Eine kleine müde Stimme ging dran. »Solange?« »Wer ist denn da?« Sie schien bereits geschlafen zu haben. »Solange, hier ist Marie.« Pause. »Solange?« »Marie?« »Ja, ich bin auf Kreta. Ich rufe dich von Kreta aus an.« »Kreta? Ich dachte, du fährst nach Indien.« Pause. »Solange, geht es dir gut? Ich wollte nur hören, ob bei dir alles in Ordnung ist.« Ich hörte ein leises Schniefen. »Weinst du?« Solange sagte noch immer nichts. »Solange, was ist los? Bist du traurig?« »Komm zurück«, schluchzte jetzt Solange. »Kannst du zurückkommen, bitte?« »Aber kleine Solange ... nein, ich kann doch nicht einfach zurückkommen, ich bin weit weg«, sagte ich, aber mein Herz wurde schwer. »Aber was ist denn los?« Wieder eine Pause. »Ich war im Krankenhaus.« Mein Herz setzte einen Schlag aus. »Im Krankenhaus? Was ist passiert? Geht es dir wieder gut?« Solange weinte. »Jetzt lass dir doch nicht jedes Wort aus der Nase ziehen!« Langsam wurde ich wütend. »Ich mag nicht mehr, Marie«, sagte Solange jetzt. »Ich will einfach nicht mehr hier sein. Es ist furchtbar. Ich wollte einfach weg.« Ich begriff nicht. »Weg? Aber wohin wolltest du denn?« »Einfach weg.« Pause. »Ich habe Mamans Tabletten genommen, weißt du, die blauen?« Es waren Schlaftabletten, Mamie nahm sie jeden Abend und wenn es mir nicht gut ging, hatte sie mir auch welche gegeben. Ich versuchte verzweifelt, nicht zu hören, was Solange mir zu sagen versuchte. »Konntest du nicht schlafen?« Jetzt wurde Solange wütend. »Doch, ich konnte schlafen, verdammt, aber ich wollte einfach nie wieder aufwachen, verstehst du nicht? Ich wollte nicht mehr.« Doch, jetzt verstand ich. Für einen Moment stand alles still. Die Musik war aus, ich hielt die Luft an, mein Herz hörte auf zu schlagen, ich konnte plötzlich ganz klar sehen. Gestochen scharf. »Ich komme. Ich fahre morgen los«, sagte ich, »mach keine Dummheiten, ich bin in zwei Tagen da.« »Ja«, schniefte Solange. »Bis dann. Ich küsse dich.« »Bis dann.«

Mit weichen Knien ging ich zurück zum Tisch. Uli und Veronika küssten sich leidenschaftlich. Natürlich. *Putain!* Dieses scheiß Getue, diese scheiß Gläser auf dem Tisch, Bier, Wein, Ouzo, scheiß Hippies, die sich hier ein schönes Leben machten, Sex und Alkohol macht frei, *oh làlà*, die große Erkenntnis. Ich schaute zu Gerd, der Uli und Veronika mit glasigen Augen zusah, zu Lula, die Veronikas Haare streichelte, als wäre das total okay für sie, dass ihr langjähriger Freund gerade mit der Schülerin rummacht, ekelhaft. Sie benahmen sich wie die Tiere, sie würden doch jeden abschlecken, der ihnen unterkam, von wegen Freiheit, alles Eitelkeit, alles der peinliche Drang nach Selbstbestätigung. Ich riss mich zusammen, am liebsten hätte ich ihnen die leeren Gläser um die Ohren gehauen, doch ich riss mich zusammen und setzte mich neben Gerd. »Schön, diese Freiheit«, murmelte er und streichelte mir über den Kopf. Bah! Der Kuss der beiden geilte ihn auf! Ich schlug seine Hand weg. »Was hast du denn?« Er glotzte mich blöde an. »Wie die Tiere! Ihr ekelt mich an!«, rief ich und stand auf. Uli und Veronika küssten sich weiter, ihre Zungen gaben ekelhafte Sauggeräusche von sich, es stank nach Erregung, nach Feuchtigkeit zwischen den Beinen, wie in einer warmen, nassen Höhle. Ich nahm ein volles Glas Bier und schüttete es Uli über den Kopf. »Spinnst du?« Er sprang auf und sah mich wütend an. »Was ist denn mit dir los?« »Du bist kein Stück besser als ein notgeiler Bulle!«, brüllte ich ihn an. »Seit wann bist du so prüde?«, rief er zurück. Ich hätte ihm am liebsten den Hals umgedreht. Ich packte ein leeres Glas und warf es gegen die Wand. Wie gut das Klirren tat! Ich warf gleich noch eines hinterher, die Luft war von Splittern erfüllt. Herrlich! Da kam Yannis angerannt. »Ist gut jetzt!«, rief er. »Marie.

Ist gut, beruhige dich!« Er wollte mir das dritte Glas aus der Hand nehmen, doch ich ließ es nicht los. Kurz rangelte ich mit Yannis, dann entriss er es mir, er hielt meine Arme fest. »Aber was ist denn los, Marie? Beruhige dich!« Ich riss mich los. Alle am Tisch glotzten mich an, sie sahen so dumm aus, wie Schafe glotzten sie mich an. Ich hasste sie alle, nur für diese dummen Blicke hasste ich sie. »Viel Spaß in eurem Harem!«, schrie ich, drehte mich um und verließ die Kneipe.

Als ich am Strand ankam, rief Gerd mir hinterher. »Marie! Warte doch!« Er rannte die Straße herunter. »Was ist denn los? Marie!« Doch ich lief weiter. Ich wollte ihn nicht sehen, also lief ich weiter, ich wusste, dass ich nicht weit kommen würde, in ein paar Metern war der Strand vorbei, aber stehen bleiben wollte ich auch nicht, auf keinen Fall. In meinem Bauch rumorte blinde Wut, ich wusste nicht, wohin damit, immer weiter. Als ich bei den Felsen ankam, hatte Gerd mich eingeholt und hielt mich am Oberarm fest. »Lass mich los!«, zischte ich und riss mich los. »Aber Marie, komm schon, was ist passiert?« Ich schaute an ihm vorbei auf den sandigen Boden. Meine Arme hielt ich um meine Brust geschlungen. Ich versuchte, mich in Luft aufzulösen, um ihm nicht ins Gesicht zu spucken. »Nichts.« »Klar, so siehst du aus.« Er packte mein Handgelenk. Wütend blickte ich hoch, kampflustig sah ich ihm in die Augen. Ich würde ihm eine verpassen, wenn er mich nicht loslassen würde. »Willst du mich ärgern oder was?« Ich riss meine Hand warnend in die Luft, bereit, ihm eine zu verpassen. Da änderte sich sein Gesichtsausdruck. Er biss die Kiefer aufeinander und seine blauen Augen blitzten, er zog die breite Stirn nach vorne wie ein Stier, und er gab mir eine Ohrfeige, dass ich das Gleichgewicht verlor und auf dem Sand landete. Blitzschnell sprang ich auf und rammte ihm mein Knie zwischen die Beine. Er brüllte los und sackte zusammen. Eine Zeit lang sah ich mir den Haufen Gerd an, der vor mir im Sand lag, Hass erfüllte mich. Dann schaute er auf, seine Augen waren jetzt anders, groß, nicht erschrocken, sondern traurig. »Marie«, keuchte er, »jetzt sag schon, was ist los.« Da entwich meinen Armen die Kraft, meine Knie wurden weich. Ich ließ mich neben ihn in den Sand fallen, ebenfalls keuchend.

Die Tränen kletterten meine Kehle hoch. »Ich muss zurück«, sagte ich. Meine Stimme klang ganz leer, es war mehr ein Flüstern. »Ich muss nach Paris. Ich muss zurück.« Er nickte. »Okay.« Er setzte sich vorsichtig zurück, drückte seinen Rücken durch. »Okay. Soll ich dich begleiten?« »Nein.« Lange sagte niemand von uns etwas. »Aber kommst du wieder?« Ich schaute ihn an. Er sah ängstlich aus. Ängstlich und verletzt saß er vor mir im nassen Sand. »Aber natürlich komme ich zurück, *mon chéri*«, sagte ich, »natürlich.« Mich erfasste eine Welle der Zärtlichkeit. Ich streichelte ihm durch die Haare und küsste ihn auf den Mund. Die Tränen liefen mir die Wangen herunter. Gerd nahm mich in seine Arme, die starken Arme mit den rotblonden Härchen darauf, und streichelte mir über den Kopf. Mein Körper wurde weich. Er hielt mich, und ich weinte, ich hörte gar nicht mehr auf zu weinen, meine Brust zog sich zusammen und gab lange Schmerzlaute von sich, es tat so gut, sie nicht herunterzuschlucken. Als mein Schluchzen langsam abebbte, merkte ich, wie gut er roch. Ich drängte meinen Mund, meine Nase enger an seinen Hals, ich schmiegte mich in diese kleine Kuhle. Er schmeckte salzig, seine salzige Haut vermengte sich mit meinen Tränen, ich küsste seinen Hals, mein Mund war ganz heiß, ich küsste ihn wie verrückt, damals am Strand von Matala küsste ich ihn wie eine Ertrinkende.

38.
Lisa

»*Ça, c'est Paris*«, steht auf einem der Boote, eine Frau fliegt in einer Yoga-Übung über einem Mann. Lisa kann diese Übung gut. Als sie ein kleines Mädchen war, hat ihre Mutter sie oft mit ihr gemacht, sie lag im Gras und hat Lisa mit beiden Händen an der Hüfte gepackt und über sich gehoben, und Lisa hat sich ganz gerade gemacht, sie hat ihre Arme ausgebreitet und ihre Beine durchgestreckt. »Flieg!«, hat ihre Mutter gerufen, »flieg bis ans Mittelmeer!«, und Lisa ist geflogen, sie ist über das weiche grüne Gras durch die Bäume geflogen, bis sie so lachen musste, dass sie prustend auf den Bauch ihrer Mutter fiel.

Sie sitzen im *Bellerive*, vor Lisa und Larissa die leeren Teller, Rührei gab es, Rührei mit Schinken und Milchkaffee. Eine Frau mit langen grauen Haaren läuft an ihnen vorbei, vor ihr rennt ein kleiner, schwarzer Mops, er grunzt ein bisschen wie ein Schwein, er zieht die Frau an der Leine unter den Platanen hindurch und grunzt vor Anstrengung. Larissa ist zurückgegangen, gestern Abend, nach dem Kuss und dem Couscous ist Lisa ins Hotel gegangen und Larissa zur Avenue de Flandre. »Ich muss mit Adam sprechen«, hat sie gesagt, und dann lief sie am Kanal zurück, zurück zur *soirée*, wo sie Adam zur Seite nahm.

Larissa sieht müde aus, es ist komisch, sie bekommt keine Augenringe, wenn sie müde ist, nicht so wie Lisa, unter deren Augen zwei blaue Ringe von einer schlaflosen Nacht erzählen. Die Haut unter Larissas Augen ist schön wie immer, glatt wie ein Pfirsich, aber ihre Lider sind geschwollen, dicke Lider über den Augen, die vielleicht auch ein bisschen weniger glänzen als sonst. »Dreimal musste ich Leute aus meinem Zimmer schmeißen«, sagt sie, »knutschende Pärchen, Männer, Frauen, sie kamen einfach rein. Ich sage dir, ich bin froh, dass ich es nur noch ein paar Tage mit Adam aushalten muss.«

Lisa trinkt ihren Milchkaffee aus, er ist nicht ganz richtig, nicht das richtige Braun, etwas zu viel Milch, etwas zu hell. Neben ihr steht ihr großer roter Rucksack, sie hat schon gepackt und ausgecheckt, in ein paar Stunden geht ihr Flieger zurück nach Berlin, von Paris-Orly nach Berlin-Tegel in einer Stunde und fünfundvierzig Minuten. »Nimm den Zug«, hat Larissa gesagt. »Denk an das Klima und nimm den Zug.« »Aber jetzt ist es doch auch egal«, hat Lisa gesagt. »Jetzt habe ich doch das Ticket schon.«

Gestern Nacht sind sie durch das türkise Tor auf die Avenue de Flandre gegangen, die früher Rue de Flandre hieß, »verfluchte Rue de Flandre«, Lisa und Larissa sind über die Ampel gegangen und in die Rue de Joinville eingebogen, vorbei an *Pauline*, deren Fensterläden heruntergelassen waren, sie haben den Platz überquert, den Platz mit dem Markt, auf dem sich Mamie sonntags immer ihr Hühnchen holte, ihr Hühnchen mit Zitrone und ein paar Kartoffeln, mit der Schüssel voller Couscous und dem Touraine in der Hand sind sie am Kanal entlanggegangen, vorbei an der Hebebrücke und dem Hostel, vorbei am *Bellerive*, dessen Fensterläden gestern Abend ebenfalls heruntergelassen waren, und dann haben sie sich an das Bassin gesetzt, die Schüssel mit dem Couscous zwischen sich. Das Wasser lag vor ihnen, als würde es nicht hinter der Rotonde wieder zum Canal Saint-Martin zusammengedrängt, gleich hinter der Schleuse, sondern als würde es sich hinter den Hochhäusern zum Hafenbecken ausbreiten und sich dann zum Meer öffnen, hinter der nächsten Ecke nur. Der Mond schwamm weiß auf dem Bassin, nicht ganz voll, ein bisschen unförmig. Als könnte sie ihn anfassen, fühlte sich Lisa, als müsste sie nur aufstehen und die paar Schritte über das Wasser zu ihm gehen ihn aus dem Bassin fischen, von dem Gedanken bekam sie Hunger, einen riesigen Hunger, am liebsten hätte sie in den weißen Mond hineingebissen wie in einen großen Camembert.

Sie nahm Larissas Hand, einfach so nahm sie die schmalen Finger zwischen ihre, sie waren ein bisschen kalt und Lisa umfasste sie mit beiden Händen, zog sie zum Mund und hauchte sie vorsichtig an, und dann waren da Larissas Augen, die nun doch größer wurden, wie der Mond, sie wurden größer und kamen auf Lisa zu, aber bevor sie von dem Braun verschlungen wurde, wurde alles rot, Larissa küsste sie rot, ihre Zunge war ganz warm und rot und schmeckte nach Touraine.

Und dann dieser Couscous. Am liebsten hätte Lisa den Grieß mit ihren Händen gegessen und sich das limettige Ölivenöl von den Fingern geleckt. Sie hatten nur eine Gabel und aßen abwechselnd, der Koriander breitete sein Aroma auf alle Körner aus und die Tomaten schmeckten süß und sauer und rot und fest zugleich, dazu tranken sie den Touraine aus, und der Touraine schmeckte nach der Loire, nach Lavendel und heißer Nachmittagssonne, wie die Göttinnen, hatte Larissa gesagt, an Lisas erstem Tag in Paris, wie die Göttinnen.

Jetzt sitzt Larissa hier neben Lisa, die Augen geschlossen, um sich die Sonne auf ihre müden Lider scheinen zu lassen, sie lehnt sich zurück und streckt sich aus, und in ein paar Stunden soll Lisa sie hier alleine lassen und nach Berlin zurück. »Bleib doch hier«, sagt Larissa, »bleib doch einfach hier.« »Aber in ein paar Tagen haben wir keine Wohnung mehr.«

Sie lassen das Geld für das Frühstück auf dem Tisch und gehen los, an dem Hostel vorbei über die Rue de Crimée, am Spielplatz entlang, heute ist der Spielplatz voller Kinder, Mädchen mit langen Haaren und langen Röcken und Jungs mit Kippa und Schäfchenlocken schaukeln und wippen und klettern, und auf den Bänken sitzen ihre Mütter mit Kopftüchern und Perücken. *»Chez les Juifs«* sind sie immer essen gegangen, wenn Lisa und ihre Mutter hier waren. »Bei den Juden«, dort gibt es den besten Couscous, sagte Mamie, »also den besten Couscous, den man im Restaurant bekommen kann.« Das kleine Restaurant gibt es noch immer, Lisa und Larissa sind gerade daran vorbeigegangen, *»Chez David«* steht auf dem blauen Schild, aber reinschauen konnte man nicht, die Fenster sind milchig, nur der Geruch nach Knoblauch und Kumin dringt nach außen. »Ich habe es versucht«, hat Lisas Mutter gesagt, »ich habe versucht, mich mit den Palästinensern zu solidarisieren, es wäre richtig, sie sind es, die unterdrückt werden, wie die Araber in

Tunesien und Algerien, aber ich habe es nicht geschafft, ich habe aufgegeben. Ich fühle zu sehr mit den Israelis, sie wollen eine Heimat, ich kann es so nachfühlen, sie wollen ihre Heimat. Ich kann mich nicht für eine Seite entscheiden. Ist mir egal, dass ich kein Recht darauf habe. Anders vielleicht als die Juden habe ich kein Recht auf Tunesien. Aber das ist mir egal. Ich halte es trotzdem nicht aus, ohne meine Heimat, ich will sie zurück, und sie lassen mich nicht. Sie haben ein Recht, mich nicht zurückzulassen, und trotzdem will ich es haben. Mein Recht auf meine Heimat. Meine rote Erde unter den Füßen.« Jetzt fällt es Lisa wieder ein. Dass ihre Mutter doch einmal zu dem kleinen Haus auf dem Hügel zurückgefahren war, nur einmal, sie hat es ihr erzählt, vor ihrer Geburt. Es wohnte eine Familie darin, die nur Arabisch sprach, und Lisas Mutter hatte die wenigen Worte Arabisch vergessen, die Aisha ihr beigebracht hatte. »*Famille, famille*, das hat der Alte immer wieder gesagt«, erzählte sie Lisa, und dass seine Frau Angst gehabt habe, ganz aufgeregt habe sie ihn immer wieder gefragt, was Lisas Mutter da wolle, mit aufgerissenen Augen, und dann habe sie ihr viele Eier geschenkt und zur Tür gedrängt, »ich glaube, sie hatte Angst, dass ich das Haus und das Land zurückwill, also bin ich schnell wieder gegangen, ich bin gegangen und nie wieder zurückgekehrt, es gehört mir nicht, es gibt keine Heimat mehr für mich.«

»Benjamin!«, ruft eine Frau, sie ist aufgestanden und schiebt einen Kinderwagen den Bürgersteig entlang an der kleinen Kirche vorbei, »Benjamin, *viens, vite*, deine Tante kommt gleich!« Lisa und Larissa können nicht mehr sehen, welcher der Jungen Benjamin ist, sie lassen den Spielplatz hinter sich und überqueren den kleinen

Platz am Anfang der Rue de Joinville, hier wird morgen wieder Markt sein, der Markt mit dem Zitronenhühnchen, es riecht hier immer ganz leicht nach Fisch, eine Möwe pickt in einer Tüte herum, in der Rue de Joinville wird der Hafengeruch dann von dem Duft nach Butter und Schokolade verdrängt, der ihnen aus den offenen Türen von *Pauline* entgegenweht. Sie gehen in die kleine Bäckerei hinein, Lisa muss aufpassen, dass sie mit ihrem großen Rucksack keine alte Dame umstößt, sie schaut sich die Kuchen in der Vitrine an, denn heute kauft Lisa keine *pains au chocolat*, heute kauft sie eine *stéphanie*. Die Himbeeren quellen rundherum zwischen den zwei pinken Macarons hervor und eine Himbeere thront oben auf einem Kissen aus weißer Sahne. Die Frau hinter der Theke nimmt die *stéphanie* vorsichtig hoch, legt sie in einen weißen Karton und umwickelt das Paket mit rosa und weißem Geschenkband, in das sie einen kleinen Tragegriff bastelt.

39.
Marie

Wenn man flieht, holen einen die Dinge immer wieder ein. Das lernt man erst mit dem Alter. Man kann nicht einfach abhauen und woanders ein neues Leben aufbauen. Die Probleme kommen mit. Das bekam ich bitter zu spüren, als ich nach Paris zurücktrampte. Mich hatte in Athen ein Belgier mitgenommen, ich weiß nicht mehr, wie er hieß, Sébastien oder Daniel, so was, aber ich weiß noch, wie er aussah. Er hatte lange lockige Haare, so dunkel wie meine eigenen, auch einen Bart, und ein einladendes, offenes Lächeln. Als wir losfuhren, war es Abend, er wollte die Hitze vermeiden und die Nacht durchfahren. Mir war das recht, ich machte mir aus meinem Pulli ein Kissen und lehnte meinen Kopf dagegen, um ein wenig zu schlafen, nach Small Talk war mir ohnehin nicht. Als die Sonne aufging, irgendwo auf dem Balkan, wurde ich wach. Wir hielten an, kauften uns zwei Kaffee und ein bisschen Brot und fuhren weiter, er wollte nicht schlafen, obwohl ich ihm anbot, das Steuer zu übernehmen. »Ein paar Stunden schaffe ich schon noch«, sagte er lachend, ich zuckte die Schultern, er würde schon wissen, was er machte. Doch bei der Fahrt wurde mir unwohl. Mit jedem Kilometer, den wir fuhren, spürte ich, wie Paris näher kam, ich hatte den Eindruck, wir würden mit voller Geschwindigkeit auf die Rue de Flandre zurasen. Und zu allem Überfluss fing Daniel jetzt an, gesprächig zu werden. Er redete darüber, wie er in Griechenland gelernt hatte, Schmuck herzustellen, wie er sich für die Kunstszene in Paris interessierte, Malerei sei eigentlich sein Schwerpunkt gewesen, vor Griechenland, aber jetzt, der Schmuck, und vielleicht könne er ja in Paris, überhaupt, Paris, wie aufregend es dort ... Ich nickte müde. Und er sprach weiter, Paris im Mai, wie toll es gewesen sein müsse, das erlebt zu haben, ich schaute aus dem Fenster, sah mir die Bäume an, doch sie wirkten fremd irgendwie, ich schaute auf die Straße und mit einem Mal fiel mir auf, dass er nur einmal mit dem Steuer ausrutschen musste, nur einmal nach rechts ziehen, und schon klebten wir an einem Baum, schon wären wir ausgelöscht, entartet sahen die Bäume jetzt aus, feindselig, mit einem Kribbeln zog sich mein Magen zusammen, ich krallte mich an meinem Sitz fest und atmete ein. Bah. Da war er plötzlich, dieser Gestank der

Rue de Flandre, dieser Gestank nach Zigarettenrauch und Ras el-Hanout. Mir wurde übel.

Wir waren irgendwo in Jugoslawien und hier war nichts, gar nichts, keine Tankstelle, keine Häuser, nur Straße und Felder, und ich in diesem Auto mit diesem Daniel. Ich konnte nicht raus. Gerade war doch noch alles in Ordnung gewesen. Nicht ein Mal hatte ich auf Kreta an die Rue de Flandre gedacht. An den Geruch. Den Flur. Das Bad. Ich musste würgen. »Ist echt alles okay?« »Nein! Halt an! Stop!« Daniel fuhr rechts an den Straßenrand und hielt an. Gerade noch konnte ich die Tür öffnen, da kam es mir auch schon den Hals hoch, ich erbrach mich direkt vor die Tür. Immer wieder krampfte sich mein Magen zusammen, selbst als nichts mehr kam, würgte ich weiter. Ich versuchte, den Magen selbst herauszuwürgen, meine ganzen Innereien, sie sollten raus, doch es gelang mir nicht. Ich röchelte. Ich bekam kaum mehr Luft, doch die Krämpfe schüttelten mich. Da zerrten mich zwei Arme aus dem Auto. Lehnten mich gegen die Kühlerhaube. Ich spürte eine Hand auf der Stirn und merkte, wie mir jemand über den Rücken strich. Ich öffnete die Augen. Daniel sah mich an. »Beruhige dich«, sagte er. »Du hast einen Panikanfall. Atme langsam und tief durch.« Er zählte immer wieder bis drei, »einatmen, zwei drei, ausatmen, zwei drei, Pause, zwei drei, jetzt wieder einatmen.« Langsam ließ das Erstickungsgefühl nach und mit ihm die Übelkeit. Die Welt nahm ihre natürliche Farbe wieder an.

Ich merkte, wie meine Beine zitterten, und setzte mich auf den Boden. »Hier.« Daniel hielt mir eine Flasche Wasser hin. »Kleine Schlucke!« Ich nahm zwei, drei winzige Schlückchen und merkte, wie sich mein Magen wieder nach unten ausbreitete. Er machte dabei ein gurgelndes Geräusch. »Besser«, sagte ich und sah zu ihm hoch. »Danke.« Es tat gut, so auf der Erde zu sitzen, auf der festen Erde, das eigene Gewicht zu spüren.

Ich dachte an meine Flucht aus Paris nach Kreta. Ich hatte keine Übelkeit gespürt, keine Panik, eigentlich hatte ich gar nichts gespürt. Gerd hatte mir keine Fragen gestellt, und so hatten wir über Gott und die Welt gesprochen, über den Vietnamkrieg, über die griechische Militärdiktatur, über Bob Dylan. Ich glaube, ich spielte einfach mit. Ich spielte die intellektuelle linke Studentin aus Paris, interessiert am Weltgeschehen, gut gebildet. Ich spielte eigentlich nur noch. Selbst mein Lächeln hatte nicht mehr funktioniert, bis wir auf Kreta angekommen waren. Im Spiegel hatte es ganz schief ausgesehen, ich weiß es noch genau. »Findest du, mein Lächeln sieht komisch aus?«, hatte ich Gerd gefragt, als ich bei einer Pause aus dem Busch zurück zum Auto gekommen war. »Wieso? Nein, gar nicht! Du lächelst sehr schön«, hatte er gesagt. Ich hatte mit den Schultern gezuckt und aus dem Fenster gesehen. Aber ich hatte nicht darüber nachgedacht, was in der Rue de Flandre geschehen war, die ganze Fahrt nicht, und auch in Kreta nicht. Erst hier, neben Daniel am Straßenrand, bohrte sich die Erinnerung von innen gegen meine Augäpfel, und ich bekam Kopfschmerzen. Erinnerungen kann man nicht auslöschen. Man kann sie nur verdrängen, und irgendwann kommen sie zurück wie ein Bumerang.

Als ich das letzte Mal die Rue de Flandre betrat, das letzte Mal für eine lange Zeit, war sie in Schlaf getaucht.

Sie wirkte beinahe unschuldig. Die Gänge waren wie leer gefegt, ein leichter Wind zog über die glatten Steine, kein Vogel war in den Bäumen des Innenhofs zu hören. Daniel hatte mich vor dem Gebäude abgesetzt, genau an der Stelle, wo Gerd nur wenige Wochen zuvor mit der Ente auf mich gewartet hatte. Auch Daniel hatte mir angeboten, mich und Solange noch aus der Stadt zu fahren, ein Stück raus zu einem Parkplatz oder einer Kreuzung, von wo aus wir weitertrampen konnten. Doch ich hatte ihn verabschiedet, ich wollte die Dinge alleine regeln. Wir würden schon zurechtkommen, Solange und ich.

Ich nahm die Treppe, ich hatte Angst davor, der ratternde Fahrstuhl könnte die Nachbarn wecken. Leise schloss ich die Wohnung auf und zog die Tür hinter mir zu. Die Wohnung war dunkel und in Stille getaucht. Ich wagte es nicht, mich zu bewegen, ich blieb im Flur stehen, bis sich meine Augen an die Dunkelheit gewöhnt hatten und sich mein Atmen beruhigt hatte. Es war komisch: Sie jagte mir keine Angst mehr ein. Ich konnte die Umrisse vom Esstisch sehen, vor dem Balkon, die Holzstühle, ganz stumm standen sie da, sie hatten mir nichts mehr zu sagen. Ich konnte nicht glauben, dass es erst sechs Wochen her war, als ich die Flucht ergriffen hatte. Auch die Wände wirkten, als hätte ich nichts mehr mit ihnen zu tun, sie luden mich nicht ein, in mein Zimmer zu gehen, sie jagten mich aber auch nicht mehr fort.

Ich gehörte hier nicht mehr her, hier war kein Platz mehr für mich. Mamie hatte mich der Engelmacherin ausgeliefert, sie hatte bestimmt, dass dies nicht mehr mein Ort war, und so war es nun. Ich wollte nur Solange hier rausholen und dann weg, weit weg, nie wollte ich wiederkommen.

Ich ging nach rechts in den Flur, drückte die Klinke zu Solanges Zimmer herunter und schlich mich rein. Es roch nach Schlaf, ich konnte ihr leises Atmen hören, ihren Umriss unter der Decke erkennen. Ich setzte mich vorsichtig auf ihr Bett. »*Hé,* Solange!«, flüsterte ich und streichelte ihr seicht über die Schulter. *»Hein?!«* Meine Schwester schreckte hoch. »Schsch, ich bin's, Marie.« Sie fiel mir um den Hals. »Marie! Du bist gekommen!« »Aber klar«, sagte ich leise und streichelte Solange über den Rücken, »natürlich komme ich zurück zu meiner kleinen Schwester.« Solange rückte zur Seite, »komm, leg dich neben mich!«, sagte sie mit vom Schlaf ganz heiserer Stimme. »Nein, wir müssen los.« »Jetzt?!« »Ja. Jetzt.« »Warum?« Solange rieb sich das Auge. »Hör mal, Marie, du übertreibst. Leg dich hin. Wir schlafen uns aus. Und morgen schauen wir weiter.« Sie rückte noch ein Stück zur Seite und klopfte auf die Matratze.

Es klang verlockend. Das Zimmer roch wunderbar nach Schlaf, die Matratze unter mir war so weich, der Ausblick auf eine richtige Decke machte mich müde. Was soll's, dachte ich, nur ein paar Stunden Schlaf würden mir guttun, morgen sehen wir weiter. Ich kroch zu ihr und streckte mich. Wie gut es tat, in einem warmen Bett zu liegen! »Siehst du«, sagte sie und gab mir einen Kuss auf die Wange, »und jetzt schlaf gut.« Ich kuschelte mich eng an meine warme Schwester. Auf dem Kissen vermischten sich unsere Haare, ich konnte nicht mehr unterscheiden, zu wem sie gehörten. Wir haben die gleichen Haare, dachte ich, genau die gleichen Haare, schwarz und glänzend, und schlief ein.

Als ich aufwachte, war es hell. Die Sonne schien durch den Vorhang, Solange schlief noch immer. Draußen konnte ich vertraute Küchengeräusche hören, das Gas auf dem Herd wurde angezündet, die Kaffeekanne draufgestellt. Und dann: Das Schlurfen durch den Flur. Mamie war schon aufgestanden. Mit einem Schlag war ich hellwach. Ich setzte mich hin. Sollte ich warten, bis sie im Wohnzimmer war, oder mich schnell aus der Wohnung schleichen, um sie nicht zu treffen? Oder sollte ich die Konfrontation suchen, ihr ins Gesicht schreien, dass ich Solange mitnehme, weil sie alles Leben kaputt machte, das sie zeugte?

Ich beschloss aufzustehen, bevor Solange wach wurde. Besser, ich sprach erst mal allein mit Mamie. Ich setzte mich auf die Bettkante, atmete ein paarmal tief durch und stand auf. An der Tür blieb ich noch einmal stehen und horchte. Die Geräusche kamen aus der Küche. Ich schlüpfte durch die Tür und ging auf Zehenspitzen in die Toilette. Als ich wieder herauskam, stand Mamie vor mir im Flur. Sie sagte nichts. »Ich komme nur kurz vorbei. Ich hole Solange ab.« Ich hielt mich weiter an der Türklinke fest und holte Luft, um ihr an den Kopf zu werfen, was ich vorbereitet hatte. Doch sie kam mir zuvor. »Ich weiß nicht, wer du bist«, sagte Mamie, zuckte mit den Schultern, die Zigarette in der Hand, drehte sich um und ging wieder in die Küche. Das hatte ich nicht erwartet. Perplex blieb ich stehen, dann schüttelte ich den Kopf, was sollte denn das heißen, sie weiß nicht, wer ich bin? Ich folgte ihr in die Küche. Da saß Mamie, als wäre nichts, in der Ecke am Küchentisch, vor ihr ein Bol Kaffee, und zog ruhig an ihrer Zigarette. »Was soll das heißen, du weißt nicht, wer ich bin?« Mamie zuckte erneut mit den Schultern. »*Hé*, rede mit mir!« Mamie schlürfte ihren Kaffee. Ich setzte mich vor sie an den Tisch. »Maman!« »Du bist nicht meine Tochter. Meine Tochter hat beschlossen, ihr Leben woanders zu führen.« »Hör auf!« »Stimmt das etwa nicht?« Ich holte tief Luft. Das Gespräch nahm eine Wendung, die mir nicht gefiel. Eine Weile sagten wir beide nichts. Ich sah zu, wie sich der Rauch von Mamies Zigarette in der Luft schlängelte, ich las mit dem Finger ein paar Krümel von der Wachsdecke auf, ich schaute Mamie an, die mich stumm anstarrte, ihre Augen waren dicht, sie sah durch mich durch, und plötzlich überkam mich eine tiefe Sehnsucht nach ihren warmen Augen, nach ihrer Wärme, ihrem Lachen, danach, wieder ein Zuhause zu haben, wieder hier zu Hause zu sein. Ich atmete tief durch und versuchte es, entgegen allem, was ich mir auf dem weiten Weg von Kreta nach Paris vorgenommen hatte, entgegen allen Worten, die ich mir zurechtgelegt hatte, allen Regeln, die ich formuliert hatte, lass dich bloß nicht auf sie ein, gehe nur rein und hole Solange, sprich erst gar nicht mit ihr, lass dich nicht einwickeln! Alles weggewischt, alles beiseitegeschoben von dieser Sehnsucht, diesem Verlangen danach, in ihren Schoß zurückkehren zu dürfen. »Ich wollte es ja hier führen. Ich wollte mein Baby hier bekommen, bei euch, und es aufziehen. Ich hätte mir nur ein bisschen Unterstützung gewünscht!« Mir kamen die Tränen. »Jetzt fang nicht wieder damit an.« Mamie stand auf und ging aus der Küche. Ich lief hinterher. »Jetzt bleib doch mal stehen! Können wir uns nicht darüber unterhalten? Wie du mich zur Abtreibung gezwungen hast?« Mamie wirbelte herum. »Ah? Gezwungen? Das ist also deine Geschichte? Die arme kleine Marie wollte ihr Baby bekommen, aber ihre böse Mutter, die Hexe, hat sie an das Bett gefesselt und es ihr weggenommen. Nein, *ma chérie*, das hast du freiwillig gemacht. Du hast dich schwängern lassen und wolltest es nicht, na und, das passiert Tausenden Frauen, so ist das Leben. Aber die machen hinterher nicht so ein Drama.« Mit einem Mal wurde mir schwindelig. »Ist es dir ... hast du es auch gemacht?« »Ich hab's ja versucht, aber was soll ich sagen, die Göre steht vor mir.« Zack. Ich wich erschrocken zurück. Aber es war nicht Mamie, die mich geschlagen hatte – ich war es, die Mamie eine Ohrfeige verpasst hatte. Ja, so war es. Ich habe sie geschlagen. Zum ersten und einzigen Mal in meinem Leben, und das sollte ich später bitter zurückbekommen.

Aber damals, damals war ich es, die sie schlug. Wir starrten uns an. Ich hielt mir die Hand vor den Mund, Mamie an die Wange. Ihre Augen waren weit aufgerissen, sie bewegte sich nicht. »Du!«, zischte sie. »Mach, dass du wegkommst.« Ich drehte mich auf dem Absatz um. Solange stand kreideblass an der Tür. »Was stehst du so rum, pack deine Sachen!«, sagte ich, ging an Solange vorbei in das Zimmer und packte ein paar Unterhosen ein. Es war lächerlich, ich brauchte keine Unterhosen, aber ich musste etwas tun. »Solange bleibt hier!«, schrie Mamie aus dem Flur. Ich hörte, wie sich ihre Schritte näherten. Meine Schwester stand inzwischen neben mir, riss die Schubladen auf und schmiss Klamotten in ihre Tasche. »Solange!« Mamie kam in das Zimmer und riss sie am Oberarm herum. »Du bleibst hier!« »Nein. Ich gehe mit Marie.« Mamie holte aus, dass Solange auf den Boden geschleudert wurde. »Kommt nicht infrage.« Solange sprang wieder auf, ging an ihren Schreibtisch und holte ihren Pass. Mamie wollte hinterher, aber ich stellte mich ihr in den Weg. »Du lässt sie jetzt in Ruhe«, sagte ich mit ruhiger Stimme, so ruhig, dass es mich selbst überraschte. »Du lässt Solange mit mir gehen. Du lässt sie gehen, wenigstens für den Sommer, sonst siehst du sie nie wieder, wie du mich nie wieder sehen wirst.« Mamie starrte mich an. Dann drehte sie sich um und verließ das Zimmer. »Komm, du brauchst keine Klamotten«, sagte ich, »zieh dir eine Jeans und ein T-Shirt an, das reicht.« So verließ ich die Rue de Flandre, mit einer Handtasche voller Unterhosen und Solange an meiner Seite. Ich schwor mir, sie nie wieder zu betreten. Wie du weißt, habe ich mich nicht daran gehalten. Nun, so stand es wohl geschrieben. *Maktub, ma petite Lisa. Maktub.*

40.
Lisa

Das türkise Tor öffnet sich mit einem Klack, der süße Putzgeruch steigt Lisa in die Nase, der Boden quietscht unter ihren Sohlen. Diesmal will sie die Treppe nehmen, »diesmal nehmen wir die Treppe«, sagt sie zu Larissa, »mit deinem Rucksack?«, »ja, ich will hochlaufen, ein letztes Mal!« Sie laufen am Steinfeld vorbei und die kleine Treppe zwischen den eckigen Bäumen hoch zur Galerie, dann gehen sie nach links Richtung *Hainaut,* sie laufen an den Schrägen vorbei und schließen die Tür auf, sie nehmen die Treppe, die vielen kleinen Stufen bis hoch in den siebten Stock, es riecht nach chinesischem Essen, dann drücken sie die Tür auf und stehen im dunklen Flur, der kleine viereckige Lichtschalter flimmert gelb, Larissa macht Licht und am Ende des Flures ist die rote Tür, »Bellanger« steht darauf, sie ist geschlossen, Mamie steht nicht darin, mit ihren wirren weißen Haaren steht sie nicht in der Tür und sagt nicht »Lisa, *ma petite fille*«, mit Tränen in den Augen, es stimmt, wenn Lisa und ihre Mutter gekommen oder gegangen sind, hatte Mamie Tränen in den Augen, »wer weiß, ob wir uns noch einmal wiedersehen in diesem Leben, wisst ihr, ich bin eine alte Frau«, hat sie gesagt und ein bisschen geweint.

Larissa schließt die Tür auf, eine Alkoholwolke kommt ihnen entgegen, »Adam?«, ruft sie, er ist nicht da. Aber er muss schon aufgeräumt haben, die Babypuppe ist weg, es stehen auch keine Gläser und Flaschen mehr herum, nur eine große blaue Tüte lehnt an Papis Tisch, und auf dem Tisch sieht Lisa noch immer das heruntergelaufene Wachs, zwei Häufchen Wachs, in der Mitte ein Loch von den Kerzen, die einmal darin standen. Lisa stellt ihren Rucksack auf den Stuhl vor dem großen goldenen Spiegel und zieht sich die Schuhe aus, das Parkett ist warm von der Sonne, die durch die geöffnete Balkontür scheint. »Berlin« steht auf einem kleinen rosa Klebezettel, der an der Tischplatte klebt. Adam muss ihre kleinen Zettel verklebt haben, sie hat ihm davon erzählt, alles, was sie mitnehmen will, braucht einen Zettel mit »Berlin«, den Rest holt Emmaus. »Berlin« steht an der kleinen dunklen Kommode. »Berlin« steht an dem Schaukelstuhl, der Papi beinahe den Finger kostete, »Berlin« steht an der Anrichte, »Berlin« steht an dem goldenen Spiegel, »Berlin«. Lisa schaut in den Spiegel, müde, zwei kleine blaue Dreiecke zwischen ihren Augen und der Nase. Mamie, wie sie in den Spiegel schaut, alleine in der Wohnung, wie sie mit ihren Schultern zuckt und zurück zu ihrem Sofa schlurft. »Wir kommen aus dem Staub und wir bleiben Staub und dann werden wir wieder Staub sein, so steht es geschrieben.«

Lisa geht in die Küche, der Boden klebt unter ihren Füßen, es riecht nach abgestandenem Fett mit Piment und Zigarettenrauch, sie füllt die Kaffeekanne mit Wasser und löffelt Kaffee rein, dreht sie wieder zu und stellt sie auf den Herd. Sie dreht das Gas auf und zündet es mit dem Feuerzeug an, das neben dem Herd liegt, wusch, wie oft stand Mamie hier und hat diese Bewegung gemacht, und Maman, wusch, kurz stehen sie alle drei hier, denn was ist schon Zeit?

Das Wasser brodelt hoch, Lisa gießt den Kaffee in zwei Bols und rührt Milch hinein, bis er die richtige milchige Bräune hat, dann geht sie auf den Balkon. Larissa sitzt auf einem der Holzstühle, »Berlin« klebt hinten an der Lehne, sie hat ihre nackten Füße auf die Balustrade gelegt und ihre Augen geschlossen. Als Lisa kommt, öffnet sie sie, und in der Sonne ist ihr Braun viel heller als sonst, bernsteinbraun. Vor ihr auf dem Tisch liegt das geöffnete Päckchen von *Pauline*, in der Mitte des Kartons thront *stéphanie*, Lisa gibt Larissa einen Löffel und bricht mit ihrem selbst durch den luftigen Macaronteig. Sie passt auf, dass sie keine Himbeere verletzt, und schaufelt sich ein Stückchen rosa Macaron mit Sahne und einer ganzen Himbeere auf den Löffel, dann nimmt sie ihn in den Mund, die Himbeere fühlt sich weich an am Gaumen, und sie muss gar nicht kauen, sie schließt ihren Mund und schon verschmilzt das Mandel-Baiser mit der

Sahne und der Himbeere und es schmeckt, als wäre Lisa direkt in die Himbeere hineingefallen, in das kleine, weiche, fluffige Loch in ihrer Mitte, als würde sie jetzt auf dem warmen roten Fleisch liegen und in Himbeersahne baden. Sie schließt ihre Augen und lehnt sich zurück.

Die Sonne hat ihre Farbe gewechselt, von Frühling zu Sommer, sie ist jetzt nicht mehr weiß, sondern gelb, und wenn sie Lisa durch die Lider scheint, wird sie orange. Es riecht nach Orangenbäumen, nach den Orangenbäumen mit ihren saftgrünen Blättern über dem kleinen Café am Hafen von Sidi Bou Saïd, unter den Ruinen von Karthago, zwischen denen man so gut Verstecken spielen kann, und wenn man die Hand auf die alten Mauern legt, dann sind sie warm, warm und rau wie dreitausend Jahre Mittelmeersonne. Lisa bekommt Lust auf Mandeln, zuckrige Mandeln, aber nicht gebrannt wie auf dem Jahrmarkt, sondern weiße und blaue und rosa Dragees, die nach Blumen riechen und ganz hart sind, man muss sie erst eine Weile lutschen, bevor man die Mandel zerkauen kann, auf dem Markt hat Lisas Mutter sie gekauft, auf dem Markt in Tunis, bei ihrem Ausflug aus dem Hotel. Es war ein riesiger Sack voller Dragees, wie kleine Ostereier sahen sie aus, und der Mann mit dem Schnurrbart hat eine kleine Schaufel genommen und als er mit der Schaufel durch die Mandeln ging, hat es ein wunderschönes Geräusch gemacht, klackklackklack, wie das Rieseln von Sand unter dem Meer, nur viel größer und runder. Mit einem Mal bekommt Lisa einen riesigen Hunger, ihr Magen weitet sich und öffnet ein großes Loch, ein großes oranges hungriges Loch, das sich mit Lust füllt, Lust auf die rote, trockene Erde unter den Fußsohlen, warme rote Erde, nach Kaninchen, die in ihre Löcher rennen, Hunderte Kaninchen im trockenen Flussbett zwischen riesigen Kakteen, *oued*, erinnert sich Lisa, *oued* heißt das trockene Flussbett, riesig ist es, es wachsen ganze Palmen darin, ihr sattes Grün ragt vor der roten Erde in den Himmel, viel grüner sind die Blätter dort, tiefgrün, die Blätter der Orangenbäume und der Zitronenbäume, nach Zitrone riecht es in der Mittagshitze, nur das Rascheln der festen Blätter ist zu hören, die vielen kleinen Füße machen kein Geräusch, die kleinen Füßchen der Salamander, die in der Sonne tief und fest zu schlafen scheinen, aber dann schneller zwischen den Steinen verschwunden sind, als Lisas kleine Hände greifen können, also nimmt sie die Schnecken hoch, die heißen Schneckenhäuser und schaut nach, ob eine Schnecke zu Hause ist, um sie dann behutsam unter den Zitronenbaum zu legen, in den Schatten, damit es ihnen in ihren Häuschen nicht zu heiß wird. Und dann die Kakteen, Kaktusfeigen, diese großen, hellgrünen Flächen, ganz glatt sehen sie aus, so glatt zwischen den Stacheln, sie sind sicher weich, nur einmal darüberstreichen, voll und glatt und so zart, aber dann schieben sich die unsichtbaren, haarfeinen Stacheln doch in Lisas Hand und abends versucht ihre Mutter stundenlang, ihr jeden einzelnen mit der Pinzette wieder aus der Haut zu ziehen, »mein armer *petit chou*, ich habe dir doch gesagt, fass die Kakteen nicht an.«

Es klackt, Larissa stellt ihren Bol auf den Tisch, Lisa öffnet leicht ihre Augen, der Himmel von Paris ist blau, blau und ein bisschen dunstig. »Wann geht dein Flieger noch mal?« »Vielleicht fliege ich nicht.« »Du bleibst hier?« »Nein. Vielleicht fliege ich nach Tunesien.« »Okay. Ich komme mit.« Larissa lächelt und steht auf, nimmt die leeren Bols und verschwindet durch die Balkontür im Schatten des Wohnzimmers. Dann hört Lisa, wie sie etwas ruft, sie kann es nicht verstehen. *»Hein?«*, ruft Lisa, sie muss dabei an Papi denken, Papi mit dem abgestellten Hörgerät, sie steht auf und geht ins Wohnzimmer, kurz kann sie nichts sehen, so dunkel wirkt es hier nach der Sonne auf dem Balkon, *»hein?«* Larissas Stimme kommt von hinten aus dem Flur: »Ich reiße mir noch ein Stück Tapete ab«, ruft sie, »aus dem Klo, bevor ich es vergesse, ich wollte immer ein Stück von dieser Tapete haben. Willst du auch eins?« »Aus dem Klo?« »Ja! Diese rote mit den Blümchen! Willst du auch?« Lisa lacht, »nein!«, ruft sie in Richtung Flur, »aber kommst du wirklich mit?« »Fliegst du denn wirklich?« Lisa geht wieder auf den Balkon. Sie beugt sich über die Balustrade. Unten rennen immer noch die kleinen Menschen umher, oder wieder, zwischen den Platanen, sie verschwinden im Monoprix oder laufen die Treppen hinab in die U-Bahn, die Autos hupen und eine Frau ruft etwas. Da unten müssen sie gestanden haben, ganz klein, Lisa und Maman, mit ihrem Rollkoffer, »da gehen sie wieder«, sagt Mamie, sie sagt es zu Papi, der noch lebt, der neben ihr steht und ebenfalls nach unten schaut, *»au revoir, mes petites filles«*, Mamie winkt der kleinen Lisa, die lacht und winkt zurück, und dann zieht ihre Mutter sie an der Hand und sie verschwinden unter den Platanen, und Mamie schaut noch eine Weile auf die Bäume, dann schlurft sie zurück zu ihrem Sofa, »nun sind wir wieder alleine«, sagt sie, *»hein?«*, fragt Papi.

Sie könnte bleiben. Sie könnte hierbleiben und nach Süden reisen, sie muss ja nicht direkt hinfliegen, sie könnte erst nach Châteauroux fahren und sich die Indre anschauen und diesen Platz, auf dem samstags getanzt wird, dann nach Selles-sur-Cher und die Lichtung mit der Minze suchen, und dann könnte sie weiterreisen bis ans Mittelmeer und dort die Fähre nehmen, die Fähre, die in Tunis anlegt, und dann könnte sie sich ein Auto leihen, zusammen mit Larissa, sie leihen sich ein Auto und fahren los und suchen das kleine Haus, das kleine Haus auf dem Hügel neben dem *oued*, umgeben von Weizenfeldern und mit einem kleinen Flugplatz in der Nähe, einem Flugplatz, über dem einmal ein Franzose vom Himmel fiel, der Sohn eines reichen Franzosen, der so hoch hinauswollte, dass Allah seinen Sohn vom Himmel fallen ließ. Sie könnte. Ja vielleicht. Könnte sie ein Foto machen. Von dem Haus, sie könnte das Haus fotografieren und den *oued*, in dem Tata Solange und ihre Mutter immer gespielt haben, und dann könnte sie das Foto Tata Solange schicken, und sie wäre sicher glücklich, Tata Solange, sie wäre sicher glücklich, den *oued* ihrer Kindheit wieder zu sehen, und wer weiß, vielleicht würde es sie ja sogar aus ihrem Haus locken.

In drei Stunden geht ihr Flug. Paris-Orly nach Berlin-Tegel in einer Stunde und fünfundvierzig Minuten. Anne will sie vom Flughafen abholen, aber sie könnte ihr Bescheid geben, natürlich, sie könnte einfach hierbleiben und dann losreisen, bis zum Haus auf dem Hügel mit den Kaninchen und Kakteen und Zitronenbäumen. Soll sie? Was steht denn geschrieben? »Mamie? Was steht denn geschrieben?« »Oh, *ma petite chérie*, wir wissen nicht, was geschrieben steht.« Lisa dreht sich um und geht zurück ins Wohnzimmer, »Larissa?«, ruft sie, »oder doch! Reiß mir auch ein Stück ab!«

FSC
www.fsc.org
MIX
Papier aus verantwortungsvollen Quellen
FSC® C014496

2. Auflage

Lektorat © Frankfurter Verlagsanstalt
Umschlaggestaltung: Laura J Gerlach
Unter Verwendung eines Motivs von © azat1976/iStockphoto.com
Herstellung: Laura J Gerlach
Satz: psb, Berlin
Druck und Bindung: GGP Media GmbH, Pößneck
Printed in Germany
ISBN 978-3-627-00278-7